Frank Sieren
Der China Schock

Frank Sieren

DER CHINA SCHOCK

Wie Peking sich die Welt gefügig macht

Econ

Ich danke der Firma Rimowa, Köln,
für die Unterstützung bei meinen Reisen.

2. Auflage 2008

Econ ist ein Verlag der Ullstein Buchverlage GmbH

ISBN 978-3-430-30025-4

Gesetzt aus der Minion
Satz: Pinkuin Satz und Datentechnik, Berlin
Druck und Bindearbeiten: Bercker, Kevelaer
Printed in Germany

Für Anke

Beobachtet die Lage ruhig.
Steht fest zu eurer Position.
Antwortet vorsichtig.
Haltet unsere Stärken verborgen.
Versteckt unsere Schwächen.
Wartet auf die günstige Gelegenheit eines Comebacks.
Beansprucht nie die Führerschaft.

Deng Xiaoping

Inhalt

In der Welt von morgen wird die westlich europäische Kultur nicht mehr selbstverständlich die allgemeingültige Richtschnur sein. Und das ist richtig so.

Frank-Walter Steinmeier, deutscher Außenminister und Vizekanzler, Anfang dieses Jahrhunderts

Der China Schock

Wie haben sich die Venezianer gefühlt, als ihr Hafen allmählich leerer wurde? Für die neuen Seefahrermächte Portugal, Niederlande und England, die ab 1500 an Einfluss gewannen, lag Venedig nicht mehr auf dem Weg. Ihre schnellen Schiffe und neue Ideen sorgten dafür, dass die führende Welthandelsstadt, der Endpunkt der Seidenstraße, schleichend an Einfluss verlor. Venedig hat sich seitdem nicht mehr davon erholt. Heute werden in der Lagune nur noch lokale Glasarbeiten, venezianische Masken und Postkarten gehandelt.

Wie haben sich die Engländer gefühlt, als jenseits des Kanals die Lichter angingen? Spätestens ab 1900 wurden sie von der damaligen »New Economy« Deutschlands herausgefordert, die als Nation noch grün hinter den Ohren war. Die Deutschen waren aus englischer Weltmachtssicht romantische Spinner, heillos untereinander zerstritten und wirtschaftlich hoffnungslos rückständig. Ihre ersten Dampfloks mussten sie bei den Briten kaufen, sie konnten sie nicht einmal selbst bedienen. Bei der Jungfernfahrt 1835 zwischen Fürth und Nürnberg standen noch Engländer im Führerstand. Schon dreißig Jahre später stellte das Billiglohnland Deutschland die Loks billiger und besser her als England und exportierte sie sogar. Zwischen 1850 und 1870 verzehnfachte sich die Kraft der Dampfmaschinen und damit die industrielle Kapazität. Es gab einen deutschen Roh-

11

eisen- und Steinkohleboom, der den Engländern zu schaffen machte. Zur Jahrhundertwende schließlich hatte Deutschland bereits eigene Hightechprodukte wie nahtlose Röhren, Aspirin, synthetische Farben und rostfreien Stahl. Die Weltmacht England fiel zurück und kann Deutschland bis heute trotz eines gewonnenen Krieges weder wirtschaftlich noch politisch Paroli bieten. Das lag freilich nicht nur an Deutschland.

Zu allem Unglück begannen ausgerechnet die armen, ausgewanderten Cousins in Amerika den Engländern ihren Status als Weltmacht streitig zu machen. Neue Technologien, die von den Engländern unterschätzt wurden, halfen ihnen dabei. 1866 wurde das erste transatlantische Telegrafenkabel verlegt. Eine Nachricht brauchte nun nicht mehr 14 Tage, sondern maximal fünf Minuten. Die neuen Dampfschiffe zwischen London und New York konnten die Transportpreise für Güter zwischen 1840 und 1910 um siebzig Prozent senken.[1] Ein Land »am Ende der Welt«, aus Versehen entdeckt, rückte in den Mittelpunkt. Erst stieg es wirtschaftlich auf, dann politisch und schließlich militärisch. Eine schier unvorstellbare Entwicklung: Aus europäischen Kuhjungen wurden binnen weniger Generationen Cowboys und schließlich Weltpolizisten. Das United Kingdom of Great Britain and Ireland verlor seinen Einfluss, wie es peinlicher nicht sein konnte, wie ein praller Luftballon, dem unmerklich und doch unaufhaltsam Luft entweicht. Von England blieb wenig mehr als der königliche Pomp, mehr Schlösser, als man Museen braucht, und die Weltsprache Englisch. Die Engländer haben dabei noch Glück gehabt. Fast hätte Deutsch in Amerika eine ebenso große Rolle gespielt, dann wäre London nicht einmal mehr ein wichtiger Bankenplatz geworden.

Wie hat sich der deutsche Adel gefühlt, als ihm die jungen, aufgeweckten Industriellen, Bankiers und Warenhausbesitzer Stück für Stück seine über Jahrhunderte hinweg angestammte Macht abnahmen? Die meisten Aristokraten waren sich sicher, dass die liederlichen Emporkömmlinge, die es mit dem Fairplay und den guten alten Sitten nicht allzu genau nahmen, über ihre eigenen Füße stolpern würden. Doch die Unternehmer der New Economy hatten nicht nur mehr Geld, sie traten auch bald gesellschaftlich in gleicher Augenhöhe auf und stellten kurz darauf das Land auf den Kopf. Warum, fragten sie, hat der Adel das Monopol, die Spielregeln festzulegen? Niemand ahnte, mit welch politischem und wirtschaftlichem Niedergang die Machtverschiebung für die Adeligen enden würde. Die Langsamen unter ihnen brauchten das gesamte 20. Jahrhundert, um zu verstehen, dass sich nur noch die Illustrierte *Gala* für sie interessierte.

So wie die Venezianer, die Engländer und der deutsche Adel fühlen sich die Deutschen, die führende Wirtschaftsmacht Europas, seit Beginn des 21. Jahrhunderts, aber auch ihre Nachbarn und mehr noch die Amerikaner, die amtierende Weltmacht. Konsterniert, hilflos und aufgewühlt sind die Deutschen, impulsiv, wütend und wehrhaft die Amerikaner. Auch sie wollen den Wandel der Welt nicht wahrhaben, obwohl sie Protagonisten eines gewöhnlichen Vorgangs der Geschichte sind. Gewöhnlich ist allerdings nur die Tatsache, dass die jeweiligen Eliten nicht immer oben bleiben können; außergewöhnlich hingegen ist die Dimension dieses epochalen Wandels. Die weltumspannende Ausdehnung und die Anzahl der beteiligten Menschen sind historisch ohne Beispiel. Was den Engländern als Nation, den Venezianern als Weltwirtschaftsstadt und dem deutschen Adel als Stand widerfuhr, vollzieht sich nun auf globaler Ebene. Die Veränderung wird also heftiger und einschneidender sein. Deswegen ist es schwierig für uns, die Folgen zu beurteilen. Wird uns der Abstieg deshalb härter treffen? Zum ersten Mal, seit westliche Seefahrer alle Herren Länder erobert haben, kann der Westen die Spielregeln der Welt nicht mehr bestimmen – und das, obwohl die Nato immer noch der mächtigste Kriegsherr ist. Das koloniale Motto »Friss oder stirb« gilt nicht mehr. Die Kolonialzeit geht endgültig zu Ende. Die Asiaten übernehmen die Vorherrschaft.

China wird sicherlich noch den einen oder anderen Rückschlag hinnehmen müssen, aber über die Entwicklungsrichtung gibt es keine Zweifel mehr. Spätestens seit Beginn dieses Jahrzehnts wird deutlich: Jeden Tag verschiebt das Reich der Mitte die Weltwirtschaft ein wenig zu seinen Gunsten, bisher unaufhaltsam und für unser Zeitgefühl überraschend schnell. Im Gefolge ist Asien, und inzwischen selbst Afrika. Die demografischen Veränderungen geben den Entwicklungen Rückenwind. Anfang des 19. Jahrhunderts war noch jeder vierte Mensch auf der Welt ein Europäer, am Ende unseres Jahrhunderts wird nur noch schätzungsweise jeder 14. Mensch auf der Welt ein Europäer sein. Was wird uns schwerer treffen, der Verlust an Status oder der Verlust an Wohlstand? Mit welcher Geschwindigkeit werden sich die Veränderungen vollziehen?

China führt den globalen Wandel mit großem Abstand an. Es hat seit Beginn dieses Jahrzehnts genauso viel zum Wachstum der Weltwirtschaft beigetragen wie Indien, Russland und Brasilien zusammen. Indiens Wirtschaft trägt nur dreißig Prozent des Anteils von China zur Weltwirtschaft bei, und der Abstand wird wohl erst einmal so bleiben. Selbst Indiens größter Unternehmer, Ratan Tata, dessen Familienunternehmen seinem Land die erste Weberei, das erste Wasserkraftwerk, die erste Stahlindustrie, die erste Hochschule und das erste Spitzenhotel beschert hat, ist beeindruckt davon, dass »die Regierung in Peking nicht in kleinen Schritten denkt. Dort wird in globalem Maßstab gedacht. Und wer das tut, scheint auch die Fähigkeit zum Siegen zu haben.«[2] Selbst ein Versuch der USA, die Inder klug gegen die Chinesen in Stellung zu bringen, ist 2007 gescheitert. Die Amerikaner boten den Indern eine enge Partnerschaft im Bereich der Nukleartechnologie an. Das indische Parlament lehnte ab, denn mit dem Geschäft wäre die Verpflichtung verbunden gewesen, die amerikanische Außenpolitik zu unterstützen.[3]

Russlands Wirtschaft wiederum hat nur einen halb so großen Anteil an der Weltwirtschaft wie China. Der achtzigjährige Stanislaw Menschikow, einer der renommiertesten russischen Ökonomen, geht davon aus, dass sich der Abstand zwischen den beiden Ländern sogar weiter vergrößern wird: »Bis 2027 werden wir etwa um den Faktor vier hinter China liegen.«[4] Das bedeutet, Chinas weltwirtschaftlicher Anteil wird nicht mehr doppelt so groß, sondern viermal so groß wie der von Russland sein. China ist also mit großem Abstand die Führungsnation unter den sogenannten BRIC-Staaten, zu denen neben China Brasilien, Russland und Indien gehören. Als Einheit sind sie eine Erfindung von Fondsmanagern, um Aktien aus den jeweiligen Ländern im Paket, die sogenannten BRIC-Fonds, zu verkaufen. Die aufstrebenden Staaten konkurrieren mehr, als dass sie kooperieren, und bilden keine Einheit gegen den Westen. Ein historischer Glücksfall für ihn, denn ansonsten würde sich seine Position noch schneller relativieren.

China ist als einziges unter den vier Ländern bereits so mächtig, dass selbst die führenden Wirtschaftsmächte der Welt nicht mehr die Kraft haben, seinem Aufstieg etwas entgegenzusetzen. Sie können inzwischen weder die Geschwindigkeit, noch den Verlauf, noch die Entwicklung des boomenden Reiches entscheidend beeinflussen. Umgekehrt hat China unter den BRIC-Staaten mit Abstand den größten Einfluss auf die wirtschaftliche und politische Entwicklung der Welt. Das liegt stärker an den günstigen Rahmenbedingungen als am Geschick der chinesischen Führung. Die westliche Welt braucht immer mehr billige chinesische Produkte, weil sie über ihre Verhältnisse gelebt hat und sich die teuren, in der Heimat hergestellten Produkte nicht mehr leisten kann. Die westlichen Unternehmen wiederum brauchen den großen, unentwickelten, aber logistisch funktionierenden und politisch steuerbaren Markt, um weiter wachsen zu können. An dieser für uns ungünstigen Verflechtung wird sich in absehbarer Zeit nichts ändern.

Der Westen hat sich inzwischen daran gewöhnt, dass China der größte Hersteller von Düngemitteln, Edelstahl, PVC, Klimaanlagen, Schuhen, Fischen und Vitaminen, aber leider auch von Treibhausgasen ist. Wer jedoch hätte gedacht, dass sich die Devisenreserven von 400 Milliarden US-Dollar seit Anfang 2004 auf 1,5 Billionen US-Dollar Anfang 2008 fast vervierfachen würden? Wer hätte gedacht, dass die Chinesen 2007 einen Handelsüberschuss von über 300 Milliarden US-Dollar erreichen würden, eine Steigerung zum Vorjahr um etwa fünfzig Prozent, obwohl sie als Mitglied der Welthandelsorganisation (WTO) ihre Märkte für den Westen öffnen mussten und in den Jahren zuvor schon Rekordzuwächse hatten? Zudem haben sie ihre Währung seit Mitte 2005 um über acht Prozent gegenüber dem US-Dollar aufgewertet. Die chinesischen Produkte sind also in den USA teurer geworden. Dafür sind sie in Europa billiger geworden, weil der Euro gestiegen ist. Auch deshalb kaufen die Europäer viel mehr in China als die Chinesen in Europa. »Das Defizit mit China wächst jeden Tag um 15 Millionen Euro«, sagte EU-Handelskommissar Peter Mandelson Mitte 2007, »viele in Europa verlieren langsam die Geduld.«[5] Und was passiert dann? Wenig kann den Chinesen passieren, wenn die Europäer sich nicht selbst schaden wollen.

Wer hätte gedacht, dass 2007 PetroChina im bisher größten weltweiten Börsengang das größte Unternehmen der Welt werden würde, mit gut 500 Milliarden US-Dollar Abstand zum zweitplatzierten Exxon Mobil? Es ist fast dreimal so groß wie Microsoft und zehnmal so groß wie der größte deutsche Konzern.[6] Die Wahrscheinlichkeit, dass chinesische Unternehmen noch einmal dauerhaft aus diesen Positionen verdrängt werden, ist nicht sehr hoch. Erstaunlich ist, dass diese Börsengänge nicht an der New Yorker Wall Street passieren, sondern in Hongkong und Schanghai. Das wäre noch vor einigen Jahren undenkbar gewesen. Obwohl die Chinesen viel zu Hause listen, ist es sehr wahrscheinlich, dass sie noch in diesem Jahrzehnt der größte ausländische Investor an der Nasdaq werden.

Weniger überraschend war, dass die Pekinger Regierung einen staatlichen Investmentfonds von 200 Milliarden US-Dollar aufgelegt hat, um mehr mit ihren Devisenreserven zu verdienen und international an Einfluss zu gewinnen. Interessanterweise ist die chinesische Regierung mit drei Milliarden US-Dollar für einen gut Neun-Prozent-Anteil bei dem amerikanischen Finanzinvestor Blackstone, einem der größten Beteiligungsfonds der Welt, eingestiegen. Blackstone ist der größte Anteilseigner der Deutschen Telekom nach der Bundesregierung und besitzt unter anderem 31 000 Wohnungen in Deutschland.[7] Kurz darauf kauften sich die Chinesen mit 9,9 Prozent bei der amerikanischen Investmentbank Morgan Stanley ein. Die Investitionssumme: fünf Milliarden US-Dollar. Die zweitgrößte Investmentbank der USA brauchte Geld, nachdem sie aufgrund der amerikanischen Finanzkrise 9,4 Milliarden US-Dollar an Krediten abschreiben musste. Die Kommunisten erobern auf dem Rücken der »Heuschrecken« die Finanzwelt. Wer hätte gedacht, dass die Industrial & Commercial Bank of China (ICBC), am Börsenwert gemessen, die größte Bank der Welt werden würde? Wer hätte gedacht, dass Platz zwei die China Construction Bank einnehmen und dass auch Platz drei einer chinesischen Bank gehören würde, der Bank of China? Wer hätte gedacht, dass auf Platz vier die britisch-asiatische Hongkong & Shanghai Bank of China und erst auf Position fünf die Bank of America erscheinen würde – mit 140 Milliarden US-Dollar Abstand zur bestplatzierten Bank?[8] Gemessen an den Unternehmensbilanzen führen allerdings westliche Unternehmen. Doch wie lange noch?

Selbst im traditionell schwachen militärischen Bereich haben die Chinesen den Westen überrascht, als es ihnen 2007 gelungen ist, einen veralteten Satelliten präzise aus dem Orbit zu schießen, und sie damit den Grundstein für ein Raketenabwehrsystem gelegt haben.

Obwohl es sich um einen Epochenwandel handelt, der in einer Generation nicht abgeschlossen sein wird, sind die Veränderungen im deutschen Alltag bereits zu spüren. Vor drei Jahren hätte noch niemand gewagt, in Deutschland die Milchpreise mit der Begründung zu erhöhen, die Chinesen tränken zu viel Milch.[9] Wenn ein chinesischer Investor einen Flughafen in Mecklenburg-Vorpommern kauft, um ihn als Cargozentrum auszubauen, damit er Waren von China nach Nigeria transportieren kann, hätte man ihn noch vor drei Jahren für einen Spinner gehalten, heute ist man sich nicht mehr so sicher.[10] Im Sommer 2004 diskutierte ich mit Freunden und Kollegen im Verlag den Titel meines letzten Buches *Der China Code*. Wir waren uns vor allem wegen des Untertitels unsicher. Kann man schreiben, »Wie das boomende Reich der Mitte Deutschland verändert«? Ist es schon so weit? Nur drei Jahre später ist der Satz schon ein Gemeinplatz. China verändert Deutschland. Inzwischen könnte man sogar sagen: China als die Führungsmacht Asiens setzt Deutschland unter Druck.

Wenn Schüler dieser Welt sich in fünfzig Jahren die Eckdaten dieses Umbruchs merken müssen, wird das Jahr 2008 womöglich eine Rolle spielen, nicht nur als Jahreszahl für die Olympischen Spiele. Im Jahr 2008 wird China Deutschland, die führende Wirtschaftsnation Europas, gleich zwei Mal überholen. Damit büßt ganz Europa an Bedeutung ein. Die Deutschen sind dann nicht mehr Exportweltmeister, und auch die Position als drittgrößte Wirtschaftsnation der Welt müssen wir abgeben. Nun ist kein europäisches Land mehr unter den Top drei – sowohl der Wirtschaftsnationen als auch der Exportnationen der Welt.

Gewiss, Deutschland ist auch ohne die Spitzenposition noch eine beeindruckende Wirtschaftsmacht, und auch Europa verschwindet nicht. Aber es wurden psychologisch wichtige Widerstände durchbrochen, wie die Börsenanalysten bei Aktienkursen sagen würden, Widerstände auf dem Weg der schleichenden Relativierung Deutschlands, Europas und der westlichen Welt. Sogar die *Bild*-Zeitung, die nicht nur Meinungsmacher, sondern ein Seismograph der deutschen Befindlichkeiten ist, titelte 2007 in großen Lettern: »Die megastarke Wirtschaftsmacht China überrollt Deutschland! Schon 2008 ist das Riesenreich neuer Exportweltmeister und verdrängt Deutschland nach fünf Jahren von der Spitze!«[11] Deutschland ist in Sorge.

Mitte 2007 stellte der Nachrichtensender n-tv folgende Frage: Ist die Wirtschaftsmacht China eine Gefahr für Deutschland? 74 Prozent der Befragten antworteten mit Ja. »Die Menschen wollen nun wissen, was als Nächstes kommt«, sagt Bundeskanzlerin Angela Merkel im Angesicht des chinesischen Aufstiegs. Deutschland ist das westliche Land, das diese Veränderungen als Allererstes spürt. Über acht Millionen Arbeitsplätze hängen heute vom Export ab. Das sind 2,5 Millionen mehr als vor zehn Jahren. Der Exportanteil am deutschen Bruttoinlandsprodukt hat sich in den letzten zehn Jahren fast verdoppelt. Inzwischen beträgt er 45 Prozent. Das flaue Gefühl China gegenüber trügt nicht. Das Land ist bereits der wichtigste außereuropäische Importeur nach Deutschland, knapp sieben Prozent aller importierten Waren kommen von dort. Sie haben einen Wert von rund fünfzig Milliarden Euro, während es vor zehn Jahren nur gut neun Milliarden Euro waren. Fast jeder dritte in Deutschland verkaufte Computer zum Beispiel kommt aus dem Reich der Mitte. Die Menschen auf der anderen Seite der nördlichen Halbkugel bestimmen, wie und wo wir uns anstrengen müssen. Sie verkleinern unseren Spielraum. Während sich die Deutschen ein wenig herablassend nach den noch unbeholfenen chinesischen Touristen in der Fußgängerzone umdrehen, geben diese im Durchschnitt schon 5200 Euro auf ihren Europareisen aus, die Reisekosten nicht mit eingerechnet.

China nimmt Deutschland dreifach in die Zange: erstens durch chinesische Produkte, die im weltweiten Preiskampf in der Regel alle Konkurrenten unterbieten. Zweitens durch chinesische Konsumenten, die weltweit die Preise von knappen Bodenschätzen mitbestimmen – Öl, Gas, Kohle, Kupfer und Gold werden teurer; das Fass Öl durchschlug Ende 2007 erstmals die Hundert-US-Dollar-Marke; in Deutschland werden bereits Kanaldeckel gestohlen und Kupferdachrinnen von Kirchen abmontiert, weil Schrotthändler sie für viel Geld nach China verkaufen können. Die Chinesen beeinflussen Deutschland drittens auch als Währungstaktiker: Sie flüchten sich in den Euro, weil sie schon so viele US-Dollar haben, und treiben ihn damit in die Höhe. Dadurch werden unsere Produkte teurer und weniger wettbewerbsfähig sowie deutsche Unternehmer gezwungen, ihre Betriebe nach China umzusiedeln. Derzeit ist nicht abzusehen, wann sich diese Trends abschwächen.

China hat jetzt nur noch Japan und die USA vor sich auf dem Weg, die größte Wirtschaft der Welt zu werden. Wahrscheinlich wird das bevölkerungsreichste Land der Welt Ende des nächsten Jahrzehntes auch diese beiden Nationen hinter sich lassen. Japan ist wirtschaftlich noch größer, sein politischer und wirtschaftlicher Einfluss auf die Welt jedoch schon heute geringer. Japan ist ein Land, das keinen aufwändigen Überholvorgang mehr erfordert. Die USA sind militärisch überlegen. Wie nützlich diese Überlegenheit ist und inwiefern sie noch politisch und wirtschaftlich die Nase vorn haben, soll in diesem Buch genauer betrachtet werden.

Der Westen ist perplex. Seit Jahren stellen Ökonomen die Frage, wann diese Blase platzt. Doch es sieht immer weniger danach aus. Die Inflation hat mit über sechs Prozent zwar ein Ausmaß angenommen, dass man sich mit dem Thema beschäftigen muss, was die Regierung auch tut. Alarmierend für die Stabilität Chinas ist die Lage noch nicht. Denn alle drei möglichen Szenarien eines Zusammenbruchs der Wirtschaft nach einer dramatischen Überhitzung greifen im Falle Chinas nicht. Die erste Variante kennen wir von den Internetunternehmen. In Erwartung einer prosperierenden Zukunft werden große Summen auf dem Aktienmarkt für Unternehmen gezahlt, die noch nicht einmal Gewinne machen. Das ist in China nicht der Fall, sowohl die Volkswirtschaft, als auch die wichtigsten Unternehmen sind sehr profitabel. Die zweite Variante: Von vielen Produkten wird mehr hergestellt, als verkauft werden kann. Weil diese Produkte niemand haben will, müssen sie unter Wert auf den Markt geschleudert werden. Die Kunden warten, weil sie hoffen, dass die Produkte noch billiger werden. Eine Abwärtsspirale entsteht. Die Unternehmen gehen darüber bankrott. Auch diese Konstellation trifft auf China nicht zu. Das Land produziert in den meisten Branchen weniger, als der internationale und binnenchinesische Markt abnehmen kann. Die dritte Blase schließlich ist eine Kreditblase. Man leiht sich immer mehr Geld, um es mit dem Versprechen immer höherer Zinsen zurückzuzahlen, bis man Pleite geht, weil einem zuletzt keiner mehr Geld leiht und alle Gläubiger dann, sobald sie das herausbekommen, plötzlich ihren Einsatz zurückverlangen. Das passierte in Thailand, Indonesien und Südkorea während der Asienkrise Ende der neunziger Jahre. China jedoch leiht sich kein Geld, im Gegenteil: China verleiht es. Die Bank of America ist gewissermaßen China, denn China hat die höchsten Devisenreserven der Welt, während die USA die höchsten Schulden der Welt haben. Noch vor ein paar Jahren hätte sich ein chinesischer Zentralbankchef blamiert, wenn er sich wie Xu Jian Ende 2007 zu folgender Äußerung hätte hinreißen lassen:»Der Status des US-Dollar als Leitwährung wankt, und die Kreditwürdigkeit von Vermögenswerten in US-Dollar fällt.«[12] Inzwischen kann man sogar über die Frage diskutieren: Kommt der nächste Alan Greenspan schon aus China?

Diejenigen, die den Alltag chinesischer Unternehmen und Behörden kennen, das Durcheinander, die Bürokratie und die Ineffizienz, fragen sich, wie China überhaupt auf solche Handelsbilanzüberschüsse kommt. Die Antwort ist klar: Der Westen braucht China. Aber womöglich ist es sinnvoller, folgende Frage zu stellen: Wie stark wächst China erst, wenn sich die Bürokratien verschlanken, wenn es dort ein besseres Rechtssystem gibt, wenn dort noch mehr Unternehmen und die Regierungen modernisiert worden sind und die Menschen eine noch bessere Ausbildung haben?

Auch China wird an seine Wachstumsgrenzen kommen. Allerdings können bis dahin, zumindest an Hand der Faktoren, die wir heute kennen, noch Jahrzehnte vergehen. Im Extremfall müssen wir uns auf 150 Jahre Wachstum einstellen. Das hatten auch die Amerikaner. China hat 2007 einen Anteil an der Weltwirtschaft von rund sechs Prozent. Vorsichtige Schätzungen gehen davon aus, dass der Anteil in den nächsten zwei bis drei Jahrzehnten auf über zwanzig Prozent steigen wird. Erst dann wird sich das Wachstum deutlich verlangsamen. Die mehreren hundert Millionen Chinesen, die den Anteil der armen Bevölkerung ausmachen, sind dabei sowohl eine Chance als auch eine Belastung. Einerseits liegen sie dem Sozialstaat auf der Tasche, andererseits sind sie die Garantie dafür, dass China auf Jahrzehnte günstige Waren für die Weltwirtschaft produzieren kann, obwohl der Wohlstand der Menschen im Land rapide ansteigt. Die sozialen Probleme sind deshalb in den letzten Jahren nicht größer, sondern eher geringer geworden. Es wurde viel demonstriert, aber die Massenunruhen sind ausgeblieben. Das Land ist stabil. Daran wird sich wenig ändern, solange China so stark wächst. Niemals in der Geschichte ging es so vielen Chinesen so gut wie heute. Auch die Tatsache, dass noch immer Menschen ohne faire Gerichtsverfahren ins Gefängnis gesteckt werden, weil sie abweichende Ansichten vertreten, sollte den Blick für die Gesamtentwicklung nicht verzerren. Diese erschreckenden Fälle, die aufgedeckt und angeprangert gehören, sollten nicht darüber hinwegtäuschen, dass der Umgang mit Andersdenkenden in der chinesischen Geschichte noch nie so entspannt war wie heute. Nur wirtschaftliche Laien schließen aus den Menschenrechtsverletzungen, dass China bald zusammenbrechen wird. So einfach, wie sich das mancher wünscht, werden auch in China Sünden nicht bestraft.

Das größte Problem für die Stabilität Chinas ist nicht die eingeschränkte Meinungsfreiheit, nicht die Korruption und wohl auch nicht so sehr die Einparteienherrschaft. Das größte Problem ist die Umweltverschmutzung. Die ökologischen Schattenseiten des Aufschwungs sind gigantisch. Das war beim Aufstieg der USA nicht viel anders, auch das Ruhrgebiet war zu seinen Blütezeiten kein Luftkurort. Da der Westen aber die Umwelt schon stark ruiniert hat, fallen die Umweltschäden, die Chinas Aufstieg verursacht, umso mehr ins Gewicht. Von den zwanzig Städten mit der größten Luftverschmutzung liegen 16 in China.[13]

China braucht vier bis sechs Mal mehr Energie als die USA, um Waren im Wert von 10 000 US-Dollar zu produzieren.[14] Alle zehn Tage wird in China ein neues Kohlekraftwerk fertiggestellt. Allein die Säuberung des umgekippten Tai-Sees, des drittgrößten Sees Chinas, dürfte rund zehn Milliarden Euro kosten.[15] Aus den Handelsüberschüssen eines Jahres könnten die dreißig größten Seen Chinas saniert werden. Es liegt also eher am politischen Willen, eine Umweltpolitik zu beschließen und durchzusetzen, als am Geld. Die Lage ist dramatisch, jedoch kein Anlass für Untergangsszenarien. Eine Studie des Wasserforschungsinstituts der ETH Zürich kam 2007 zu dem Ergebnis, dass es um die Wasserqualität im Jangtse, Chinas längstem

Fluss, doch nicht so schlecht stehe wie bisher vermutet. Sie sei »vergleichbar mit anderen großen Flüssen weltweit« und sogar besser als im Rhein der siebziger Jahre. Die Konzentration von Spurenmetallen wie Blei oder Arsen liege unterhalb der heute geltenden EU-Grenzwerte, bei Chrom und Nickel nur leicht darüber. Eine chinesische Studie, wonach der Jangtse de facto »tot« sei, konnten die Schweizer damit nicht bestätigen.[16]

Es ist nicht auszuschließen, dass es der chinesischen Führung gelingt, dieses Problem in den Griff zu bekommen. Sie würde damit die Zufriedenheit ihrer Bürger erheblich steigern und das Image der Nation in der Welt sehr verbessern, viel mehr als mit einer Mondlandung, dem ersten chinesischen Lexus oder einer neuen Dreißig-Millionen-Stadt. Wenn nichts passiert, sind es wohl vor allem die Umweltprobleme, die dazu führen werden, dass sich das Wachstum verlangsamt und das erfolgreiche Entwicklungsmodell ins Wanken gerät.

China wächst weiter, das Tempo der Welt wird schneller. Wer jetzt nicht zögert und abwägt, lautet der Lockruf am Beginn des 21. Jahrhunderts, sondern entschlossen und wendig handelt, dem wird es morgen besser gehen. Die Chancen, das zu schaffen, stehen in China, einem Land mit zehn Prozent Wachstum pro Jahr, höher als in Deutschland. Das gilt nicht nur für Politiker und ihre Nationen, sondern auch für den Einzelnen, wenn auch nicht gleichermaßen. Während die Chinesen sehen, was sie dafür bekommen, stellen sich die Deutschen bange Fragen: Wie verändern sich unsere Arbeitsplätze? Wer zahlt meine Rente? Welche Berufe überleben? Welche Produkte sollen wir herstellen? Wie können wir uns wehren? Sind wir zu langsam? Sollen wir alle Chinesisch lernen? Warum hört der Druck nicht auf?

2006 führte das Allensbach-Institut eine Umfrage durch, nach der 66 Prozent der Führungskräfte überzeugt sind, man müsse in den nächsten zehn Jahren mit China als wirtschaftlichem Hauptkonkurrenten rechnen; Osteuropa mit 26 und die USA mit nur fünf Prozent rangieren als Konkurrenten dagegen weit abgeschlagen.[17] In einer anderen Allensbach-Umfrage sieht mehr als die Hälfte der Deutschen im hohen Wirtschaftswachstum Chinas eine Gefahr für Deutschland und nur 22 Prozent eine Chance.[18]

Je größer die Sorgen der Menschen, desto rauer der Ton in den Medien. Dokumente eines zeitgeschichtlichen Umschwungs: *Die Zeit* bezeichnet den globalen Wettbewerb als »Erpressungsökonomie«.[19] Die *Bild*-Zeitung titelt über den chinesischen Drachen: »Sein Appetit auf fremde Firmen ist unersättlich. Seine Gier nach Rohstoffen kennt keine Grenzen. Der Drache China will die ganze Welt verschlingen.« Für die *Süddeutsche Zeitung* enthüllt sich »eine asiatische Entwicklungsdiktatur, die unverfroren geistiges Eigentum stiehlt, im Ausland spioniert, minderwertige Produkte in alle Welt verschifft und daheim Umweltschutz und Menschenrechte missachtet«. Die *Bild am Sonntag* hält mit: »So wird uns China gefährlich«. *Der Spiegel* verkündet in einer Titelgeschichte, die asiatischen »Angreiferstaaten«, vor allem China und Indien, hätten dem Westen den »Weltkrieg um Wohlstand« erklärt. Den *stern* erinnert Chinas Engagement in Afrika offensichtlich an die Sklavenhalterzeit: »Die neuen Herren scheuen sich nicht, die Ausbeutungspraxis der europäischen Kolonialmächte aus den vergangenen Jahrhunderten zu übernehmen.«[20] Die *WirtschaftsWoche* wiederum druckt auf der Titelseite ihres China-Sonderhefts 2007 einen martialischen, kampfeswilligen Adler, der dem chinesischen Drachen seine Muskeln zeigt. Konfrontation statt Kooperation. Das Bild spielt mit der Ikonografie von David und Goliath und wirkt wie ein Plakat zur Hunnenrede von Kaiser Wilhelm II: »Führt eure Waffen so, dass auf tausend Jahre hinaus kein Chinese mehr es wagt, einen Deutschen scheel anzusehen.« Der Text des Artikels passt sich dem an: »Die gelbe Gefahr kehrt zurück in Form von chinesischen Spionen und Produktpiraten, von skrupellosen Unternehmern und machtversessenen Politikern, die vor nichts zurückschrecken, um den Aufstieg Chinas voranzutreiben.«[21] Sie kehrt zurück? Waren die Chinesen schon einmal hier? Erstaunliche Dokumente. In der zweiten Hälfte des 20. Jahrhunderts wurde in Deutschland der rassistische Begriff »Gelbe Gefahr« noch in Anführungszeichen geschrieben, und das letzte Land, das »die ganze Welt verschlingen« wollte, war Deutschland unter Hitler. Deutschland bleibt offensichtlich auch Anfang des 21. Jahrhunderts eine Nation mit einem schwachen Selbstwertgefühl. Wenn die Sorge um den eigenen Status in Angst umschlägt, neigen die Deutschen dazu, das rechte Maß zu verlieren. Deutschland hat eine lange Geschichte als schlechter Verlierer. Es werden Schuldige gesucht und gefunden. Diesmal sind es die Chinesen.

Die deutsche Politik nutzt den Stimmungswandel bereits politisch. Die Bundeskanzlerin hat sich schon darauf eingestellt. Sie profiliert sich innenpolitisch, indem sie China maßregelt. Sie lässt die alten Zeiten, in denen noch klar war, wo oben und unten ist, noch einmal aufleben. Bei einem Treffen mit dem äthiopischen Präsidenten Meles Zenawi beispielsweise kritisierte sie die afrikanisch-chinesischen Beziehungen. Die afrikanischen Völker sollten »auch wirklich den Gewinn aus der Kooperation ziehen können«. Den Vorwurf, China betreibe in Afrika eine neue Art des Kolonialismus, wies Zenawi zurück und fügte hinzu, dass es zwar einige Defizite gebe, insgesamt sei die Zusammenarbeit aber gut. Merkel ließ nicht locker. Mit Peking und Afrika müsse über »gleiche Spielregeln« geredet werden.[22] Das wunderte die Afrikaner und die Chinesen auch. »Der Wolf warnt das Lamm vor dem Löwen«, lautet ein afrikanisches Sprichwort. Warum müssen wir mit Europa über die Spielregeln sprechen, wenn wir untereinander Geschäfte machen, fragen sich die Afrikaner. Im Übrigen ist es immer der Schwächere, der gemeinsame Spielregeln fordert. Früher waren das die Afrikaner. Heute sind es die Europäer.

Je schwächer man ist, aber auch je enger man miteinander verbunden ist, desto mehr muss man auf Kooperation setzen, desto mehr muss man überzeugen, statt zu fordern oder gar bloßzustellen. Der Empfang des Dalai Lama durch die Kanzlerin sagt viel über ihr Verhältnis zu China aus. Ein Verhältnis, das nicht mehr zeitgemäß ist. Stellt man einen Freund und Geschäftspartner, dessen moralische Verfehlungen man als störend empfindet, in großer Runde bloß, um ihn zur Einsicht zu bringen? Ist das eine kluge Handlung? Wird man den Einfluss der eigenen Werte damit vergrößern? Selbst US-Präsident George W. Bush, der nicht für seinen Feinsinn auf dem internationalen Parkett bekannt ist, hat – anders als Merkel – den Chinesen zumindest vorher Bescheid gesagt und ihnen versprochen, dass er den Medienmönch nicht ins Oval Office lässt.[23]

Die Zeiten, in denen sich deutsche, ja selbst amerikanische Politiker wie die Erziehungsberechtigten chinesischer Diktatoren fühlen konnten, gehen langsam dem Ende entgegen. Wandel durch Annäherung, das alte, von Egon Bahr erfundene Motto Willy Brandts gegenüber den Ländern jenseits des Eisernen Vorhangs, gewinnt an Bedeutung. Die politische Durchsetzungsfähigkeit derjenigen, die das zuletzt merken, wird sich erheblich vermindern.

Wenn moralische Positionen mal so und mal anders vertreten werden, ist der Glaubwürdigkeitsverlust in den Augen der Aufsteiger besonders dramatisch. Die Bundeskanzlerin zum Beispiel neigt dazu, China und Indien mit zweierlei Maß zu messen, wenn es um die Frage der Menschrechtslage geht. »Ich glaube, dies ist auch der richtige Ort, immer wieder über das Thema der Menschenrechte zu sprechen«, belehrte Merkel bei ihrer Chinareise im August 2007 ihre Gastgeber: »Das Thema der Menschenrechte ist für uns von entscheidender Bedeutung, weil es im Grunde mit der Frage zu tun hat, ob jeder Mensch in jedem Land unveräußerliche Rechte genießt. [...] Ich glaube, dass wir gut daran tun, dies immer wieder miteinander zu besprechen. [...] Nie wieder werden so viele Millionen Menschen nach Peking schauen wie zu der Zeit, zu der diese Olympischen Spiele stattfinden werden. Aber es wird natürlich auch geschaut werden, wie sich China präsentiert – gerade auch im Hinblick auf die Meinungs- und Pressefreiheit.« Und sie fügt hinzu: »Wir können in dieser gemeinsamen Welt nur dann miteinander auskommen, wenn wir uns auf vergleichbare Spielregeln, auf vergleichbare Regeln des Umgangs miteinander einlassen.«[24]

Als sie wenige Wochen später nach Indien reiste, fand sie einen anderen Ton: »Wir haben sehr, sehr viele Gemeinsamkeiten, die auf einem ähnlichen Verständnis von Werten und von demokratischen Strukturen basieren.« Und sie lobte, statt zu belehren: »Sie haben es geschafft, im Rahmen der Demokratie, im Rahmen demokratischer Werte ein Zusammenleben zwischen Religionen, zwischen unterschiedlichen Gruppen der Bevölkerung, zwischen Nord und Süd und ganz unterschiedlichen Traditionen, harmonisch zu organisieren. Das ist natürlich schwierig. Ich habe es gestern Abend bereits Premierminister Singh gesagt: Ich finde, die Tatsache, dass so etwas möglich ist, zeigt die Kraft, die Demokratie entfalten kann.«[25]

Indien hat über vierzig Prozent Analphabeten, China unter zehn Prozent. Während in Indien 390 Millionen Menschen mit weniger als einem US-Dollar pro Tag auskommen müssen, sind es in China bei einer um hundert Millionen Menschen höheren Bevölkerungszahl nur vierzig Millionen. Wenn man schon unbedingt kritisieren will, welches System hat mehr Kritik verdient? Die Demokratie, der es nicht gelingt, einem Großteil der Bevölkerung aus der absoluten Armut zu verhelfen und den meisten Menschen Lesen und Schreiben beizubringen? Oder die Diktatur, der genau das gelingt, die jedoch die politische Grundfreiheit willkürlich einschränkt und nur die eigene Partei zulässt?

Wenn Meinungsfreiheit wichtiger ist als Lesen- und Schreibenkönnen, wenn demokratische Werte wichtiger sind als das tägliche Essen, dann könnte sich bei den Aufsteigern der Verdacht aufdrängen, dass es mehr um die Ideologie geht als um die leidenden Menschen; dass es um die eigene Bedeutung in der Welt geht und um die Angst, diese Bedeutung zu verlieren.

In dem Maße, in dem sich die Amerikaner militärisch überheblich verhalten, in dem Maße verhält sich die deutsche Bundeskanzlerin moralisch ungeschickt. Sie hat unsere moralische Position so übersteigert, dass nun für jeden sichtbar wird, dass unser Einfluss schwindet.

Auch in anderen Bereichen neigt die deutsche Bundesregierung zur Selbstüberschätzung innerhalb dieses globalen Wandels. Sie verfolgt politische Ziele auch, wenn sie den weltweiten Entwicklungen zuwiderlaufen und am Ende ihren eigenen Vorstellungen schaden. Während die Bundesregierung beispielsweise das Ende der Atomkraft beschließt und deutsche Unternehmen wie Siemens gezwungen hat, sich auch aus dieser Industrie zurückzuziehen, haben sich die Chinesen, mehr aus Energienot und Emissionsspаrüberlegungen, denn aus Überzeugung entschlossen, von nun an jedes Jahr zwei bis drei Atomkraftwerke ans Netz gehen zu lassen. Die deutsche Politik hätte angesichts dieser Entwicklung die deutsche Industrie zu Sicherheitsstandards anhalten können, die weltweit einmalig sind. Subventionen oder Forschungsgelder hätten diese Entwicklung beschleunigen können. Nunmehr haben sich die deutsche Politik und die Atomkraftgegner jedem Einfluss gegenüber dieser Entwicklung beraubt. Die Sicherheit der Atomkraft liegt jetzt in der Hand finnisch-russischer, französischer und amerikanisch-japanischer Konsortien.

Betrachtet man den globalen Wandel mit ein wenig Besonnenheit, wird deutlich, dass er sich allmählich vollzieht – ohne totalen Zusammenbruch, wahrscheinlich ohne einen großen Krieg. Das wäre ein großer Fortschritt. Der Aufstieg Chinas bedeutet gleichzeitig, dass die Welt multipolarer wird, man kann auch sagen demokratischer. Noch nie hatten so viele Menschen die Möglichkeit, die Entwicklung der Welt mitzugestalten, wie heute. Noch nie wurden so schnell so viele Menschen aus der Armut befreit. Woher nimmt der Westen sich das Recht, den Chinesen zu sagen, was sie zu tun und zu lassen haben? Wegen der sozialen Gerechtigkeit? Weil wir weiter entwickelt sind? Weil China eine Diktatur ist? Weil wir davon ausgehen, dass sich in der Welt unsere Werte durchsetzen werden? Die Antwort auf solche Fragen fällt uns immer schwerer.

Man würde Deutschland Unrecht tun, wenn man es in diesem Zusammenhang allein erwähnen würde. Die Engländer sind schon einen Schritt weiter. An englischen Schulen gilt bereits, dass nicht mehr als zehn Prozent Chinesen angenommen werden. »Wenn diese Schulen Begrenzungen für Schwarze eingeführt hätten«, schreibt Nancy Zhang, eine in England geborene Chinesin, die ihre Ausbildung in England gemacht hat, in der *Shanghai Daily*, »hätte es einen Aufruhr und endlose Debatten gegeben. Nun schämen sich die Rektoren nicht einmal deswegen. Sie halten das auch noch für richtig.«[26] Auch die Amerikaner, die als Weltmacht den größten Statusverlust zu ertragen haben, stehen den Deutschen in nichts nach. Im Gegenteil: »China Bashing« gehört in den Vereinigten Staaten zum guten Ton, und die amerikanische Regierung stellt sich nicht minder ungeschickt an.

Amerikas Vorsprung, was die soziale Gerechtigkeit betrifft, schmilzt jedoch, und damit die Legitimationskraft des »American Dream«. Während sich der Wohlstand der meisten Chinesen in den letzten zehn Jahren vergrößert hat, fiel das durchschnittliche Haushaltseinkommen einer amerikanischen Mittelklasse-Familie um 1500 US-Dollar. Während die Chinesen zwischen dreißig und vierzig Prozent ihres Einkommens sparen, sind die Amerikaner inzwischen durchschnittlich zu 135 Prozent verschuldet.[27] Die amerikanische Regierung muss sich täglich gut zwei Milliarden US-Dollar leihen und kann dennoch nicht den Lebensstandard ihrer Bürger halten. Die chinesische Regierung hingegen erwirtschaftet mehrere hundert Milliarden US-Dollar Gewinn jährlich. Inzwischen hat dies dazu geführt, dass, man glaubt es kaum, China besser dasteht als die USA, wenn es um die Verteilung des Wohlstands geht. Gemessen an dem Gini-Index, dem international anerkannten Maß für soziale Ungleichheit, also dem wichtigsten Indikator für gerechte Gesellschaften, steht China mit Platz 81 inzwischen um fünf Plätze besser da als die USA mit Platz 86 (Deutschland steht auf Platz 13). Zwischen den beiden Rivalen liegen die Mongolei, Kenia, Kamerun und Uruguay.[28]

Der starke Kontrast zwischen der komplizierten, reichen und hochgradig gebildeten Elite, der schwachen Mittelschicht und einer großen Unterklasse, die am Erfolg Amerikas hauptsächlich durch die berauschende Mythologie nationaler Größe teilnimmt, spiegelt sich im Gesellschaftsaufbau von Ländern der sogenannten Dritten Welt viel eher wider als in dem Gesellschaftsaufbau von Holland, Kanada oder Frankreich. Es ist sehr wahrscheinlich, dass dieser Trend anhält. Im Herbst 2007 hat der US-Senat die Verschuldungsobergrenze des Staates um 850 Milliarden US-Dollar angehoben. Es war bereits die fünfte Anhebung in der Amtszeit von US-Präsident George W. Bush. Das Limit beträgt nun 9,8 Billionen US-Dollar und ist ausgeschöpft. Die Chinesen hingegen haben Devisenreserven von knapp 1,5 Billionen US-Dollar.[29]

Der erste Schritt für Deutschland, um wieder auf den Boden der Realität zurückzufinden, bestünde darin, sich von liebgewonnenen Illusionen zu verabschieden, der Illusion beispielsweise, dass die Stärke des Euro im Erfolg Europas begründet ist. Der Euro ist vielmehr ein Spielball der Weltwirtschaft geworden. Es ist mehr das schwindende Vertrauen in die USA als das wachsende Vertrauen in Europa, das den Euro steigen lässt. Das bringt der deutschen Wirtschaft Probleme, denn unsere Produkte werden für alle außereuropäischen Länder teurer. Das bedeutet wiederum, der Abstieg Europas wird sich verstärken. So wie die USA in der Schuldenfalle festsitzen, steckt Europa in der chinesischen Eurofalle.

Mit einem anderen Selbstbetrug mussten erst die Chinesen aufräumen. Freiwillig hätte sich Deutschland nicht von dem Titel »Exportweltmeister« verabschiedet. Im Grunde stimmte er aus drei Gründen schon lange nicht mehr. Erstens gehen über vierzig Prozent unserer Exporte nach Europa, das ist ein Raum mit gleicher Währung, ohne

Handelsbarrieren und mit einer weitgehend gemeinsamen Politik. Mit einer gewissen Berechtigung könnte China seine Exporte von der Provinz Guangdong in die Provinz Hebei ebenfalls über die Exportstatistik laufen lassen, und die Amerikaner ihre Exporte von Wisconsin nach Florida auch. Dann wären alle europäischen Exportnationen von China bereits auf die hinteren Plätze verwiesen worden. Wenn man zweitens nicht nur den Handel mit materiellen Gütern rechnen würde, sondern auch den Handel mit nicht-materiellen Gütern wie Kundendiensten, Software-Lizenzen und Finanzberatung, die in der globalen Entwicklung eine immer größere Rolle spielen, dann sind die USA bereits seit 2004 Exportweltmeister und können nur noch von einem Land verdrängt werden: von China. Drittens sind schon heute vierzig Prozent der Teile unserer Exportprodukte im Ausland hergestellt worden. Der Titel zeugt vor allem von dem Wunsch der Deutschen, mehr Bedeutung zu haben, als ihnen eigentlich zusteht.

Die Deutschen sollten, ohne dabei in Sorge zu geraten, nüchtern feststellen: Just in dem historischen Moment, als Deutschland nach der Wiedervereinigung die Chance gehabt hätte, sich zu neuer Größe zu entfalten, wird das Land im relativen Vergleich zu China und Asien schwächer; zunächst wirtschaftlich, aber auch zunehmend politisch und kulturell. Möglicherweise vollzieht sich dies langsamer, als wir befürchten, aber darauf wetten sollte man nicht. China hat den Westen im sich dem Ende zuneigenden Jahrzehnt immer wieder überrascht. Andererseits gelang es den Deutschen, einen Einbruch bei den Exporten zu verhindern. Sie haben trotz des starken Euros auf dem Weltmarkt kaum Anteile verloren. Aber ihr Spielraum ist kleiner geworden. Die deutschen Exporteure haben sich halten können, weil sie ihre Gewinnspanne verkleinert haben. Zwischen 2000 und dem ersten Halbjahr 2007 ist bei BMW beispielsweise die Rendite pro Fahrzeug von 9,2 auf 5,5 Prozent gefallen.[30] Der Druck wird größer. Für viele Unternehmen ist der einzige Ausweg, die Produktion in den US-Dollar-Raum oder gleich in den Renminbi-Raum zu verlagern. BMW kündigte deshalb Ende des Jahres 2007 an, 8000 Arbeitsplätze abzubauen. Das ist gut für die Unternehmen, aber nicht gut für die westlichen Staaten, aus denen sie sich verabschieden. Diese haben dann weniger Geld zur Verfügung, und die Menschen, die dort leben, können weniger ausgeben.

Ein anderer Mythos, der sich hält, ist der deutsche Aufschwung des Jahres 2007. Er hat nur dazu geführt, dass die Regierung etwas weniger Schulden aufnehmen musste als geplant. Doch sollte man nicht vergessen, dass die öffentlichen Haushalte in Deutschland mehr Schulden haben als China Devisenreserven. Dies ist ein wenig holzschnittartig, weil die Chinesen auch geringe Schulden haben und die Deutschen geringe Devisenreserven. Aber der Vergleich eignet sich dennoch, um die Kräfteverhältnisse sichtbar zu machen: 1,5 Billionen Euro deutschen Schulden stehen knapp 1,5 Billionen US-Dollar chinesisches Guthaben gegenüber. China macht derzeit mindestens hundert Milliarden US-Dollar Gewinn im Jahr – und zwar nach den Milliardeninvestitionen im Infrastrukturbereich. Deutschland musste 12,5 Milliarden Euro neue Schulden im Jahr 2007 aufnehmen und 66 Milliarden an Zinsen zahlen – und zwar nach drastischen Sparmaßnahmen. Am deutlichsten wird die Qualität des deutschen Aufschwungs, wenn man die irritierenden Nullen weglässt. Deutschland hat bei 1500 Euro Schulden 3,50 Euro mehr eingenommen, muss aber allein 66 Euro Zinsen zahlen. 2007 hatte der Aufschwung in Deutschland im übertragenen Sinne den Wert einer Currywurst. Über achtzig Prozent der Deutschen haben ihn gar nicht gespürt.[31]

Aber hat der »Currywurst-Aufschwung« nicht sinkende Arbeitslosigkeit gebracht? Die Arbeitslosigkeit sinkt vor allem deshalb, weil Deutschland das Messsystem verändert hat. Statt der Frage, wie viele Menschen Arbeit haben, müssen die Deutschen sich nun eine Frage stellen, die sich die Amerikaner schon seit Jahren stellen müssen: Wie gut ist Arbeit bezahlt? Die Antwort liegt im Wert der Kaufkraft verborgen. Die Deutschen konnten sich in den letzten zwanzig Jahren für ihren Lohn nie so wenig kaufen wie im vergangenen Jahr. Da mag man argumentieren, dass die Chinesen mit viel weniger auskommen müssen, das wird die Deutschen, die am Ende des Jahres weniger Geld zur Verfügung haben, jedoch nicht überzeugen. Es bleibt, wie es ist: Die Lebenshaltungskosten sind stärker gestiegen als die Nettolöhne.[32]

Gleichzeitig haben die Bruttolöhne im vergangenen Jahr den höchsten Wert seit Bestehen der Bundesrepublik erreicht. Im Jahr 2006 gaben die Deutschen 0,3 Prozent weniger aus als im Vorjahr. 2007 wird der Wert ein wenig besser ausfallen. Doch wenn die Deutschen einkaufen, dann kaufen sie immer mehr billige chinesische Produkte. Früher sind diese Formen des eitlen Selbstbetrugs nicht aufgefallen. Inzwischen kann sich der Westen seine Fehler immer weniger leisten. China hingegen wird immer geschickter, wenn es darum geht, seine Interessen zu vertreten.

Die Welt wird nicht flach, wie der *Financial Times*-Kolumnist Thomas Friedmann voraussieht. »Es ist viel wahrscheinlicher«, bemerkt der Historiker Paul Kennedy, »dass die asiatischen Staaten den gleichen egoistischen, an den Interessen der eigenen Nation orientierten Fokus haben werden wie ihre Vorgänger.«[33] Alle großen Reiche und Wirtschaftszentren hatten in ihrer Blütezeit die Vorstellung, dass nach ihnen nichts Fortschrittlicheres mehr kommt. Die meisten jedoch wurden eines Besseren belehrt. Selbst China ist Mitte des 19. Jahrhunderts in diese Falle gelaufen und daran fast zerbrochen. Womöglich plant die chinesische Führung aus dieser historischen Erfahrung heraus den Aufstieg Chinas sorgfältiger und hat ein gutes Gespür für die westlichen Schwächen entwickelt. Wir sollten den Chinesen in dieser Wachsamkeit den Veränderungen der Welt gegenüber nicht nachstehen. Für den Westen muss es zumindest eine Frage der intellektuellen Klugheit sein, sich nicht per se für kulturell überlegen zu halten und davon auszugehen, dass sich die Welt schon in die eigene Richtung verändert. Es ist eine Frage der moralischen Integrität, dass man sich diesem bisher umfassendsten Mitbestimmungsbegehren der Weltgeschichte nicht entgegenstellt, und es ist eine Frage des Anstands, zuerst vor der eigenen Haustüre zu kehren, statt zuerst unter die Tischdecke der Nachbarn zu schauen. Schließlich ist es eine Frage der kaufmännischen Vorsicht, die Konkurrenz nicht zu unterschätzen. Dieses Buch soll einen kleinen Beitrag dazu leisten.

China erobert die Welt mit zwei großen Bewegungen: Mit der Machttechnik der »Konkubinenwirtschaft« lockt das Land die starken westlichen Unternehmen zu sich, um sie auf dem eigenen Platz zu schlagen oder zumindest zu kontrollieren. Dabei stellt sich am Ende nur eine Frage: Wie viel Technologie gibt der Westen dafür, dass die Chinesen ihm zumindest vorübergehend etwas von ihrem Markt abgeben? Diese Bewegung habe ich in dem Buch *Der China*

Code beschrieben.[34] In *Der China Schock* geht es um die zweite große Bewegung: China geht in die Welt hinaus, um sich Rohstoffe und politischen Einfluss zu sichern. Diese Bewegung ist für die Chinesen viel riskanter und ungewohnter. Viele Jahrhunderte lang genügte das Reich der Mitte sich selbst. Die Chinesen hielten es für nicht nötig, Kontakt mit anderen Ländern zu haben. 1525 wurde auf kaiserlichen Befehl sogar die chinesische Flotte vernichtet. Der Bau von großen Schiffen wurde unter Todesstrafe gestellt. Diese Haltung lässt sich heute nicht mehr aufrechterhalten. China muss sich aus der Deckung wagen und international Verantwortung übernehmen.

Die Furcht, dass die Chinesen sich in großem Stil in Deutschland einkaufen, ist einstweilen unbegründet. Die Deutschen zittern schon, wenn sie ein wenig Wald und hie und da einen heruntergewirtschafteten Mittelständler, der Webmaschinen oder Glaszylinder herstellt, kaufen. Dann heißt es sofort, die Chinesen kaufen »unsere Traditionsunternehmen« auf. Doch im Grunde ist die Lage noch viel schlimmer: Die Chinesen kaufen sich nicht in Deutschland ein. Sie haben Besseres zu tun. Warum sollen sie sich in Deutschland mit den Schwierigkeiten eines gesättigten Marktes herumschlagen, wenn sie in der sogenannten Dritten Welt mit offenen Armen empfangen werden und dort mit viel geringerem Aufwand bessere Geschäfte machen und schneller politischen Einfluss gewinnen können? Während die Deutschen sich darüber lustig machen, dass die chinesischen Autos den ADAC-Crashtest nicht bestehen, ziehen die Chinesen ein Ölland nach dem anderen auf ihre Seite.

Die Chinesen gehen Schleichwege. Dabei wenden sie gleich mehrere Listen oder Strategeme an, die sie über die Jahrhunderte hinweg nach dem Vorbild des Meisters Sun entwickelt haben. Sie lärmen im Osten, um im Westen anzugreifen (Strategem Nr. 6), erzeugen etwas aus dem Nichts (Strategem Nr. 7), führen das Schaf mit leichter Hand weg (Strategem Nr. 12) und locken dabei den Tiger vom Berg in die Ebene (Strategem Nr. 15).[35]

Der »Konkubinenwirtschaft« folgt die »Mutter-Courage-Ökonomie«: China profitiert vom Rohstoffkrieg. Es engagiert sich in schwachen Ländern und hilft ihnen, um daran zu verdienen. Eine gegenseitige Abhängigkeit entsteht. Wie haltbar sind diese geschäftlichen Verbindungen? Beide Bewegungen wären nicht erfolgreich, würden sie nicht globale Trends geschickt für ihre Zwecke nutzen. Die Konkubinenwirtschaft profitiert davon, dass der Westen billige Produkte und den chinesischen Markt braucht, die »Mutter-Courage-Ökomomie« profitiert davon, dass zum Beispiel die afrikanischen Staaten ihre internen Machtkämpfe nach der Unabhängigkeit weitgehend ausgefochten haben und der Westen sich bereits die Finger verbrannt hat.

In Hongkong habe ich die Eigentümer des größten Handelshauses Li & Fung getroffen, die für viele westliche Unternehmen den Einkauf erledigen und 2006 8,7 Milliarden US-Dollar Umsatz machte. Mit ihren Fabriken in Asien greifen sie immer tiefer in den Produktionsprozess westlicher Hersteller ein. Am Ende bleibt nur noch der Markenname übrig. Ich war bei der Beerdigung ihres Lehrers und Rektors, eines Briten, der in bester Absicht die Konkurrenten des Westens trainiert hatte. Damit hat er, ohne dass er dies hätte absehen können, seinem Kulturkreis einen Bärendienst erwiesen.

An der Grenze zwischen der Mongolei und China bin ich im Konvoi mit illegalen Kohlelastwagen über schwarz staubende Pisten in der Wüste Gobi zu wilden Grenzübergängen gefahren, die von den chinesischen Behörden streng kontrolliert, aber geduldet werden. Ich habe mit Präsident Enkhbayar in der Hauptstadt Ulan-Bator darüber gesprochen, wie die Mongolei ihre Unabhängigkeit zwischen den Großnationen China und Russland bewahren und doch mit den Chinesen Geschäfte machen kann. Und ich habe mir die größte Kupfer- und Goldmine der Welt angeschaut, die von dem Kanadier Bob Friedland, dem »Mick Jagger der Minenindustrie«, entdeckt wurde. Sie wird China versorgen und die Mongolei reich machen.

Während einer Reise einmal längs durch Nordkorea bis hin zur schwer bewachten Grenze im Süden konnte ich nicht nur feststellen, wie weit dieses Land sich von der Entwicklung der übrigen Welt abgekoppelt hat, sondern auch herausfinden, dass es viel stabiler ist, als wir glauben, dass Kim Jong-il ein rational agierender Diktator ist, sich das Land ganz langsam öffnet, wegen seiner Bodenschätze immer wertvoller wird und sowohl für die Chinesen als auch für die Amerikaner von entscheidender strategischer Bedeutung ist. Wer ist am Ende wohl mächtiger, wer überzeugender als Spezialist für einen möglichst reibungslosen Übergang in die moderne Welt?

In Nigeria bin ich unter großen Sicherheitsvorkehrungen mit einer chinesischen Delegation zu Regierungsverhandlungen gefahren. Der mächtigste Chinese in dem bevölkerungs- und ölreichsten Land Afrikas, Jacob Wu, hat mir gezeigt, welchen Chancen und Risiken er im Alltag ausgesetzt ist, warum die Chinesen 8,3 Milliarden US-Dollar allein in die nigerianische Eisenbahn investieren und den ersten afrikanischen Satelliten bereits in die Umlaufbahn gebracht haben. Ich war in China-Town des 14-Millionen-Molochs Lagos und habe in der Hauptstadt Abuja den noch amtierenden nigerianischen Präsidenten Olusegun Obasanjo getroffen, der in seinem letzten Gespräch mit einem westlichen Journalisten eine Bilanz seiner Amtszeit abgab.

Ich bin mit einem Jumbo-Jet von Angola Airways geflogen und tief ins bürgerkriegsgebeutelte angolanische Hinterland gereist, in die Straßenbaucamps der Chinesen, die bisher noch kaum ein westlicher Journalist betreten durfte. Ich habe gelernt, warum Angola mindestens so wichtig für den Westen ist wie Kuwait und warum die Chinesen die USA erst jetzt zurückdrängen konnten, obwohl sie schon seit den sechziger Jahren dort aktiv sind. Ich habe die Geschwindigkeit erlebt, mit der die Chinesen das Land wieder aufbauen, und habe die Ängste der Angolaner vor den mächtigen Chinesen und das historisch bedingte Misstrauen der beiden Regierungen voreinander verstehen gelernt. Arme habe ich getroffen, die kein sauberes Wasser haben, und Reiche, die mit ihrem Porsche Cayenne für Benzin anstehen. Mit dem Nürnberger Unternehmer Gauff bin ich durchs Land gefahren, der seit 25 Jahren mit Chinesen in Afrika arbeitet und nun das Verbindungsglied zwischen der afrikanischen Regierung und den Chinesen ist; ich habe Erich Riedl getroffen, den CSU-Politiker, der jetzt für die angolanische Regierung arbeitet und sehr viel von den Chinesen hält.

Ich bin in das Land gereist, das auf Platz eins der »Failed States« steht und in dem es drunter und drüber geht. Bei 45 Grad im Schatten habe ich einen chinesischen und einen sudanesischen Lokführer tief im sudanesischen Hinterland am Nil getroffen und bin mit ihnen im Schritttempo über morsche Brücken gefahren. Einen Berliner habe ich kennen gelernt, der den Aufbau der sudanesischen Eisenbahn, den die Chinesen übernommen haben, überwacht, und den »sudanesischen Mehdorn«. Ich habe verstanden, warum das Land boomt, obwohl der Westen ein Embargo verhängt hat, warum sich die Sudanesen von den USA hinters Licht geführt fühlen und deshalb die Chinesen ihre engsten, nichtislamischen Vertrauten sind, und warum das Land so wichtig für die Weltwirtschaft ist. In die Wirren des Darfur-Konflikts habe ich mich eingearbeitet und bin dabei auf große Überraschungen gestoßen.

Im Iran habe ich miterlebt, wie zum ersten Mal eine chinesische Pekingoperntruppe auftreten durfte. Nachdem China der engste Verbündete des Iran ist und die Pekinger Regierung Milliarden in den Iran investiert hat, sollen sich nun auch die Menschen näher kommen. Mullahs und Kung-Fu-Kämpfer treffen aufeinander und beleben eine alte Tradition der engen Zusammenarbeit zwischen Persien und China aus der Zeit der Seidenstraße. Ich habe mich über den Schaden informiert, den deutsche Banken hinterlassen, weil sie dem Druck der Amerikaner nachgeben und ihre Filialen schließen, und herausgefunden, dass China die Lücken sofort gefüllt hat, während die Amerikaner weiter Geld verdienen. Und ich habe die Enttäuschung junger, westlich orientierter Iraner erlebt, die sich von den USA betrogen und von Europa im Stich gelassen fühlen und sich deshalb in Richtung China orientieren.

China muss unter allen Umständen den Nachschub an Bodenschätzen sichern, damit die boomende Wirtschaft nicht einbricht und soziale Unruhen aufflackern. Dazu gehören Öl und Gas ebenso wie Zink und Kupfer, Holz und Baumwolle. In Zentralasien, im Nahen Osten und vor allem in Afrika zieht es ein Land nach dem anderen durch lukrative Angebote auf seine Seite und entreißt es damit dem Einflussbereich des Westens. Chinas Strategie ist ebenso einfach wie wirkungsvoll. Während die Amerikaner und Weltinstitutionen wie die Weltbank zum Teil berechtigte moralische Forderungen erheben, stellen die Chinesen keine Fragen. Sie bieten gegen niedrige Kredite an, die Infrastruktur aufzubauen, und bekommen dafür Bodenschätze. Das machen sie im Sudan ebenso wie in Venezuela, im Iran ebenso wie in Nordkorea. Damit schlagen sie gleich drei Fliegen mit einer Klappe: Sie bekommen Bodenschätze, bauen Absatzmärkte für ihre Produkte und Technologien auf und sichern sich die politische

Loyalität dieser Länder. Chinesische Politiker und Unternehmer mögen korrupter sein, sie sind auch darin allemal wendiger. Und sie liefern Infrastruktur schneller und billiger als die Konkurrenz.

Weil China sich politisch geschickt verhält, gerät der Westen im Mittleren Osten, in Zentralasien, Afrika und Südamerika immer stärker unter Druck. Er verliert in diesen Regionen immer mehr an Einfluss. Auch hier ist ein Ende der Entwicklung nicht abzusehen. Im Gegenteil: Sie wird sich noch verschärfen. Je mehr Wohlstand die Chinesen haben, desto mehr Energie brauchen sie – und sie haben das Geld, die höchsten Preise zu bezahlen. Heute verbrauchen die Amerikaner pro Kopf zehnmal so viel Energie und Bodenschätze wie die Chinesen. Es gibt fast viermal so viele Chinesen wie Amerikaner oder Europäer. Es wird ein harter Kampf in den kommenden zwanzig Jahren, mit sinkendem Spielraum für Deutschland. Bereits im Jahr 2025, so schätzt die OECD, wird China in fast jeder Hinsicht die größte Volkswirtschaft der Welt sein. Deshalb, so prognostiziert die Weltenergiebehörde, wird der Hunger nach Bodenschätzen nicht abnehmen. Im Gegenteil: China wird seinen Kampf um Bodenschätze dann stärker mit politischen und wirtschaftlichen Strategien unterfüttern und womöglich auch vor militärischen Eingriffen nicht zurückschrecken können, auch wenn dies jetzt als noch sehr unwahrscheinlich erscheint.

Während wir moralische und institutionelle Standards gegen Entwicklungshilfe einfordern, sind die Chinesen nur am Geschäft interessiert, ein Geschäft wie der Bau von Straßen, Kanalisationen, Kraftwerken und Eisenbahnen allerdings, das trotz des Sumpfes der Korruption, in dem auch die Chinesen agieren, in der Regel zur Verbesserung der sozialen Lage beiträgt. Denn ohne Infrastruktur keine Wirtschaft und ohne Wirtschaft kein Wohlstand. Wenn der Internationale Währungsfonds und die Weltbank Kredite verweigern, springen sofort die Chinesen ein. Selbst rohstoffreiche Industrienationen wie Australien, die bis vor einigen Jahren noch treu zu den USA standen, arbeiten immer enger mit den Chinesen zusammen. Das Land ist inzwischen ihr größter Kunde.

Wir mögen das Verhalten der Chinesen gegenüber diesen Ländern kritisieren. Die Frage ist, ob sie uns überhaupt noch zuhören. In einer multipolaren Weltordnung braucht China den Westen kaum noch, wenn es sich mit Ländern in Asien, Afrika und Südamerika einigt. Zudem haben die Chinesen ein überzeugendes Argument, nämlich dass auch sie Gutes tun: Nichts nützt den Menschen mehr als der Aufbau von Infrastruktur in armen Ländern. Und die Regierungen bekommen kein Geld gegen Öl, sondern Straßen, Kraftwerke und Häfen, die sie nicht klauen können. China ist die Mutter Courage in einem globalen Wandel. Unser erhobener Zeigefinger ist der Welt egal. Die Hoffnung auf Aufschwung ist für arme Länder wichtiger.

Es ist schon heute nicht übertrieben festzustellen: Chinas »Mutter-Courage-Ökonomie« ist die mächtigste asiatische Eroberungsbewegung, seit Dschingis Khan mit seinen Reiterhorden bis kurz vor Wien gezogen ist. Sie ist nur friedlicher, umfassender und nachhaltiger. Aber sie birgt auch Risiken. Auch Mutter Courage hat beim Geschäftemachen ihre Kinder eingebüßt. Wir kennen den Preis noch nicht, den China bezahlen muss. Dennoch ist bereits abzusehen: Wir stehen am Beginn eines neuen globalen Trends, eines Trends, der die Welt für die Mehrheit der Menschen wahrscheinlich lebenswerter macht, den Westen jedoch vor die bisher größte Herausforderung stellt. Zum ersten Mal in der Geschichte sieht er sich einem ernsthaften Konkurrenten gegenüber – und plötzlich relativiert sich alles: unser wirtschaftlicher und politischer Einfluss und nicht zuletzt die westliche Wertorientierung.

Ich bin von den Reisen auf den Spuren der chinesischen »Mutter-Courage-Ökonomie« nicht empörter zurückgekehrt, sondern stiller, nachdenklicher und kleinlauter. Ich weiß nun: Wir müssen unsere Zukunft wieder selbst in die Hand nehmen, bevor China und Asien sich entschieden haben und wir nur noch folgen können.

Europa hat einen höheren Menschenrechtsstandard als manche asiatischen Länder. Aber wir haben keinen Grund, deswegen selbstgefällig zu werden oder uns gar moralisch überlegen zu fühlen.

Chris Patten, letzter Gouverneur der britischen Kronkolonie Hongkong

Tod eines Bildungsreisenden

Hongkong und die Welt

Der Leichenwagen bewegt sich im dichten Hongkonger Nachmittagsverkehr so gleichmäßig, dass man meinen kann, der Sarg hinter den großen Scheiben schwimme auf dem Gelben Fluss. Einen Monat später, im Februar 2007, wäre Alexander James Reeve, genannt Alec, achtzig Jahre alt geworden. Als sein Sarg zwischen den Autos in der flimmernden Hitze verschwindet, neigt sich eine Epoche dem Ende zu.

Der Engländer hatte den größten Teil seines Lebens in Hongkong verbracht. Im Alter von 29 Jahren war er mit dem Schiff in die Kronkolonie aufgebrochen, um mehr Geld zu verdienen, aber auch um hier westliche Wertvorstellungen zu verbreiten. Er unterrichtete an der legendären King George V School (KGV), die 1894 gegründet worden war, wurde Rektor dieser Eliteschule und ging gut dreißig Jahre später als Inspektor aller Hongkonger Schulen in Pension.

Alec konnte Fred-Astair-Lieder singen und dazu steppen, spielte Kricket und Tennis. Ein Sonnyboy, der seine gute Laune gerne teilte. Als Lehrer war er streng. Seine Schüler waren nicht nur die Kinder der Kolonialherren, sondern auch junge Chinesen, Inder oder Filipinos, deren Eltern in Hongkong Fuß gefasst hatten und es sich leisten konnten, das Schulgeld aufzubringen. Jeden Tag erschien er als Erster in der britischen Schule, abends verließ er sie als Letzter – in kurzen, steif gestärkten Hosen und weißen Kniestrümpfen, den Rohrstock immer zur Hand. Strafe musste sein, Ausnahmen gab es nicht, obwohl er die Prügelstrafe nicht mochte. Alec behandelte alle Schüler gleich; auch seine vier Söhne, die inzwischen über die ganze Welt verstreut sind, hatten sich seiner Disziplin zu fügen. Seine zweite Frau Barbara, die zwanzig Jahre jünger ist, war ebenfalls eine seiner Schülerinnen gewesen. Ihr Vater war schon in den zwanziger Jahren von Deutschland nach China ausgewandert. Und Barbaras Tochter Anke ist meine Freundin. Bis in die letzten Wochen seines Lebens hatte Alec versucht, westliche Wertvorstellungen durchzusetzen und den Zivilisationsstand des Abendlandes zu verteidigen. Selbst als seine Demenz schon weit fortgeschritten war, büchste er noch ab und zu von zu Hause aus, um auf der Plaza in Discovery Bay Kinder zur Ordnung zu rufen. Doch niemand verstand mehr, warum er mit seinem Stützstock herumfuchtelte.

Er war einer der letzten Vertreter einer fast fünfhundert Jahre andauernden Mission gewesen, die es als ihre Aufgabe verstanden hatte, westliche Werte in Asien zu verankern. Die Mission begann, als Anfang des 16. Jahrhunderts der portugiesische Seefahrer Jorge Alvarez die Region entdeckte und Macau, die Nachbarinsel von Hongkong, kurz darauf erste europäische Kolonie in Asien wurde.

Alec war in Hongkong erfolgreich gewesen – und er ist dennoch auch gescheitert. Zur Trauerfeier in die Rosary Church, die 1905 erbaut wurde und die älteste katholische Kirche in Kowloon ist, erschienen viele seiner ehemaligen Schüler. Die meisten von ihnen sind Asiaten, und sie erwiesen ihm die letzte Ehre, weil sie seine strenge Erziehung zu schätzen wissen: Sie haben sich in Cambridge oder Oxford bewährt oder sind als Unternehmer um die Welt gereist. Ein irischer, ein kantonesischer und ein indischer Pfarrer zelebrierten gemeinsam die heilige Messe. Alle drei waren seine Freunde gewesen.

Und trotz seines großen Einflusses – und natürlich auch des Einflusses vieler anderer Europäer vor ihm – hat sich in Hongkong etwas wesentlich verändert: Die Spielregeln legen heute diejenigen fest, die Alec ausgebildet hat. Und sie haben eine ganz andere Vorstellung davon, wie die Welt funktioniert, was wichtig und was unwichtig ist. Zu diesen Global Playern gehören Victor und William Fung, 1945 und 1948 geboren, die zu ihrem ehemaligen Lehrer bis zu seinem Tod

Kontakt hielten: »Er war ein großes Vorbild für uns. Ein charismatischer und disziplinierter Mann.« Die beiden Brüder gehören zu den zehn reichsten Männern in »Greater China«, das das Festland China, Taiwan und Hongkong umfasst, also das kommende Zentrum der Welt. Sie sind Eigentümer und Geschäftsführer des weltweit größten Handelshauses Li & Fung, das für viele westliche Unternehmen den Einkauf erledigt und 2006 rund 8,7 Milliarden US-Dollar Umsatz machte.[1] 2006 übernahmen sie die Einkaufsorganisation von Arcandor – ehemals Karstadt[2] –, 2007 die von Tommy Hilfiger.[3] Durch solche Zukäufe greifen sie immer tiefer in den Produktionsprozess westlicher Hersteller ein: Am Ende bleibt nur noch der Markenname übrig, oder vielleicht nicht einmal der.

Alec hat in bester Absicht die Konkurrenten des Westens trainiert und damit, ohne dass er dies hätte absehen können, seinem Kulturkreis einen Bärendienst erwiesen. »Wir haben seine Gradlinigkeit immer geschätzt«, sagt Victor Fung. »Er hat uns als Schüler den Blick in die Welt geöffnet. Wir kannten vorher nur Hongkong.« Alecs Frau Barbara und ihre beiden Schwestern Ursula und Gabriele waren zu dieser Zeit enge Schulfreunde der Fungs. Die Mädels schätzten schon damals das Charisma des Rektors. Doch Alec hat wahrscheinlich die Chinesen mehr beeindruckt als seine eigenen Landsleute. »Alec war nicht nur eine Ikone des Respekts und der Anmut während meiner Ausbildungsjahre«, formuliert einer. Eine ehemalige Schülerin fasst zusammen: »Er war ein richtiger Rektor: Er konnte entsetzlich grimmig aussehen, mit dem stechenden Blick eines jagenden Falken, und dann wieder liebenswürdig einfühlsam und verständnisvoll, mit einem humorvollen Augenzwinkern.« Und ein Dritter stellt fest: »Er war ein sehr ungewöhnlicher Mensch und hatte einen großen Einfluss auf mich. Alec ist einer der wenigen, die in der Lage waren, meinen Blick auf die Welt zu verändern.«

So sehen das auch die Fung-Brüder. Ohne Disziplin geht es nicht. Wenn Victor, der Hemdsärmligere der beiden, morgens in seinem Mini ins Büro fährt, telefoniert er abwechselnd mit Taiwan, den USA, Vietnam und Bangladesch. Die Firmenzentrale der Brüder, der elfstöckige Li & Fung-Tower, steht in der Cheung Sha Wan Road, einer lauten Straße in einer gesichtslosen Ecke des Stadtteils Kowloon, weit entfernt von der spektakulären Skyline Hongkongs. Um die Ecke war früher der alte Flughafen. Das einzig Auffällige an der roten Fassade ist die riesige Hausnummer 888 – drei Mal die chinesische Glückszahl. Sie verspricht gutes Feng Shui. Keiner der zahlreichen vorbeilaufenden Passanten würde auch nur vermuten, dass sich hier eine der wichtigsten Schaltzentralen der wirtschaftlichen Globalisierung befindet.

William sitzt schon am Schreibtisch. Der Mann mit den flinken braunen Augen, dem freundlichen runden Gesicht und dem akkurat gezogenen schwarzen Scheitel sorgt dafür, dass die Firma Levi Strauss ihre Jeans bekommt, bei Victoria's Secret die Unterwäsche in den Läden hängt und bei Disney die Winnie-Puuh-Plüschtiere angeliefert werden. »Wir sind die Brücke zwischen der niedrigpreisigen, arbeitsintensiven Produktion von Konsumgütern in den Schwellenländern und den Konsumenten dieser Produkte in den entwickelten Ländern der Welt«, sagt er.

Seit dem Börsengang 1992 steigerten die Fung-Brüder den Umsatz um durchschnittlich 22 Prozent pro Jahr. Jeden Tag suchen 10 000 Mitarbeiter in über vierzig Ländern – dreimal so viele wie noch vor zehn Jahren – die günstigsten Einkaufsquellen für Kunden wie Wal-Mart, Coca-Cola oder Elizabeth Arden. 2,4 Milliarden Hemden, Jacken, Schuhe, Anzüge, Spielwaren und Geschenkartikel schickt Li & Fung jährlich auf die Reise – meist von Südostasien in die USA und nach Europa.[4]

Etwa vier Prozent aller Exporte Chinas in die USA werden in dem unscheinbaren Gebäude abgewickelt. So bekannt ihre Kunden sind, so unbekannt sind die Fungs selbst. Denn auch wenn Outsourcing einer der wichtigsten Trends bei der Verlagerung des weltwirtschaftlichen Schwergewichts in Richtung Osten ist, kennt kaum einer die Unternehmen, die dahinterstecken. Schließlich sehen die Konsumenten meist nur das Endprodukt – die Waren in den Regalen der rund 7000 Wal-Mart-Filialen, der knapp 1500 Toys-»R«-Us-Läden oder der neunzig Karstadt-Warenhäuser –, aber nicht die Lieferketten im Hintergrund.

Die Lobby, kaum mehr als fünfzig Quadratmeter groß, mit einem beflissenen Angestellten an der Rezeption, vermittelt eines ganz klar: Die Fungs sind zum Arbeiten hier, nicht zum Repräsentieren. So hätte es auch Alec gemacht, doch er hatte nie ein Händchen fürs

Geschäft. In diesem Haus wird Geld nicht unnötig ausgegeben. Kunden wie Disney und Coca-Cola, die ihre Merchandising-Produkte über Li & Fung beziehen, wissen das zu schätzen. Die Fung-Brüder wurden dank eines glänzenden Geschäftsjahres 2005 vom US-Wirtschaftsmagazin *Forbes* zu den asiatischen Geschäftsmännern des Jahres gekürt. Auf der *Forbes*-Liste der reichsten Männer der Welt stiegen sie 2007 von Platz 512 auf Rang 390 – mit einem geschätzten Vermögen von je 2,4 Milliarden US-Dollar.[5] Und ein Ende des Aufstiegs ist nicht in Sicht.

Krawatten tragen die Fungs nur, wenn es unbedingt sein muss. Ihr Büro ist mit seiner hellen Holzeinrichtung so schnörkellos wie ihr Charakter. Eindruck schindet William lieber mit seinem Golfspiel. »Sein Handicap ist einstellig«, staunen seine Geschäftspartner. Victor trägt eine einfache schwarze Plastikuhr ums Handgelenk. Immerhin essen die beiden Brüder gern. Abends sieht man sie im altehrwürdigen Hong Kong Club, wo man nicht mit dem Handy telefonieren und keine Unterlagen hervorholen darf.

Dank ihrer Schulausbildung standen ihnen alle Möglichkeiten offen. Die hatte ihr Großvater noch nicht. Erfolgreich konnte man als Chinese zu Beginn des vergangenen Jahrhunderts nur sein, wenn man einen westlichen Partner hatte. Und in der Regel war man dann Partner zweiter Klasse. Doch Fung Pak-liu, der Großvater der Fung-Brüder, wollte gleichberechtigt sein, wenn es sein musste, dann eben nur in einem kleineren Geschäft. Und weil er als katholischer Lehrer gut Englisch sprach – das war zu Zeiten des letzten chinesischen Kaisers höchst ungewöhnlich –, war er nicht auf westliche Hilfe angewiesen. 1906 konnte er sich mit dem Seidenhändler Li To-ming zusammenschließen, der seine Fähigkeiten erkannt hatte. »Großvater hat seine Arbeitskraft und sein Know-how der westlichen Kultur eingebracht und Herr Li das Geld«, erläutert William Fung. Da dieses Know-how besonders wichtig war, durfte Fung Pak-liu 51 Prozent des Unternehmens innehaben. Der Firmenname entstand aus zwei kantonesischen Wörtern, die wie die Nachnamen der Gründer klangen – Li mit der Bedeutung »Profit« und Fung wie »reichlich, im Überfluss vorhanden«. Das Unternehmen mit dem vielversprechenden Namen war damals das einzige chinesische und das einzige, das direkt aus China exportierte. Der Erfolg der beiden Pioniere bewies, dass man auch ohne den Westen auskommen konnte. Sie handelten mit Porzellan aus der Manufaktur Jingdezhen, mit dicker chinesischer Seide und Antiquitäten – mit Produkten also, von denen sie viel verstanden. Als die Geschäfte gut anliefen, kamen Bambuswaren, Jade und Rattanmöbel hinzu. Schon bald wurde ihre Haupteinnahmequelle der Export der prachtvollsten Feuerwerkskörper, die die Welt je gesehen hatte. Weil man sich nach ihnen die Hälse reckte, hieß die Marke Giraffe. Hauptsitz des Unternehmens war Kanton; Hongkong diente nur als Hafen, von dem aus die Güter verschifft wurden. »Damals wurde alles, was wir zu verkaufen hatten, in Handarbeit hergestellt«, so William Fung. »Wir waren wettbewerbsfähig, weil wir Produkte herstellten und verkauften, die andere nicht hatten. Wie wir produzierten, war fast egal.«

Die Wirren des Bürgerkriegs nach dem Zusammenfall des Kaiserreichs hatten auf das expandierende Geschäft von Li & Fung keine negativen Auswirkungen. Während Kommunisten und Nationalisten noch um die Vorherrschaft kämpften, war es Ausländern nicht erlaubt, Anlegestellen in Kanton zu errichten. Fung konnte jedoch dank seiner guten Beziehungen zur Stadtverwaltung einen Pier bauen – exklusiv für zwei japanische Schiffslinien. Li & Fung wurde darüber hinaus der Exklusiv-Agent für die Osaka Marine & Fire Insurance sowie für die britische Firma Harry Wicking & Co., für die die beiden Unternehmer die meisten Exporte aus China übernahmen. Auf Grund ihrer exklusiven Position waren nun die Ausländer von den Chinesen abhängig. Das Geschäft boomte.

Während der 1920er und 1930er Jahre rückte die zweite Generation der Fungs in die Firma nach. Drei der elf Fung-Kinder begannen in dem Familienunternehmen, darunter auch William und Victors Vater Hon-Chu.[6] Doch dem Firmengründer war zunächst sein Neffe wichtiger. Fung Pak-liu behandelte seinen Neffen Yau-yen, einen Überflieger, wie seinen eigenen Sohn. Er brachte ihm alles persönlich bei, übertrug ihm Verantwortung, und bald wurde Yau-yen Executive Assistent bei Li & Fung. Doch der Neffe hatte höhere Ambitionen. 1931 verließ er von heute auf morgen die Firma und nahm fast alle Führungskräfte mit. Er gründete sein eigenes Unternehmen, Luen Fung & Co. Viele der alten Kunden ließen sich nun von ihm betreuen und verließen Li & Fung. Diese »Meuterei« kränkte den alten Pak-liu sehr. »Wir mussten neue Mitarbeiter einstellen und mit vielem von vorne beginnen. Wenigstens ging Luen Fung schon nach wenigen Jahren pleite«, sagte Fung Hon-chu später. Sein Vater brauchte ihn nun in der Firma. Gehorsam gab er seine Pläne auf, an der Hongkonger Universität Bergbautechnik zu studieren. »Am Anfang nahm ich das, was ich tat, nicht ernst. Und ich lehnte es ab, dafür bezahlt zu werden. Ich verschwendete einige Jahre im Büro, ohne dass ich irgendetwas lernte oder beitrug. Mein Vater stellte mich seinem Freund, Joseph Sipser vor, der versuchte, mein Interesse für das Handelsgeschäft zu wecken, aber es funktionierte nicht. Ich hatte absolut nicht die Absicht, ein Händler zu werden«, sagte Hon-chu über seine erste Zeit bei Li & Fung. Ein Zufall machte ihn dann zum Unternehmer. Als sein Vater einmal nicht anwesend war, musste Hon-chu plötzlich selbst eine Entscheidung treffen und brachte die Firma damit einen großen Schritt voran. Li & Fung erholte sich von der Krise. Bereits 1930 gehörte die Firma zu den 28 führenden Import-/Exportunternehmen in Kanton. Neben dem Hauptquartier hatte sie weitere 22 Geschäftsstellen in verschiedenen Teilen Chinas sowie eine Rattan-Fabrik, mehrere Feuerwerksfabriken und einen Porzellan-Brennofen.

Im Zweiten Chinesisch-Japanischen Krieg beschloss Fung Pak-liu den Umzug des Hauptsitzes nach Hongkong, da die Lage in Kanton zu unsicher war. In der britischen Kolonie machte Li & Fung so weiter wie bisher, exportierte vor allem Rattan, Porzellan, Feuerwerkskörper und Lackmöbel. Der Westen kaufte immer mehr. Und Fung konnte immer bessere Preise anbieten. Doch er war auf seine Kunden im Westen so fixiert, dass er gar nicht damit rechnete, dass die Kommunisten 1949 die Macht übernehmen würden. Unvermittelt brachen schlechte Zeiten an: »Das war eine Katastrophe, weil das Hinterland verloren war und Hongkong seine Rolle als Tor zur Welt einzubüßen drohte«, so Fung. »Das Tor war plötzlich geschlossen.« Das Unternehmen musste sich neu erfinden.

Zu diesem Zeitpunkt war Alec bereits gut zwanzig Jahre alt und ahnte noch nicht, dass er einmal den größten Teil seines Lebens in Hongkong verbringen und Kindern wie Victor und William auf die Sprünge helfen würde. Er kam aus kleinen Verhältnissen, sein Großvater war Minenarbeiter, und sein Vater arbeitete im Stahlwerk. Als er zwölf war, brach der Zweite Weltkrieg aus, und sein Vater schickte ihn auf ein privates katholisches Internat, das ihn für sein Leben prägen sollte. Alec war wissbegierig, liebte Sport und legte bald seinen strengen Yorkshire-Akzent ab. Mit sechzehn Jahren kam der Hochbegabte in ein Priesterseminar, in dem er sechs Jahre bleiben sollte. Doch das Priesteramt war nichts für ihn. Er neigte zum Zweifel, und auch seine Leidenschaft für Frauen ließ ein Leben im Zölibat nicht in rosigem Licht erscheinen. Eine Leidenschaft übrigens, die er zeit seines Lebens nicht mehr ablegte. Noch im fortgeschrittenen Stadium seiner Demenz gelang es ihm, sein schönstes Lächeln aufzusetzen, wenn eine Frau den Raum betrat, selbst wenn es die Tochter seiner zweiten Frau war. Alec bezahlte den Abgang vom Priesterseminar mit einem Karriereknick: Er arbeitete in einer Wurstfabrik, bis er sich entschied, Lehrer zu werden, und beim Strawberry Hill Teachers Training College in Twickenham bei London anheuerte. Sein Tutor war ein Mann namens Joe Jagger. Dessen Sohn sollte eine ganze Generation prägen: Mick Jagger. 1956 entschloss sich Alec mit seiner damaligen Frau und zwei seiner Kinder nach Hongkong zu ziehen und am KGV zu unterrichten. »Honestas ante honores« war das Motto der Schule: »Ehrlichkeit vor Ruhm«.

Die älteste britische Schule Hongkongs war 1902 in ein Gebäude gezogen, das der Hongkonger Reeder Sir Robert Ho Tung, Sohn einer Chinesin und eines holländischen Geschäftsmannes, gestiftet hatte.[7] Er war der Urgroßvater von Stanley Ho, der in den Sechzigern zusammen mit Henry Fok die Spielkasinolizenzen von Macau übernahm und bis heute einer der reichsten und einflussreichsten Geschäftsleute der Region ist. Ho verlangte, dass die Schule das britische Erziehungssystem beibehalten, sich aber auch für Chinesen öffnen solle, denn seine eigenen Kinder konnten die Schule bisher nicht besuchen. Die britische Verwaltung war einverstanden. In den 1930er Jahren hatte die KGV schon über dreihundert Schüler, darunter auch zahlreiche Chinesen. In den 1940er Jahren, als die Japaner Hongkong überfielen, musste die Schule geschlossen werden. Doch als die Japaner 1945 kapitulierten, wehte auf dem Glockenturm der Schule wieder eine britische Flagge.

»Schon damals war auffällig, dass vor allem chinesische Schüler besser und fleißiger waren als die westlichen«, erinnerte sich Alec.

»Sie machten auch Unsinn, aber sie wussten eher, wann es drauf an-
kam aufzupassen, und dachten langfristiger.« Victor Fung war der
Schulbeste. Sein kleiner Bruder war nicht viel schlechter. Die jungen
Briten und die wenigen Deutschen, die in den 1960er Jahren in Hongkong lebten, waren von Ausnahmen abgesehen eher an Flower Power
interessiert als an Autorität. Alec hatte in jener Zeit keinen leichten
Stand. Auch wenn er viel von Selbstdisziplin hielt, war selbst bei
ihm die Verteidigungsbereitschaft gegen die rotchinesischen Kommunisten nicht mehr sehr ausgeprägt. Dabei wäre es damals durchaus noch möglich gewesen, dass Mao Zedong auf die Idee gekommen wäre, sich Hongkong zurückzuholen. Wie viele seiner Kollegen
wurde Alec Reservist des Hongkong-Regiments »The Volunteers«.
Als der Herzog von Kent zu Besuch war, wurde er zu einer Militär-
übung eingezogen, bei der die Berufssoldaten gegen die Reservisten
kämpften. Alec wurde von Berufssoldaten gefangen genommen, die
ihn in ein Zelt führten, ihm eine Tasse Tee anboten und mit ihm über
die Übung scherzten. »Wo sind deine Kumpels?«, fragte ihn einer der
Offiziere. »Oh, eine Einheit ist in der Senke hinter dem Berg und die
anderen sind in der Kurve der Eisenbahnlinie.« Die Übung konnte
vorzeitig beendet werden. »Suffering Nora«, schimpfte er. »Ich wusste nicht, dass sie mich verhören.« Das wäre einem Chinesen nicht
passiert.

»Suffering Nora« – leidende Nora – war das schlimmste Schimpf-
wort, das Alec über die Lippen kam. Nicht einmal seine Frau und
seine Kinder hörten ihn derber fluchen. Und niemand wusste, wer
Nora war und warum sie litt. Wenn er sehr böse war, sagte er nur:
»I'll have you know.« Dafür war er mit dem Rohrstock schnell zur
Hand. Eine Bande Schüler, die einen ihrer Mitschüler knufften, ließ
er einmal im Gänsemarsch antreten, und unabhängig von seiner
Herkunft bekam jeder ein paar Hiebe. Als sich später herausstellte,
dass der Schüler von seinen Mitschülern nur geknufft worden war,
weil er Geburtstag hatte, entschuldigte sich Alec für seinen Irrtum.
Er konnte gut mit Kindern. Er war ihr Alleinunterhalter, scheute sich
nicht zu singen, zu tanzen und sein Gebiss herauszunehmen, um sie
zum Lachen zu bringen. Und Alec war ein »sportsman«. Er spielte
Fußball im Hongkong Football Club, Hockey, Squash, Tennis, und
er war ein passionierter Kricketspieler. Als er in Hongkong anfing,

hatten Chinesen noch keinen Zutritt zum Hong Kong Kricket Club. Alec setzte sich dafür ein, dass sich dies änderte. »Er gehörte zu den positiven Kolonialherren«, fasst William Fung zusammen. Für seinen Vater war die Nachkriegszeit härter als für ihn und seinen Bruder. Vor allem, nachdem Mao die Grenzen zu China geschlossen hatte und die Fungs ihrer Lebensgrundlage beraubt waren. Sie konnten nicht mehr in China einkaufen und produzieren. Immerhin: Da viele Flüchtlinge aus dem Süden und Schanghai nach Hongkong strömten, war an Arbeitskräften zunächst kein Mangel. Die Stadt wuchs, und die Wirtschaft florierte. Li & Fung importierte und verkaufte als Erstes ein neues Produkt aus den USA nach Hongkong – den Kugelschreiber. Fung nannte ihn auf Chinesisch »Atomic Pen« – ein Ausdruck von »Innovation und Durchsetzungskraft«, wie er es damals formulierte. Unter der Leitung von Fung Hon-Chu begann Li & Fung Waren für die westliche Welt zu produzieren: Plastikblumen und Perücken, Spielzeug und Kämme. »Das war der Beginn der Globalisierung«, sagt William rückblickend: »Man produziert ein Produkt dort, wo man es am billigsten herstellen kann, und nicht dort, wo es gebraucht wird.« Zum ersten Mal war eine Stadt ganz auf diese Entwicklung eingestellt. Und es war keine westliche Stadt, sondern eine asiatische, die das neue Entwicklungsmodell mit Leben erfüllte. Die Briten sorgten für die stabile Verwaltung, ein funktionierendes Rechtssystem und eben auch für die westliche Bildung. Unter dem Druck der Isolation und der zahllosen Flüchtlinge waren die Kolonialherren um jede Hand froh. So gelang es den ersten chinesischen Familien, gesellschaftlich aufzusteigen, auch wenn ihnen die noblen Hongkonger Clubs noch verschlossen blieben. Bald war Li & Fung eines der fünfzig erfolgreichsten Handelshäuser der Region. Von der Li-Familie blieben allerdings nur noch der Name und die Erinnerung an das Startkapital. Der alte Li hatte sich mit dem Generationswechsel schwer getan und sich samt Kapital zurückgezogen, als sich unter Williams und Victors Vater die Firmenstrategie änderte. Mit den Enkeln seines Partners Pak-liu sollte sich das Unternehmen noch viel stärker wandeln. Auch wenn Victor und William zunächst ebenso wenig Ambitionen zum Händler hatten wie einst ihr Vater.

Denn Anfang der siebziger Jahre glaubten die beiden, im amerikanischen Hochschulbetrieb ihre Heimat gefunden zu haben. Victor studierte Elektrotechnik am Massachusetts Institute of Technology (MIT) und lehrte als Professor für Finanzwissenschaften an der Harvard Business School; William hat einen Princeton-Abschluss und promovierte in Harvard. Doch dann häuften sich die Anrufe der Mutter, die schimpfte, dass ihr Vater sich zu Tode arbeiten würde, wenn sie nicht zurückkämen. Große Lust hatten sie dazu nicht, zumal sie in der Managementtheorie viel Schlechtes über Familienunternehmen gehört hatten, besonders über solche der dritten Generation. Auch Hongkong war damals alles andere als eine florierende Metropole: Arbeitskräfte waren mittlerweile so teuer, dass die Produktion zunehmend nach Taiwan abwanderte. Freunde rieten ihnen daher ab, zurückzukehren. »Aber unsere Mutter wusste, wie wir ticken«, sagt William. »Das Einzige, was uns zurückholen konnte, waren Schuldgefühle.«

1972 traten sie ins väterliche Unternehmen ein. Und es begann nicht gerade vielversprechend. 66 Jahre chinesischer Schweiß- und Zettelwirtschaft trafen auf Faktorallokationen und Kostenmanagement. Ihr Vater vertraute der guten Ausbildung, die er ihnen hatte angedeihen lassen. Er ließ sie gewähren. Schon ein Jahr später ging Li & Fung an die Börse. »Wir brauchten kein Geld, davon hatten wir immer genug«, erklärt William, »aber wir brauchten ein neues Image.« Um für internationale Topmanager interessant zu werden, wollten sie den Geruch der chinesischen Familienklitsche loswerden. »Außerdem war es uns ein Graus, im Gang nur Manager mit dem Nachnamen Fung zu treffen«, sagt William.

Kaum waren die beiden Brüder richtig im Sattel, traf das Unternehmen schon die nächste Krise, die dem Einbruch von 1949 um nichts zurückstand. Li & Fungs Hongkonger Lieferanten waren auf dem Weltmarkt nicht mehr wettbewerbsfähig. »Wir wurden sehr nervös und begannen den Märkten hinterherzulaufen«, erinnert sich William. Sie verlegten einen Schwerpunkt ihres Geschäftes ins billigere Taiwan. Nach nur sechs Monaten kamen erneut schlechte Nachrichten: »Herr Fung, wir können nicht mehr mithalten. Die anderen sind schon alle in Südkorea.« Li & Fung hetzte hinterher, aber auch die Koreaner erklärten bald, sie könnten mit den Filipinos und Indonesiern nicht mehr konkurrieren. Fast wären sie zum Opfer der

Globalisierung geworden, doch die Erfahrung hat sie geprägt: Mittlerweile sind die Fung-Brüder einer der mächtigsten Motoren der Globalisierung.

Es war gleichzeitig Glück und Geschick, das die beiden Managementtheoretiker rettete. 1978 begann China seine Öffnungspolitik – und plötzlich war Hongkong wieder der Standort der Wahl. Schon die ersten Fabriken in Südchina schwor Li & Fung auf ein neues Businessmodell ein, das die Brüder in den Krisenjahren entwickelt hatten: Um in der neuen Produktvielfalt nicht zu versinken, wollten sie sich auf bestimmte Waren konzentrieren und dabei der Entwicklung vorauslaufen. Ihre Produkte sollten in Ländern hergestellt werden, die auf der Leiter der Industrialisierung noch ganz unten waren, aber sie sollten trotzdem an die modernsten Warenhäuser verkauft werden. Sie wollten die gesamte Spannweite der Globalisierung ausnutzen und damit Geld verdienen. Dass sie den Armen billig etwas abkaufen, um es den Reichen teuer zu verkaufen, ist nicht ihre Sichtweise. »Wir bringen Aufträge und damit Wohlstand in diese Länder«, sagt William Fung. Sein Bruder beschreibt das Geschäft so: »Wir sind ein Mann mit einem Tropenhelm, der mit einem Fallschirm im Dschungel abspringt. In der einen Hand hält er eine Machete, um einen Weg zur nächsten Billigfabrik zu schlagen, und in der anderen Hand ein Multimediatelefon, damit der Kunde in Echtzeit seine neusten Anforderungen an das Produkt mitteilen kann und über den Produktionsstand informiert wird.« Egal, ob in Bangladesch oder Laos, im chinesischen Chongqing oder in der Steppe von Hohot – Li & Fung sucht überall die günstigste Fabrik für das jeweilige Produkt, stellt sicher, dass die Qualität stimmt und die Waren rechtzeitig beim Kunden sind. »Manchmal kommen die Bestandteile für einen Plüschhund aus fünf Fabriken in vier Ländern«, erklärt William.

Aus dem ehrwürdigen Familienunternehmen machten sie einen weltweit agierenden Aktienkonzern, einen Traditionsbetrieb mit einem »Management School Twist«, wie sie es nennen. Der Name ist so ziemlich das Einzige, was unter den beiden Brüdern gleich geblieben ist. Als Victor und William die Firma 1986 übernahmen, hatte ihr Vater nur eine einzige Bitte: Der Name solle nicht geändert werden. »Ein chinesisches Sprichwort sagt: Wenn du aus dem Strohhalm trinkst, sollst du nie die Quelle vergessen«, erläutert William.

In Grundzügen ist das bis heute das Geschäft von Li & Fung, auch wenn inzwischen noch die eine oder andere Dienstleistung hinzugekommen ist. »Vor zehn Jahren nahmen wir nur Bestellungen entgegen und führten sie aus«, sagt Victor. »Aber inzwischen haben wir so viel Know-how, dass wir unseren Kunden selbst Produkte oder Herstellungstechniken vorschlagen.« Um die Preise zu drücken, lässt Fung seine weltweit über siebzig Einkaufsbüros miteinander konkurrieren. »Die Niederlassungen arbeiten wie eigenständige Unternehmen«, sagt er, »das stärkt den Wettbewerb und die Eigeninitiative.« Victor Fung gab einst ein Beispiel, wie Globalisierung bei ihnen funktioniert: »Sagen wir, wir bekommen einen Auftrag von einem europäischen Händler, 10 000 Kleidungsstücke herzustellen. Es ist nicht einfach der Auftrag unseres Büros in Korea, koreanische Produkte zu finden, oder der unseres indonesischen Büros, indonesische Produkte zu suchen. Sondern wir schauen uns die einzelnen Positionen an. Für diesen Kunden würden wir vielleicht entscheiden, das Garn von einem koreanischen Hersteller zu kaufen, es jedoch in Taiwan weben und färben zu lassen. Deswegen nehmen wir das Garn aus Korea und schiffen es nach Taiwan. Die Japaner haben die besten Reißverschlüsse und Knöpfe, aber sie stellen sie meist in China her. Okay, dann gehen wir zu YKK, einer großen Reißverschlussfirma, und bestellen die richtigen Reißverschlüsse direkt bei deren chinesischer Fabrik. Als Nächstes stellen wir fest, dass wegen der Quoten und Arbeitsbedingungen Thailand der beste Ort ist, um Kleidung zu fertigen. Also verschiffen wir alles dorthin. Und weil der Kunde eine schnelle Lieferung braucht, würden wir den Auftrag auf fünf verschiedene Fabriken in Thailand aufteilen. Tatsächlich passen wir die Wertschöpfungskette so an, dass sie am besten den Bedürfnissen des Kunden entspricht.« So einfach ist das. »Fünf Wochen nachdem wir den Auftrag angenommen haben, kommen die 10 000 Kleidungsstücke in den Regalen in Europa an, sie sehen aus, als seien sie alle aus einer Fabrik, die Farben beispielsweise passen perfekt zueinander. Denken Sie nur an die Logistik und die Organisation. Dies ist ein neuer Typ, ein wirklich globales Produkt, das es zuvor niemals gab. Das Schild mag zwar sagen ›Made in Thailand‹, aber es ist kein Thai-Produkt ... Wir liefern ein anspruchsvolles Produkt, und wir liefern es schnell.« Das hat vor den Chinesen noch niemand so hinbekommen.

Nachdem die Brüder das Exportgeschäft neu erfunden haben und ihr Unternehmen zu einer virtuellen Fabrik geworden ist, wollen sie nun auch das Importgeschäft erschließen. Das bedeutet, sie dringen tiefer in die Wertschöpfungskette ein, können noch mehr bestimmen, welche Produkte zu welchen Preisen in den Regalen landen. Die Übernahme von Karstadts (heute Arcandor) Einkaufsorganisation war der große Einstieg in den europäischen Markt. Bis dahin bekam Li & Fung achtzig Prozent seiner Aufträge aus den USA. »Das ist riskant«, stellt William nüchtern fest. Denn die exorbitante Verschuldung von Staat und Privathaushalten kann schnell zu einer Konjunkturkrise führen. »Wir hätten das Problem eigentlich früher angehen müssen«, sagt William. »Aber unser Hang nach Amerika ist nun einmal historisch bedingt.« Aus Anlass der Eröffnung des Panamakanals fand 1915 in Kanton die Panama Expo statt, die erste Weltmesse für Alltagsprodukte. »Mein Großvater vertrat China auf der Messe und knüpfte dort die ersten großen Kontakte in die USA«, erzählt Victor. Auch Victors Vater war immer ein Spezialist für den amerikanischen Markt, ganz zu schweigen von seinen dort ausgebildeten Söhnen. »Wir sind amerikanisch geprägt. Wir kennen die Mentalität, und es fällt uns deshalb leicht, mit Amerikanern Geschäfte zu machen.« In Deutschland, Frankreich und selbst in Japan sei das viel schwieriger. »Aber wir lernen jeden Tag dazu«, meint Victor, »und das macht Spaß.«

Mittelfristig soll der Europaanteil des Geschäfts von derzeit zwanzig Prozent auf über ein Drittel erhöht werden. »Leider ist Europa noch sehr fragmentiert. Es gibt kaum Warenhäuser, die in ganz Europa erfolgreich sind«, meint William. Außerdem sind die Vorlieben verschieden. Die Franzosen haben einen anderen Geschmack als die Deutschen, und die wollen wieder etwas anderes als die Italiener. »Die Amerikaner tragen Hemden mit Taschen, aber nicht so die Europäer, weil sie immer den Anzug anhaben.« Zudem legen die beiden westlichen Kulturen im sozialen Bereich unterschiedliche Schwerpunkte: »Bei den Fabriken achten besonders die Deutschen auf die Umweltbedingungen«, so William. »Den Amerikanern sind dagegen eher die Arbeitsverhältnisse wichtig.«

Der Einstieg bei KarstadtQuelle war nicht einfach für die Fungs. Durch den Verkauf wurde für die Karstadt-Angestellten im 31. Stock des Pufa Towers im Finanzdistrikt Pudong die bis dahin nahezu deutsche Ordnung gewaltig durcheinandergewirbelt. Am meisten erstaunt hat die Fungs, dass die Wertvorstellungen, die Alec ihnen beigebracht hatte, in dem Unternehmen kaum noch umgesetzt wurden. Die knapp hundert Schanghaier Karstadt-Kollegen hatten sich an die deutsche Gemütlichkeit schon gewöhnt. Nun gerieten sie mit den Fungs in die Turbulenzen der Globalisierung. Bisher hatten sie davon profitiert, dass sich das Schwergewicht der Weltwirtschaft immer mehr nach Asien verlagerte, doch nun sahen sie sich bedroht. Die Chinesen selbst wurden wendiger und schneller. Weil Karstadt an Wettbewerbsfähigkeit verlor, beschloss der Vorstandsvorsitzende Thomas Middelhoff auf der anderen Seite des Globus, sich von Ballast zu trennen und die Einkaufsabteilung seines Warenhauskonzerns an das hundert Jahre alte chinesische Handelshaus Li & Fung zu verkaufen. Sie könnten unterschiedlicher nicht sein, die Brüder Fung und Middelhoff. Die einen weit blickende Eroberer und Erneuerer, die im Aufstieg Asiens surfen. Der andere ein leichtfüßiger Konkursverwalter des absteigenden Westens, der nur das nächste Quartal im Blick hat.

Auch die ehemaligen Karstadt-Mitarbeiter hatten den Eindruck, dass Welten aufeinanderprallen. Celia Hua, selbst Chinesin, wollte lieber für die Deutschen als für Chinesen arbeiten. Als hätte sie von den Deutschen ihre Angst vor neuen Herausforderungen und ihre Liebe zu Sicherheit und altem Trott übernommen, fürchtete sie, unter Li & Fung werde ein schärferer Wind wehen. Die Fung-Brüder verstanden die Welt nicht mehr, waren sie doch mit westlichen Tugenden angetreten. »Hinzu kam ein Schuss chinesischer Zähigkeit, Strategie und Durchhaltevermögen«, beschreibt Victor ihr Vorgehen. Doch im Unterschied zu den meisten Deutschen, deren Biografie mit der Globalisierung kollidiert, können die chinesischen Karstadt-Kollegen es sich leisten, Forderungen zu stellen. Schließlich sind gute Einkaufsabwickler dünn gesät. Wenn ihnen der neue Eigentümer nicht passt, finden sie mit ihrem Know-how schnell einen anderen Job. Deshalb hatten sie auch gemeinsam Forderungen formuliert. »Wir wollten 15 Tage Urlaub und nicht nur zehn Tage, wie bei Li & Fung üblich«, erläutert Hua. Außerdem wollten sie wie bei Karstadt dreißig Tage bezahlt krank sein dürfen, nicht nur fünf. Sie wollten den Spesensatz von umgerechnet 15 Euro pro Tag behalten und wie gehabt auf Geschäftsreisen für fünfzig Euro übernachten dürfen, statt nur für dreißig. Sie wollten nicht vierzig Stunden arbeiten, sondern nur 37. Und sie wollten als unabhängige Gruppe zusammenbleiben und nicht in das Li & Fung-Büro integriert werden. Victor Fung hatte zunächst geschmunzelt, als er von den Forderungen hörte: »Vielleicht sind sie bei KarstadtQuelle ein wenig verwöhnt worden.« Doch die Fung-Brüder sind von ihrem Konzept überzeugt: »Wenn wir das deutsche Modell übernehmen würden, dann würden wir uns schnell selbst ausbremsen.« Allerdings wunderte sie wiederum die Geschwindigkeit, mit der Middelhoff den Laden loswerden wollte. »Wir würden uns gern eine wenig mehr Zeit nehmen«, sagte William Fung. »Das wäre auch besser für die Mitarbeiter.« Sein Bruder Victor pflichtete ihm bei. »Aber Thomas will den Deal bis Ende August unter Dach und Fach bringen«, erklärte er Anfang 2006. »Es ist selten, dass uns jemand Druck macht, aber wir werden das schon schaffen. Thomas ist sehr amerikanisch.«

Soll heißen: sehr ungeduldig. Noch während der Verhandlung ließ Middelhoff Mitte Mai 2006 verkünden, »die Veräußerung der KarstadtQuelle International Service AG (St. Gallen) mit insgesamt 1100 Mitarbeitern an Li & Fung Ltd« sei in trockenen Tüchern.[8] Die Fung-Brüder, die gerade erst mit einer Firmenprüfung begonnen hatten, waren äußerst erstaunt über so viel strategische Kurzsichtigkeit. »Er nützt sich kurzfristig und schadet dem Unternehmen langfristig.« Middelhoff ist dennoch sicher, alles richtig gemacht zu haben. »Dieser Schritt ist für die Entwicklung des Konzerns ebenso wichtig wie der Verkauf der Kompakt-Warenhäuser im vergangenen Jahr«, trieb er den Aktienkurs nach oben.

Dass sie verkauft werden sollen, erfuhren die Mitarbeiter nicht von ihren Chefs, sondern Mitte April 2006 aus der Zeitung. Erst kurz danach wurde ihnen am Telefon verkündet, dass es tatsächlich so weit sei, und dann mit den Worten »Wie ist das Wetter? Fragen werden heute nicht beantwortet« die Übermittlung der Hiobsbotschaft beendet. »Wir wollen niemanden entlassen«, war das Einzige, worauf William Fung sich festlegen wollte. »Wir wachsen um gute zwanzig Prozent im Jahr und suchen händeringend Mitarbeiter.« Allerdings seien sie keine Bank mit Arbeitszeiten von neun bis fünf. »Wenn die

Mitarbeiter Entsprechendes leisten, können sie leicht das Doppelte verdienen wie bei KarstadtQuelle.« Aber das klingt nach viel Arbeit und erscheint nicht sehr verlockend. Die Mitarbeiter fragten sich stattdessen, was Li & Fung eigentlich suchte: den Zugang zum europäischen Markt oder die Arbeitskräfte, die sich mit dem deutschen Markt auskennen? »Beides«, sagt Victor. »Wir haben keine Maschinen, wir haben keine Fabriken. Wir haben nur Menschen. Und je besser die sind, desto besser funktioniert das Unternehmen. Wenn wir keine Menschen haben, die den Markt verstehen, können wir keine neuen Kunden gewinnen.« Sie seien kein Investmenthaus, das darauf aus sei, den gekauften Laden auszuschlachten und gewinnbringend weiterzuverkaufen. Ihre Firma ist trotz der Größe noch immer ein wenig Familienunternehmen geblieben. »Wir achten auf chinesische Familientradition. Wir entlassen unsere Angestellten nicht einfach so. Im Gegenteil, wir behalten die Ruheständler oft noch als unsere Berater. Abgesehen davon glauben wir nicht an Ränge und Dienstgrade. Wir behandeln unsere Belegschaft wie unsere Familie.« Auch das ist etwas, was Alec am KGV gelehrt hat und sich in Verbindung mit der chinesischen Kultur zu einem starken Vorteil entwickelt hat. Chung Hok-mei, die 35 Jahre lang als Buchhalterin bei Li & Fung arbeitete, sagt über den Managementstil der Fung-Brüder. »Für die Chefs ist die Beziehung zu den Mitarbeitern extrem wichtig. Sie haben es sich zur Gewohnheit gemacht, mit der gesamten Belegschaft am chinesischen Neujahrsabend im Hongkong Convention and Exhibition Center zu essen. Es war immer ein großes Bankett mit hundert Tischen. Eigentlich jeder Mitarbeiter des Unternehmens war eingeladen, auch die Teeserviererinnen.« Wenn Kollegen noch bis in die Nacht arbeiten mussten, bat William Fung seinen Fahrer, sie nach Hause zu fahren. Frau Chung blieb bei Li & Fung, bis sie mit über siebzig schließlich in den Ruhestand ging. Selbst dann fragte William Fung sie noch, ob sie nicht noch ein paar Stunden weiterarbeiten wolle.[9]

Middelhoff hat kein gutes Geschäft gemacht. Die Einkaufsabteilung von KarstadtQuelle ging schließlich für sechzig Millionen Euro an das Hongkonger Unternehmen. Alles, was nicht zum Kerngeschäft der Karstadt-Einkäufer zählt wie Musterung, Qualitätssicherung oder Zahlungsverkehr, übernehmen nun die Chinesen. Zudem sind sie bei der Suche nach neuen Herstellern behilflich. »Unsere Marge verbessert sich damit um zehn bis 15 Prozent«, freut sich Einkaufsvorstand Helmut Merkel. Bis 2010 wolle man deshalb den Einkauf über Li & Fung auf zwei Milliarden Euro verdoppeln. »Obwohl wir hart verhandeln, ist unser Verhältnis sehr freundschaftlich geblieben«, beschreibt Merkel die Zusammenarbeit mit den Chinesen.

Sie sind wie so oft im Machtkampf zwischen chinesischen und westlichen Unternehmen die Gewinner des Deals. Mindestens die Hälfte dieser Deals kommt zustande, weil westliche Unternehmen unüberlegt und übereilt handeln.

Währenddessen wächst die Liste der Kunden der Fung-Brüder weiter. Anfang des Jahres 2007 kam Tommy Hilfiger hinzu. Für dessen Beschaffungsnetz in Taiwan, Indien, Bangladesch und fünf weiteren Ländern bezahlten die Fungs 248 Millionen US-Dollar. Dafür ordert der Modekonzern nun seine Knöpfe, Reißverschlüsse und Produktionskapazitäten über Li & Fung in Hongkong, und das Unternehmen erhält eine Vermittlungsprämie, die Branchenkenner auf rund fünf Prozent des Umsatzes schätzen. Der Nettogewinn, der 2006 um 23 Prozent auf 282 Millionen US-Dollar anstieg, spricht für dieses Geschäftsmodell. Kein Wunder, dass die nächste Generation der Fungs erstmals nicht von den Eltern gedrängt werden musste, ins Unternehmen einzusteigen. William Fungs Neffe Spencer steht als Senior Vice President bereit. »Er ist sehr talentiert«, lobt William ihn. Einer der Motoren der weltweiten Globalisierung wird also nur den Vornamen wechseln.

Alec war bis zuletzt stolz auf die beiden chinesischen Brüder gewesen. Dass es mit dem Westen bergab geht, hat er nicht mehr wirklich mitbekommen. Er hat eine Epoche mit großem Anstand zu Ende geführt, die nicht sehr anständig begonnen hatte – die Epoche des Kolonialismus. Die neue Epoche mit Leben zu füllen ist nunmehr die Aufgabe der nächsten Generation in Asien.

Der Aufstieg Chinas hat Alec trotz aller Probleme bis zuletzt fasziniert, vor allem beim Lesen der Hongkonger Tageszeitung *South China Morning Post* auf der Plaza in Discovery Bay. »Marvellous«, fabelhaft, fand er den Boom. Auch wenn ihn die schlechte Luft störte. Und die Chinesen seien »brave blokes« – tüchtige Burschen, auch wenn sie westliche Technologie klauten. Alles in allem glaubte er,

in ihnen die Werte wiederzufinden, die in einem seiner Lieblings-
gedichte versammelt sind.

> By the spirits of the just,
> Made perfect in their suffering
> Teach us in our turn, O Lord,
> To serve thee as we ought,
> To give, and not to count the cost,
> To fight, and not to heed the wounds,
> To toil and not seek for rest
> To labor and not seek any reward,
> Save that of knowing that we do thy will.

> *Im Geist der Gerechtigkeit,*
> *Der im Leiden stärker wird,*
> *Lehre uns, lieber Gott,*
> *Zu dienen, wie wir sollen,*
> *Zu geben, ohne an Kosten zu denken,*
> *Zu kämpfen, ohne die Wunden zu fürchten.*
> *Uns ohne Pause zu plagen.*
> *Zu arbeiten, ohne Anerkennung zu verlangen,*
> *Nur wissend, dass wir deinem Willen gehorchen.*

In den Ohren der nachfolgenden Generationen klingt dieses Gedicht,
das zu seiner Beerdigung vorgetragen wurde, sperrig und antiquiert.
Auch nach China passt es nicht mehr. Die Chinesen sind ungläubi-
ger, eigensinniger und taktischer geworden.

Erzrivalen

China in der Mongolei

Wie ein langer Flüchtlingstreck schlängeln sich die mit Kohle beladenen Lastwagen durch die karge Landschaft. Die Schotterpiste ist schwarz vom Kohlestaub, am Straßenrand liegen zahllose geplatzte Reifen, zuweilen auch ein totes Kamel. Die Bremsen der alten russischen Lkw sind schlecht und die Fahrer nachts oft zu müde, um rechtzeitig auszuweichen. Oder zu betrunken: Die über 150 Kilometer lange Strecke ist von grünen Bierflaschen gesäumt, die in der Sonne blinken – chinesisches Yanjing-Bier, die einzige Freude in dieser Öde.

Ab und zu kann man einen Rastplatz ansteuern: ein paar verdreckte Hütten und Gers – jene grauen Filzzelte, die die Nomaden innerhalb von einer Stunde abbauen, wenn sie mit ihren Kaschmirziegenherden weiterziehen wollen –, meist um eine Wasserstelle gruppiert, hinter ein paar Felsen. Die Zelteingänge sind immer offen, denn jeder Fremde ist Gast und darf sich Tee kochen, auch wenn der Hausherr gerade beim dreißig Kilometer entfernten Nachbarn weilt.

Der letzte Rastplatz befindet sich sechzig Kilometer vor der Grenze, dort, wo die hügelige Steppenlandschaft, in der sogar der eine oder andere Baum am Ufer eines ausgetrockneten Flusslaufs gedeiht, in eine unwirtliche platte Fläche übergeht; die Berge am Horizont gehören schon zu China. Zwischen streunenden Hunden werden

57

Bier und Tütensuppen angeboten, auch Handwerkszeug für Notre-paraturen, tanken kann man nicht mehr.

Überraschenderweise treffe ich hier auf einen Deutschen: einen IT-Manager aus Mönchengladbach. Zehn Tage lang war er unterwegs auf Entdeckungsreise im meist sonnigen Sandwichland zwischen Russland und China. Aus Abenteuerlust habe er statt eines klima-anlagengekühlten japanischen Luxusjeeps die spartanische russische Variante gewählt. Nun reist er auf einem Kamel durch die Wüste. Für die Drei-Tage-Tour hat er bestens vorgesorgt, dicke Speckschwarten aus Deutschland mitgebracht, die er sich in seine Hose stopft: Sie sollen ihn vor einem wunden Hinterteil bewahren. Er wird sie brau-chen: Außerhalb der Hauptstadt Ulan-Bator gibt es kaum geteerte Straßen.

Auf der Kohlestraße, der Sand- und Schotterpiste durch die Wüste Gobi, werden in großem Stil Bodenschätze nach China ge-schmuggelt. Offensichtlich mit Duldung der lokalen Behörden, die Kader verdienen mit, haben die Chinesen diesen Transportweg er-richtet. Hunderttausende Tonnen Kohle werden jedes Jahr über die Grenze gebracht, für bestenfalls die Hälfte des Weltmarktpreises. Das Geschäft funktioniert so: Mongolische Geschäftsleute, oft auch Politiker, kaufen Lizenzen zum Kohleschürfen, Chinesen finanzieren ihnen den Aufbau einer Mine unter zum Teil katastrophalen Arbeits-bedingungen und kaufen dann die Kohle ab.

Die Kohlebrocken werden vor der Grenze zu großen Halden auf-geschüttet. Aus China kommen moderne Dreißigtonner, die das schwarze Gold über die Grenze schaffen. Seit Jahren geht das so, seit Chinas Hunger nach Rohstoffen unermesslich geworden ist. Und so robbt sich das Land langsam in die Mongolei vor. Das passt den Mongolen nicht. Seitdem der einstige sowjetische Satellitenstaat An-fang der Neunziger unabhängig wurde, achtet seine Regierung da-rauf, weder von Russland noch von China abhängig zu werden. Doch die mongolischen Provinzkader und Unternehmen interessieren sich mehr dafür, Geld zu verdienen, als dabei mitzuhelfen, die Balance des Landes aufrechtzuerhalten. Den Chinesen wiederum kommt es bei der Rohstoffsicherung nicht auf den Pfennig an, und so finden sie immer wieder einen Mongolen, der bei einem verlockenden Angebot schwach wird.

Zunächst war der Übergang zwischen China und der Mongolei südwestlich der Stadt Erenhot in der Nähe der Oyu-Tolgoi-Mine nur ein Loch im Zaun, breit genug, damit ein Lkw durchfahren konnte. Die chinesischen Grenzer haben den offiziellen Auftrag, die Kohlelieferanten passieren zu lassen, die mongolischen Grenzer beide Augen zugedrückt, nicht zu ihrem Nachteil. Mittlerweile mischen sich immer mehr mongolische Kleinhändler in russischen Jeeps unter die Lastwagen. Sie kaufen Ghettoblaster, DVD-Player und Fernseher billig in China ein, um anschließend im Süden der Mongolei von Dorf zu Dorf zu fahren, bis der Dachgepäckträger wieder leer ist. Aus dem Schlupfloch ist ein veritabler Grenzposten geworden, der für Ausländer noch nicht geöffnet ist, er existiert ja offiziell auch nicht.

Da die Chinesen hier keine Massenaufläufe wollen, werden die alten russischen Lkw – sie sind hellbraun oder himmelblau, wie man es von Trabbis kennt – und die ehemaligen Militärjeeps von den Mongolen bereits zehn Kilometer vor der eigentlichen Grenze angehalten und kontrolliert: eine Jurte, links und rechts neben der Piste zwei Pfähle, daneben zwei aufgeschüttete Erdhügel, gegen den einen Mast lehnt ein altes Eisengatter – fertig ist der Vorposten. Zwei mongolische Polizisten überwachen ihn. Der eine trägt ein Barett auf dem Kopf und eine verspiegelte Sonnenbrille auf der Nase. Der andere hat seine weiße Schirmmütze ins Genick geschoben und die Uniformjacke geöffnet, unter dem weißen Unterhemd wölbt sich ein imposanter Bauch. Als Dienstzimmer dient den beiden ein alter Bauwagen, der auf riesigen Rädern steht. Nur stoßweise lassen sie den Verkehr passieren um die mächtigen chinesischen Nachbarn nicht zu verärgern. Denn diese sind an ihrer Grenzstation nur flexibel, solange sie nicht den Überblick verlieren. Im Niemandsland zwischen der Mongolei und China sollte sich niemand ohne Grund aufhalten.

Ein Lastwagenfahrer, der schon zwei Tage lang in der kilometerlangen Schlange wartet, die sich vor der Grenze gebildet hat, erzählt mir, dass er einmal versucht habe, eine Abkürzung zu nehmen, bis plötzlich schräg von hinten zwei Toyota-Jeeps auftauchten. Er sei zum Halten gezwungen worden und chinesische Gewehre hätten sich auf ihn gerichtet – auch Schmuggel hat in China seine Ordnung. Das Vergehen ließ sich mit Zigaretten, Geld und der Beteuerung regeln, man habe sich heftig in dieser gottverlassenen Gegend verfahren.

Ein mongolisches Ehepaar spricht meinen Fahrer an. Die Wasserpumpe ihres Wagens sei kaputt. Sie bitten uns, die wir umkehren müssen, da wir die Grenze nicht passieren dürfen, das Teil zurück in den nächsten Ort zu bringen. Dort werde es repariert und dann von einem Lastwagenfahrer wieder zurückgebracht. Für seinen Gefälligkeitsdienst erhält mein Fahrer zwei Schachteln Zigaretten. Das kleine Dorf, wo die Vorposten stationiert sind, ist eher ein Lager, eine Ansammlung aus wenigen einfachen Ziegelbauten, Holzschuppen, Containern, Jurten mit Unterkünften und einfachen Restaurants. Ein paar dicke Prostituierte lungern herum. Überall liegt Müll, das zersplitterte Glas blinkt in der Sonne. Hier endet das Land, von dem aus Dschingis Khan einst die Welt eroberte, hier beginnt die neue Weltmacht China.

Dass sich die Chinesen langsam in ihr Land entlang der gemeinsamen 4673 Kilometer langen Grenze vorarbeiten, hier zu einer bestimmenden Mehrheit werden und darüber hinaus ihre Bodenschätze ausbeuten könnten, davor fürchtet sich die mongolische Regierung. Dabei hat die Verwaltung schon längst die Kontrolle verloren. Die Menge Gold, die der Central Bank of Mongolia 2006 verkauft wurde, ist stark gesunken, seit die Minenunternehmen auf 68 Prozent ihrer Gewinne eine Sondersteuer zahlen müssen, wenn der Goldpreis die 500 US-Dollar Marke pro Unze überschreitet. 7, 71 Tonnen Gold wurden in den ersten zehn Monaten des Jahres 2006 an die mongolische Zentralbank verkauft, also nur halb so viel wie im selben Zeitraum des Vorjahres.[1]

Die andere Hälfte wanderte außer Landes, auch tief vergraben in den Kohlelastern. Denn auch der offizielle Export von Gold ist 2006 um 13 Prozent gesunken. Längst investieren chinesische Geschäftsleute in zahlreiche Minen, meist ohne dass die Zentralregierung davon etwas mitbekommt. Manche Mongolen entlang der Grenze vermuten, dass die Regierung die Geschäfte heimlich koordiniert. Das ist nicht einmal nötig, denn die Chinesen haben im Unterschied zu den Mongolen viel Geld.[2]

Doch die Mongolen mögen die Chinesen nicht. Wann immer ich erzähle, dass ich in Peking lebe, sind meine Gesprächspartner nicht begeistert. Die höflichen unter ihnen wechseln das Thema, die anderen, selbst diejenigen, die vom Handel mit China leben, fangen sofort an, über die Chinesen zu schimpfen. Sie seien zu auftrumpfend, zu laut, zu ungehobelt. Vielleicht ist ihre Wut auf die mächtigen Nachbarn deshalb so groß, weil sie deren Aufstieg schmerzlich daran erinnert, dass sie einst selbst Angehörige eines Weltreichs waren. Damals, im 13. Jahrhundert, beherrschten sie das größte Landreich der Geschichte überhaupt, eine Fläche von Hongkong bis Köln und von Moskau bis Java; um das kämpferische Nomadenvolk abzuwehren, bauten die Chinesen die Große Mauer; heute jedoch spielen die Nachfahren Dschingis Khans international kaum noch eine Rolle.

Drei Stunden Fahrt sind es von der Grenze zurück ins Landesinnere zum nächstgelegenen Flugplatz. Er gehört zu einer Kupfermine. Von dort aus geht es in einer kleinen Maschine zurück in die Hauptstadt Ulan-Bator – ein Neunzig-Minuten-Flug über die Wüste Gobi mit atemberaubendem Ausblick.

In Ulan-Bator treffe ich mich mit dem mongolischen Präsidenten Nambaryn Enkhbayar. Im Jahr 2000, als er noch Premierminister war, besuchte ich ihn schon einmal in seinem Amtssitz, einem Bau im sozialistischen Prunkstil am zentralen Sukhbataar-Platz. Zum 800-jährigen Jubiläum der Staatsgründung im Juli 2006 erhielt das Gebäude eine neue, moderne Fassade. Obwohl bereits September ist und die Feiern längst vorbei sind, blicke ich aus den Fenstern seines Empfangszimmers auf eine große Baustelle.

Ohne Umschweife kommen wir auf den außenpolitischen Spagat zu sprechen, den die Mongolei vollführen muss. Es gehört zu den wichtigsten Aufgaben Enkhbayars, die Interessen seines Landes zwischen den Nachstellungen und Lockrufen der beiden großen Nachbarn auszubalancieren. Dabei darf er auch die Weltmacht USA nicht vergessen. Das ist nicht einfach. Die Mongolei hat zwar Bodenschätze, aber keinen eigenen Zugang zum Meer. Außerdem sind die Sommer hier so kurz, dass der Großteil der landwirtschaftlichen Produkte importiert werden muss. Selbst in der Hauptstadt wird es in den langen dunklen Wintern bis zu minus dreißig Grad kalt. Auch jede Winterjacke, jeder Auspuff und jeder CD-Player wird eingeführt, da es keine Fabriken gibt. Damit ist die mongolische Wirtschaft komplementär zur chinesischen: Die Chinesen brauchen Bodenschätze, die Mongolen billige Waren.

Dennoch möchte sich die Regierung nicht abhängig machen. Den

Nachbarn im Norden traut man ebenso wenig. »Wir sehen, dass Russland derzeit einen sehr schwierigen Prozess durchmacht«, sagte mir Enkhbayar bei unserem ersten Treffen vor sechs Jahren, »und wir kennen die Situation dort. Wir haben uns dennoch für gleichzeitige politische und wirtschaftliche Reformen entschieden und werden diesen Kurs auch in Zukunft weiter verfolgen.« Und er ergänzte: »Vergessen Sie nicht. Seit den Zeiten der DDR hat die Mongolei gute Beziehungen zu Deutschland. 25 000 Mongolen sind in Deutschland ausgebildet worden. Diese Menschen leben und arbeiten heute wieder in der Mongolei und leisten einen aktiven Beitrag zur Transformation des Landes in eine moderne Demokratie und Marktwirtschaft. [...] Durch unsere Beziehungen mit Deutschland [...] haben wir schon lange Kontakt zur europäischen Kultur und zu den europäischen Werten. Die Reformen in den osteuropäischen Ländern sind uns näher als die chinesischen oder russischen.«

»Dann arbeiten Sie hart am Beitritt zur Europäischen Union?«, hatte ich ihn damals lachend gefragt. »Genau«, antwortete er mir und ich hatte den Eindruck, dass er dies sogar für nachdenkenswert hielt.

Die Nachteile dieses Entwicklungsmodells bekommt er nun zu spüren: Die Eliten sind über die Parteigrenzen hinweg miteinander zerstritten oder verwoben – in einem Land, das viereinhalb Mal so groß ist wie Deutschland und nur drei Millionen Einwohner hat. Damit ist die Mongolei eines der am dünnsten besiedelten Länder der Welt mit extremen klimatischen Bedingungen. Es ist ein Überlebenskampf einer kleinen ungefestigten Demokratie gegen eine mächtige Entwicklungsdiktatur, die sich heimlich im Land festsetzt. Wenn die populistischen Politiker die Wählerwünsche höher hängen als die nationalen Interessen, ist China dann der lachende Dritte? Enkhbayar, ein feinsinniger, leiser Gesprächspartner mit leicht sorgenvollem Blick, ist sich dessen bewusst. Schon in unserem ersten Gespräch hatte Enkhbayar gefordert: »Wir müssen das Geschäftsklima verbessern. Das Steuersystem im Besonderen sollte gerade auch für ausländische Firmen transparent sein. Es muss klare Regeln zum Schutz ausländischer Investitionen geben, damit die Balance gegenüber China funktioniert. Ich habe mit Geschäftsleuten besprochen, wie man ausländische Firmen ins Land holen kann. Ich stelle mir Steuerbegünstigungen und steuerfreie Zonen vor. Noch wichtiger war meinen Gesprächspartnern allerdings die Transparenz und Berechenbarkeit der Steuern. Es muss klar sein, was eine westliche Firma erwarten kann. Stabilität ist wichtig.«

Doch es blieb bei den guten Vorsätzen. Die Spielregeln wurden während des Spiels verändert. »War das klug?«, will ich nun von ihm wissen.

»Die Regierung muss das Problem aktiver angehen und darf in dieser Frage nicht auf den privaten Sektor warten«, lautet Enkhbayars ausweichende Antwort.

Aber die Regierung sei doch schon sehr aktiv gewesen, wende ich ein, sie habe im Mai 2006 eine 68-prozentige Steuer auf alle Rohstoffgewinne verabschiedet.

Der Präsident atmet tief durch: »Durch diese Regelung hat sich die Lage nicht wirklich verbessert. Jeder ist damit unzufrieden. Man kann nicht mitten im Geschäftsjahr kurzfristig die Spielregeln für die Privatunternehmen ändern. Ich habe dem Parlament vorgeschlagen: Wenn ihr diese Regelung unbedingt wollt, dann führt die Neuerungen wenigstens erst zum ersten Januar ein und informiert die Industrie darüber vorher, damit sie sich darauf einstellen kann. Dass wir das nicht gemacht haben, hat zahlreiche Investoren verschreckt, zu Recht.«

»Und die Einführung der Steuern?«

»Die war sicher nicht hundert Prozent richtig, aber auch nicht hundert Prozent falsch. Als ich Premierminister war, stand der Preis für Kupfer bei 1350 US-Dollar die Tonne, und Gold kostete 250 US-Dollar pro Unze. Unvorstellbar, dass der Goldpreis auf über 700 Dollar und der Kupferpreis auf über 8000 Dollar steigen würden. An diesem Wachstum sollte die Mongolei stärker mitverdienen.«

»Also kann man über die Höhe reden?«

»Wir müssen mit den Parlamentariern und den Vertretern der Industrie schnellstmöglich eine umfassende und dauerhafte Lösung finden.« Die Regierung stehe weiterhin unter großem Druck. »Wir müssen als Entwicklungsland alle drängenden Aufgaben gleichzeitig lösen. Die Ausbeutung unserer Bodenschätze muss mit Infrastrukturprojekten einhergehen. Mit dem Bau von besseren Straßen und einem Schienennetz, mit dem Bau von Häusern und Energieversorgung. Deshalb ist es in unserem Interesse, mit den Regierungen der

Länder, aus denen die internationalen Minenunternehmen kommen, über umfassende Paketlösungen zu verhandeln.«

Die westlichen, meist börsengelisteten Privatunternehmen der Minenindustrie würden es nicht lustig finden, wenn sie die Infrastruktur der Mongolei aufbauen müssten, und sie wollten die Verhandlungen auch nicht ihren jeweiligen Staaten überlassen, wende ich ein.

»Aber die Regierungen werden bei uns vorstellig, um ihre jeweiligen Industrien zu unterstützen«, antwortet der Präsident. »Der japanische Premier Junichiro Koizumi war hier, ebenso der amerikanische Präsident George W. Bush. Nur in Regierungsverhandlungen können umfassende Lösungen geschaffen werden.«

Ich halte wenig von seiner Position und wechsle das Thema: Es gebe eine ganze Reihe von Ländern, in denen der Staat die Zügel straff in der Hand halte und die dennoch reiche Länder mit armen Menschen blieben. Ob er diese Gefahr auch für die Mongolei sehe, frage ich ihn.

»Das Problem ist: Wir haben keine Erfahrung mit solch großen Projekten wie beispielsweise mit der Ivanhoe-Mine«, räumt Enkhbayar ein. »Früher sind alle Großprojekte mit Hilfe der Sowjetunion gestemmt worden, wie etwa die Erdenet-Kohlemine. Wir machen jetzt die ersten eigenen Schritte. Deshalb ist es nicht leicht, die Balance zu finden.«

Ich erzähle ihm von meiner Reise ins Grenzgebiet und erwähne, dass sich die Elite nicht an demokratische Spielregeln halte und von chinesischen Investoren bestechen lasse.

Erneut weicht Enkhbayar aus: »Viele Menschen glauben, dass es automatisch korrupt sei, Geschäfte, die zuvor vom Staat erledigt wurden, dem privaten Sektor zu übertragen. Aber viele Industriezweige sind tatsächlich in besseren Händen, wenn sie von Managern statt von Beamten geführt werden.«

»Das mag ja so sein«, hake ich nach, »aber ein Großteil der Bevölkerung glaubt, dass von der Privatisierung nur wenige profitieren.«

»Die Regierung muss deshalb die Stärke entwickeln, in den Verhandlungen das Beste für ihr Land herauszuholen. Eines ist klar: Wenn wir jetzt keine Lösung finden, werden die Menschen uns weiter kritisieren und die Investoren sich zurückziehen.«

»Wofür werden Sie sich entscheiden, für hundertprozentig ausländischen Besitz und fünfjährige Steuerfreiheit, wie es Boroo Gold zugesichert wurde, oder für 68 Prozent Gewinnsteuer und eine Ein-Drittel-Verstaatlichung?«, frage ich ihn.

»Ich finde, für Goldminen sollte es keine Steuerbefreiungen geben. Gold hat über all die Jahrhunderte hinweg noch immer einen besonderen Wert. Deshalb muss nachverhandelt werden. Und die Verhandlungen finden gegenwärtig statt.«

Warum das Parlament die Betroffenen nicht gleich in die Überlegungen für eine Neuregelung mit einbezogen habe, wie sich das in einer Demokratie gehöre?

»Dann wäre es nicht gelungen, die erhitzten Gemüter in der Bevölkerung zu beruhigen. Immerhin gab es schon Demonstrationen. Außerdem hatten die Parteien im Wahlkampf viele soziale Zuwendungen versprochen und mussten nun nach einem einfachen Weg suchen, um diese finanzieren zu können. Sie sind die Gefangenen ihrer eigenen Versprechungen geworden und haben dabei den Ruf unseres Landes aufs Spiel gesetzt. Das war unverantwortlich.«

Dieses Ziel sei nicht einmal erreicht worden, gebe ich zu bedenken.

»Ja, offensichtlich wurde das Gold ins benachbarte Ausland geschmuggelt.«

Also nach China. Viele Menschen in der Mongolei sind nicht begeistert davon, dass der Staat überhaupt Bodenschätze ans Ausland verkauft. Sie wollen lieber warten, bis man selbst in der Lage ist, sie abzubauen. Ob das angesichts der steigenden Preise nicht sinnvoll sei, frage ich ihn.

»Wenn die Mongolei erfolgreich sein will, müssen wir jetzt investieren. Wir können uns nicht vor den Entwicklungen der Welt verschließen. Wir können nicht die heutige Generation zum Wohle einer zukünftigen benachteiligen. Das machen Diktaturen, und das haben wir zum Glück hinter uns.«

Die Chinesen würden gerne investieren, doch sie äußern immer wieder, dass sie nicht gelassen werden. Auf meine Frage, warum das so sei, antwortet der Präsident: »Wir müssen sorgfältig abwägen, mit wem wir in welchem Umfang Geschäfte machen. Auch in diesem Bereich ist es die Aufgabe der Regierung, Vernunft und Emotionen auszubalancieren.«

»In der Bauindustrie scheint dies nicht gelungen zu sein. Trotz der hohen Arbeitslosigkeit sind hier überwiegend chinesische Bauarbeiter beschäftigt.«

»Die sind billiger und eingespielter. Wir hätten unsere Märkte abschotten können, aber das wäre sehr teuer geworden, und die Konkurrenz sorgt dafür, dass unsere Arbeitskräfte schneller wettbewerbsfähig werden«, lautet seine Erklärung.

Wirtschaftliche Kompetenz musste sich Enkhbayar, dessen Name übersetzt »friedliche Freude« heißt, zwischen 2000 und 2004, also in seiner Zeit als Premierminister, erst erarbeiten. Der 1958 Geborene, der in Moskau und Leeds studierte, begann seine Karriere 1980 als Literaturkritiker und Übersetzer. Er hat Werke von Charles Dickens, Lew Tolstoi, Herbert George Wells und James Joyce ins Mongolische übersetzt, wurde 1990 Vorsitzender des Komitees des Mongolischen Schriftstellerverbandes.[3] Im selben Jahr, kurz bevor die Sowjetunion zusammenbrach und sein Heimatland in die Unabhängigkeit entließ, ging er die Politik. Diese Entscheidung sei stark von Werken wie Tolstois *Auferstehung* und Fjodor Dostojewskijs *Verbrechen und Strafe* beeinflusst worden, sagt Enkhbayar und fügt hinzu: »Literatur ist mehr als Unterhaltung und Amüsement. Es geht darum, Position zu beziehen und Entscheidungen im täglichen Leben zu treffen.«

Er wurde erster stellvertretender Vorsitzender des Regierungskomitees für die Entwicklung von Kunst und Kultur, nach der Wende 1992 Kulturminister. Ab 1997 war Enkhbayar Vorsitzender der damals oppositionellen MAXN/MRVP, der 1990 gegründeten sozialdemokratischen Nachfolgepartei der KP, und gewann mit ihr die Parlamentswahlen von 2000.[4] Als ich ihn damals fragte, was er am Kommunismus angesichts der erfolgreichen kommunistischen Chinesen noch interessant fände, meinte er: »Wir sehen uns nicht als Kommunisten, wir haben auch kein kommunistisches System in der Mongolei. Daher ist es schwierig, auf Ihre Frage zu antworten. Unsere Partei gründet auf sozialdemokratischen Ideen. Gesellschaftliche Probleme lassen sich nicht revolutionär, sondern nur durch Reformen lösen, aber wir glauben auch, dass Gesellschaften sich entwickeln. Wir glauben nicht, dass die Gesellschaft in unterschiedliche Klassen gespalten ist, und vertreten die Grundsätze der Gerechtigkeit, Gleichheit und Freiheit. Die unsichtbare Hand des Marktes kann nicht, wie die rechten Parteien glauben, alle Probleme lösen. Wir haben keine Angst vor Reformen, wir sollten uns selbst an die Spitze der Reformen stellen und diese lenken. Da stimme ich mit Tony Blair und Gerhard Schröder überein. Außerdem sind wir gegen eine isolationistische Politik, denn wir sind der Meinung, dass sich die Mongolei in die Weltgemeinschaft einbringen muss. Deshalb sind wir 2003 der sozialistischen Internationale beigetreten. Über die Förderung unserer Bewerbung durch die deutschen Sozialdemokraten waren wir sehr glücklich.«

Nach seiner Zeit als Premierminister war Enkhbayar bis Mai 2005 Sprecher des Parlaments. Dann wurde er mit 53,4 Prozent zum Präsidenten der Mongolei gewählt. Sein Hauptgegner erhielt nur zwanzig Prozent der Stimmen. Ob er sich manchmal – nur für ein paar Jahre – eine Entwicklungsdiktatur wünsche, frage ich ihn als Nächstes.

»Mit Sicherheit nicht. Die Mongolei ist stolz auf ihre demokratische Entwicklung, auch wenn nicht alles so gekommen ist, wie wir gedacht haben. Dass Demokratie schnell Wohlstand bringt, war ein Irrtum. Die Verwaltung funktionierte nicht, und es war viel schwieriger, die unterschiedlichen Interessen auszubalancieren. Nun sind wir, was das Tempo angeht, realistischer geworden. Leider ist es in Demokratien stets so, dass die Errungenschaften schnell vergessen werden. Gute Demokraten sind immer unzufrieden.«

Die Privatisierung der Unternehmen im Jahr 2000 hatte nicht sehr gut funktioniert. »Privatisierte Unternehmen wurden nicht kompetenten Managern übergeben, sondern den Neffen und Parteifreunden der Zuständigen. Wie in jedem anderen Entwicklungsland auch, ist der Nepotismus für uns ein großes Problem. Wenn Marktmechanismen mit Filz und Familienpatronage gemischt werden, dann entsteht etwas, was nicht funktioniert«, hatte er mir damals gesagt. Inzwischen konnte der eine oder andere Fehler korrigiert werden. Doch die Mongolen erwarten noch immer viel von ihrem Präsidenten. Siebzig Prozent der Bevölkerung sind jünger als dreißig Jahre, fast alle Mongolen können lesen und schreiben, das Land hat die niedrigste Analphabetenrate in Asien. Dass sie nicht hinter dem Mond leben müssen, dafür haben die Nomaden schon selbst gesorgt: Sogar in der armen Wüstenprovinz Gobi, fernab von irgendeinem

Strommast, besitzen die meisten inzwischen Satelliten-Fernsehen. Ein armlanger Propeller gibt genug Strom ab, um damit Fernseher und Empfänger zu versorgen. Abends nach Sonnenuntergang versammelt sich die Familie vor der Glotze: Der Hongkonger Sender »Star TV« sendet Spielfilme.

Seit 1991 ist Englisch die offizielle zweite Sprache – nicht etwa Chinesisch oder Russisch. Die jungen Leute brauchen dringend eine Perspektive. Die Infrastruktur muss aufgebaut werden, was für ein dünn besiedeltes Land sehr teuer ist, außerdem fehlen dafür lokale Arbeitskräfte. Auch fehlt die Zeit, sie auszubilden, denn die Wähler wollen nicht auf Straßen und Häuser warten. Und so gelangte die Bauindustrie in die Hand der Chinesen.

»Die Mongolei, in der noch heute die meisten Menschen in Zelten leben, hat keine große Tradition in der Bauindustrie. Die haben erst die Russen ins Land gebracht.«

»Ist also die Abhängigkeit von China bereits besiegelt?«, werfe ich ein. Enkhbayar überlegt nicht lange: »Wir wären dumm und ungeschickt, wenn wir nicht Chinas preiswerte, gute Produkte kaufen würden. Das Geschäft mit China jedoch darf keine Einbahnstraße sein. Wir müssen auch den Chinesen etwas verkaufen können. Ich denke da vor allem an den Energiesektor. Als ich 2005 mit Staatspräsident Hu Jintao zusammentraf, haben wir darüber gesprochen, wie wir mit Chinas Unterstützung Kraftwerke und Infrastruktur in der Mongolei aufbauen können, um dann so die Energie und nicht nur Bodenschätze nach China zu liefern. Das halte ich für eine sehr gute Möglichkeit der Zusammenarbeit.« Allerdings sind die Verhandlungen darüber noch nicht sehr weit vorangekommen. Investitionen von Hunderten von Millionen US-Dollar sind im Gespräch. Bereits seit 1999 ist die Mongolei Chinas größter Handelspartner. Fast vierzig Prozent der Auslandsinvestitionen kommen von dort. Deshalb lautet die Einschränkung des Präsidenten bezüglich seiner politischen Vision in unserem Gespräch: »Aber die Zusammenarbeit darf nicht unser Konzept der multipolaren Außenpolitik in Gefahr bringen.«

Wenige Wochen nach dem Gespräch, im November 2006, besuchte Premier Miyeegombyn Enkhbold seinen Amtskollegen Wen Jiabao in Peking, und chinesische und mongolische Unternehmer unterzeichneten Vereinbarungen im Wert von fast hundert Millionen US-Dollar. Der Handel steigt im Jahr 2006 um rund neunzig Prozent an. Inzwischen sind 19 ausländische Minenunternehmen im Land tätig. Allerdings schielen alle diese Unternehmen, ob sie nun aus Kanada, den USA oder Australien kommen, auf den chinesischen Markt als Abnehmer der Rohstoffe. Allein die Kohlevorräte in Tavan Tolgoi in der Wüste Gobi könnten den gesamten Bedarf Chinas für drei Jahre decken. Dank der chinesischen Nachfrage rechnet die Regierung damit, dass das Prokopfeinkommen von heute 2100 US-Dollar auf 7000 in den nächsten fünf Jahren steigt und bis zum Jahr 2025 sogar 15 000 US-Dollar betragen soll.

Seit einigen Jahren verhandelt Chinas größter Kohlekonzern mit den Mongolen darüber, die Vorkommen gemeinsam auszubeuten. Obwohl die Chinesen angeboten haben, eine neue Eisenbahnlinie aus der Kohleregion nach China zu bauen, geht nichts voran. Fondsmanager Mark Mobius, dessen Unternehmen Templeton Asset Management einen Dreißig-Milliarden-US-Dollar-Fonds verwaltet, geht davon aus, dass die Kohlepreise in Asien in den nächsten fünf Jahren noch einmal um 42 Prozent steigen werden. Insgesamt lagern an 680 Orten in der Mongolei größere Vorkommen von Kupfer, Gold, Eisenerzen, Phosphor und Zink. Zwischen 100 bis 150 Milliarden Tonnen hochwertiger Kohle warten darauf, abgebaut zu werden; das sind die bisher größten Reserven weltweit, die bekannt sind. Das Land verfügt zudem über die zweithöchsten Uranvorkommen nach Russland. Auch bei den Silbervorkommen steht es weltweit an zweiter Stelle.[5] Damit wird der Mongolei in den nächsten Jahren auch eine größere strategische Bedeutung zukommen. Dennoch hat China dort bisher offiziell nur gut 500 Millionen US-Dollar investiert, also deutlich weniger als in die meisten afrikanischen Länder, in denen das Reich der Mitte ebenfalls aktiv ist.

Die Mongolei sei ein schwieriger Partner, sagen chinesische Diplomaten. Man kann diesem Satz auch die diplomatische Weichheit nehmen. Mit keinem anderen Nachbarn ist es für China so schwierig, ins Geschäft zu kommen. Selbst wenn eine größere Öffnung wirtschaftlich sinnvoll wäre, muss Enkhbayar auf die öffentliche Meinung in der jungen Demokratie Rücksicht nehmen. So glaubt die Bevölkerung etwa, dass der säulenschwere Vorbau des Parlaments mit der meterhohen Statue von Dschingis Khan nicht rechtzeitig zur 800-Jahr-Feier der Gründung der Mongolei fertig geworden sei, weil »die Chinesen nicht fleißig waren«. Immer wieder höre ich dieses Argument. Lieber arbeitet man mit Ländern zusammen, die etwas weiter weg sind. Inzwischen wissen die Mongolen, dass ihr Land »für die Versorgung der Weltwirtschaft mit mineralischen Rohstoffen eine entscheidende Rolle einnehmen kann«, urteilt Volker Steinbach, Referatsleiter für Internationale Zusammenarbeit bei der Bundesanstalt für Geowissenschaften und Rohstoffe. Die Goldvorkommen werden auf 3000 Tonnen geschätzt, die Lagerstätten sind kostengünstiger, als die Goldminen in Südafrika auszubeuten. Und die gesicherten Kupferreserven dürften sich auf dreißig Millionen Tonnen belaufen. Allein 25 Millionen Tonnen werden in der Lagerstätte Qyu Tolgoi in der Wüste Gobi vermutet, nur 80 Kilometer von der chinesischen Grenze entfernt, ganz in der Nähe des Kohleschmuggelwegs.

Robert Friedland, eine der schillerndsten Figuren der internationalen Bergbauindustrie, hat die Lizenz 2001 vom anglo-australischen Rohstoffkonzern BHP Billiton gekauft, der glaubte, dass hier nicht viel zu finden sei. Friedland ließ unbeirrt weiter bohren und stieß auf das mindestens zweitgrößte Kupfer- und Goldvorkommen der Welt. 1,4 Milliarden US-Dollar will Friedland bis 2008 investieren und bis 2015 noch einmal 1,6 Milliarden. Dabei hat Friedlands an der Nasdaq gelistetes Unternehmen Ivanhoe, an dem er knapp 32 Prozent hält, eine Marktkapitalisierung von rund vier Milliarden Dollar. Friedland, der Mick Jagger der Minenindustrie, ist sich jedoch sicher, dass er in Qyu Tolgoi mindestens dreißig Jahre lang jährlich bis zu einer Million Tonnen Kupfer und 300000 Unzen Gold fördern kann.[6] Es ist vor allem der Goldgräbermentalität von Friedland zu verdanken, dass die junge mongolische Demokratie nun Verteidigungsstrategien gegen China entwickeln kann.

Allein Friedlands Mine könnte das Bruttoinlandsprodukt des Landes um vierzig bis fünfzig Prozent steigern. Und das in einem Land, in dem es schon seit einer Dekade zwischen sechs und elf Prozent wächst. Mit Beginn des Erzabbaus werden dort 3000 Menschen arbeiten, davon über neunzig Prozent Mongolen. 420 Millionen US-Dollar hatte Friedland schon ausgegeben, als ich 2006 die Mine besichtigte, etwa für Probebohrungen bis 2000 Meter Tiefe und einen

Testschacht von 6,70 Metern Durchmesser, der etwa 470 Meter tief ging. Noch niemand vor ihm hat so viele Probebohrungen an einer Stelle vornehmen lassen. Der Grund: Friedland hofft auf noch mehr Funde, obwohl er schon viel mehr gefunden hat, als sein relativ kleines, unerfahrenes Unternehmen bewältigen kann.[7]

Die Erfolge haben inzwischen auch die großen Konkurrenten auf den Plan gerufen. Im Jahr 2004 verdoppelte sich der Anteil der Mongolei am weltweiten Explorationsaufwand auf vier Prozent. Damit gehört der Steppenstaat zu den Top Ten der Rohstoffproduzenten. Internationale Bergbaukonzerne wie der südafrikanische Anglo Gold Ashanti und der anglo-australische BHP Billiton haben sich Claims gesichert. Der anglo-australische Minenkonzern Rio Tinto, der die beste Börsenperformance der Branche aufweist, will hier ebenfalls Erkundungen vornehmen, und auch der japanische Mischkonzern Mitsui steht in den Startlöchern.

Heute sind vierzig Prozent der Mongolei für Explorationen freigegeben, eine Fläche, die größer ist als Spanien. In großen wie kleinen Minen wird Gold geschürft, aber ein Drittel der Menschen lebt nach wie vor unter der Armutsgrenze. »Wir haben mit zwei Dingen zu kämpfen«, sagte der ehemalige Premierminister Tsakhia Elbegdorj, »das erste ist Armut, aber das zweite ist, wie man mit dem ungeheuren Reichtum umgeht.«

Das Nomadenvolk geht auf seine Weise damit um. Am Ende der Nahrungskette stehen die illegalen Goldsucher. Meist Nomaden, die ihre Herden aufgegeben haben und nun in den stillgelegten Minen Gold suchen und nehmen, was die Minenfirmen übriggelassen haben. Sie heißen überall nur »Ninjas« – weil sie mit ihren Plastikschalen, die sie auf dem Rücken tragen, so aussehen wie die »Teenage Mutant Ninja Turtles« aus dem Fernsehen. Es gibt etwa 100 000 Ninjas, also mehr als acht Mal so viele wie offiziell angestellte Minenarbeiter. Auf meiner Reise zur Grenze stieß ich 300 Kilometer westlich der Hauptstadt zufällig auf ein solches Ninja-Dorf. Die Zelte der Ninjas sind vom Tal bis in die Berge hinein verstreut. Es gibt Restaurant-Zelte ebenso wie ein Zelt, in dem Gold verkauft wird. Ganze Familien, Männer, Frauen und Kinder klettern Tag und Nacht in die Schächte hinab und hoffen, dass sie Goldbrocken finden und lebendig wieder ans Tageslicht kommen. »Das ist unser Leben, unser Einkommen.

Wir sind davon abhängig«, sagt eine 35-jährige Frau, die mit ihren drei Kindern dort lebt. An guten Tagen finden sie und ihre beiden Partner Goldkrümel im Wert von 18 US-Dollar. Regierungsbeamte verdienen nur hundert US-Dollar pro Monat.

Trotzdem ist die Sorge im Land groß, dass nicht genug Erlöse der wirtschaftlichen Aktivitäten im Land bleiben und die Umweltschäden, die durch den Abbau entstehen, zu massiv werden. Diese von China indirekt ausgelösten Spannungen drohten Anfang 2006 zu eskalieren. Enkhbayar spricht mir gegenüber sogar davon, »dass dies ein entscheidender Zeitpunkt in der jungen demokratischen Geschichte der Mongolei« gewesen sei. Was war passiert? In Demonstrationen forderten die Menschen, dass ausländische Minenunternehmen höhere Steuern bezahlen sollten. Nationalistische mongolische Politiker schürten die Proteste gegen die Ausbeutung der Rohstoffe durch ausländische Bergbaukonzerne, auch deshalb, weil manche von ihnen damit von ihren eigenen privaten Minengeschäften ablenken wollten. In der Hauptstadt verbrannten Demonstranten vor dem Parlament eine Friedland-Puppe. Die Tageszeitung *Odriin Sonin* forderte: »Je schneller Friedland das Land verlässt, desto besser.«[8] Der war sprachlos, hatte er doch eine rechtskräftige Vereinbarung mit der Regierung und niemanden betrogen. Er beschloss, vorerst nicht mehr mit seinem Privatjet ins Land einzureisen, sondern seine Topmanager zu schicken. Für die schwache Große Koalition war es besonders peinlich, dass die Demonstrationen im Umfeld der 800-Jahr-Feiern des Landes geschürt wurden. Ein Anlass, zu dem sich die mongolische Regierung gern von ihrer besten Seite gezeigt hätte. So kam es, dass dem Parlament im Mai 2006 ein »Sondergewinnsteuergesetz« zur Abstimmung vorgelegt wurde. Nur 45 der 76 Abgeordneten waren anwesend, der Rest war schon ins Wochenende verschwunden. Der Inhalt des Gesetzes: Wenn der Kupferpreis die Marke von 2600 US-Dollar pro Tonne überschreitet und der Goldpreis die von 500 US-Dollar pro Unze, müssen die Unternehmen auf 68 Prozent der Gewinne eine Sondersteuer zahlen. Da die Rohstoffnotierungen diese Zielmarke bereits erreicht hatten, brachen an der Nasdaq die Kurse von Unternehmen wie Friedlands Ivanhoe um zwanzig Prozent ein. »Wir waren um 700 bis 800 Millionen US-Dollar leichter«, entrüstete sich Robert Friedland. Der Kurs von Centerra

Gold gab ebenfalls nach – verärgert reagierte auch die internationale Minenbranche in der Mongolei.[9]

Friedland zog sich auf den Posten des Aufsichtsratsvorsitzenden zurück und berief den besonnenen John Macken zum CEO. Der aber geizte auch nicht mit deutlichen Worten: »Die haben mit uns Kasper aus der Kiste gespielt, nur dass am Ende keiner gelacht hat«, schimpfte Macken. »Mit der Regelung killen sie die Industrie, bevor sie überhaupt Fuß gefasst hat. Uns kann doch niemand dafür kritisieren, dass wir hier ein gutes Geschäft machen.«[10] Dennoch heizte die Regierung den Konflikt weiter an. Im Juni versuchte Gesundheitsminister Lamjaviin Gundulai, der eine Splitterpartei anführt, mit einer Hundertschaft von Demonstranten die Boroo-Goldmine zu besetzen; dabei starb ein Demonstrant. Anfang Juli veränderte die Regierung das Bergbaugesetz, das 1997 von einer amerikanischen Beratungsfirma ausgearbeitet worden war. Die gewinnunabhängigen Förderabgaben wurden auf fünf Prozent verdoppelt. Und der Staat behielt sich nun vor, bei strategisch wichtigen Lagerstätten einen Anteil von 34 Prozent zu behalten, auch wenn die Entdeckung auf von Privatunternehmen finanzierte Explorationen zurückgeht.

Unter dem Streit litten auch die Zulieferer, etwa der deutsche Baggerhersteller Liebherr, der einen Großteil der ausländischen Bergbaugesellschaften mit Baggern ausstattet. Aber auch Siemens, Fuchs oder Mongolian Star Melchers, der größte Versorger mit Bergbau-Ausrüstung in der Mongolei, waren betroffen: »Wir wachsen mit hundert Prozent im Jahr. Wenn die Ausländer wegbleiben, bricht das Geschäft zusammen«, befürchtete Laurenz Melchers vom Bremer Handelshaus C. Melchers, das seit anderthalb Jahrhunderten in Asien tätig ist. Bisher hatte Melchers geschickt Abenteuer und Geschäft in der Mongolei verbinden können. Immer mehr ausländische Unternehmen kamen in das neue El Dorado und brauchten seine Fahrzeuge. Als Generalimporteur von Mercedes überzeugte er das alte Reitervolk, von Mongolenponys auf moderne Geländewagen umzusatteln.

Dass es einmal seine Aufgabe sein würde, zusammen mit dem Anwalt David Rainer in einem der ärmsten und rückständigsten Länder Asiens Edelkarossen zu verkaufen, hätte sich der gelernte Gastronom nie träumen lassen: »Das waren am Anfang vier linke Hände, wenig Werkzeug und viel weites Land«, lacht Melchers. »Aber die von Mercedes haben gesagt: Wir haben schon ganz andere Leute Importeure werden lassen«, fügt sein Partner David Rainer hinzu. Vor zehn Jahren fand Melchers auf einer Handelsreise mit seinem Vater sein unerschlossenes Paradies – und seine Geschäftsidee. Die G-Klasse, schlichte, aber unverwüstliche Geländefahrzeuge, war wie gemacht für die reichen Kaschmirhändler des rauen Steppenlandes. Als Melchers den kalifornischen Rechtsanwalt David Rainer kennenlernte, der seiner mongolischen Frau in ihre Heimat gefolgt war und in Ulan-Bator eine Kanzlei betrieb, war es klar. Die Mongolei würde seine neue Heimat werden: Beide überzeugten Mercedes, eine der letzten Länderlücken im Händlernetz zu schließen. Doch damit fingen die Probleme erst an: Import war eine Sache, Wartung eine andere. In Ulan-Bator gab es 1999 nur einige Schrauberhallen, deren Inhaber sich auf das Flicken alter Autos spezialisiert hatten. Spezialwerkzeuge, moderne Hebebühnen oder ausgebildete Mechaniker kannten die Mongolen nicht. »Wir mussten praktisch bei null anfangen: vom Mittelalter in die Moderne«, so Melchers. Mit Unterstützung der Deutschen Gesellschaft für Technische Zusammenarbeit (GTZ) stellten die Jungunternehmer einen pensionierten deutschen Werkstattmeister ein, der ihnen die Infrastruktur aufbaute und junge Mechaniker ausbildete. Heute unterscheidet sich das Servicecenter Mongolei kaum von einem Autohaus in Gummersbach. Und Mercedes ist in der Mongolei schon lange ein beliebtes Fahrzeug. Allerdings sind viele der herumfahrenden Autos über zwanzig Jahre alt. Erst allmählich setzt sich die Erkenntnis durch, dass ein neuer Mercedes durchaus eine gute Investition sein kann. Das große Geschäft hängt jedoch davon ab, inwieweit die Wirtschaft des Landes boomt. »Einen großen Schritt nach vorn geht es immer, wenn sich ein ausländisches Unternehmen entscheidet, in den Markt zu gehen und Bodenschätze wie Gold zu fördern«, meint David.

Seit der neuen Regelung aber droht ein Unternehmen nach dem anderen, sich aus dem Markt zurückzuziehen. Zwar hatte die internationale Bergbauindustrie damit gerechnet, dass die Mongolen eines Tages selbstbewusster auftreten würden. Doch das Vorgehen der Regierung war schlecht vorbereitet und unprofessionell. Centerra Gold verschob bereits den geplanten Bau einer weiteren Goldabbaustätte dreißig Kilometer von Boroo Gold entfernt auf unbestimmte Zeit. Eigentlich hatten sie geplant, in dieses Projekt 75 Millionen US-Dollar bis 2009 zu investieren. Währenddessen stellten auch mongolische Bergbauunternehmen mit Schrecken fest, dass sie von der neuen Regelung erfasst werden, und wehrten sich auf ihre Weise. Sie lieferten nur noch die Hälfte ihrer Produktion bei der Zentralbank ab und ließen den Rest auf den unzähligen Pisten in der Wüste Gobi über eine der wilden Grenzen zu China außer Landes schaffen.

Der Konflikt war inzwischen so eskaliert und der Imageschaden so groß, dass die Regierung zurückzurudern versuchte. Enkhbayar hätte als Präsident die Möglichkeit gehabt, ein Veto gegen das Gesetz einzulegen. Politisch war es ihm allerdings zu riskant. »Es wäre nicht geschickt gewesen, in einer solchen Frage das Parlament zu übergehen.« Er wollte gegenüber den Wählern nicht als Handlanger ausländischer Konzerne dastehen. Aber vertreiben darf er sie auch nicht. »Wenn wir jetzt keine Lösung finden, ziehen sich die Investoren zurück.« Um das zu verhindern, beschloss Enkhbayar, in die Wüste zu fliegen und die Ivanhoe-Mine zu besichtigen – trotz der aufgeheizten öffentlichen Meinung. Sank der Ivanhoe-Börsenkurs weiter, würde eine feindliche Übernahme immer wahrscheinlicher werden. Insider munkelten, dass dann die Chinesen ihre Chance nutzen würden. Inzwischen war klar, dass es sich bei dem Oyu-Tolgoi-Gebiet um das größte bisher nicht erschlossene Gold- und Kupferfeld der Welt handelte: 450 000 Tonnen Kupfer und 330 000 Tonnen Gold. Die Verhandlungen zogen sich hin, die Ausländer wurden ungeduldig. Die Mongolei sei lediglich in einer nächsten Phase der Entwicklung ihrer Bodenschätze, verteidigte sich Yangug Sodbaatar, Vizeminister für Handel und Industrie, gegen Vorwürfe, die Regierung sei zu langsam bei Vertragsabschlüssen. »Ausländer mögen sagen, der Prozess sei ihnen zu langsam, aber wir tun unser Bestes, damit alles möglichst schnell geht. Wir brauchen die Jobs, also müssen wir uns ebenfalls beeilen, weil es unserer Wirtschaft helfen wird zu boomen. Aber die richtigen Entscheidungen sind ausschlaggebend zu diesem Zeitpunkt«, sagte Yangug Sodbaatar.[11]

Das dauert seine Zeit. Deswegen ließen sich die Mongolen nicht unter Druck setzen. Ihnen war klar, dass sich schon jemand finden würde, der bereit wäre, das Kupfer und das Gold auszugraben. Außerdem würden die Chinesen es kaufen. Es war nur die Frage, zu welchem Zeitpunkt der Wertschöpfungskette sie zum Zuge kommen würden. Das Interesse der mongolischen Regierung war, dass sie möglichst spät Zugang erhielten. Die Warnungen aus dem Ausland bestätigten sie nur in ihrer Vorsicht vor dem mächtigen Nachbarn. Die wahre Gefahr sei China – wenn es die Kontrolle über die Ressourcen der Mongolei billig bekäme, »würde dies tatsächlich zu Verschiebungen auf dem Weltmarkt führen. [...] Die Wurzeln der Demokratie sind schwach, und das Ressourcenthema könnte sie wegfegen, durch Korruption oder Ähnliches, das die chinesische Dominierung erlaubt ...«, sagte ein westlicher Diplomat.

Die Topmanager von Ivanhoe und die Vertreter der Regierung verhandelten über Monate. Das Angebot, das von Ivanhoe auf den Tisch gelegt worden war, reichte der Regierung nicht: fünf Prozent Anteil an der Mine und größere Mengen Kohle aus der Tavan-Tolgoi-Mine für einen Stabilitätspakt, der mindestens bis 2015 halten sollte. Ist am Ende China wieder einmal der lachende Dritte? »Der Präsident weiß, dass unser Spielraum immer geringer wird«, betonte Layton Croft, Vizepräsident von Ivanhoe. Denn über dem Streit gab der Börsenkurs nach. Das bedeutete, man konnte für immer weniger Geld eine Mehrheit übernehmen. Und man konnte dies sogar gegen den Willen von Bob Friedland tun – nämlich indem man den gegenwärtigen Aktienbesitzern eine Prämie anbot und eine sogenannte feindliche Übernahme anstrebte; durchaus eine gute Gelegenheit für den chinesischen Staat oder eines seiner Unternehmen, dann einzukaufen. Daran hätte die mongolische Regierung nur etwas ändern können, wenn sie ein Investitionsgrenzen-Gesetz für chinesische Unternehmen erlassen hätte. Ein solcher Schritt wiederum hätte die Beziehungen zu China erheblich belastet. Das konnte nicht im Sinne der mongolischen Regierung sein.

China und die Mongolei geraten schon seit Jahrtausenden immer wieder aneinander. Der erste Abschnitt der Großen Mauer entstand bereits um 220 vor Christus. Damals herrschten hunnische Dynastien über die von Mongolen besiedelten Gebiete. Die Mongolen selbst liefen erst Anfang des 13. Jahrhunderts zu Höchstform auf, als es 1206 Dschingis Khan gelang, die widerstreitenden Stämme zu einigen. Er und seine Nachfahren bauten in blutigen Feldzügen ein

Reich auf, das China in den Schatten stellte. Sie durchstießen den gesamten eurasischen Kontinent und besiegten gar bei Liegnitz 1241 ein deutsch-böhmisches Heer. Fast hundert Jahre, von 1271 bis 1368, während der Yuan-Dynastie, herrschten die Mongolen auch in China. Erst der Zerfall des transkontinentalen mongolischen Großreichs in Einzelreiche in China, Persien und Russland Mitte bis Ende des 14. Jahrhunderts eröffnete den Chinesen die Chance, gegen ihre Besatzer aufzubegehren. Zhu Yuanzhang, einem Rebellenführer aus armen Verhältnissen, der sich der Bewegung Rote Turbane angeschlossen hatte, gelang es durch einen Bauernaufstand, dass die mongolische Herrschaft in sich zusammenbrach. Von diesem Rückschlag sollte sich die Mongolei nicht mehr erholen. Zhu ernannte sich zum Kaiser und gründete die Ming-Dynastie, die fast 300 Jahre andauerte.[12]

Im Unterschied zu seinen mongolischen Vorgängern ging Zhu sehr fortschrittlich mit der mongolischen Kaiserlichen Familie um. Die Familie, die Hofbeamten und die Generäle durften durch die Festung Badaling in das mongolische Steppenland ausreisen. Sie gründeten jenseits der Mauer ein Restreich. Die Nachgiebigkeit zahlte sich nicht aus. Die mongolischen Adligen wollten sich mit der Niederlage nicht abfinden. Immer wieder versuchten sie die Chinesen anzugreifen. Über 200 Jahre hatten die Ming-Kaiser an ihrer nördlichen Grenze Ärger und bauten deshalb über eine Strecke von 5755 Kilometern ein Bollwerk aus Mauern. Und schon die acht überlebenden der 26 Söhne von Zhu, die Prinzen Liao, Ning, Yan, Zhao, Jin, Qing, Qin und Su, übernahmen Grenzabschnitte entlang der Mauer.

Zhus Nachfolger Cheng Zu verlegte die Hauptstadt 1403, fünf Jahre nach dem Tod seines Vorgängers, von Nanjing nach Peking, um den Mongolen seinen Machtanspruch im Norden zu verdeutlichen. Sie fühlten sich provoziert, und tatsächlich gelang es dem Häuptling Anda Khan 1550 im zweiten Anlauf, bis in die Vororte Pekings durchzubrechen. Allerdings konnte er sich dort nicht festsetzen. Die Maueranlagen wurden daraufhin noch einmal verstärkt. Während der gesamten Ming-Zeit wurde an der Großen Mauer gearbeitet. Bis zu 976 000 Soldaten bauten und bewachten das Bauwerk gegen die Mongolen. Der Mörtel bestand aus gebranntem Kalk und Klebreis. Jedes fertige Mauerstück musste dann von einem Inspekteur überprüft werden. Zu diesem Zweck wurden aus einer Entfernung von zehn Schritten Pfeile gegen die Mauer geschossen. Falls ein Pfeil in die Mauer eindrang, musste der Abschnitt abgerissen und neu aufgebaut werden. Auf Dauer nützte das alles nichts. Im Jahr 1644 durchbrachen Truppen unter der Führung von Abahai, einem Fürst des Reitervolkes der Dschurdschen, die Große Mauer und den Pass Shanhaiguan und schlugen die Armee des Bauernführers Li Zicheng.[13]

Dies war das Ende der Ming-Dynastie, die nun von der Qing-Dynastie abgelöst wurde. Anfang Juni 1644 konnten die Mandschu, wie sie sich später nannten, Peking erobern. Der Sohn Abahais zog als Kaiser Shun Chih in die verbotene Stadt ein. Die Chinesen wurden gezwungen, sich zum Zeichen ihrer Unterordnung einen Zopf wachsen zu lassen und mandschurische, also mongolische Kleidung zu tragen. Eheschließungen zwischen Mandschu und Chinesen wurden verboten, und Mandschu mussten keine Prüfung ablegen, um Beamte zu werden. Die fremden Herren wurden von den Chinesen gehasst. Um den Buddhismus zurückzudrängen, erlaubten die Mandschu den christlichen Jesuiten, in China zu missionieren. Sogar die Frau des Kaisers und ihr Sohn ließen sich taufen und erhielten die Namen Helene und Konstantin. Nachdem rivalisierende mongolische Stämme mehrfach versucht hatten, die Mandschu anzugreifen, wurde die Mongolei 1691 an China angegliedert. Die Mauer war nun weitgehend überflüssig.

Erst 1911, als das Kaiserreich in Peking zusammenbrach, gelang es den Mongolen, sich wieder auf eigene Füße zu stellen, wenn auch nur für kurze Zeit. Die Herrschaft des Bogd Khan, König und Oberhaupt des mongolischen Lamaismus, über die Mongolei dauerte nicht lange. Von 1915 bis 1921 war die Mongolei wieder unter chinesischer Hoheit, geriet dann aber in die Auseinandersetzung zwischen China und Russland. Nun wurde die Mongolische Volksrepublik nach sowjetischem Muster gegründet. Auch dies führte nicht dazu, dass das einst mächtige Reich wieder unabhängig wurde. Ab 1945 geriet es unter die Herrschaft der Sowjetunion und wurde zu einem ihrer Satellitenstaaten. Nach dem Bruch zwischen China und der Sowjetunion Anfang der sechziger Jahre stationierte Moskau in der Mongolei 75 000 Soldaten und eine große Anzahl von Mittelstreckenraketen. Das Land zwischen Russland und China hatte das Zeug, als der Ort in die Geschichte einzugehen, an dem ein dritter Weltkrieg zu lodern begann. 1969 gab es am Grenzfluss Amur noch Schießereien zwischen den Russen und den Chinesen. Und auch 1975 war sich Mao im Gespräch mit Helmut Schmidt sicher, dass die Russen früher oder später China angreifen würden.[14] Erst mit dem Zusammenbruch der Sowjetunion gelang es den Mongolen 1990, unabhängig zu werden. Demokratie und Marktwirtschaft wurden eingeführt, es fanden die ersten freien Wahlen statt. Man erklärte sich zur kernwaffenfreien Zone und schloss Ende 1993 und Anfang 1994 Freundschaftsverträge mit den großen Nachbarn Russland und China ab. Gleichzeitig baute man gute, auch militärische Beziehungen zu den USA auf. Allerdings blieb die Mongolei die ganzen neunziger Jahre über ein strategisch zentrales, aber politisch und wirtschaftlich unbedeutendes Land.

Meine letzte Frage an Enkhbayar lautet daher, als wir schon dabei sind, uns voneinander zu verabschieden, ob es ihn nicht manchmal wurme, dass er nicht mehr der Präsident eines der größten Weltreiche sei. »Da bin ich in guter Gesellschaft«, lacht er, »mit den Spitzenpolitikern anderer ehemaliger Weltreiche. Auch das römische, spanische, britische, deutsche und das russische Weltreich sind heute nicht mehr so bedeutend. Einige Leute sagen, wir wären besser dran mit einem Zugang zum Meer, dann hätten wir auch besseres Wetter. Aber an solchen Überlegungen möchte ich mich nicht beteiligen.«

Die ersten Goldgräber der Mongolei waren nicht die einheimischen Nomaden, die mit ihren Tieren auf der Suche nach ergiebigen Weiden durchs Land zogen. Für sie war allein wichtig, ob das Gras ausreichte, damit sie ihre Herden über den Winter bringen konnten. Es waren Ausländer, die die Mongolei als Goldland entdeckten: Chinesen, Russen, Franzosen und andere. Die Schürflizenzen wurden damals von den Beamten des mandschurisch-chinesischen Kaisers in Peking erteilt. In den achtziger Jahren fanden Geologen aus der DDR in den sanften Hügeln des mongolischen Graslandes eineinhalb Stunden nördlich von Ulan-Bator fünfzig Tonnen Goldvorkommen. Sie hausten jahrelang neben ihren Testbohrern in zugigen Baracken oder mongolischen Jurten. Noch heute benutzen die chinesischen Betreiber der Naran-Tolgoi-Goldförderstätte alte DDR-Karten, auf denen oben rechts der Stempel »Vertrauliche Verschlusssache« prangt. Nach dem Untergang der DDR und nachdem die Mongolei eine Demokratie geworden war, gab es lange Zeit nur wenig Interesse internationaler Unternehmen an der Ausbeutung der Vorkommen. Der Goldpreis lag Ende der neunziger Jahre nur bei rund 250 US-Dollar – kein Preis, bei dem ein Minenkonzern wild darauf ist, in unbekanntes Terrain zu investieren. So wanderte die Lizenz umher, bis die Manager des kanadischen Bergbaukonzerns Centerra Gold zugriffen, eine Tochter von Cameco, dem größten Uranförderer der Welt. Die Regierung hatte den Managern 1998 ein Angebot unterbreitet, das sie nicht ausschlagen konnten: Die Mine sollte vollständig ins Eigentum des Konzerns übergehen, zudem würden in den ersten fünf Jahren keine Steuern und Abgaben anfallen. Die Kanadier griffen zu, und damit wurde Centerra Gold das erste westliche Unternehmen, das in großem Stil in der Mongolei investierte. Bis dahin war das russisch-mongolische Kupfer-Joint-Venture Erdenet Mining das einzig nennenswerte Gemeinschaftsunternehmen des Landes. 75 Millionen US-Dollar steckte Centerra in den Aufbau des Förderbetriebs, 2004 nahm Boroo Gold den Betrieb auf – mit Produktionskosten von geschätzt weniger als 150 US-Dollar pro Unze bei einem Goldpreis von knapp 450 US-Dollar, auch im übertragenen Sinne eine Goldgrube. 2005 förderte Boroo Gold 13 Tonnen des Edelmetalls.[15] Das Bundesministerium für wirtschaftliche Zusammenarbeit und Entwicklung (BMZ) und die Gesellschaft für Technische Zusammenarbeit (GTZ) hatten das Projekt einst als »nicht förderwürdig« eingestuft. Mittlerweile ist die Goldmine überdies eine der modernsten der Welt: Sie übertrifft sogar noch die strengen Umweltstandards der Weltbank. Trotzdem war auch Boroo Gold von den Protesten betroffen. Die Centerra wurde ebenso wie Ivanhoe von den Maßnahmen der mongolischen Regierung überrascht, die Gewinne aus den Bodenschätzen hoch zu besteuern. Allerdings hat die mongolische Regierung mit Boroo Gold mittlerweile das zwischen ihnen bestehende Stabilitäts- und Investitionsabkommen überarbeitet. Dieses soll einem novellierten Bergbaugesetz zufolge bewirken, dass die Gewinne gerechter verteilt, die Schäden für die Umwelt verringert werden und der mongolische Arbeitsmarkt besser geschützt wird. Ursprünglich musste Boroo Gold in den ersten Jahren keine Steuern zahlen. Rückwirkend zum 1. Januar 2007 zahlt das Unternehmen nun 25 Prozent Körperschaftssteuer und fünf Prozent Lizenzgebühren.[16]

Ivanhoe kam jedoch nicht voran. Bob Friedland mochte nicht so lange warten, bis der Kurs seines Unternehmens so weit in den Keller rutschen würde, dass er die Kontrolle darüber verlieren könnte. Um das Risiko einer feindlichen Übernahme zu vermindern, verkaufte er zehn Prozent seiner Anteile an den anglo-australischen Minenkonzern Rio Tinto, die Nummer zwei in der Welt. Rio Tinto bekam die Option, bis zu vierzig Prozent Anteile zu kaufen, und kündigte an, diese auch zu nutzen, wenn die Regierung eine Entscheidung über die Gewinnbesteuerung getroffen habe. Das Geschäft ging auf. Die Aktien stiegen sofort um vierzig Prozent. Das Unternehmen war nun plötzlich 3,8 statt 2,2 Milliarden US-Dollar wert. Ausschlaggebend für den Einstieg von Rio Tinto war die einmalige Nähe zum Kupfer- und Gold-Kunden China. Nun, da die Gefahr eines unmittelbaren chinesischen Einstiegs gebannt war, hatte die Regierung keinen Zeitdruck mehr, eine Entscheidung zu treffen. Den Hinweis von Ivanhoe, dies würde dem Investmentklima schaden, schlugen die Parlamentarier in den Wind. Auch in einem Jahr würde China noch auf Rohstoffe angewiesen sein. Die Kalkulation der Regierung ging auf. Der Kurs blieb stabil und damit der Wert des Unternehmens. Die Einigung ließ auf sich warten. Erst Ende Juni 2007 kam es zu einem Durchbruch, den man als Sieg der mongolischen Regierung bezeichnen kann.

Ivanhoe musste einen 34-Prozent-Anteil an dem Projekt abtreten, den der Staat schrittweise aus den Gewinnen des Unternehmens bezahlen darf.[17] Die Chinesen spielten in diesem Geschäft als Betreiber keine Rolle mehr. Aber sie sind schon dabei, sich an anderer Stelle in der Mongolei zu engagieren. Die Shenhua Group Corp, der größte Kohleförderer, verhandelte mit einem privaten Investor für die Tavan-Tolgoi-Kohlevorkommen. Inzwischen hat die mongolische Regierung entschieden, dass sie die Kohle ohne ausländische Partner fördern will. Ein Schachzug oder ein Akt des Populismus? Der größte Konkurrent der Shenhua Group Corp war die amerikanische Peabody Energy in St. Louis. Das Unternehmen stellt allein zehn Prozent des amerikanischen Stroms und drei Prozent des Stroms der Welt her und besitzt etwa vierzig Kohleminen, vor allem in den USA, Australien und Venezuela. Die Corporation verkaufte 2005 gut 250 Millionen Tonnen. Noch kann kein chinesisches Unternehmen Peabody

Energy das Wasser reichen.[18] Seit neustem bemühen sich die Amerikaner darüber hinaus um das Land. Auf einer Konferenz unter dem Titel »Globale Sicherheitsherausforderungen für US-Interessen« im März 2007 am US Army War College in Carlisle, Pennsylvania bezeichnete der ehemalige Staatssekretär im Verteidigungsministerium Peter Rodman die Mongolei als »aufsteigenden Partner«. Das ist wohl auch das Mindeste: Die mongolische Regierung unterstützte Bush im Irak-Krieg mit eigenen Truppen.

Auf Dauer werden sich die Mongolen kaum der Nähe zu China entziehen können. Denn China kann aufgrund kurzer Transportwege immer den besten Preis zahlen. Je größer der mongolische Aufschwung wird, desto mehr Produkte wollen die Mongolen kaufen – Produkte, die die Chinesen am billigsten liefern können. Der Regierung mag es gelingen, punktuell gegenzusteuern. Das wird jedoch kaum etwas daran ändern, dass die Beziehungen immer dichter werden. Es ist nicht unwahrscheinlich, dass schon in wenigen Jahren der Kohleschmuggelweg in der Wüste Gobi in Richtung China zur vierspurigen Autobahn ausgebaut wird.

> Ohne Süßigkeiten kann man leben,
> ohne Waffen nicht.
>
> *Kim Jong-il, Führer Nordkoreas*

Des Wahnsinns fette Beute

China in Nordkorea

Im 43. Stock des Koyro-Hotels kreist das Drehrestaurant mit drei Gästen bis weit nach Mitternacht. Pjöngjang ist seit Stunden stockdunkel. Jede Dreiviertelstunde taucht der »Große Führer« Kim Il-sung aus dem Nichts auf, dreißig Meter hoch, in gewienerter Bronze reckt er grell erleuchtet den Arm in den Himmel. Auch Nordkorea dreht sich im Kreis.

Jeden Morgen stecken sich die Nordkoreaner ihre Parteiabzeichen an. Jeden Morgen werden die hundert Meter breiten Straßen gefegt. Jeden Morgen stehen geduldige Menschen an der Bushaltestelle in der Schlange. Wenn sie Pech haben, müssen sie eine Stunde warten. Für den kleinen General hingegen, der täglich um Punkt sieben sein braunes Hochhaus verlässt, während seine Frau die Betten ausschüttelt, steht eine S-Klasse bereit, denn die Armee leitet den Aufbau des Landes, in dem wenig aufgebaut wird.

Die etwa 23 Millionen Menschen im Norden des seit 1953 endgültig geteilten Landes erwirtschaften ein minimales Bruttosozialprodukt. Fast täglich bricht ein Unternehmen zusammen – und das in einer Wirtschaft, die seit den siebziger Jahren statt auf Innovation auf Verschleiß setzt.

Jeden Morgen dreht sich die schöne, weiß gekleidete Polizistin wie alle ihre Kolleginnen an der Kreuzung um die eigene Achse, auch wenn kein Auto kommt. Mit den eckigen Bewegungen einer Aufzieh-puppe greift sie ins Leere. Die Siemensampeln leuchten nicht. Es gibt nicht genug Strom. Allmorgendlich formen unterbeschäftigte Bau-arbeiter Sandhaufen zu akkuraten Kastenformen, bis nichts mehr rieselt. Grundschulkinder jäten Unkraut auf dem Mittelstreifen der Autobahn. Die ist leer, denn nicht einmal Fahrräder gibt es genug. Wie Ameisen laufen die Menschen entlang der leeren Schnellstraße. Ein Volk geht zu Fuß. Jeden Morgen.

Bei aller Normierung mangelt es den Menschen nicht an Ab-wechslung. Sie kommt in Form von bösen Überraschungen: Ständig platzt irgendwo ein Wasserrohr, der Strom fällt aus, Heizungen blei-ben kalt. Das Angebot der am »PDS-Point« verteilten Lebensmittel-rationen schwankt. Es gibt nicht genug zu essen, Menschen hungern, Kinder sind so schlecht ernährt, dass sie an Grippe sterben.

Derweilen lässt die Führung in regelmäßigen Abständen Wunder geschehen: In der Hafenstadt Nampo seien drei bunte Vögel in ein Zimmer geflogen und hätten eine halbe Stunde lang die Bilder des verstorbenen »Großen Führers« Kim Il-sung und des herrschenden »Geliebten Führers« Kim Jong-il betrachtet, berichteten nordkorea-nische Zeitungen vor einigen Jahren. Dutzende von Einheimischen hätten das Schauspiel beobachtet. Fährt der »Geliebte Führer« durch sein Land, wachsen plötzlich Rosen auf Äckern, Aprikosenbäume blühen im Herbst oder Fischer fangen seltene weiße Albino-Seegur-ken. An Kims sechzigstem Geburtstag 2002 lagen sechzig Tage lang sechzig Zentimeter Schnee.

Diese Wunder werden dem Volk von der Nachrichtenagentur KCNA verkündet und sind damit amtlich. Alles kommt von ihm: Mütter bekommen nach der Geburt einen Löffel Honig in den Mund gesteckt, ein Geschenk des »Geliebten Führers«. Das Volk soll dank-bar dafür sein. Im Stadion des 1. Mai musste es deshalb monatelang mit bunten Pappen imposante Menschenmosaike für die Feier des Befreiungstags üben. Ein Mann bellt in ein Mikrofon: 5000 Men-schen rascheln – ein E-Werk taucht auf. Rascheln. Fröhliche Schwei-ne, dreißig Meter lang. Rascheln. Blaue Lastwagen. Rascheln. Fische. Lautes Rascheln. Wellen werden gemacht. Nichts, das sich nicht un-verzüglich darstellen ließe, im Papp-Cyber der nordkoreanischen Diktatur. Nichts jedoch, was das Land voranbringt.

Die Kader gehen lieber in den Keller. In den Katakomben des Yang-gakdo-Hotels glitzert es verführerisch wie sonst nirgends zwischen den Plattenbauten der Hauptstadt. Dort lässt der Macauer Tycoon Stanley Ho ein Spielkasino und einen Massagesalon betreiben. Die Massage durch eine nordchinesische Gastarbeiterin kostet 172 US-Dollar. Ausgesuchte hohe Kader dürfen sich Extrawünsche außerhalb des Landes erfüllen, stellen sich dabei jedoch zuweilen ungeschickt an: Der Sohn des »Geliebten Führers«, Kim Jong-nam, wurde 2001 auf einem japanischen Flughafen mit falschem Pass verhaftet: Er wollte ins Tokioter Disneyland.[1] Eine Zeit lang schien es, als habe sein Vater ihm seine Eskapaden verziehen, und er galt noch Mitte des Jahres 2007 als Nordkoreas Nummer zwei, aber im November hieß es im Umfeld der nordkoreanischen Regierung, Kim habe seinen zweiten Sohn Kim Jong-chol zum Vizechef einer Führungsabteilung der kommunistischen Partei ernannt. Damit gilt nun der 26-Jährige als sein Nachfolger auf dem Juche-Thron, obgleich der langjährige japanische Sushi-Koch im Hause Kim schrieb, Kim Jong-il hielte ihn für ungeeignet, da er »wie ein kleines Mädchen« sei.[2]

Weil der alte Kim die seltsamen Einfälle seiner Umgebung kennt und misstrauisch ist, reist er auch zu Staatsbesuchen am liebsten mit dem Zug. Trotz Strapazen, denn eine Fahrt nach Moskau dauert neun Tage. Dabei hat er meist die gesamte politische Elite im Schlepptau, damit sie ohne ihn zu Haus nicht auf dumme Gedanken kommt. Auch dem Volk traut er nicht. An der Demarkationslinie zwischen Nord- und Südkorea drehen die nordkoreanischen Grenzer dem Feind den Rücken zu. Sie blicken ins eigene Land: Wichtig ist, dass niemand abhaut. Dabei wissen die Menschen wenig von drüben. Ausländer müssen bei der Einreise ihre Mobiltelefone abgeben. Im Radio sind bestimmte Frequenzen blockiert. Das südkoreanische Fernsehen wird gestört, im Kino laufen nordkoreanische Filme, bei vielen von ihnen führte Kim höchstpersönlich Regie. Nordkoreaner, die im Ausland waren, erzählen nichts, denn sonst ist ihre Wieder-ausreise gefährdet. Privater Umgang mit Ausländern ist verboten.

Unberührt vom Weltgeschehen haben die Menschen offene Ge-sichter. Sie lächeln erstaunlich viel. Böse Gedanken haben sie nicht, die haben nur die Ausländer. »Elvis, der Schreckliche«, sagt ein west-licher Tourist neben mir im Hotelaufzug über den Herrscher: In

Popelinanzug und Plateauschuhen, mit Grunge-Frisur und einer großen Brille auf der Nase ähnelt er einer gelungenen Laufstegüberraschung von Gianni Versace. Zwei Männer, die so aussehen, wie man sich russische Raketeningenieure vorstellt, quittieren die Bemerkung mit bösen Blicken. Im Westen ist Kim Jong-il auch Kult. Das britische Wirtschaftsmagazin *Economist* hatte den winkenden Herrscher, der sich daheim wie einen Gott verehren lässt, 2000 als Außerirdischen aufs Titelblatt gehoben: »Willkommen Erdlinge«.[3] 2006 tauchte er an gleicher Stelle als fliegender »Rocket Man« auf.[4]

Die Weltpresse nannte ihn einen Irren, Tyrannen, Außerirdischen oder Banditen. Für sein Volk ist er der »Geliebte Führer«. Der Mann, der sein Leben lang im Schatten seines großen Vaters stand, des Revolutionärs und Staatsgründers, hat den Personenkult als staatstragendes Element neu erfunden. Seinen Vater machte er zum Gott, seine eigene Geburt wurde zum Mythos verklärt – obwohl er im Februar 1941 in einem Militärlager in der Sowjetunion geboren wurde, heißt es in Nordkorea, er sei 1942 auf dem heiligen Berg Paektu geboren, und über seiner Geburtsstelle seien am Firmament ein doppelter Regenbogen und zwei Sterne zu sehen gewesen – und die Geschichtsbücher dafür umgeschrieben. Statuen und Abbildungen von Kim Il-sung stehen überall, die Verbeugung davor ist Pflicht. Zeitungen, in denen er abgebildet ist, dürfen nicht weggeworfen werden. Der Hüne, der die japanischen Kolonialherren vertrieb, dessen Charisma den ganzen Raum ausfüllte, wenn er ihn betrat, und Frauen in Ekstase versetzte, ist eine übermächtige Vaterfigur.

Sein Sohn und Nachfolger Kim Jong-il hat leichtes Übergewicht, sieht aus wie eine asiatische Version Elton Johns, lässt sich nur von unten fotografieren, damit er größer wirkt, sieht gerne Filme, vor allem Western mit John Wayne, James-Bond-Filme sowie französische Streifen und besitzt angeblich eine der größten Filmsammlungen der Welt. Er hat einen Hang zu Künstlerinnen und Schauspielerinnen, isst gerne japanisches Sushi – angeblich nur mit silbernen Stäbchen – und lässt sich fangfrischen Hummer per Hubschrauber einfliegen. Sein Weinkeller bietet Platz für über 10 000 Flaschen, früher soll seine jährliche Cognac-Rechnung etwa 700 000 Dollar betragen haben. Eine seiner Weisheiten lautet: »Man kann ohne Süßigkeiten leben, nicht aber ohne Munition.«

Um seinen Luxus ungestört genießen zu können, hat er sich ein Netz von Propaganda, Militär und Skrupellosigkeit aufgebaut. Gespräche finden nur auf seine Initiative hin und in kleinem Kreis statt, die Herrscherelite ist von seinem Wohlwollen abhängig und wird genau kontrolliert, niemand darf ihn direkt anrufen. Sein ehemaliger Erzieher Hwang Jang-yop, der 1997 nach Südkorea floh, charakterisiert ihn als ungeduldigen, unsensiblen und kaltblütigen Mann mit scharfem Geist.

Seine Karriere begann 1964 in den Abteilungen für Propaganda und Ideologie. Zehn Jahre später wurde er ins Politbüro und 1980 zur Nummer zwei des Staates gewählt. Schon damals begann der Personenkult um ihn. Lieder wurden auf ihn gedichtet, er erhielt den Titel »Geliebter Führer«, sein Geburtstag ist seit 1982 ein Staatsfeiertag. Ein eigens eingerichtetes Schulfach beschäftigt sich nur mit seinem Leben. Er bekam eine Reihe übermenschlicher Kräfte angedichtet, die durch die Presse amtlich gemacht wurden: Er soll während seines Studiums jeden Tag ein Buch verfasst und sechs Opern geschrieben haben. Außerdem habe er, als er das erste Mal einen Golfschläger in der Hand hielt, gleich fünf Mal den Ball mit einem einzigen Schlag ins Loch befördert.

Ab 1980 erhielt Kim Einblick in das System seines Vaters. Doch das Volk bekam den jungen Kim kaum zu Gesicht. Bei einer Militärparade im April 1992 hörten die Nordkoreaner den »Geliebten Führer« erstmals sprechen, wenn auch nur wenige Wörter: »Ruhm dem heldenhaften Militär des Volkes«.

Als Kim Il-sung zwei Jahre später starb, ernannte sein Sohn ihn zum ewigen Staatspräsidenten und zog sich drei Jahre lang zurück, »ganz und gar versunken in der Trauer um seinen glorreichen Vater«, hieß es in der Parteipresse. Ein geschickter Schachzug, denn so wurde er als demütiger Sohn und nicht als gieriger Nachfolger angesehen. Unter der Schirmherrschaft seines mächtigen und bewunderten Vaters war sein Reich gesichert und gegen die Einmischung aus dem Ausland weitestgehend abgeschottet. Wirtschaftshilfe war jedoch willkommen.

Gut gemeinte Geschenke wie die von den Chinesen 2001 übergebene Zahnpastafabrik widersprechen eigentlich der »Juche«-Staatsideologie, die ansonsten verkündet wird: »Wir schaffen alles aus eigener Kraft«, lautet das Credo. Leidensfähigkeit ist ausdrücklich erwünscht: »Erst wenn alle anderen glücklich sind, darf man selbst glücklich sein«, lässt der Juchefürst verbreiten und hat sein Land auf Stopp gestellt: Wie ein Ufo parkt eine Raststätte über der leeren Fahrbahn, auf halbem Weg zwischen Pjöngjang und der südkoreanischen Grenze. Hinter den grauen Vorhängen winkt uns eine Frau zu. Sie lacht, als sie uns Eiskaffee aus Singapur in Dosen verkauft.

In den letzten Jahren kam ein wenig Bewegung in die Gesellschaft. Kleine private Märkte entstanden, die Menschen sind bunter angezogen, das eine oder andere südkoreanische und chinesische Unternehmen ließ sich im Westen Nordkoreas nieder. Immer mehr Informationen und Schmuggelware gibt es. Südkoreanische TV-Seifenopern auf DVD werden unter der Hand verkauft. Auf den privaten Märkten Pjöngjangs und anderer größerer Städte sind südkoreanische Produkte, die meist über den Umweg China ins Land kommen, besonders begehrt. Auch mit Offiziellen ist das eine oder andere private Gespräch möglich. Westliche Fotografen lässt man schon mal allein losziehen, Journalisten aus dem Ausland dürfen das Land besuchen. Die Menschen, stolz und geduldig, sind über jede kleine Verbesserung dankbar.

Doch nicht die harte Hand Kims oder der Personenkult um ihn, vielmehr das Ausland hält das System am Leben. Seine Ideologie wäre längst ein Auslaufmodell, hätten nicht die guten Freunde und treuen Feinde ein beachtliches Interesse daran, dass Nordkorea stabil paralysiert bleibt. Die Freunde aus Peking wollen keine Wiedervereinigung, weil dann die in Südkorea stationierten amerikanischen Truppen direkt an der chinesischen Grenze stünden. Dem amerikanischen Präsidenten George W. Bush war die Trennung ebenfalls lieb, denn er brauchte ein Reich des Bösen. Die Russen haben alle Hände voll zu tun, damit ihnen nicht ihr eigenes Land um die Ohren fliegt – sie haben keine Zeit für Nordkorea. Die Japaner wollen kein starkes Korea. Und die Südkoreaner befürchten, dass sie sich eine Wiedervereinigung nicht leisten können. Allerdings will auch niemand, dass Nordkorea implodiert. Deshalb wird über ein Drittel der Bevölkerung von ausländischen, auch amerikanischen Hilfsorganisationen ernährt. Die chinesische Regierung versucht hinter den Kulissen das Land zu stabilisieren, damit der Flüchtlingsstrom über die koreanisch-chinesische Grenze nicht größer wird. So sorgt sie dafür, dass Nordkorea sich nicht weiter abschottet, und immer wieder redet sie der Regierung zu, sich an Gesprächen zu beteiligen sowie sich der Welt und nicht zuletzt der Marktwirtschaft zu öffnen.

Dass die Nachbarn und die Weltmächte weiter an einem geteilten Korea interessiert sind, bedeutet jedoch nicht, dass sie nicht gleichzeitig wollen, dass Nordkorea sich öffnet, möglichst unter ihrer jeweiligen Regie. Denn die wunderschöne Landschaft ist bis unter die Grasnarbe mit Bodenschätzen gefüllt: Nordkorea verfügt über Reserven von geschätzten 1,8 Milliarden Tonnen Anthrazit-Kohle, 400 Millionen Tonnen Eisenerz und mit 490 Millionen Tonnen über eines der größten und hochwertigsten Magnesitvorkommen weltweit. Außerdem Gold, Silber, Zink, Kupfer, Blei, Kalkstein und Eisen. Bodenschätze, die China gut gebrauchen kann und zu denen die Volksrepublik wohl eher Zugang bekommt als jedes andere Land. Bodenschätze, für die sich auch die Amerikaner, die Japaner und die Südkoreaner interessieren. Und je knapper die Bodenschätze werden, desto härter werden die Erzrivalen um die Gunst der Nordkoreaner buhlen.[5] Chung Ju-yung, der Gründer des südkoreanischen Hyundai-Imperiums, reiste deshalb immer wieder mit Geschenken wie Getreide und Rindern in sein Heimatdorf im Norden. Für Kim hatte er jedes Mal großzügige Geschenke dabei, und so machte er dem Staatsführer bei Gelegenheit ein Angebot: Wenn Kim sich bereiterkläre, den südkoreanischen Präsidenten Kim Dae-jung offiziell zu empfangen, würde Chung sich das einiges kosten lassen. Kim brauchte ohnehin gerade Geld für die Einkäufe seiner Agenten im Ausland, Limousinen, Filme und Sushi waren teuer geworden. Er verlangte 400 Millionen US-Dollar – und der alte Chung ließ das Geld beschaffen und in bar nach Pjöngjang bringen. Kurz darauf gab Kim Jong-il sein Einverständnis. Am 15. Juni 2000 holte er den südkoreanischen Präsidenten vom Flughafen ab, und das Treffen, das erste der beiden Staatsführer des geteilten Koreas seit einem halben Jahrhundert, ging als »Sonnenschein-Gipfel« in die Geschichte ein. Kim Dae-jung erhielt dafür den Friedensnobelpreis.[6]

Wenige Wochen später war US-Außenministerin Madeleine Albright zu Besuch, ebenso kam der ehemalige Präsident der Europäischen Kommission, Jacques Santer. Albright bot Kim an, Nordkorea in die Weltgesellschaft aufzunehmen. Deutschland nahm im März 2001 gar diplomatische Beziehungen zu Nordkorea auf. Viel änderte sich dadurch nicht. Immerhin wurden die Mitbringsel postmoderner: Stalin beschenkte Kim Il-sung noch mit einem gepanzerten Eisenbahnwagon und Honecker brachte eine Pistole; Albright überreichte Kim Jong-il einen Basketball, signiert von Michael Jordan. Auch der Juchefürst versuchte zu zeigen, dass er auf der Höhe der Zeit ist: »Kann ich Ihre E-Mail-Adresse haben, Frau Albright?«

Seine Möglichkeiten aber kann Nordkorea nur nutzen, wenn Kim sich ein Beispiel an seinen erfolgreichen chinesischen Freunden nimmt und Gefallen an der Marktwirtschaft findet. Die chinesische Regierung versucht seit Jahren immer wieder Einfluss zu nehmen, damit das Land sich öffnet. Doch das mühselig aufgebaute Vertrauen wurde von George W. Bush wieder zerstört. Er brauchte das Land für seine aggressive Außenpolitik und hoffte, mit dem massivem Druck das System in die Knie zu zwingen und an den regionalen Konkurrenten vorbeizuziehen. Die erste Annäherungswelle hatte nicht die gewünschte Wirkung. Das vorsichtige Vertrauen, das Kim gefasst hatte, wurde dadurch brüsk zerstört. Nordkorea zog sich wieder in sein Schneckenhaus zurück. Der Westen versuchte sein Glück mit Sanktionen. Kim taktierte geschickt. Am 10. Januar gab er seinen Austritt aus dem Nuclear Nonproliferation Treaty (NPT) bekannt, Mitte Februar drohte er damit, das koreanische Waffenstillstandsabkommen von 1953 für ungültig zu erklären, und im März ließ er ein US-Beobachtungs-Flugzeug, das im internationalen Luftraum über dem japanischen Meer geflogen war, abfangen.[7] Das war nicht nur ärgerlich für die Amerikaner, sondern auch für die Chinesen. Zwar ist China dem Vertrag von 1961 zufolge noch immer Verbündeter und zu militärischer Hilfe verpflichtet, seit Mitte der neunziger Jahre hatte die chinesische Regierung jedoch deutlich zu verstehen gegeben, dass sie nicht Hilfe leisten würde, wenn sich Kim bewusst in Schwierigkeiten hineinmanövriere.[8] Offiziell beendete Peking das Bündnis nicht, und es ist somit der einzige bilaterale Militärpakt, dem China verpflichtet ist: »Nordkorea ist weder ein Verbündeter der PRC [Volksrepublik China] noch ein Feind, aber ein benachbartes Land«, sagte Premier Li Peng 1997. An dieser Haltung hat sich bis heute nichts geändert. Und deswegen haben die Chinesen 2003 die Pipeline nach Nordkorea unterbrochen – »aus technischen Gründen«, hieß es offiziell gegenüber Nordkorea und den USA.[9] Das war sehr geschickt. Denn Nordkorea konnte nicht nachweisen, dass es gezielte Sanktionen waren, um Kim zu den Sechser-Gesprächen zu zwingen. Die USA wiederum nahmen an, dass Peking nun schließlich doch zu härteren Maßnahmen gegenüber seinem Bündnispartner gegriffen habe.

Die Chinesen konnten sich entspannt zurücklehnen. Sie hatten ihre Macht demonstriert, und das Ergebnis zählte: Kim war bereit, an den Sechser-Gesprächen über die Atomfrage teilzunehmen. Doch er überlegte es sich bald anders, ließ die Sechser-Gespräche auslaufen und drohte weiterhin mit der Atombombe, um seine Ruhe zu haben. Eine in Peking erzielte Einigung im Herbst 2006 scheiterte erneut. Die »nuklearen Abschreckungsmittel«, ließ Kim Jong-il der Welt mitteilen, seien ein »gerechtfertigter und gleichbleibender Standpunkt, so fest wie ein tief verwurzelter Felsen«.[10]

Erst der Atomtest im Oktober 2006 hat Nordkorea »die Sicherheit gegeben, an den Gesprächen teilzunehmen und aus einer Position der Stärke heraus zu verhandeln«, sagte selbst ein westlicher Diplomat aus Pjöngjang. Experten schätzten die Atomexplosion als vergleichsweise klein ein. Sie habe einer Sprengkraft von 550 Tonnen des herkömmlichen Sprengstoffes TNT entsprochen, zitierten US-Medien eine staatliche südkoreanische Geologiebehörde. Die von den USA auf Hiroshima abgeworfene Atombombe hatte eine Sprengkraft von 12 500 Tonnen TNT, bei der Nagasaki-Bombe waren es 22 000 Tonnen TNT. Die Chinesen konnten dies nicht verhindern. Aber die Bombe und der Raketentest waren insofern nützlich, als dass sie nunmehr ein Argument hatten, um die USA zu überzeugen, im Dezember 2006 die Sechser-Gespräche wieder aufzunehmen. Zuvor hatten sie Kim Jong-il signalisiert, dass das Maß voll sei: Sie hatten – wie die Südkoreaner und das amerikanische World-Food-Programm – ihre Lebensmittelhilfe stark rationiert, mit der Folge, dass die nordkoreanische Wirtschaft das erste Mal in acht Jahren schrumpfte. Vorher konnte Nordkorea sich durch die Versorgung aus dem Ausland – vor allem aus China – über Wasser halten. Gleichzeitig jedoch ließen die Chinesen die Grenze für nordkoreanische Flüchtlinge weiterhin offen.

Das chinesisch-koreanische Verhältnis ist schwierig. Das hat mit der komplexen gemeinsamen Geschichte zu tun. Korea war schon immer von seinem mächtigen Nachbarn China abhängig. Immer wieder war das Land von Chinesen besetzt worden und waren seine inneren Angelegenheiten mit denen Chinas verflochten. Im 7. Jahrhundert dominierte in Korea die chinesische Schriftsprache; Kunst, Architektur und Musik wurden von chinesischen Vorbildern bestimmt, auch das Bürokratiemodell und das Prüfungssystem der Tang-Dynastie wurden im 10. Jahrhundert übernommen. Dennoch war Korea zumindest meist ein autonomer Staat. Seit dem Ende des 14. Jahrhunderts galt das Land offiziell als Tributstaat Chinas, und auch die Datierungen der Regierungsdokumente waren noch bis 1894 an die Herrschaftsperioden chinesischer Kaiser gebunden.

Als die Japaner Mitte des 19. Jahrhunderts stärker wurden, wuchs auch ihr Interesse an Korea, zumal die Chinesen immer mehr in die Krise taumelten. Japaner sowie Chinesen schickten ihre Truppen nach Korea. Aber weder Japaner noch Chinesen waren bei den Koreanern besonders beliebt, und so gab es immer wieder fremdenfeindliche Ausschreitungen und Aufstände. 1882 rebellierten koreanische Soldaten gegen japanische Offiziere. Der König holte China als Schutzmacht ins Land, und die Führer der beiden Länder beschlossen im Vertrag von Tianjin, sich nicht mehr gegenseitig unter Druck zu setzen, sondern nur gemeinsam zu verhindern, dass die Koreaner aufmüpfig werden. Sie wollten sich zukünftig bei solchen Interventionen informieren und die Truppen innerhalb kürzester Zeit wieder zurückziehen.[11]

Nach gut zehn Jahren bat der koreanische König China um Hilfe, weil es im Inneren massive Aufstände der Donghak-Sekte gab. China entsandte Truppen, sprach dies mit Japan ab, doch Japan, verärgert, dass es nicht um Hilfe gebeten wurde, schickte ebenfalls Truppen nach Korea. Bald zeigte sich, dass die Japaner mehr im Sinn hatten, als nur die Rebellen im Land zu bekämpfen. Nachdem sie unter anderem den Königspalast in Seoul besetzt hatten, schickte China weitere eigene Truppen, um die Japaner in ihre Grenzen zu weisen. Die Spannungen eskalierten und führten 1894 zum japanisch-chinesischen Krieg, nachdem die Japaner ein Schiff mit 1220 chinesischen Soldaten vor der Küste Koreas versenkt hatten. Beide Seiten behaupteten hinterher, der andere hätte zuerst angegriffen.[12]

Japan bezeichnete Korea als unabhängigen Staat, aber auch nur, um sich das Land unter den Nagel reißen zu können. China beharrte darauf, dass Korea jahrhundertelang ein Tributstaat Chinas gewesen sei. Doch es verlor den Krieg und musste 1895 unter anderem auf seine Oberherrschaft über Korea verzichten.

Die Japaner verließen Korea die nächsten fünfzig Jahre nicht mehr. China wurde immer schwächer. Die Qing-Kaiser waren unfähig zu politischen Reformen. Die einstige Weltmacht, die noch zu Beginn des 19. Jahrhunderts den gleichen Lebensstandard hatte wie England, das als fortschrittlichstes Land des Westens galt, quälte sich mit Aufständen, Hofintrigen und Korruption. Als die Japaner im Rausch ihres wirtschaftlichen Aufschwungs fünfzehn Jahre später Korea endgültig annektierten, konnte das geschwächte China dies nicht verhindern. Die Japaner zwangen Korea zu einem »Schutzvertrag« und entmachteten den König. 1910 dankte der letzte koreanische König ab.[13]

Nachdem das chinesische Kaiserreich 1911 zusammengebrochen war, unterstützten die Nationalisten die koreanische Unabhängigkeitsbewegung. Sie durfte 1919 eine Exilregierung in Schanghai bilden. Aus dem ehemaligen unbeugsamen Tributherrn war nun ein Freund der Freiheit geworden. Alles war den Chinesen recht, um die aggressiven Japaner zurückzudrängen. Die koreanische Exilregierung hatte jedoch kaum Einfluss. Die Japaner wollten Korea ins japanische Reich integrieren, sie erhoben in den dreißiger Jahren Japanisch zur Staatssprache und verordneten, dass Koreaner japanische Namen annehmen sollten. Die Exilregierung zog sich im zweiten Krieg zwischen China und Japan ängstlich nach Chongqing zurück, tief ins westliche Hinterland. Während des Zweiten Weltkriegs konnte sich China ebenfalls nicht durchsetzen mit seiner Forderung, die koreanische Exilregierung anzuerkennen. Auf Initiative des US-Präsidenten Franklin Roosevelt wurde auf den Konferenzen von Kairo (1943) und Moskau (1945) festgelegt, dass Korea seine Unabhängigkeit nach einer Phase der Treuhandschaftsregierung durch alliierte Mächte bekommen würde. China hatte dabei nicht mitzureden. Nach der Kapitulation Japans war Korea im Norden von sowjetischen Streitkräften besetzt, im Süden standen amerikanische Truppen. Doch die USA und die Russen stritten sich um den Einfluss auf das Land. Weil sie sich nicht einigen konnten, übertrugen die USA die Schlichtung des Streits 1947 auf die Vereinten Nationen (UN). Das war geschickt, denn die Russen hatten anders als heute noch einen viel geringeren Einfluss auf die noch junge Institution. Wie in Berlin verbarrikadierten sich die Russen auf dem koreanischen Gebiet, das sie kontrollierten, als sie mit der UN nicht weiterkamen. Mao unterstützte Stalin darin. Er hatte noch viel größere Sorge als Stalin, dass eine UN-Lösung dazu führen würde, dass amerikanische Truppen an der chinesischen Grenze stünden. Es ging wieder einmal nicht wirklich um Korea. Das Land wurde geteilt. In Nordkorea bildete sich ab 1948 eine Demokratische Volksrepublik Korea unter Ministerpräsident Kim Il-sung. Im Süden wurde unter UN-Aufsicht eine Republik Korea unter Präsident Rhee Syng-man gewählt.[14] Beide Besatzungstruppen zogen ab. Doch Ruhe kehrte nicht ein in den beiden koreanischen Teilstaaten.

Kim Il-sung fühlte sich, die Russen und die Chinesen im Rücken, stark. Er wusste, dass die USA nicht in den chinesischen Bürgerkrieg eingegriffen hatten, um die westlich orientierte Nationalregierung vor dem Ende zu bewahren. Deswegen glaubte er, dass die Amerikaner sich ebenfalls nicht in einen Bürgerkrieg im kleinen Korea einschalten würden. Nachdem Kim die Zustimmung der Sowjetunion und Mao Zedongs für seinen Kriegsplan hatte, startete er am 25. Juni 1950, allerdings ohne Peking zu informieren, eine Blitzoffensive gegen Südkorea. Vier Tage später war Seoul erobert. Die Truman-Regierung, die schon in Kategorien des Kalten Krieges dachte, reagierte kurz darauf mit drei Beschlüssen: Anders als Kim Il-sung es erwartet hatte, und es ging wieder mehr um Stalin und Mao als um ihn.

Harry Truman schickte US-Truppen unter UN-Hoheit nach Südkorea. Er ließ seine Schiffe in der Straße von Taiwan auffahren, um die Insel gegen Maos Truppen zu schützen. Außerdem verstärkte er die Militärhilfe für Frankreich im Kolonialkrieg gegen die kommunistischen Viet Minh in Indochina. Besonders schwerwiegend war der zweite Beschluss für China. Mao hatte wegen Kims Kriegsplänen die bereits vorbereitete Großoffensive gegen das nationalistische Taiwan auf den Sommer 1951 verschoben. Ein folgenschwerer Fehler. Für Mao waren die Aktivitäten der USA in Taiwan eine »bewaffnete Aggression« gegen die Volksrepublik. Südkorea habe außerdem den Norden angegriffen, um den USA einen Vorwand zur bewaffneten Intervention in Ostasien zu verschaffen. Dies ließ er verkünden, auch wenn er es besser wusste. Mao war klar: Wenn er jetzt nicht durchgreifen würde, stünde er auf Jahrzehnte an seiner Ostflanke dem Klassenfeind Auge in Auge gegenüber. Eine Invasion der Mandschurei durch die USA war nicht ausgeschlossen. Kim, der von den UN-Truppen immer stärker zurückgedrängt wurde, musste Mao nicht lange um Hilfe bitten. Dieser musste sich jedoch erst gegen Widerstände im eigenen Haus durchsetzen.

Zhou Enlai, Lin Biao und Chen Yun warnten ihn vor einer militärischen Einmischung in den Koreakrieg. China habe sich noch nicht vom langjährigen Bürgerkrieg erholt und sei technologisch weit unterlegen, argumentierten sie. Mao setzte sich jedoch durch und gab am 8. Oktober 1950 den Befehl zum Einmarsch der sogenannten freiwilligen Volksarmee in Korea, der am 19. Oktober begann.

Die UN-Truppen standen, nachdem sie Nordkorea schon fast besetzt hatten, plötzlich am Yalu-Fluss einer chinesischen Armee von 18 Divisionen gegenüber. Der erste je geführte Krieg zwischen den USA und China hatte begonnen. Die Sowjetunion unterstützte Nordkorea und China mit Waffenlieferungen und Lufteinheiten, ansonsten hielt sie sich aus dem Krieg heraus. Die Chinesen eroberten Anfang Dezember 1950 Pjöngjang und einen Monat darauf auch das südkoreanische Seoul. Seoul konnten sie jedoch nicht halten. Die UN-Truppen stabilisierten die Front in günstigem Gelände entlang der ehemaligen innerkoreanischen Grenze. Am 10. Juli 1951 begannen die Waffenstillstandsverhandlungen zwischen China, Nordkorea und den USA. Südkorea weigerte sich, daran teilzunehmen, da es damals noch eine Wiedervereinigung anstrebte. Am 26. Juli 1953 wurde das Waffenstillstandsabkommen unterzeichnet.[15] Noch heute stehen sich beide Koreas am vier Kilometer breiten Grenzstreifen gegenüber.

Mao war mit dem Ergebnis zufrieden, Kim empfand es als Niederlage und gab nicht klein bei. Er ließ Tunnel in Richtung Südkorea graben und hatte vor, so ganze Divisionen nach Südkorea zu schleusen, die dann Seoul überraschend angreifen sollten. Sein Plan ging nicht auf: Als sich die Nordkoreaner 1635 Meter in Richtung Süden vorgegraben hatten – sie waren bereits 435 Meter hinter der Grenze und es fehlten noch 44 Kilometer bis Seoul –, wurde er von einem geflüchteten nordkoreanischen Ingenieur verraten. Vier Tunnel wurden auf diese Weise in den siebziger Jahren entdeckt, einer 1978. Da Kim extra eine Fabrik direkt an die Grenze hatte bauen lassen, deren Lärm die Aktivitäten im Tunnel übertönte, glaubten die Südkoreaner dem Flüchtling zunächst nicht. Probebohrungen gaben ihm schließlich recht.

Als den Nordkoreanern klar war, dass man sie ertappt hatte, schmierten sie die Wände des betreffenden Tunnels mit Kohle schwarz ein. Von Südkorea zur Rede gestellt, leugnete die Führung zunächst das Vorhandensein des Tunnels, dann behauptete sie, Südkorea habe ihn gegraben – und schließlich hieß es, der Tunnel sei zum Kohleabbau genutzt worden.[16]

Mittlerweile ist hinter Panzerglas eine Kamera installiert, die bei jeder Bewegung auf nordkoreanischer Seite des Tunnels in Seoul Alarm schlägt. Spezielle Betonsperren an der Grenze können gesprengt werden, um die Straße zu blockieren, und verhindern so das unbemerkte Durchkommen von Panzern auf die südkoreanische Seite. Damit hat Seoul eine Stunde mehr Zeit, um die Hauptstadt mobil zu machen. Die Menschen in Südkorea leben seit Jahrzehnten in dem Bewusstsein, dass es jederzeit Krieg geben könnte. Die beiden Dörfer innerhalb der »Demilitarisierten Zone« (DMZ), »Propaganda Village« (Kichongdong) im Norden und »Freedom Village« (Taesongdong) im Süden trugen während der Olympischen Spiele in Seoul 1988 einen Kampf der ganz eigenen Art aus: Sie wetteiferten um die Höhe ihres Fahnenmastes. Gewinner waren mit 160 Metern die Nordkoreaner, was ihnen einen Eintrag ins *Guinness-Buch der Rekorde* brachte.[17] Die dazugehörige Flagge ist so groß wie ein Basketballfeld. Die Südkoreaner sehen ihre Niederlage gelassen. »Schließlich müssen die ›Propaganda Village‹-Bewohner die Flagge bei jedem Sturm oder Regen einholen, damit der Mast nicht bricht.« So lautet zumindest die Anekdote, die die Touristenführer der DMZ erzählen, wenn sie die Grenzlinie zeigen.

Obwohl China im Koreakrieg unter dem Banner des Kommunismus an der Seite von Nordkorea den Imperialismus bekämpfte, gestaltete sich das Verhältnis der beiden Staaten bald als eine Art Zweckehe, die für Peking zunehmend belastender wurde. Während sich die Volksrepublik nach 1978 dem Westen öffnete, die Marktwirtschaft

chinesischer Charakteristik erfand, damit »einige schneller reich werden können als die anderen«, und ihre Wirtschaft zu boomen begann, schottete sich Nordkorea immer mehr ab. 1992 nahm China offizielle Beziehungen mit Südkorea auf, was den Nordkoreanern gar nicht recht war.

Sie sahen in China einen Verräter des Kommunismus, dennoch brauchten sie den mächtigen Verbündeten zur Sicherung der Stabilität, der Versorgung und als Schutz gegen das Ausland. Die Wirtschaftsbeziehungen sind heute nahezu einseitig. Nordkorea exportiert nur wenig nach China, während China jährlich mehrere hundert Millionen US-Dollar nach Nordkorea pumpt. Dennoch hat Peking nach wie vor kein Interesse an einem Zusammenbruch des Regimes: Im Falle einer Wiedervereinigung der beiden Koreas stünden die Amerikaner direkt vor der chinesischen Haustür, außerdem wären die Chinesen mit einem Flüchtlingsstrom konfrontiert und müssten das dadurch entstehende Chaos beheben.[18]

Auch Nordkorea empfindet das Verhältnis als unbequem. Kim Jong-ils Regime will von keinem anderen Land abhängig sein, auch nicht von China – und die Motive Pekings sind vielen Nordkoreanern mehr als suspekt. »Die Nordkoreaner denken, wir hätten sie betrogen. Wir haben uns mit den USA und dem Feind im Süden zusammengeschlossen«, sagte ein chinesischer Akademiker.

Aufgrund der langen Geschichte der moralischen und materiellen Unterstützung ist China zwar das einzige Land, das auf Kim Jong-il überhaupt Einfluss hat, dennoch sind auch China die Hände gebunden. Kim ist notorisch misstrauisch und lässt sich nur bedingt beraten. Trotzdem versuchen die Chinesen ihn mit großer Geduld davon zu überzeugen, dass es für alle besser sei, wenn er sein Land öffne. Ende Januar 2006 unternahmen sie mit ihm sogar eine Reise in den Süden, um ihm zu zeigen, was eine Öffnungspolitik bewirken kann. Kim gab sich auch öffentlich begeistert. Sein »lang gehegter Wunsch«, in den Süden Chinas zu reisen, sei in Erfüllung gegangen. »Wir sind tief beeindruckt von den leuchtenden Errungenschaften im Bereich der Hochtechnologie«, sagte Kim in einer Rede. Der »rasche Wandel« des Südens und der »aufwühlende Alltag« hätten ihn »tief bewegt«. Und seine Reise nach Schanghai, das »sich so verändert hat, dass man es nicht mehr wiedererkennt«, ist ihm immer noch »in lebhafter Erinnerung«: »In einem Satz, unser Besuch im Süden Chinas hat uns wieder einmal überzeugt, dass China eine rosige Zukunft hat, dank des richtigen Weges, den die Kommunistische Partei Chinas eingeschlagen hat.«[19] Für die meisten Beobachter ein deutliches Zeichen, dass Kim auch sein Land öffnen will, wenn auch nicht um jeden Preis.

Kim ist vorsichtig. Er wird sein Land nur öffnen, wenn er sich sicher ist, dass diese Öffnung seine Macht nicht hinwegfegt. Eine Garantie dafür möchte er vor allem von den USA. Das ist jedoch viel verlangt, denn es würde bedeuten, dass sich die Machtbasis der USA in der Region verringern würde. Ohne den nordkoreanischen Feind sind amerikanische Truppen auf der koreanischen Halbinsel nicht mehr notwendig. In den vergangenen Jahren mussten die Amerikaner ihre in Südkorea stationierten Truppen von 37 000 auf 29 000 Mann verringern.[20]

Nicht aus Zufall spitzte Bush die politische Lage zu, nachdem die beiden koreanischen Führer begonnen hatten, sich immer stärker aufeinander zuzubewegen. Die USA haben ein Interesse daran, dass entweder der »Schurkenstaat« weiter bestehen bleibt und die Südkoreaner ihres Schutzes bedürfen, oder dass Nordkorea einen von ihnen gesteuerten Zusammenbruch erleidet, damit sie es dann unter dem Vorwand, es zu befreien und aufzubauen, so lange wie möglich besetzt halten können. Letzteres wäre den USA am liebsten, aber das ist die unwahrscheinlichste Lösung.

Die Chinesen wollen natürlich genau das Gegenteil: eine unabhängige koreanische Halbinsel ohne amerikanische Truppen, mit starkem wirtschaftlichem Einfluss der Chinesen, eine Art moderner Tributstaat. Das wäre am besten zu erreichen, wenn sich Nordkorea wirtschaftlich öffnet, sich die Wiedervereinigung aber noch so lange wie möglich hinzieht, damit China seinen Einfluss im Norden halten kann.

Das ist wiederum nicht im Interesse der Südkoreaner. Sie wollen zwar auch keine erdrutschartige Fusion, aber eine stetige Annäherung unter ihrer Führung und unter möglichst geringem Einfluss der Chinesen, die in der Region schon mächtig genug sind. Und die Russen, die wenig Chancen auf großen Einfluss haben, wollen ein prosperierendes Nordkorea, das auf ihren sibirischen Hinterhof abstrahlt.

Derzeit sieht es so aus, als ob die Amerikaner an Einfluss verlieren werden, es zeichnet sich jedoch noch nicht ab, wie groß der jeweilige Einfluss der Chinesen und der Südkoreaner sein wird. Wird Kim Jong-il, wenn er sein Land öffnet, die Chinesen benutzen, um seine Macht gegen die Südkoreaner auszubalancieren, oder sind ihm die Chinesen zu mächtig, sodass er den Süden gegen China in Stellung bringt?

Im Verlauf des Jahres 2007 rückten Nord- und Südkorea enger zusammen, aber es ist auch größere Distanz zu spüren als beim ersten Gipfeltreffen 2000. Die zweite Annäherungswelle begann. »Diese Linie ist die Mauer, die unsere Nation für ein halbes Jahrhundert getrennt hat. Unser Volk hat wegen dieser Mauer zu viele Bürden getragen, unsere Entwicklung wurde durch sie aufgehalten«, sagte der südkoreanische Präsident Roh Moo-hyun, als er Anfang Oktober 2007 kurz vor der Grenzlinie anhalten ließ und sie mit einem symbolischen Schritt überquerte. »Ich werde mich anstrengen, meinen Gang über die Grenze zu einem Anlass zu machen, die verbotene Mauer zu entfernen und Frieden und Wohlstand zu erreichen.«[21]

Ein kurzer Händedruck eröffnete kurz darauf das Treffen der Führer Nord- und Südkoreas Anfang Oktober 2007. Zehntausende Nordkoreaner säumten die Straße und jubelten dem südkoreanischen Präsidenten Roh Moo-hyun zu. Kim Jong-il wirkte jedoch weniger enthusiastisch als bei dem Treffen mit Rohs Vorgänger sieben Jahre zuvor. Nach der Begrüßung sprachen sie kaum miteinander, es gab keine gemeinsame Fahrt im Auto, keinen Gesang, keine Umarmung. Stattdessen blieb Kim nur zur zwölfminütigen Begrüßungszeremonie und fuhr dann mit seinem Sohn Kim Jong-nam durch Pjöngjang. Diese Distanz muss den Chinesen gefallen haben. Dennoch wurde das Treffen fast ein Jahr nach Nordkoreas Atomtest von beiden Seiten als Erfolg angesehen. Es gilt als ein weiterer Schritt der Entspannung zwischen den beiden Staaten.

Er wolle den »Langsamen Marsch beschleunigen«, kündigte Roh vor seiner Reise an, auch wenn seine offiziellen Sprecher die Erwartungen bezüglich einer Annäherung gering hielten. Die nordkoreanischen Medien zeigten sich begeistert und sprachen von der großen Bedeutung des Treffens, es symbolisiere eine neue Phase zur Erreichung des Friedens auf der koreanischen Halbinsel, des Wohlstands für die Nation und der Wiedervereinigung. Seit Mitte Dezember 2007 fahren zum ersten Mal seit fünfzig Jahren wieder Güterzüge auf einer neu gebauten Strecke zwischen Pjöngjang und Seoul. Die großen Verlierer dieser Annäherung sind die Amerikaner. Denn je besser sich der Norden und der Süden verstehen, desto weniger werden sie gebraucht. »Ich freue mich definitiv nicht auf solche interkoreanischen Diskussionen, die die grundlegenden Fakten vor dem Hintergrund der Sechser-Gespräche ändern«, sagte Tom Casey, der stellvertretende Sprecher des Außenministeriums. Kein Friedensvertrag könne ohne die USA unterzeichnet werden.[22] Die Amerikaner benutzen nunmehr ihre Zustimmung zu einem Friedensvertrag als Faustpfand für die Sicherung ihres Einflusses auf der koreanischen Halbinsel. Damit machen sie sich bei den Südkoreanern nicht beliebt. Roh und Bush waren Anfang September 2007 am Rande des Apec-Gipfels in Sydney sogar öffentlich aneinandergeraten. Es sollte eigentlich eine normale Pressekonferenz werden, in der diplomatische Höflichkeiten vor Journalisten ausgetauscht werden. Doch der Südkoreaner wollte die Gelegenheit offenbar nutzen, um dem verdutzten Bush ein Bekenntnis zu einem offiziellen Friedensvertrag mit Nordkorea abzuringen. Roh sagte: »Vielleicht irre ich mich, aber ich habe nicht gehört, ob Präsident Bush eine Erklärung zur sofortigen Beendigung des Koreakriegs erwähnt hat. Haben Sie davon gesprochen, Präsident Bush?« Bush bekräftigte, leicht irritiert, dass Nordkorea vor einem solchen Abkommen zunächst auf seine Atomrüstung verzichten müsse. Roh hakte nach: »Wenn Sie vielleicht ein bisschen deutlicher sein könnten, ich glaube ...« Bush unterbrach ihn verärgert: »Ich denke, ich bin deutlich genug, Herr Präsident. Der Krieg wird enden, wenn Kim Jong-il nachweislich auf sein Waffenprogramm verzichtet.« Mit einem schroffen »Thank you, Sir« verabschiedete sich Bush von seinem Kollegen.[23]

Sein Ärger ist nachvollziehbar, denn Roh hat mit seinem Gipfeltreffen die amerikanischen Pläne durchkreuzt. Im Verlauf des Jahres 2007 hatten die Amerikaner ihre Taktik geändert, nachdem die Chinesen aufgrund der unbeugsamen Position der USA in eine immer bessere Position in den Sechser-Friedensgesprächen zwischen Nord- und Südkorea, China, den USA, Russland und Japan gerieten. Washington lehnte es nicht mehr kategorisch ab, die Wirtschaftssanktionen gegen Nordkorea aufzuheben und mit Kim Jong-il über einen Friedensvertrag zu sprechen. Man sei dabei, »eine gemeinsame Herangehensweise zu diesen Gesprächen zu entwickeln«, sagte Alexander Vershbow, der US-Botschafter in Seoul, Mitte September 2007. Sogar ein Gipfeltreffen zwischen dem Nordkoreaner Kim und dem Amerikaner George W. Bush schloss Vershbow nicht aus. Als Friedensstifter könnte Bush von Südkorea größere Dankbarkeitsgesten verlangen und gleichzeitig Punkte für den Wahlkampf der Republikaner sammeln. Deshalb erklärte der Botschafter, eine Begegnung könne »vor dem Ende der Amtszeit von Präsident Bush möglich werden, wenn Nordkorea die richtigen Entscheidungen trifft und bereit ist, aufs Ganze zu gehen.« Doch dann hatte Roh die Initiative übernommen. Just als die Sechs-Parteien-Verhandlungen an Fahrt gewannen, kamen sie ins Stocken, weil es ihm gelang, im Rahmen des Süd-/Nordkorea-Gipfels Kim zu verpflichten, seine Atomprogramme bis zum Ende des Jahres offenzulegen und zu deaktivieren.[24]

Sowohl die Nordkoreaner als auch die Chinesen haben kein Interesse an einem diplomatischen Erfolg der Amerikaner. Die Chinesen halten nichts von der Einmischung der Amerikaner in ihrer Region, und Kim hat noch nicht vergessen, dass Bush ihn vor nicht allzu langer Zeit als »Schurken« und »Pygmäen« oder »verzogenes Kind« beschimpfte.[25] Die Amerikaner versuchten, sich wieder ins Spiel zu bringen: »Die große Herausforderung, ihre Atomwaffen wirklich loszuwerden und ihre Atomprogramme zu beenden, liegt noch vor uns.« Sie wissen: Nur wenn die USA Nordkorea diplomatisch anerkennen, werden internationale Finanzorganisationen wie die Weltbank bereit sein, mit ihren Krediten die marode Infrastruktur zu modernisieren. Aber sie wissen auch, dass Nordkorea nicht das erste Land wäre, mit dem es wirtschaftlich bergauf geht, weil die Chinesen den Aufbau aus eigener Tasche finanzieren. Iran und der Sudan sind Beispiele dafür.

Deswegen dürfen sie keine Zeit verlieren. Bush hat sich eine Schmusekurs-Initiative einfallen lassen. Die New Yorker Philharmoniker spielten im Februar 2008 in Pjöngjang. Das war der erste Kulturaustausch seit dem Koreakrieg. Dies gilt als ein diplomatischer und künstlerischer PR-Coup, der an frühere Reisen der Philharmoniker erinnert, die historische Meilensteine waren: 1959 in die Sowjetunion, 1960 in das geteilte Berlin, 1973 in das kommunistische China. Am Ende der Veranstaltung wurden jeweils die beiden Nationalhymnen gespielt. Es war das erste Mal in der Geschichte der beiden Koreas, dass das »Star-Spangled Banner« jenseits der demilitarisierten Zone erklang. Das US-State Department unterstützte die Reise, und auch der Kongress zeigte sich erfreut: Das Konzert stelle »eine noch nie da gewesene Offenheit seitens des nordkoreanischen Regimes« dar, schrieb Tom Lantos, der demokratische Vorsitzende des Außenausschusses im Repräsentantenhaus.[26] Dies ist wohl der Beginn einer Pingpong-Diplomatie wie in der Nixon-Ära. Damals war der Austausch von Tischtennisspielern der Anfang der Wiederaufnahme von diplomatischen Beziehungen zwischen China und den USA. Die machtpolitische Konkurrenz zwischen China, Südkorea und den USA belebt offensichtlich das koreanische Geschäft. Im Oktober 2006 war eine geheime Musik-Delegation nach Nordkorea gereist, um Verhandlungen zu führen. Die Chinesen und die Südkoreaner waren zunächst nicht in den Coup eingeweiht.

Roh verfolgt derweil sein klares Ziel: »Ich habe vor, mich auf substanzielle und konkrete Fortschritte zu konzentrieren, die ein Friedensabkommen zusammen mit wirtschaftlicher Entwicklung bringen werden.« Deswegen ging es in den Gesprächen um wirtschaftliche Hilfe, die Reduzierung der Posten an der Demarkationslinie, den Abbau von Spannungen über die gemeinsamen Fischereirechte in den Gewässern zwischen China und Nordkorea sowie um die Vereinbarung, regelmäßige Treffen der beiden Staatsführer zu organisieren – also um eine allmähliche Annäherung, bei der die großen südkoreanischen Unternehmen jedoch nicht mitziehen. Sie stießen geduldig darauf an, dass eine »neue Ära des Wohlstandes«, der Co-Prosperität begonnen habe, in der sie in Nordkorea investieren sollten. Kaum hatten sie sich umgedreht, machten die Chefs von Hyundai, Samsung, SK Group und LG Electronics klar, dass sie daran keinerlei Interesse hatten. »Es wird nicht passieren, wir sind sehr weit davon entfernt, über so etwas nachzudenken«, sagte Hyundai-Sprecher Oles Gardacz. Samsung-Chef Yun Jong-yong drückte sich diplomatischer aus. Sein Unternehmen würde »Investment-Möglichkeiten prüfen«, wenn Pjöngjang »Systeme und Regulationen bereitstellt, die für sichere Geschäfte gebraucht werden«. Samsung und LG bleiben zunächst beim Altbewährten. Sie verschiffen weiterhin Teile nach Pjöngjang, aus denen nordkoreanische Arbeiter 20 000 Small-Screen-Fernseher pro Firma jährlich produzieren.[27] Die Firmen investieren lieber in andere Märkte, Bruderstaat und Annäherung hin oder her, und der südkoreanische Staat kann sie nicht zu Investitionen in Nordkorea zwingen. Die chinesische Regierung kann das und wird es auch tun.

Kim hingegen verblüffte durch Zugeständnisse. Im September erklärte er sich erstmals schriftlich bereit, die Atombehörde IAEA bis Ende 2007 in seine Anlagen zu lassen und deren Abbau zu beauftragen. Die Kosten übernehmen die USA, die auch eigene Experten nach Nordkorea schicken wollen, um die Atomkraftwerke zu prüfen. Es geht dabei vor allem um die Anlagen in Yongbyon, die zur Plutoniumherstellung benutzt und nun »funktionsunfähig« gemacht werden sollen, darunter der Fünf-Megawatt-Reaktor, die Strahlenlabors sowie die Wiederaufbereitungsfabrik. Noch im Oktober fuhr eine von den USA geleitete Expertenkommission nach Nordkorea, um alles vorzubereiten. Der US-Chefdelegierte begrüßte das Abkommen, weil »es uns sehr direkt den Fahrplan liefert, wie wir in den nächsten Monaten weiterkommen«. Nordkorea stimmte zu, »vollständig und korrekt« alle Atomanlagen und Nuklearprogramme bis 31. Dezember 2007 offenzulegen. Außerdem werde es »kein Nuklearmaterial, keine Nuklearprogramme oder Know-how weitergeben«.[28] Was haben die Chinesen Kim dafür versprochen?

Kim hat Zeit, denn er weiß genau, dass die Chinesen einen von den Amerikanern inszenierten Zusammenbruch des Landes nicht zulassen werden. Innenpolitisch agiert Kim nicht nur mit der Peitsche, sondern auch mit Zuckerbrot. Während es früher nur Fußgänger und S-Klasse gab, sieht man inzwischen immer mehr Fahrräder und kleine Autos, die Zahl der Restaurants ist gestiegen, und es kommen immer mehr Ausländer ins Land. Es gibt neugestrichene bunte Gebäude, mehr Licht nachts und mehr Waren in den Läden. Mickrige Veränderungen, doch die Menschen sind stolz auf ihr Land.

»Die großen Atomnationen der Welt trauen sich nicht mehr an unser Land heran, und sie können keine Bedrohung mehr für die DPRK (Demokratische Volksrepublik Korea) sein, da wir die Atombombe haben«, sagte ein nordkoreanischer Touristenführer. »Dass die US-Truppen wie im Irak einfach das Land besetzten, viele Gebäude zerstörten und viele Iraker dabei umbrachten«, das könne Nordkorea nicht mehr passieren. Da hat er nicht ganz Unrecht. Deshalb ist die Führung auch ein wenig entspannter, wenn es darum geht, Fehler einzugestehen.

Zwei Wochen nach der Flutkatastrophe im August 2007 veröffentlichte die staatlich kontrollierte *Pyongyang Times* eine komplette Schadensauflistung, obwohl an offizielle Statistiken zu unangenehmen Themen in Nordkorea normalerweise nur schwer heranzukommen ist, geschweige denn, dass sie veröffentlicht werden. Die Zeitung sprach von 20 300 zerstörten Häusern, 223 000 Hektar Ackerland, 300 Brücken, 200 Minenschächten, 82 Reservoirs und 850 Stromleitungen, die zerstört worden waren. Ende August gab die Regierung eine Zahl von 600 Todesopfern bekannt. 960 000 Menschen seien direkt betroffen, sagten ausländische Helfer, und es gebe Millionen, die den Kollaps spürten und an durch verunreinigtes Wasser bedingten Krankheiten leiden würden.[29]

Die letzte große Flut führte 1995 zu Hungersnöten, bei denen in den folgenden vier Jahren mehrere zehntausend Menschen gestorben sein sollen. »Nordkorea hat um Unterstützung gebeten, das erste Mal seit 1995«, sagte Jean Pierre de Margerie, UN-Koordinator für Pjöngjang. Die Veränderung zeigt sich auch an den Reaktionen des Auslandes. Das Rote Kreuz und die UN bekamen großes Feedback bei ihren Sammelaktionen. Die EU stellte 2, 5 Millionen US-Dollar bereit, Südkorea zwei Millionen und Finnland 500 000 US-Dollar. Das ist fast mehr als die entstandenen Kosten durch den Schaden. »Es gab eine völlig andere Reaktion von der Außenwelt«, sagte ein Diplomat. »Der Unterschied ist ein anderes politisches Umfeld dieses Jahr.« Dank der Hilfe hat sich Nordkorea bereits wieder von der Katastrophe erholt.

Allerdings hat die Offenheit auch ihre Grenzen: So reagierte Kim reserviert auf das Angebot des World-Food-Programmes, seine Präsenz in Nordkorea wieder zu erhöhen. Schließlich gilt jede Interaktion mit dem Ausland als Bedrohung der Juche-Ideologie, auf die sich Kims Macht und Kontrolle stützen. »Die Imperialisten versuchen die kollektive Natur der DPRK zu schwächen, indem sie ihr korruptes

Gedankengut und ihre Kultur verbreiten und Egoismus und Hedonismus sowie korrupte Menschen fördern«, so die *Pyongyang Times*.

Die Ideologie könnte daher beim Kontakt mit der Außenwelt eine viel stärkere Grenze sein als die sichtbare Demarkationslinie zwischen den Ländern. Eine Chance für die Chinesen, bei denen ähnlich ideologische Zustände erst dreißig Jahre Geschichte sind. Sie sind die einfühlsamsten Vermittler und Spezialisten für einen möglichst reibungslosen Übergang Nordkoreas in die moderne Welt.

»Wir haben die Mächte Nordasiens zusammengebracht, um Korea zu entnuklearisieren«, sagte die amerikanische Außenministerin Condoleezza Rice Ende 2007. Nicht die USA brachten Nordkorea zurück an den Verhandlungstisch der Sechser-Gespräche, sondern Peking. Die Verhandlungen fanden auch nicht in Moskau oder Seoul oder Washington statt, sondern in Peking. Die Chinesen sind gezwungen, sich vermehrt international zu engagieren, und dabei entdecken sie neue Stärken. Vieles deutet auf eine Öffnung Nordkoreas hin, eine Öffnung, bei der die Chinesen trotz New Yorker Philharmoniker eine wichtigere Rolle spielen als die Amerikaner.

Ich habe das Gefühl, dass Europa eifersüchtig ist, weil
China so erfolgreich in Afrika ist. Ich kann mir ein
kleines Lächeln darüber nicht verkneifen.

Hennig Mankell,
Krimi-Autor und Afrikakenner

Die »Mutter-Courage-Ökonomie«

China in Afrika

Die Afrikaner hören nicht auf uns, sie geben sich wie halbwüchsige
Kinder. Eigentlich waren die Eltern aus dem Westen froh, dass die
Kinder, die gegen ihren Willen adoptiert wurden, endlich aus dem
Haus sind, denn sie waren anders, unartig und anstrengend. Nun, da
sie sich die vermeintlich falschen Freunde gesucht haben, meinen die
einstigen Erziehungsberechtigten, sich wieder einmischen zu müssen. Sie bezeichnen das Verhältnis zwischen China und Afrika häufig
als Neokolonialismus. Dieser kämpferische Begriff lässt keinen Zweifel zu: Die Chinesen arbeiten eng mit den afrikanischen Diktatoren
zusammen; sie bereichern sich auf Kosten der Armen und zerstören
die Umwelt; sie vernichten mit ihren Produkten mehr Arbeitsplätze, als dass sie neue schaffen; sie bilden ein Kartell, das die Werte
des Westens unterläuft; sie spielen mit gezinkten Karten. Am Ende
sind die hoffnungsvollen Afrikaner wieder die Verlierer. Außerdem
steigt der Ölpreis. Und Gas, Kupfer und Holz werden auch teurer.
»Europa führt einen edlen, moralischen Kampf«, schreibt die *Bild*-
Zeitung. »Andere pfeifen drauf – zum Beispiel die Chinesen. Egal
wie schlimm, unmenschlich und verbrecherisch die Regime auch
sein mögen.«[1]

Beim EU-Afrika-Gipfel in Lissabon im Dezember 2007, dem ersten nach sieben Jahren, kam es fast zu einem Eklat. Noch bevor die

Konferenzteilnehmer in Lissabon überhaupt auf das Thema Handel zu sprechen gekommen waren, hatte Bundeskanzlerin Angela Merkel ihnen schon die Leviten gelesen. »Wegen seiner eigenen Geschichte steht es Europa nicht zu, mit erhobenem Zeigefinger zu urteilen«, sagte die Kanzlerin, »aber ich darf sagen, wir haben aus der Geschichte gelernt.«[2] Dann kritisierte sie Simbabwes Präsident Robert Mugabe vor 56 afrikanischen und 27 europäischen Regierungschefs scharf. In Simbabwe würden die Menschenrechte missachtet, das Land schade »dem Ansehen des neuen Afrika«, sagte sie, »Simbabwe geht uns alle an«.[3]

Die Afrikaner hielten dagegen. Der senegalesische Präsident Abdoulaye Wade reagierte am deutlichsten. »Es ist nicht in Ordnung, ein Problem zwischen zwei Ländern zu einem Problem zwischen zwei Kontinenten zu machen«, sagte er und sprach damit offen aus, was die meisten afrikanischen Politiker hinter vorgehaltener Hand äußerten. Europa habe zudem kein genaues Bild von den Bedingungen in Simbabwe. »Notwendig sind genaue Informationen.« Die Kritik der »verehrten Bundeskanzlerin« beruhe auf »ungenauen« Informationen. »Wer kann heute sagen, dass die Menschenrechte in Simbabwe stärker verletzt werden als in anderen afrikanischen Ländern?«, fragte Wade selbstkritisch. »Alles, was berichtet wird, ist falsch, ist nicht wahr.«[4] Er habe mit Vertretern von Regierung und Opposition in Simbabwe gesprochen. Simbabwe sei kein zerfallender Staat, Präsident Robert Mugabe kein Staatschef vor dem Sturz. Schon 2003 war ein geplanter zweiter EU-Afrika-Gipfel geplatzt, nachdem sich die Briten geweigert hatten, daran teilzunehmen, weil Mugabe zugesagt hatte. Auch diesmal hatte Merkel als EU-Ratspräsidentin gefordert, Mugabe dürfe nicht erscheinen. Daraufhin hatten die meisten afrikanischen Länder entschieden, dass sie dann auch nicht kommen würden. Merkel konnte sich als Gastgeberin nicht durchsetzen. Sie musste nachgeben. »Ich glaube, dass es nicht angezeigt ist, wegen eines in schlimmen Verhältnissen regierten Landes die Beziehungen zu ganz Afrika zu vernachlässigen. Die Zeit drängt.«[5]

Auch die Afrikaner halten ihre eigene Position für vernünftig. Zwar unterstütze er nicht Mugabes Enteignungspolitik weißer Farmer, erläuterte Wabe. Aber ihm gefalle auch nicht, dass Europa sich in dem Konflikt auf die Seite Großbritanniens geschlagen haben statt zu vermitteln. Auf diese Weise habe Europa den Konflikt von der bilateralen auf eine transkontinentale Ebene gehoben. Der südafrikanische Präsident Thabo Mbeki, der in Simbabwe zwischen Regierung und Opposition vermittelt, sagte deutlich, dass er Merkels Vorstoß für fehl am Platz halte. Die afrikanischen Regierungen unternehmen viel, um nicht in die dunklen Tage der Nachkolonialzeit zurückzufallen. »Aber ich betone, dass wir das aus eigener Übereinkunft machen. Wir haben die notwendigen Schritte aus der Vergangenheit gelernt.«[6]

Merkel hatte zwar in ihrer Rede behauptet, dass sich die EU in dieser Frage einig sei. Doch während die Afrikaner an einem Strang zogen, setzten sich die führenden europäischen Nationen deutlich von Merkel ab. Baroness Valerie Amos, die Gesandte des britischen Premierministers Gordon Brown, der die Konferenz wegen der Teilnahme Mugabes boykottierte, stärkte Mbeki den Rücken. Da der südafrikanische Präsident einer Kommission vorstehe, die neue Regeln für Neuwahlen in Simbabwe ausarbeite, müsse er, mitten in Verhandlungen, »sehr vorsichtig sein in dem, was er sagt. Man kann nicht einfach loslegen und ein Land kritisieren, wenn man seine Vermittlerrolle behalten will.« Einige Wochen zuvor hatte sich Mbeki schon einmal deutlicher geäußert: »Der Kampf gegen Simbabwe ist ein Kampf gegen uns alle. Heute ist es Simbabwe, morgen wird es Südafrika sein oder irgendein anderes afrikanisches Land. Jede Regierung, die dem Anschein nach stark ist und die sich den Imperialisten widersetzt, würde zur Zielscheibe.« Auch Frankreichs Präsident Nicolas Sarkozy übte keine Kritik an Mugabe. Er sagte sogar, dass dies nicht das wichtigste Thema des Gipfels sein dürfe. Es gehe vielmehr um Wirtschaftsfragen.[7] Aber genau bei diesem Thema ließen die Afrikaner die Europäer abblitzen.

Völlig überrascht erfuhren die, dass die Afrikaner die EU-Vorschläge für neue Handelsbeziehungen nicht akzeptieren werden. Die Europäer hielten sie für großzügig, dabei stand in dem Papier ein Passus, der den innerafrikanischen Freihandel erzwingen wollte. »Das ist unsere Angelegenheit«, sagte Ghanas Staatschef und AU-Präsident John Kufuor. Das Papier sah zudem vor, dass der Westen seine Märkte öffnet und dafür Afrika auch seine Märkte öffnen sollte. Ein größerer Vorteil für die EU. »Die afrikanischen Staaten sind

nicht mehr nur Exporteure von Rohstoffen oder einfache Export-
märkte«, stellte der Kommissionspräsident der AU Alpha Oumar
Konaré klar. »Es ist wichtig, dass wir Denkweisen vermeiden, die in
eine vergangene Zeit gehören. Arme Länder dürfen nicht in unfaire
Abkommen gezwungen werden.« Mit der Ablehnung droht der EU,
noch knapp der größte Handelspartner, von China und den anderen
asiatischen Ländern in den nächsten Jahren von Platz eins verdrängt
zu werden. Sarkozy schloss sich sogar der Kritik der Afrikaner an
dem Wirtschaftsvertrag an. »Ich glaube nicht, dass alle afrikanischen
Länder heute in der Lage sind, einen Liberalismus zu akzeptieren,
der für große Unordnung sorgen würde«, sagte der französische Präsident. Die Wirtschaft Afrikas dürfe »nicht erstickt« werden. »Man
muss diesen Ländern eine Übergangszeit garantieren, bevor man sie
ohne Schutz in einen Markt entlässt, in dem sie die Brutalität des
Handels nicht überstehen.«[8]

Noch während die Europäer sich untereinander und mit den Afrikanern zankten, informierten die Chinesen eine belgische Zeitung
über ihr neustes Megageschäft in Afrika. Im September hatte sich die
chinesische Regierung mit der Regierung des Kongo geeinigt, über
einen Zeitraum von dreißig Jahren einer Gruppe chinesischer Firmen
»ihre Versorgung mit Rohmetallen« zu garantieren. Dazu gründeten
sie ein Joint Venture, das den Chinesen acht Millionen Tonnen Kupfer, 200 000 Tonnen Kobalt und 372 Tonnen Gold liefert. Im Gegenzug baut China zwölf Straßen, drei Autobahnen, eine Eisenbahnlinie,
32 Krankenhäuser, 145 Gesundheitszentren, zwei Universitäten und
5000 Sozialwohnungen im Kongo im Wert von 3,3 Milliarden US-
Dollar.[9] Der Staatshaushalt des Kongo ist nicht viel größer.

Die Afrikaner sind offensichtlich überzeugt davon, dass sie
nunmehr ihre Konflikte selbst lösen können und den mahnenden
Zeigefinger Europas nicht brauchen. Woher kommt die moralische
Herablassung des Westens? Es gibt fürchterliche Diktatoren. Aber die
Lage wird besser. Haben wir unseren Aufstieg besser hinbekommen?
Nicht wirklich. Auch die Entwicklung der französischen und eng-
lischen Nation war kein Kindergeburtstag. Der Kampf zwischen den
königlichen Girondisten und den demokratischen Jakobinern nach
der Französischen Revolution beispielsweise erinnert stark an das
Hin und Her der Machtkämpfe in Afrika: 1789 erstürmten Rebellen

die Bastille, das Pariser Gefängnis; 1791 konnten die Rebellen erzwingen, dass eine Verfassung ausgearbeitet wurde; 1793 wurde König Ludwig XVI. hingerichtet; ein Jahr später Marie-Antoinette unter dem Vorwurf, Inzest mit ihrem Sohn gehabt zu haben. Mal waren die Jakobiner mächtiger als die Girondisten; es gab Verräter und Überläufer, revolutionären Terror, es kam zu bewaffneten Aufständen, bei denen allein in Paris 40 000 Menschen auf den Beinen waren. Die zerstrittenen Parteien zettelten Kriege mit den Nachbarstaaten an, um ihre Macht zu festigen. Selbst die Texte waren ähnlich: »Die revolutionäre Regierung braucht eine außerordentliche Aktivität, weil sie sich im Krieg befindet. Sie ist keinen stabilen Gesetzen unterworfen, weil die Umstände, unter denen sie herrscht, stürmisch sind und sich jeden Augenblick verändern. Sie ist genötigt, ohne Unterbrechung neue Quellen der Kraft gegenüber den sich schnell verändernden Gefahren zu entdecken. [...] Die revolutionäre Regierung schuldet den guten Bürgern den nationalen Schutz; sie schuldet den Feinden nur den Tod«, erklärte Maximilien de Robespierre, einer der Rebellen.[10] Gutsbesitzer wurden enteignet, Mindestlöhne eingeführt. Die Jakobiner zerstritten sich untereinander, die Aufmüpfigen wurden aufgehängt. Die Lage der Armen blieb trotz der Beseitigung der Privilegien der Feudalisten schlecht. Bauern kämpften untereinander, und hinterher wusste kaum noch jemand, wofür und wogegen. Da die Jakobiner die Lage der Armen nicht verbessern konnten, verloren sie langsam den Rückhalt der Massen. Verschwörung reihte sich an Verschwörung. Als Robespierre im Konvent die Verhaftung der Verschwörer verlangte, hinderte man ihn am Reden. Er wurde verhaftet, eingesperrt, wieder befreit, bei Straßenkämpfen verwundet und schließlich hingerichtet. 1799 kam Napoleon Bonaparte durch einen Staatsstreich an die Macht. Er ließ sich zum Kaiser krönen und hielt sich bis 1815, als Napoleon die Schlacht bei Waterloo verlor. Sein Nachfolger, Ludwig XVII., musste taktieren: Er nahm zwei Minister Napoleons in sein Kabinett auf und unterstützte gleichzeitig die Terrorakte des alten Adels und bewaffneter Banden, die brutal gegen die revolutionären Aufsteiger vorgingen. Die nun folgenden zahlreichen Prozesse, Verhaftungen und Exekutionen, die zur Absetzung der Machthaber aus der napoleonischen Zeit führten, sollten zeigen, wer der neue Herr im Haus ist. Doch die Wahl 1848 ging zu

Gunsten des Neffen von Napoleon aus. Dieser wiederum ließ 1851 in einem Staatsstreich führende Oppositionspolitiker verhaften und löste die Nationalversammlung auf. Am 2. Dezember 1852, am Jahrestag der Kaiserkrönung seines berühmten Onkels, ließ er sich nach einem Volksentscheid als Napoleon III. zum Kaiser wählen. Nach der Niederlage im Französisch-Preußischen Krieg und seiner Gefangenschaft wurde 1870 die Dritte Republik ausgerufen. Damit war die Zeit der Staatsstreiche, Aufstände und Kriege noch nicht zu Ende. Das Chaos des Umbruchs dauerte nun schon über hundert Jahre.

Die afrikanischen Nachzügler sind mit gut dreißig Jahren vergleichsweise schnell. Unsere mahnenden Zeigefinger können in der Tasche bleiben. Wir waren 150 bis 200 Jahre zuvor nicht viel geschickter. Die Deutschen haben ihre Machtkämpfe bis zum Ende der zweiten Hälfte des 20. Jahrhunderts ausgetragen und einen Spitzenplatz erzielt, was die Anzahl und die kalte Brutalität gegenüber den Opfern betrifft. Warum sollten sich die afrikanischen Staatsführer nun ausgerechnet von Angela Merkel belehren lassen, die wenig dazu beigetragen hat, das Unrechtsregime der DDR zu beseitigen, während selbst Robert Mugabe zu seinen besten Zeiten ein aufrechter Freiheitskämpfer war?

Selbst wenn die Eltern als Vorbild taugen würden, wollen Kinder nicht mehr gehorchen. Sie fühlen sich lang genug gegängelt. Womöglich sind sie zu berauscht von ihren neuen Möglichkeiten, um die Risiken realistisch einzuschätzen. Doch gilt nicht für Länder, was für Kinder gilt, nämlich dass es am günstigsten für das langfristige Verhältnis ist, wenn man deren Entscheidung respektiert? Sie ihre eigenen Fehler machen lässt? Lenkt also der Vorwurf des Neokolonialismus von den eigenen Verfehlungen gegenüber Afrika ab? Als ob der wirtschaftliche Aufschwung nur den Diktatoren zu Gute käme.

Kolonialismus ist eine Form der Ausbeutung und Unterdrückung, bei der man keine Wahl hat. Die afrikanischen Regierungen jedoch können sich inzwischen aussuchen, mit wem sie zusammenarbeiten. Das ist gut so, denn damit können sie auch für Fehler zur Verantwortung gezogen werden. Sie scheinen die neue Last nicht zu spüren, sie sind seit einigen Jahren entspannt und zuversichtlich, während der Westen nervöser wird. Kein Wunder: In Afrika ist ein wirtschaftlicher Aufschwung zu verzeichnen. Seitdem die Asiaten an Bord sind, geht es bergauf. Unter der Hilfe des Westens sank der Anteil Afrikas an der Weltwirtschaft zwischen 1970 und 2004 von vier auf zwei Prozent. Vor allem durch die Aktivitäten Chinas seit nunmehr zehn Jahren hat der Kontinent wieder einen Zuwachs von zwei Prozent erfahren. Was innerhalb von dreißig Jahren verloren wurde, konnte in zehn Jahren zurückgewonnen werden.[11]

Sorgt sich der Westen wirklich um die moralischen Standards in der Welt oder hat er einfach nur Angst, nicht an genügend Rohstoffe zu kommen? Dem chinesischen Staats- und Parteichef Hu Jintao wurde immer wieder vorgeworfen, er habe das Wort Öl in seinen Reden in Afrika nicht einmal erwähnt. Aber auch Bundeskanzlerin Angela Merkel erwähnte das Wort in ihrer zentralen Rede gegenüber der AU nicht und sie sagte auch nicht, dass Europa die Bodenschätze Afrikas braucht. Aber: Während Hu Milliarden investiert, preist Merkel Mikrokredite. Während die Chinesen Geschäftspartner Afrikas werden möchten, will Merkel eine Wertepartnerschaft. Rückblickend auf den G8-Gipfel im Sommer 2007 sagte sie vor der AU, dass »die Partnerschaft zwischen G8 und Afrika eine Reformpartnerschaft« sei. Sie beruhe »auf gemeinsamen Werten wie der Achtung universaler Menschenrechte, Demokratie und Rechtsstaatlichkeit«.[12] Eine Partnerschaft also, in der die Afrikaner noch lernen müssen, was wir schon können. Damit hat sie die gegenwärtige Situation zweifellos richtig beschrieben. Aber überzeugt dieser Ton die afrikanischen Regierungschefs? Wenn man mit einem Partner vertrauensvoll zusammenarbeiten will, sollte man ihn überzeugen, noch dazu wenn man selbst nicht der Einzige ist, der zur Auswahl steht.

Es reicht daher für den Westen nicht mehr, Recht zu haben. Was Merkel aus der Großen Koalition schon kennen sollte, gilt nun auch für die Zusammenarbeit mit Afrika. Der Westen muss leider auch brutale Diktatoren überzeugen, die es nicht verdient hätten. Und dabei ist es nicht geschickt, den Partner darauf hinzuweisen, was er noch braucht, damit man ihn auf gleicher Augenhöhe empfängt. Merkels Afrika-Reise und auch der Europa-Afrika-Gipfel waren geprägt von der Haltung: Ich weiß, was gut für euch ist. Seht es doch endlich ein, aber ihr dürft natürlich selbst entscheiden. Viel geschickter wäre es, eine Strategie zu entwickeln, wie wir die Werte, die uns lieb und teuer sind, möglichst wirkungsvoll und überzeugend verbreiten.

Wie nötig wir das haben, hängt von einer entscheidenden Frage ab: Haben wir es mit einer großen und nachhaltigen globalen Verschiebung in Afrika zu tun oder wird das Pendel wieder in Richtung Europa zurückschlagen, weil unsere Werte überzeugender sind? Wäre das der Fall, dann wäre die Aufregung um die neue Allianz zwischen China und Afrika nicht der Rede wert, nicht viel mehr als verletzter Stolz. Dann bräuchten wir uns keine Sorgen zu machen.

Es wäre allerdings auf jeden Fall ungeschickt, die neue Partnerschaft zu unterschätzen. Sie hat das Zeug für eine nachhaltige Veränderung des globalen Machtgefüges. Die asiatischen Länder ohne Japan waren 2006 für 43 Prozent des weltweiten Nachfragewachstums an Rohstoffen verantwortlich. Chinas Ölverbrauch wuchs im vergangenen Jahr um knapp sieben Prozent. Afrika hat schätzungsweise 117 Milliarden Barrel gesicherter Ölvorkommen.[13] Das ist etwa so viel, wie im Irak liegt, nämlich knapp zehn Prozent der Weltreserven. Außerdem verfügt der Kontinent über acht Prozent der Weltgasreserven. Sechzig Prozent der weltweiten Diamantenvorkommen befinden sich dort, ebenfalls ein Drittel der Kupfer- und knapp zehn Prozent der Uranvorkommen. Guinea allein verfügt über ein Drittel der weltweiten Bauxitvorkommen, Marokko über knapp zwei Drittel des Weltphosphats. Der Kongo verfügt über vierzig Prozent des Weltkobalts. Und Südafrika über 88 Prozent des Weltplatins. Diese Rohstoffe brauchen die Chinesen, um ihr Wachstum sicherzustellen. Ein Drittel des chinesischen Ölbedarfs wird bereits in Afrika gedeckt. 37 Prozent des chinesischen Manganbedarfs – Mangan ist bei der Batterien- und Stahlherstellung sehr wichtig – kommen aus Gabun, Südafrika und Ghana. Und sogar 85 Prozent des gesamten chinesischen Kobaltbedarfs – Kobalt ist härter und fester als Stahl – kommen aus der Demokratischen Republik Kongo, Südafrika.

Nach der kurzen Zeit, in der sich Asien in Afrika engagiert, liegen Asien (27 Prozent), Europa (32 Prozent) und die USA (29 Prozent) mit ihren Anteilen am afrikanischen Handel schon dicht beieinander. China ist mit großem Abstand der Motor unter den asiatischen Handelspartnern (zehn Prozent). Der Handel zwischen China und Afrika ist zwar erst knapp halb so groß wie der mit den USA.[14] Doch bereits 2010 wird China mit hundert Milliarden Dollar der größte Handelspartner Afrikas sein, schätzt Premier Wen Jiabao. Damit hätte sich das Handelsvolumen in zehn Jahren verzehnfacht. Im Jahr 2006 betrug es 55,5 Milliarden US-Dollar.[15] Das Handelsvolumen ist in den letzten fünf Jahren jedes Jahr durchschnittlich um ein Drittel gewachsen. Das amerikanische Handelsvolumen wuchs im Vergleich nur um gut die Hälfte, obwohl 2006 noch ein überdurchschnittliches Jahr war. Die Entwicklungsrichtung ist offensichtlich: Die USA und Europa verlieren täglich an Wettbewerbsfähigkeit in Afrika, denn immer mehr Produkte und Leistungen können die Chinesen bei fast genauso guter Qualität viel billiger anbieten. China hat nicht nur bei der Produktion von Motorrädern einen Marktanteil von vierzig Prozent in Afrika, sondern dem Land ist es 2007 sogar gelungen, seinen ersten Kommunikationssatelliten nach Afrika zu verkaufen und ins All zu schicken. China baute den größten Damm Afrikas und die meisten Kraftwerke und verlegt die meisten Eisenbahnschienen. »Etwa die Hälfte aller öffentlichen Arbeiten in Afrika werden bereits von Chinesen durchgeführt«, sagte Donald Kaberuka, Chef der African Development Bank, in Schanghai 2007 anlässlich des Jahrestreffens der Bank, das das größte und ranghöchste Treffen in ihrer Geschichte war.[16]

Für die Infrastrukturprojekte bekommen die Chinesen Öl und Gas. Immer wieder stellt China Rekorde in Afrika auf. 2006 hat China beispielsweise in Nigeria für ein einziges Ölfeld 2,7 Milliarden US-Dollar bezahlt. Das ist bisher der größte Einzelkauf der Chinesen. »Was in den vergangenen fünf Jahren in Afrika passiert ist, hat es in den vergangenen dreißig Jahren nicht gegeben«, fasst Kaberuka die Entwicklung zusammen. In keiner anderen Weltregion sind seit 2001 die Auslandsinvestitionen so schnell gewachsen wie in Afrika – auch in Asien nicht, allerdings von einem niedrigen Niveau aus. Und in zahlreichen Ländern, zum Beispiel in Sambia, Ghana, Angola, Nigeria, Tunesien, Ägypten und Südafrika, wurde deutlich mehr in die Produktion investiert als in die Ausbeutung von Bodenschätzen.[17] Noch nie sind ausländische Politiker öfter und länger auf den afrikanischen Kontinent gereist als Ministerpräsident Wen Jiabao und Staats- und Parteichef Hu Jintao in den letzten Jahren. Ihre Reden hatten keine überhebliche Färbung. Auch das hat Vertrauen geschaffen. Die Chinesen wissen offensichtlich, dass das eine nicht ohne das andere geht, wenn sie langfristig im Geschäft bleiben wollen.

Das Wachstum Afrikas war in den vergangenen sechs Jahren immer höher als fünf Prozent, 2007 hat es sogar einen Sprung über gut 6,5 Prozent gemacht. Das sind keine Zahlen der afrikanischen Wirtschaftsförderung, sondern der Organisation für wirtschaftliche Zusammenarbeit und Entwicklung (OECD). Während im Jahre 2003 noch die Wirtschaften von 17 afrikanischen Ländern schrumpften, sind es 2007 nur noch sechs.[18]

Der Hauptmotor dieser Entwicklung ist China. »Die International Development Association (IDA) der Weltbank und die African Development Bank haben zusammen nicht so viel, wie die chinesische Eximbank in drei Jahren ausgeben kann«, erklärt Kaberuka. Auch Philippe Maystadt, Chef der European Investment Bank, der größten bilateralen Bank der Welt, räumte ein, dass seine Bank schon Projekte an die Chinesen verloren habe.[19]

2006 war Chinas Afrika-Jahr. Präsident Hu Jintao und Premierminister Wen Jiabao besuchten insgesamt 16 afrikanische Länder. Das erste umfassende Strategiepapier für Afrika wurde entwickelt, und das dritte Forum der China-Afrika-Kooperation fand Ende 2006 in Peking statt, zu dem 41 Staats- und Regierungschefs sowie Delegationen aus 48 afrikanischen Ländern kamen. Noch nie waren mehr Spitzenpolitiker gleichzeitig in Peking als in jenen Herbsttagen. Die Themen: Verdopplung der Entwicklungshilfe auf fünf Milliarden bis 2009; neue Milliardenkredite; weitere Schuldentilgung. Ein Zwei-Milliarden-US-Dollar-Hilfsfonds, der es chinesischen Unternehmen leichter machen wird, sich in Afrika niederzulassen, wurde ins Leben gerufen.[20] Der Anteil der ausländischen Direktinvestitionen von China und Indien ist schon heute größer als von allen OECD-Ländern zusammen. 2006 kehrte mit dem Tschad auch der letzte wichtige Staat, der bis dato mit Taiwan politische Beziehungen pflegte, der Insel den Rücken, um mit China diplomatische Beziehungen aufzubauen. Ein Jahr zuvor hatte sich Senegal umentschieden. Im Mai 2007 kündigte die chinesische Regierung an, noch einmal zwanzig Milliarden US-Dollar allein in Infrastrukturmaßnahmen zu investieren. »Damit ist China der größte Einzelinvestor Afrikas«, sagt Kaberuka. Allein die chinesische Eximbank hatte im ersten Halbjahr 2007 Kredite in Höhe von acht bis neun Milliarden US-Dollar laufen. Im Herbst 2007 hat die Industrial and Commercial Bank of China (ICBC), die inzwischen am höchsten bewertete Bank der Welt, in Südafrika das größte Einzelinvestment getätigt, das je eine chinesische Bank gemacht hat. Sie hat sich für 5,5 Milliarden US-Dollar einen Zwanzig-Prozent-Anteil an dem größten südafrikanischen Geldinstitut Standard Bank gekauft. Die Standard Bank ist der mit Abstand größte Kreditgeber Afrikas, auch die Verhandlungszeit war rekordverdächtig: 45 Tage.[21] Etwa tausend chinesische Unternehmen sind in Afrika bisher tätig; 2007 lebten schätzungsweise 750 000 Chinesen auf dem Kontinent.[22] Inzwischen planen immer mehr chinesische Unternehmen, sich in Afrika anzusiedeln: Im Jahr 2005 wurden chinesische Firmen gefragt, in welche Weltregionen sie in den nächsten fünf Jahren verstärkt investieren wollen. Afrika und die USA waren mit 15 beziehungsweise 16 Prozent fast gleichauf. Der größte Teil der Investitionen geht allerdings nach Asien: 46 Prozent.[23]

Nun fühlen sich sogar die Fondsmanager von dem neuen Markt angezogen, die den Kontinent in den letzten Jahren keines Blickes gewürdigt haben. Im Herbst 2007 legte New Star, eines der führenden britischen Asset-Management-Unternehmen, den ersten Fonds auf, der ausschließlich in afrikanische Länder südlich der Sahara investiert. Sein Name: »Das Herz Afrikas«. Südafrika, das bereits durch zahlreiche andere Fonds abgedeckt ist, ist davon ausgenommen.[24] Die Fondsmanager setzen darauf, dass China alles tun wird, um in Afrika erfolgreich zu sein, weil es die Bodenschätze braucht. China ist nach den USA bereits der zweitgrößte Ölverbraucher der Welt. Das ist erst der Anfang: China importiert gut drei Millionen Barrel pro Tag für 1,3 Milliarden Menschen. Die USA importieren gut zwölf Millionen Barrel pro Tag für 300 Millionen Menschen. Die USA verbrauchen derzeit mit einem Viertel der Bevölkerung dreimal so viel Öl wie China. Das bedeutet, China könnte einmal 16-mal so viel Öl brauchen wie bisher.

Die Amerikaner teilen die Einschätzung der Chinesen, dass die afrikanischen Bodenschätze von immer größerer Bedeutung sind. Bereits 2001 hat die amerikanische Regierung deshalb beschlossen, bis zum Jahr 2015 die Ölimporte aus Afrika von gegenwärtig 16 Prozent auf 25 Prozent zu erhöhen. Vizepräsident Dick Cheney, der 2001 den Plan »Nationale Energiepolitik« entwickelte, ging davon aus, dass »Westafrika eine der am schnellsten wachsenden Öl- und Gasquellen für den amerikanischen Markt darstellen wird«.[25] Daran hat sich bis heute nichts geändert. Im Gegenteil: Je schwieriger es wird, den Irak unter Kontrolle zu bekommen, desto wertvoller werden die Ölvorkommen in Afrika. Die der Bush-Regierung nahestehende neokonservative Heritage Foundation betont deshalb:»In einer globalisierten Welt können es sich die USA nicht erlauben, Afrika zu ignorieren oder ihm eine drittklassige Priorität einzuräumen. Afrika ist eine lebenswichtige Quelle an Energie und anderen mineralischen Rohstoffen.«

Schon heute bekommen die USA mehr Öl aus Afrika als aus dem Mittleren Osten. Doch an wen verkaufen die Afrikaner zukünftig ihre Ölfelder? Die Amerikaner bieten keine Waren an, sondern Sicherheit als zusätzlichen Anreiz. Während Staats- und Parteichef Hu Jintao im Februar 2007 Milliardengeschäfte abschloss, kündigten die Amerikaner gewissermaßen als Gegenstrategie an, dass sie das neugegründete regionale afrikanische Oberkommando AFRICOM 2008 von Stuttgart-Möhringen nach Afrika verlegen wollen.»Das Africa Command wird unsere Bemühungen verstärken, den Menschen in Afrika Frieden und Sicherheit zu bringen und unsere gemeinsamen Ziele von Entwicklung, Gesundheit, Bildung, Demokratie und wirtschaftlichem Fortschritt in Afrika voranzutreiben«, erklärte US-Präsident George W. Bush am 6. Februar 2007 in Washington.[26] Eine große US-Militärbasis befindet sich bereits in Afrika, Camp Lemonier in Dschibuti. Offiziell hatte die Ende 2002 aufgestellte Combined Joint Task Force-Horn of Africa (CJTF-HOA) die Aufgabe, Terroristen in der Region zu bekämpfen. Inzwischen sichert die 1700 Mann starke Truppe den Golf von Aden. 25 Prozent der Weltölproduktion müssen durch diesen Engpass.

Der amerikanische Plan, ein neues Hauptquartier in Afrika zu errichten, hatte jedoch einen entscheidenden Fehler, der bezeichnend ist für den Umgang der Amerikaner mit den afrikanischen Ländern und der es den Chinesen leichter macht, in Afrika Fuß zu fassen. Die amerikanische Entscheidung war nicht mit der AU, offensichtlich nicht einmal mit einzelnen Staaten abgestimmt. Bis Ende 2007 hatten die Amerikaner kein Land gefunden, das bereit gewesen wäre, sich als Standort für AFRICOM zur Verfügung zu stellen. Botsuana war im Gespräch. Doch die Anrainerstaaten wie Südafrika sind von der

Idee nicht begeistert. Im Herbst 2007 bekam der neue AFRICOM-Kommandeur, US-General William E. (Kip) Ward, nicht einmal einen Termin bei Südafrikas Verteidigungsminister Mosiuoa Lekota. Dieser erklärte, es sei nicht in ihrem Interesse, denn die USA riefen mit einer Militärpräsenz im südlichen Afrika nur Unsicherheit hervor. Die Verteidigungsminister der Entwicklungsgemeinschaft des südlichen Afrika (SADC) sind sich einig, dass Washington sich »aus der Ferne« militärisch um Afrika kümmern solle.[27]

Und die Europäer? Die Europäer haben den Aufstieg Afrikas durch China verschlafen. Sie waren zu sehr mit dem Aufstieg Chinas beschäftigt. Der letzte europäisch-afrikanische Gipfel fand 2000 statt. Immerhin räumte Angela Merkel bei ihrer Afrikareise ein: »Der EU-Afrika-Gipfel – ich sage das ganz deutlich – ist überfällig.« Über mehrere Jahre hinweg habe Europa zu sehr »innegehalten«.[28] Während Asiens Anteil am afrikanischen Handel sich in den letzten 13 Jahren fast verdoppelt hat, sank Europas Handel um 17 Prozent.

Die Europäer versuchen nun wieder ins Spiel zu kommen, vor allem indem sie ihre Sorgen über die neuen Freunde der Afrikaner deutlich machen. Bei dem Vorbereitungstreffen der G8-Finanzminister ermahnten die Minister Peking zu einer verantwortungsvolleren Kreditvergabe. Afrika drohe ansonsten erneut in die Schuldenfalle zu geraten. »Es widerspricht den Maßstäben, die eigentlich im Internationalen Währungsfonds festgelegt worden sind«, so Bundesfinanzminister Peer Steinbrück zum chinesischen Geschäftsgebaren. In der Abschlusserklärung des Gipfels wurde China jedoch nicht ermahnt. Denn, so Steinbrück, es mache keinen Sinn, mit dem »pädagogischen Zeigefinger vorzugehen«.[29]

Der Präsident der Europäischen Investitionsbank (EIB), Philippe Maystadt, hatte es schon versucht. Ende November 2006 war er in Brüssel deutlicher geworden: »Sie [die chinesischen Banken] kümmern sich nicht um soziale Bedingungen oder Menschenrechte«, sondern nur um »ihren Einfluss in der Welt«. Die EIB ist der größte multilaterale Kreditgeber der Welt. Auch der damalige Weltbank-Chef, Paul Wolfowitz, hatte Chinas Banken scharf dafür kritisiert, dass »sie Menschenrechte und Umweltstandards nicht einhalten«. Die Banken ignorierten die sogenannten Äquator-Prinzipien, die 2003 von der Weltbank eingeführt worden waren. »Fast achtzig Prozent aller kommerziellen Banken halten die Standards ein.« Als sich die neuen Partner China und Afrika beschwerten, relativierte Wolfowitz seine Äußerungen und bezeichnete den China-Afrika-Gipfel im Herbst 2006 als »tolle Idee«. Er ließ über seinen Stellvertreter James Adams den Chinesen sogar anbieten, sie könnten bei der Finanzierung von Projekten in Afrika zusammenarbeiten. Auch wenn die chinesischen Banken und die Weltbank sehr »unterschiedliche Ansätze« hätten, die einen betrieben eine Politik der Nichteinmischung und die anderen versuchten strikte Regeln durchzusetzen, zeigte sich Adams »zuversichtlich, dass wir weitreichende Bereiche finden, in denen wir zusammenarbeiten können«.[30] Der neue Weltbankchef Robert Zoellick warnte 2007 davor, dass die Europäer vorsichtig mit ihren Belehrungen sein sollten, wenn sich Afrika von China Geld leihe.[31] Das Schwanken zeigt: Am Ende geht es um Einfluss, und ohne Geschäft gibt es keinen Einfluss. China hat die Weltbank bereits als größten Kreditgeber in Afrika überholt. Der Columbia-Ökonom und persönliche Berater des UN-Generalsekretärs, Jeffrey Sachs, ist überzeugt, dass dies nicht nur daran liegt, dass die Chinesen ethische Standards unterlaufen:»Die Ratschläge, die die afrikanischen Kreditnehmer von ihren chinesischen Kollegen bekommen haben, waren ausgewogener und viel praktischer als die, die sie typischerweise von der Weltbank bekommen.« Auch Maystadt von der EIB lenkte kurz nach seinem Angriff ein: Chinas Investitionen in Afrika seien »eine gute Sache, weil der Bedarf enorm ist. Je mehr Ressourcen jenseits der traditionellen Ressourcen zur Verfügung stehen, desto besser.« Er forderte nun sogar, die Umweltstandards zu senken, weil sie »in vielen Fällen unrealistisch seien«.[32]

Die Äußerungen machen deutlich, wie sehr das Engagement Chinas den Westen verunsichert. Zweifellos: Es gibt Kupferminen, die die Umwelt verseuchen, es gibt Staudämme, die das ökologische Gleichgewicht stören, es gibt korrupte Diktatoren, die ihre Bevölkerung verhungern lassen. Doch wie steht es mit den meisten Infrastrukturprojekten, den E-Werken, Straßen und Eisenbahnschienen, der petrochemischen Industrie? Nützen sie den Afrikanern nicht weit mehr, als dass sie ihnen schaden? Und warum sollte man nicht einem Partner vertrauen, der in drei Bereichen, die Afrika dringend braucht und die eng mit dem Wohlstand der Menschen verknüpft sind, exzellente Referenzen aufweisen kann? In der Armutsbekämpfung, der Landwirtschaft und der Infrastruktur sind die Chinesen ausgewiesene Spezialisten. Es ist noch keinem anderen Land gelungen, in nur 25 Jahren 400 Millionen Menschen aus der absoluten Armut zu befreien. Noch kein anderes Land hat es geschafft, in so kurzer Zeit eine funktionierende Infrastruktur aufzustellen. Dies wird offenbar, wenn man China mit Indien vergleicht. Die Chinesen sind Spezialisten darin, unter ungünstigen Bedingungen Landwirtschaft zu betreiben. Sie haben es geschafft, ihre knapp 1,3 Milliarden Menschen selbst zu versorgen. Andererseits sind sie keine Vorbilder im Umweltschutz und in Fragen der Demokratie oder, allgemeiner, der Mitbestimmung. Doch was ist einstweilen wichtiger? Und lässt sich der Erfolg so einfach auf Afrika übertragen? Die Chinesen können sich zu Hause immerhin auf eine eingespielte Verwaltung verlassen, die es in Afrika kaum gibt.

Kritiker befürchten, dass die Chinesen mit ihren preiswerten Produkten den afrikanischen Markt überschwemmen. Dabei helfen die preiswerten Produkte, den Lebensstandard der Menschen zu heben: Sie können sich noch etwas anderes leisten, wenn das Motorrad nur noch die Hälfte kostet, selbst wenn sie das Gleiche verdienen. Aber die Importe führen auch dazu, dass vor allem in der Textilindustrie viele afrikanische Unternehmen nicht mehr wettbewerbsfähig sind. Die Chinesen schaffen zwar neue Arbeitsplätze in Bauprojekten, aber zu wenig, sagen die Kritiker. Die Chinesen bringen zu viele Arbeiter mit. Doch es gibt in den afrikanischen Ländern kaum Arbeiter, die Erfahrung im Bau von Straßen und Eisenbahnschienen haben.

Über die Rolle der Chinesen in Afrika ist also keineswegs entschieden. Gerade deswegen ist es spannend, sich das Engagement genauer anzuschauen – am besten in Ländern, in denen die Chinesen schon großen Einfluss haben und vom Westen dafür scharf kritisiert werden, weil sie autoritäre Regimes unterstützen. Ich entschließe mich, in das christliche Angola in Südwest-Afrika zu reisen, eine ehemalige portugiesische Kolonie, und in den muslimischen Sudan, eine ehemalige britische Kolonie im Nordosten des Kontinents. Beide Länder sind bereits wirtschaftlich fest in chinesischer Hand. In beiden Ländern, die voller Bodenschätze sind, haben die Amerikaner zuvor vergeblich ihr Glück versucht. Und ich werde nach Nigeria reisen, das bevölkerungs- und ölreichste Land Afrikas. Das Land ist eine junge, hoffnungsvolle, aber noch schwache Demokratie in einem sehr korrupten Umfeld, die wie bei der jüngsten Präsidentenwahl mit Rückschlägen klarkommen muss, sich jedoch in die richtige Richtung entwickelt. Nigeria ist eines der mächtigsten Länder Afrikas. Es liegt in der Beuge Westafrikas. Dort kämpfen nicht nur Chinesen und Amerikaner, sondern auch Christen und Muslime um die Vorherrschaft, denn wer Einfluss in Nigeria hat, der hat Einfluss in Afrika. In Nigeria jedoch müssen die Chinesen erst noch beweisen, dass sie dem Westen Paroli bieten können.

Meine Reise beginnt in einem Garten in der Dong-Wu-Jie-Straße des Pekinger Botschaftsviertels Sanlitun. Die Bäume blühen, und von fern rauscht der Verkehr des Dritten Rings. Es ist der Garten der Kameruner Botschaft: Hier sitze ich mit Eleih-Elle Etian, dem Botschafter, der auch der Sprecher aller afrikanischen Botschafter ist, weil er schon seit 1989 in Peking auf Posten ist. 1999, anlässlich eines Essens von afrikanischen Botschaftern und chinesischen Regierungsvertretern, hatte unter anderem er die Idee zu einem chinesisch-afrikanischen Gipfeltreffen. Er ist einer der Architekten der Kooperation und noch heute erster Ansprechpartner, wenn es Probleme zwischen Chinesen und Afrikanern gibt.

Etian spricht genauso gut Englisch wie Französisch. Wir wechseln zwischen beiden Sprachen hin und her, was mir mehr Mühe macht als ihm. Die Frühlingssonne lässt einen gutmütig werden, aber ich falle dennoch mit der Tür ins Haus, nachdem wir ein paar allgemeine Sätze gewechselt haben: »Ist das, was China in Afrika macht, Neokolonialismus?«

Der Botschafter richtet sich auf und antwortet ebenso schroff: »Das ist eine Beleidigung sowohl für China als auch für Afrika. Es gibt nicht die geringsten Ansätze für eine Kolonialisierung.«

»Warum hört man das dann im Westen immer wieder?«

»Ich weiß es nicht. Vielleicht aus einer gewissen Arroganz, aus Dummheit oder Neid. Vielleicht will man uns provozieren. Ich glaube, die Zeit der klassischen Kolonialisierung ist vorbei. Es gibt jetzt eine neue Form des Kolonialismus. Was die USA machen, kann man beispielsweise als eine Form des Wirtschaftskolonialismus bezeichnen.«

»Aber fürchten Sie nicht, dass Sie von China beherrscht werden, weil es schon jetzt ein mächtiges Land ist und viele afrikanische Länder recht schwach sind?«

»In jeder neuen Beziehung gibt es nicht nur Sonnenseiten. Es gibt auch kleine Probleme, die gelöst werden müssen. Ein Problem ist, dass chinesische Firmen die Rohstoffe in Afrika abbauen, sie aber nicht bei uns weiterverarbeiten. Zudem bringen sie viele Billigprodukte nach Afrika, statt sie dort zu produzieren. Aber wir reden über die Probleme.«

»Viele europäische, aber auch amerikanische Politiker sind davon überzeugt, dass China mit seinem wirtschaftlichen Engagement die Bemühungen des Westens untergräbt, in Afrika Standards des guten Regierens zu etablieren.«

»Ich stimme nicht mit dieser Position überein. China verhandelt mit uns, ohne Vorbedingungen zu stellen. Das ist der große Unterschied zum Westen. Die Chinesen nehmen uns so, wie wir sind. Und wir schreiben auch niemandem vor, wie er seine Probleme lösen soll. Es ist ein Win-Win-Partnerschaft.«

»Warum investieren die Europäer mehr in Asien als in Afrika?«

»Diese Frage müssen Sie beantworten.«

»Ich denke, die Europäer und auch die Amerikaner haben den Eindruck«, erwidere ich, »dass sich die Dinge in Asien schneller entwickeln. Es ist einfacher, erfolgreich in Asien Geschäfte zu machen, als in Afrika – besonders in China.«

»Dann können Sie uns helfen, dass wir auch so schnell wachsen, und zwar zusammen. Genau das machen die Chinesen.«

»Sind Sie manchmal neidisch, dass China sich so schnell entwickelt und Afrika, Ihr Kontinent, so langsam und stockend?«

»Nein. Denn gerade weil China sich schnell entwickelt, können wir es als Lokomotive für uns nutzen. Inzwischen entwickelt sich auch Afrika rasant. Manchmal habe ich sogar ein wenig Angst vor der Geschwindigkeit, in der sich mein Land Kamerun entwickelt.«

»Was kann Afrika von China lernen?«

»Wir können eine Menge lernen. Patriotismus, Respekt vor den Alten, Respekt vor Werten, aber vor allem Respekt vor den Institutionen. Und wir können lernen, zusammenzuhalten. Afrika besteht aus vielen Ländern und Kulturen. Mit Hilfe von China können wir eine einheitliche Identität entwickeln.«

»Was können die Chinesen von den Afrikanern lernen?«

»Freundschaft, Ehrlichkeit und Respekt gegenüber den alten Traditionen und Werten. Bei Europäern muss ich das immer wieder betonen: Nicht nur ihr, sondern auch wir haben Werte, die uns sehr wichtig sind.«

»In welchen Punkten gibt es eine größere Übereinstimmung in den Werten mit China als mit dem Westen?«

»Das ist zuerst der Wert der Gleichberechtigung aller Nationen. Aber es ist auch der Wert der Familie. Wir fühlen uns einer viel größeren Gruppe von Verwandten verpflichtet als die Europäer. Wir nennen auch den Onkel Vater. Die Verbundenheit mit einer Sippe ist in China ähnlich. In Europa ist das anders. Viel wichtiger ist jedoch: Das Engagement Chinas in Afrika ist nicht selbstlos – und das ist auch gut so. Jemand hat gesagt, an dem Tag, an dem China sich erhebt, wird die Welt erzittern. Ich glaube, es gibt einen Tag, an dem die Europäer wirklich beginnen müssen, Angst zu haben. Das ist der Tag, an dem China und Afrika sich zusammentun.«

Liegt dieser Mann richtig?

Die Liebe in den Zeiten der Cholera

China in Angola

Helmut Gauff ist 76 Jahre alt und kommt aus Franken. Was er sagt, hat er sich vorher gut überlegt, und was er sich überlegt hat, sagt er mehr als einmal. Gauff ist ein Mann, der das Arbeiten nicht lassen kann. Ohne ihn geht für die Chinesen inzwischen wenig in Angola.[1]

Das Alter hat ihn bescheiden werden lassen, und er genießt es. Dass er in den sechziger Jahren mit der Machete eine 150 Kilometer lange Schneise durch den Dschungel gezogen hat, um eine neue Straße in Gabun zu vermessen und Lagerstätten für Baumaterial zu finden, ist nicht das Erste, was er erzählt. Auch nicht, dass kleine Maden Eier in seinen Oberkörper ablegten, als er einmal sein Hemd nicht heiß genug gebügelt hatte, und dass er diese winzigen Fremdkörper dann mit einer aus Bambus gebastelten Pinzette selbst entfernte. Man sieht ihm auch nicht an, dass er jahrelang Malariaschübe hatte. Helmut Gauff ist kein typischer Abenteurer, er ist mehr fränkischer Ingenieur als Marlboro-Mann.

Seine Neugier auf fremde Länder lässt ihn bis heute nicht los. Darum ist er nach einer kurzen Rentnerphase wieder ins Flugzeug nach Afrika gestiegen. »Hardy Krüger hat es mal gesagt«, schwelgt er, »wer den Bazillus in sich hat, kommt immer wieder.« Hardy Krüger hat er bewundert, ebenso wie Franz Josef Strauß. »Wenn es ein Menschenschlag schafft, Afrika auf die Beine zu helfen, dann China.« Er

124

weiß, wovon er spricht: Er hat einen ähnlich unbändigen Willen wie die Chinesen, den Willen nämlich, etwas zu vollenden. Ein Wille, der im Alter nicht abnimmt, wie er mit Erstaunen feststellt. Ein Wille, dem sich niemand in den Weg stellen darf. Denn dann bebt der sehr ruhige Unternehmer, zwar nur kurz, aber man sieht schon von weitem, dass es Zeit ist, in Deckung zu gehen.

Gauff arbeitet nicht des Geldes wegen. »Das letzte Hemd hat keine Taschen«, sagt er knapp. Er arbeitet für neue Erlebnisse. Schon steckt er wieder mitten in einem großen Abenteuer des 21. Jahrhunderts: Sein Ingenieurteam sorgt im Auftrag der angolanischen Regierung dafür, dass die Chinesen bei ihren Infrastrukturprojekten die Afrikaner nicht über den Tisch ziehen. Derzeit überwacht er in Angola die Errichtung einer 600 Kilometer langen Straße, die knapp 400 000 US-Dollar pro Kilometer kostet. Aufträge zur Überwachung und Steuerung von Infrastrukturprojekten im Wert von mindestens zehn Milliarden US-Dollar wurden von der angolanischen Regierung an ihn herangetragen, die Bauunternehmer sind immer Chinesen. Gauff soll die Stadtentwicklung für 22 Städte durchführen, weitere 1500 Kilometer Straßenbau überwachen sowie den Bau der drei wichtigsten Eisenbahnstrecken beaufsichtigen – darunter die Benguela-Eisenbahnlinie, die früher die Verbindung nach Katanga zu den Kupferminen im Kongo und nach Sambia war. Damit sind Gauff und sein Team die nächsten zehn Jahre gut beschäftigt.

Das ist nur die Auftragslage in Angola, einem der ölreichsten Länder Afrikas mit 14 Millionen Menschen auf einer Fläche, die mehr als dreimal so groß ist wie Deutschland. Nach Ende des fast dreißigjährigen Bürgerkriegs ist Angola dabei, eines der wichtigsten Ölförderländer Afrikas zu werden. Mit wem sich das Land zusammentut, ist daher weltpolitisch gesehen ebenso von Bedeutung wie die Frage, wer die Partner Kuwaits sind. Die Chinesen haben das erkannt. Der Westen tut sich noch ein wenig schwer damit.

Im Mai 2006 stieg Angola zum größten Öllieferanten Chinas auf und löste damit Saudi-Arabien ab. 2007 war das Handelsvolumen zwischen China und Angola – es betrug über sechzig Milliarden US-Dollar – größer als das zwischen den USA und Angola, obwohl die USA noch immer mehr Öl aus Angola beziehen als aus Kuwait. Schon heute ist China der größte Investor in Angola.[2] Mit seinen Öl- und

Diamantenvorkommen ist das afrikanische Land eines der potenziell reichsten der Welt, sein niederschwefliges, schweres Öl ist darüber hinaus weltweit eines der besten. »Angola hat eine vielversprechende Zukunft, auch wenn heute noch sechzig Prozent der Bevölkerung Analphabeten sind. Nach dreißig Jahren Bürgerkrieg gibt es viel zu tun«, resümiert Gauff. Aus der deutschen Nachkriegszeit weiß er, wie sich das anfühlt. Das Land wächst 15 Prozent jährlich.

Nur knapp zwanzig Prozent der Angolaner haben derzeit Zugang zum öffentlichen Stromnetz. Fast die gesamte Infrastruktur muss neu aufgebaut werden, und die Regierung kann dafür bezahlen. Noch dazu ist Angola durch die 500 Jahre währende portugiesische Kolonialzeit stark europäisch geprägt. »Angola ist nicht Afrika«, sagt Gauff bestimmt, »es hat die Chance, ein Dreh- und Angelpunkt der Weltwirtschaft zu werden.«

Wenn er in seinem kleinen Büro in Luanda im kurzen Hemd seine E-Mails schreibt, sieht er immer noch aus wie ein Junge, der Hausaufgaben macht: fleißig und konzentriert. An der Wand hängen hinter Glas Fotoaufnahmen von zwei Präsidenten: dem deutschen Horst Köhler, seit drei Jahren im Amt, und dem angolanischen José Eduardo dos Santos, seit 28 Jahren im Amt. Die Tür seines Büros steht halb offen, hektisches Treiben auch in den anderen Räumen, sein deutsch-angolanisches Team hat viel zu tun.

Per E-Mail erreicht er seine 600 Mitarbeiter weltweit, darunter auch seine vier Söhne: In Deutschland, wo er sein Unternehmen 1958 gegründet hat, planten und überwachten sie für die Deutsche Bahn AG in Puerto Rico mit Siemens eine S-Bahn, zusammen mit der US-Tochter HKC die U-Bahn in Washington und in Österreich den ersten großen Windkanal Europas. Wenn er auf die umlaufende, geflieste Veranda seiner Büroetage geht, sieht er auf der Straßenseite gegenüber die Slums mit ihren Ziegel-Wellblech-Buden, den Schlammpfützen und den lauten, fröhlichen Menschen. Mehr als 4000 Angolaner starben 2006 an Cholera.[3] Auch den Aufbau der Wasserversorgung sollen Gauff und sein Team überwachen, unten im Hof trainieren Auszubildende in neonfarbenen Sicherheitsjacken an Geräten, die leckende Wasserleitungen aufspüren können.

Gauff springt auf und nimmt sein schwarzweiß meliertes »Baustellenjackett« unter den Arm. Er muss zu »seinen« Chinesen, zu seiner derzeit wichtigsten Baustelle: Die zentrale Nord-Süd-Achse des Landes hat die Regierung ihm anvertraut. Das Baucamp liegt hinter dem Fluss Rio Dande, dort, wo noch vor einigen Jahren die Frontlinie des Krieges verlief. Ich begleite ihn im klimatisierten Jeep zur Baustelle. Ob er gern der deutsche Aufseher der Chinesen sei, der Blockwart der Globalisierung gewissermaßen, frage ich ihn unterwegs. Er lässt sich nicht provozieren: »Wir sind die Vertreter des Bauherrn, und die Chinesen sind es gewohnt zu gehorchen.« Mit gleicher Bestimmtheit fügt er hinzu: »Wir arbeiten mit den Chinesen so, dass sie ihr Gesicht nicht verlieren.«

Zum ersten Mal hat er 1984 mit ihnen in Afrika gearbeitet. Damals errichteten sie gemeinsam in Kenia eine Spannbetonbrücke. Dass er nun ausgerechnet wieder mit demselben Unternehmen, der China Road and Bridge Corporation (CRBC), zusammenarbeitet, fasziniert ihn stets aufs Neue. Der Generalmanager hatte ihn 1984 mit nach China genommen, es war seine erste Reise in das Reich der Mitte gewesen. Gemeinsam wollten sie die Autobahn von Peking in die nur eine Stunde entfernte Zwölf-Millionen-Stadt Tianjin bauen. Doch die Dänen waren billiger und bekamen den Planungsauftrag. »Damals habe ich meinen ersten chinesischen Weißwein getrunken, Great Wall. Das Etikett der Flasche habe ich noch. Mit den Unterschriften von allen, die mitgetrunken haben.«

Wir kommen besser voran, als wir die verstopfte Innenstadt verlassen. Vier Kilometer Autofahrt können in Luanda schon mal zwei Stunden dauern. Viele Straßen sind noch kaputt, die Häuser heruntergekommen, trotzdem ist zu spüren, dass es bergauf geht. Benzin ist knapp, Gauffs Fahrer müssen nachts an der Tankstelle dafür lange Schlange stehen. Es kostet vierzig Cent pro Liter und ist damit so stark subventioniert, dass niemand Interesse hat, neue Tankstellen zu bauen.

Mit uns im Auto sitzt auch Thomas Lorenz. Der 46-Jährige ist noch etwas benommen, weil er wenige Stunden zuvor aus Europa zurückgekommen ist. Fast drei Stunden dauerte die Abfertigung an der Grenze. Immerhin ist sein Gepäck in Lissabon rechtzeitig umgeladen worden. Das ist nicht die Regel. Doch der Flug mit der portugiesischen Airline TAP ist derzeit noch die günstigste Verbindung. Die Lufthansa fliegt erst ab 2008 einmal die Woche nach Luanda.[4]

Seit 1995 lebt der aus Berlin stammende Jurist in Angola. Er ist einer der besten »Fremdenführer«, die man sich vorstellen kann.

Wir fahren am Hafen vorbei. Dutzende verrotteter, halbversunkener Schiffe schaukeln dort im Wasser. »Die werden bald weg sein«, erzählt Lorenz. »Die Chinesen haben sich auch die nationale Schrottindustrie unter den Nagel gerissen.« Den Hafen bauen sie ebenfalls aus. Die Arbeiten dazu haben längst begonnen. Die Hafenfläche wird verdoppelt; derzeit liegen die Güter noch acht bis zehn Wochen, bis die Ladung gelöscht ist. Fast alles muss importiert werden, selbst Zement. Ein Sack Zement aus China kostet vier US-Dollar, einer aus Angola zehn. Gegenüber dem Hafen kleben bunte Slums an einer ehemaligen Müllhalde. Bei starkem Regen gerät der Hang mit den Hütten immer wieder ins Rutschen. Schon einmal hat die Regierung die Bewohner in neue, von Chinesen gebaute Häuser umgesiedelt. Doch nach wenigen Wochen hatten andere die Pappbuden bezogen, Wanderarbeiter, die vom Land anreisen, um in der Stadt ein Stück des neuen Wohlstands abzubekommen. Denn trotz des Aufschwungs gehört Angola zu den Ländern mit den weltweit schlechtesten Sozialindikatoren: Siebzig Prozent der Angolaner leben unterhalb der Armutsgrenze von einem Dollar pro Tag, neunzig Prozent der Menschen verfügen über weniger als zwei Dollar pro Tag; das Land hat eine der höchsten Kindersterblichkeitsraten und seine Bevölkerung mit durchschnittlich 36,5 Jahren eine der niedrigsten Lebenserwartungen weltweit. Etwa die Hälfte der 14 Millionen Bewohner Angolas drängt sich in der Hauptstadt. Sie ist von dem Ansturm völlig überlastet. Am Fuß des Hanges wartet eine Menschenschlange auf den Wassertanklastwagen. 14 US-Dollar kostet der Kubikmeter Flusswasser, es ist einigermaßen sauber. Manche tragen es in einer kleinen Tüte nach Hause.

Hüttenzauber

Wir fahren an hunderten kleinen neuen Häusern vorbei, die sich an die leicht hügelige grüne Landschaft schmiegen. Hier leben jetzt auch die Menschen von der Müllkippe. »In der westlichen Presse wurde von Zwangsumsiedlungen geschrieben«, lacht Lorenz. Drei bis vier Räume, vier Fenster und eine Tür in der Zementziegelfassade. Die Wellblechdächer glänzen in der Sonne. »Das haben alles die Chinesen gebaut, Kosten 12 bis 15 000 US-Dollar pro Einheit, sechs bis zehn Menschen leben darin«, sagt Lorenz. 80 bis 100 000 Einheiten sind fertiggestellt, 300 000 sollen noch errichtet werden. »Die Regierung versucht so die Leute aus der völlig überfüllten Hauptstadt Luanda zu locken.« Sie bekommen die neuen Hütten als Ersatz für ihre Bruchbuden in der Stadt, müssen sich aber vorher verpflichten, sie acht Jahre lang nicht zu verkaufen. »Das Preisleistungsverhältnis der Chinesen ist unschlagbar.« Man kann auch anders wohnen in Angola: Draußen vor den Toren der Stadt kosten Reihenhäuser westlichen Standards 8000 US-Dollar Miete im Monat – auch sie wurden teilweise von den Chinesen gebaut.

Alle Projekte werden zentral von der Regierung koordiniert. Die Chinesen verhandeln in der Regel mit Frau Ramalho, der rechten Hand des Finanzministers. Sie legt fest, wie viele lokale Arbeitskräfte pro Auftrag beschäftigt werden müssen. »Es sind etwa dreißig Prozent«, weiß Lorenz, »aber ich denke, wenn erst einmal die wichtigsten Infrastrukturprojekte gebaut sind, wird dieser Anteil auch steigen.« Eine andere Regelung besagt, dass ebenfalls mindestens dreißig Prozent der Aufträge an die lokale Industrie gehen müssen. »Daraufhin haben die Chinesen mit den Angolanern zusammen lokale Unternehmen gegründet. Die Regierung weiß das, aber sie drückt beide Augen zu«, so Lorenz. Die lokale Industrie sei noch nicht in der Lage, diesen Prozentsatz auszufüllen, und die Gemeinschaftsunternehmen seien nützlich, um Know-how von China nach Angola fließen zu lassen. Die Chinesen verweigern allerdings ihren Einsatz, wenn sich angolanische Beamte einen Teil am chinesischen Investment sichern wollen. Vor zwei Jahren hat ein Ministerratssekretär in China Firmen gegründet und dann an sich selbst Aufträge vergeben. Der Mann wurde abgelöst. Die in Angola grassierende Korruption hat dies nicht wirklich verringert.

Immer wieder lese und höre ich, dass die Angolaner bis zu drei Millionen Chinesen ins Land lassen wollen. Aber niemand kann mir die Zahl bestätigen, auch Lorenz nicht. »Die Zahl ist von interessierten Kreisen lanciert worden, um den Angolanern Angst zu machen.

Tatsache ist, dass noch in diesem oder nächstem Jahr mehr Chinesen in Angola leben als Portugiesen, die mit 47 000 Personen bisher die größte Ausländergruppe ausmachen«, so Lorenz. Das wäre eine große historische Zäsur nach 500 Jahren portugiesischer Kolonialzeit. »Gibt das nicht Ärger? Nehmen die Chinesen den Angolanern nicht den Job weg?«, will ich wissen. »Man muss realistisch bleiben«, meint Gauff nachdenklich. »In dreißig Jahren Bürgerkrieg haben viele Angolaner das Arbeiten verlernt. Es gibt kaum qualifizierte Jobs, die die Chinesen den Angolanern wegnehmen können.« Die Regierung steht vor der Alternative: erst die Leute ausbilden und dann mit ihnen die Infrastruktur aufbauen. Oder umgekehrt. »Ich glaube der zweite Weg ist der bessere. Ohne Infrastruktur geht nichts in Angola. Danach kann man sich um das Ausbildungsproblem kümmern.«

Kein Marshallplan

Nach dem Friedensschluss 2002 wusste Präsident dos Santos, dass er nur etwa fünf Jahre Zeit haben würde, das Land auf Vordermann zu bringen. 2007 sollten ursprünglich wieder freie Wahlen stattfinden, und die Wähler würden ihn danach beurteilen, wie ihm das gelungen war. Ihm war auch klar, dass Angola seine Probleme nicht ohne ausländische Hilfe würde lösen können. Die Regierung hoffte, dass sich der Westen in der ehemaligen portugiesischen Kolonie engagieren würde; Präsident dos Santos appellierte daher wiederholt an die Vereinten Nationen und die Europäische Union. Er hatte an eine Art Ressourcen-Marshallplan gedacht, an eine groß angelegte Hilfsaktion wie die von 1948, mit der die Amerikaner vor allem die ausgebombten Deutschen unterstützt hatten. Die US-Regierung vergab damals Kredite und ließ Rohstoffe, Lebensmittel und Waren liefern, die einem heutigen Wert von etwa achtzig Milliarden Euro entsprechen. Während es damals darum ging, unverzüglich den Einfluss der Kommunisten einzudämmen, aber auch Absatzmärkte für die amerikanische Überproduktion zu schaffen, waren der Westen und die USA Anfang dieses Jahrzehntes mit anderen Fragen beschäftigt: Die Amerikaner steckten tief in den Vorbereitungen für den Irakkrieg, und Europa debattierte darüber. Für Angola war keine Zeit. Die von Tony Blair während der EU-Ratspräsidentschaft Englands angeregte private Geberkonferenz kam nicht zustande.[5]

Angola hatte weder für die USA noch für den Westen eine unmittelbare strategische oder gar persönlich familiäre Bedeutung. Öl ja, aber das eilte nicht, glaubte man damals, als die 100-US-Dollar-Marke für ein Barrel Öl noch in weiter Ferne schien. Ideologische Dispositionen waren stärker. Die linksgerichtete angolanische Regierung erweckte bei George W. Bush, Jacques Chirac und Tony Blair kein übermäßig großes Vertrauen. Wer konnte schon garantieren, dass der Bürgerkrieg nicht doch wieder aufflammen würde?

Angola war nach dem Bürgerkrieg mit knapp elf Milliarden US-Dollar im Westen verschuldet. Deshalb forderten die Gläubiger von der angolanischen Regierung, sie solle sich die Wirtschaftspolitik vom Internationalen Währungsfond (IWF) entwickeln lassen, damit die Schulden schnellstmöglich abgebaut würden. Doch gerade den Regierungen von kleinen, weniger einflussreichen Ländern war spätestens seit der Asienkrise klar, dass der IWF eher die Interessen der Geberländer durchsetzt, als dass er die Eigenständigkeit des betroffenen Landes sichert. Zwar befanden sich die IWF-Manager 2002 bereits auf einem Reformkurs und hatten unter ihrem damaligen Chef, dem heutigen Bundespräsidenten Horst Köhler, schon ein wenig Selbstkritik geübt. Trotzdem ist es durchaus zu verstehen, dass Präsident dos Santos nicht gewillt war, den Fortschritt der IWF-Reformen an seinem Land ausprobieren zu lassen. Im Juli 2003 legte der IWF im sogenannten Artikel-IV-Report die Spielregeln für eine Zusammenarbeit fest: »1. Offenlegung der Auslandsverschuldung. 2. Sofortige Zurverfügungstellung der makroökonomischen Daten. 3. Einrichtung eines zentralen Regierungskontos bei der Zentralbank. 4. Dialogbereitschaft über das Management der Öleinnahmen.«[6] Im Dezember 2003 ließ das US-Außenministerium verlautbaren: »Eine Delegation hat einige Fortschritte in diesen Bereichen festgestellt.« Danach ging es hin und her. Doch je mehr Zeit verstrich, desto weniger war Angola auf die Hilfe des IWF angewiesen. Anfang März 2007 brach das Land den Kontakt zum IWF ab. Es hat seine Auslandsschulden weitgehend zurückgezahlt und boomt wie nie zuvor.

Ähnlich verzwickt war es mit den Forderungen nach einer Strategie der Armutsbekämpfung. Selbstverständlich wollte Präsident dos Santos die Armut in seinem Land bekämpfen, aber er wollte, nachdem die MPLA-Regierung die ehemaligen Kolonialherren aus Lissabon und die Rebellen niedergekämpft hatte, endlich einmal selbst entscheiden, was gut und was schlecht für das Land ist. Daher hatte er auch kein großes Interesse, der Extractive Industries Transparency Initiative (EITI) beizutreten. Die EITI fordert, dass Regierungen freiwillig belegen, wie viel sie mit Rohstoffen verdienen, dass das Geld in den öffentlichen Haushalt fließt und den Menschen im Land zugute kommt. Auch einige Rohstoffkonzerne sind Mitglied dieser Vereinigung und legen offen, wie viel Geld sie in den jeweiligen Ländern einnehmen. Niemand lässt sich gern in seine Geschäftsbücher schauen, auch wenn es vom Standpunkt der sozialen Gerechtigkeit aus sinnvoll wäre. Dos Santos kam daher zu dem Ergebnis, dass es günstiger für sein Land sei, sich nicht an dieser Initiative zu beteiligen. Dass er wohl auch ein persönliches Interesse an einer solchen Lösung hatte, muss in Afrika nicht erstaunen. Also schickte er seinen Vizefinanzminister zu den EITI-Tagungen. Dieser pries dort die Erfolge Angolas, war aber zu Zugeständnissen nicht bereit. Die erzieherischen Maßnahmen des IWF und der EITI in Richtung Angola liefen damit ins Leere. Der Vorsitzende der EITI, Peter Eigen, der auch der Gründer der Antikorruptionsorganisation Transparency International ist, spricht davon, dass »eine Reihe von Unternehmen, die mit uns zusammenarbeiteten und ihre Zahlungen offenlegten, auf den verstärkten Widerstand der [angolanischen] Regierung stießen. Es wurde ihnen gedroht: Sie würden durch die Veröffentlichung von geheimen Zahlen gegen Vertraulichkeitsklauseln in Investitionsverträgen verstoßen und ihre Förderrechte gefährden.«[7] Die Drohung hatte offensichtlich Erfolg. Die Firmen blieben. Sie wollten Geld verdienen. Angola wurde 2007 aus der EITI ausgeschlossen. Auch der IWF steht mit seinen Forderungen weiterhin im Regen. Er verlangt, dass die staatliche Ölgesellschaft Sonangol ihre kommerziellen Interessen zurückstellt, um ihrer Rolle als staatliche Kontrollinstanz gerecht werden zu können. Und er besteht darauf, dass die Investitionen der »quasifiskalischen« Ausgaben dem Staatshaushalt zugerechnet und regelmäßig offengelegt werden. Die beiden Punkte sind für den IWF die Voraussetzungen, um die

Gespräche, die Angola abgebrochen hat, wieder aufzunehmen. Auch für den IWF gilt: Wer fordert, sagt auch stets etwas über seine eigene Machtposition: Je geringer die Chancen sind, dass man sich durchsetzen kann, desto lächerlicher macht man sich.

Der Stolz, das Beharren auf Eigenständigkeit und leider auch der in dieser Regierung verbreitete Hang zur Korruption wurden belohnt, wenn auch von einer anderen Weltregion. Der Marshallplan kam diesmal aus dem Osten, aus China – und ein Friedensnobelpreis ist dafür nicht in Sicht, im Gegenteil: jede Menge weltpolitischer Ärger. Im März 2004 begannen die Verhandlungen, und im Januar 2005 gab die chinesische Eximbank der angolanischen Regierung einen Kredit von über einer Milliarde US-Dollar. Wenige Monate später wurde er unauffällig verdoppelt und im März 2006 anlässlich des Besuches des chinesischen Premiers Wen Jiabao sogar auf drei Milliarden US-Dollar erhöht. Das Geld bekamen die Angolaner fast geschenkt. Der Kredit hat eine Laufzeit von 17 Jahren bei einem festen Zinssatz von 1,7 Prozent. Später wurde der Satz unauffällig auf 0,25 Prozent verringert. Das geliehene Geld wird in Öl zurückbezahlt: 10 000 Barrel pro Tag. Um international nicht so viel Aufsehen zu erregen, neigen die Chinesen dazu, ihr Engagement in Angola unterzudeklarieren. Ein Topmanager der Standard Bank geht davon aus, dass es inzwischen über zehn Milliarden US-Dollar sind. Gauff bestätigt dies, nachdem er kurz überschlagen hat, an welchen Projekten allein sein Unternehmen beteiligt ist.[8]

Die 1300 Kilometer lange Eisenbahnstrecke von Benguela nach Luau an die Grenze zum Kongo wurde von der Hongkonger Bauunternehmung China International Fund Ltd. nach nur zwanzig Monaten Bauzeit abgeschlossen. Bis zu zwei Milliarden US-Dollar wird es kosten, die Moçamedes Railway zu erneuern. Die Strecke beginnt im südlichsten angolanischen Hafen Namibe und endet nach 850 Kilometern in Menongue, das auf halbem Weg zur sambischen Grenze liegt. Würde die Strecke verlängert, gäbe es eine weitere direkte Verbindung von den sambischen Kupferminen zu den angolanischen Häfen. Sambia hat keinen eigenen Zugang zum Meer. Das Projekt ist auf vier Jahre angesetzt.

Die Chinesen errichten 215 500 Sozialwohnungen und Häuser in Luanda und 17 anderen Provinzen – insgesamt über dreißig Millionen Quadratmeter Wohnfläche. Allein auf der Baustelle in Cabinda sind 4000 Angolaner und 1000 Chinesen dreißig Monate lang beschäftigt. Die Chinesen stellen die Wasserversorgung in vier Städten wieder her und bauen 300 Kilometer Wasser-Pipelines. Sie bauen die wichtigsten Verkehrsachsen in Luanda aus und richten die Autobahn von Luanda nach Loboto mit einer Länge von fast 500 Kilometern wieder her, die die beiden wichtigsten Häfen miteinander verbindet. Sie bringen drei wichtige Eisenbahnstrecken auf den neuesten Stand, die eine ist 480 Kilometer lang, die zweite 1350 Kilometer, die dritte 860 Kilometer. Sie bauen den größten Flughafen Afrikas mit einer Kapazität für 13 Millionen Menschen und 35 000 Fracht im Jahr. Die erste Phase wird allein 450 Millionen US-Dollar kosten. Bis zum April 2007 haben die Chinesen 500 000 Tonnen Maschinen und Baumaterial mit 25 eigenen Schiffen angeliefert. All diese Projekte laufen bei einem Unternehmen zusammen: bei China International Fund Ltd., einem in Hongkong ansässigen Konglomerat, das bisher vor allem durch milliardenschwere Aktivitäten in Angola auf sich aufmerksam gemacht hat und ansonsten undurchschaubar ist. Selbst auf der Firmenwebsite sind keine Personen genannt, die das Unternehmen managen. Als Partner im Finanzbereich werden die Bank of China, die Caylon Corporate and Investment Bank und die Société Générale Corporate & Investment Banking angegeben. China International Fund Ltd. arbeitet mit vielen Subunternehmern zusammen.

Innerhalb von knapp zwei Jahren haben es die chinesischen Bauunternehmen geschafft, sich in Angola so aufzustellen, dass sie genug Maschinen und Personal haben, um reibungslos arbeiten zu können. Damit hatte die Konkurrenz nicht gerechnet. Normalerweise dauert es länger, bis man in einem Land wie Angola etabliert ist. Die Chinesen wiederum sagen von sich, sie hätten noch schneller sein können. »Das Problem hier ist, dass es kein Baumaterial gibt«, erläutert Jiang Yuqiang, der stellvertretende Geschäftsführer von Esco, einer angolanischen Baufirma mit chinesischer Beteiligung. »Deswegen kommen wir nicht so schnell voran, wie wir wollen. Wir werden noch mehr Material aus China holen müssen.«[9]

Die Chinesen nehmen nicht so sehr Angolanern die Aufträge weg, sondern vielmehr den portugiesischen Bauunternehmen wie Teixeira Duartes, aber auch den Brasilianern wie Oderbrecht. Die größten Verlierer sind die Konkurrenten vom Kontinent, also süd-afrikanische Unternehmen wie Murray & Roberts oder Group Five. Vertreter dieser Firmen sprechen bereits von »unfairem Wett-bewerb«,[10] weil Südafrika derartige Finanzierungspakete nicht bieten kann. Der angolanischen Regierung passt dies gut ins Konzept: Ihr nächstes Ziel ist es, eine größere Wirtschaftkraft zu entwickeln als der südliche Nachbar. Der südafrikanische Präsident Thabo Mbeki soll, so berichten Regierungsmitarbeiter, aus Ärger bereits versucht haben, die Schwarzen gegen die nicht-afrikanischen Ausländer auf-zuhetzen. Weil sich Portugiesen und Angolaner seit Jahrhunderten mischen, kommen beide Gruppen aber viel besser miteinander aus als Ausländer und Afrikaner in Südafrika.

Die Chinesen halten sich aus allem raus. Im März 2006 haben sie das Chamber of Commerce for Chinese Companies in Angola ge-gründet (CCCCA).[11] Zu desssen Mitgliedern gehören der Ölkonzern Sinopec ebenso wie die Huawei, das chinesische Cisco oder die Si-nosteel Corporation. Sinopec betreut auch das wichtigste Investiti-onsprojekt Chinas, die Gründung des Gemeinschaftsunternehmens Sonangol-Sinopec International (SSI) zwischen dem chinesischen staatlichen Ölkonzern Sinopec und dem angolanischen staatlichen Ölunternehmen Sonangol. SSI soll mindestens drei Milliarden US-Dollar in eine Raffinerie in Lobito investieren. Sinopec hält mit 55 Prozent der Anteile die Mehrheit an SSI. Die neue Anlage, mit deren Bau 2007 begonnen wurde, soll eine Kapazität von 228 000 Barrel pro Tag haben. Achtzig Prozent der Produktion sollen exportiert werden. Im Jahr 2008 will Angola bereits die Schwelle von zwei Millionen Barrel pro Tag überschreiten.[12]

Dass die Chinesen mit offenen Armen empfangen wurden, hat auch damit zu tun, dass sich vor allem die Amerikaner nach dem Friedensschluss 2002 in Angola nicht als verlässlicher Partner gezeigt haben. »Die Amerikaner spielen schlecht Schach«, meint Lorenz, »sie haben die angolanische Regierung belogen. Sie haben ihr Auf-bauhilfe versprochen, wenn sie für den Irakkrieg stimmt. Und sie haben nichts eingehalten. Der Ölminister Desidério da Costa war sehr sauer.« Deswegen sind die Angolaner im Dezember 2006 auch noch der Organisation der Erdölexportierenden Länder (OPEC) beigetreten. »Wenn die Amerikaner sich anständig verhalten hätten,

hätten sie die OPEC sein lassen«, weiß ein Berater von Gauff, der den Ölminister gut kennt. Das hatten sie den Amerikanern auch zuvor so angekündigt: »Die US-Regierung glaubt, sie könne schalten und walten, wie sie wolle. Aber Angola hat eine intellektuelle Schicht, die sich nicht aufs Kreuz legen lässt, wie in manch anderen afrikanischen Ländern.« Die Angolaner sind so europäisiert, »dass der angolanische Präsident sich nicht als Afrikaner fühlt«.

Die Amerikaner hatten zudem angekündigt, die Öllieferungen Angolas von acht auf zehn Prozent der Gesamtimporte zu erhöhen. Später wollten sie den Lieferanteil auf bis zu 25 Prozent steigern. »Aber sie hatten kein Konzept. Chevron wollte ein paar Schulen bauen und einige Dörfer unterstützen. Sie haben nicht mit der Konkurrenz aus Fernost gerechnet.« Bis heute sind sie nicht aufgewacht. Im Jahr 2006 gab es von der United States Agency for International Development (USAID) Nahrungsmittel im Wert von 3,5 Millionen US-Dollar, 2005 waren es noch dreißig Millionen. 2006 gab das USAID-Entwicklungshilfeprogramm 25,5 Millionen US-Dollar, verteilt in kleine Projekte, und als Unterstützung für die wirtschaftlichen Reformen gab es 2007 von der amerikanischen Regierung nur noch 2,2 Millionen US-Dollar.[13] So im Stich gelassen, gerät die Ölindustrie in Angola weiter unter Druck. Der französische Konzern Total hat bereits die Förderrechte für den lukrativen Block 3 05 an die Chinesen verloren. Nun schielen die neuen Partner auf die Konzession für 23 Blocks im Kwanza-Becken und die Blocks 15 bis 18, die gegenwärtig von Exxon, TotalFinaElf und BP gehalten werden.[14]

Partner statt Herren

»Europa schläft«, so Gauff, »es hat die riesige Herausforderung, die durch die chinesische Afrikapolitik entstanden ist, bis heute nicht begriffen. Daran hat auch der G8-Gipfel im Sommer 2007 nichts geändert. Während China Afrika als gleichberechtigten Partner betrachtet, fühlen sich die Afrikaner von Europa gegängelt.« Und er fügt noch hinzu: »Wir haben hier das Arbeiten wieder von den Chinesen gelernt. Die Chinesen arbeiten sieben Tage, zwölf Stunden und sind sehr fleißig, sehr genügsam. Das hat auf unsere Mitarbeiter abgefärbt.«

Gauff blickt wieder auf die Uhr. Gleich wird er den Chinesen den Marsch blasen müssen. Schon von weitem sieht man eine weiße Staubwolke im satten Grün. Inmitten unberührter hügeliger tropischer Landschaft haben die Chinesen einen halben Berg weggesprengt. Es ist heiß, staubig und laut, als wir das Auto verlassen. Die Arbeit ist äußerst anstrengend, die Felsbrocken müssen zu Schotter gemahlen werden. Dass es Probleme gibt, hat Gauff schon von seinen Mitarbeitern erfahren. Der helle Granit ist wider Erwarten so hart, dass das gesprengte Material mit großen, an Baggern befestigten Presslufthämmern zerkleinert werden muss. Das gefällt dem Kunden, der eine besonders stabile Straße bekommt. Dem chinesischen Bauunternehmer behagt das überhaupt nicht. Es kostet Zeit und war als Arbeitsschritt nicht eingeplant. Die Gewinnspanne der Chinesen sinkt. Was noch schlimmer ist, Nachfolgeprojekte geraten in Schwierigkeiten. Doch es gibt keinen anderen Weg. Gauff wird darauf pochen, dass es zu keinen Verzögerungen kommt, das ist er seinem Auftraggeber schuldig. Er weiß, dass die Chinesen zähe Verhandlungspartner und pfiffige Taktiker sind. Auch deshalb mag er sie. Und er versteht ihre Position: Die China Road and Bridge Corporation (CRBC) musste mindestens dreißig Millionen US-Dollar in Maschinen investieren, um in Angola arbeitsfähig zu sein, und steht deshalb unter erheblichem Druck, den Auftrag in der aus Peking vorgegebenen Zeit zu Ende zu bringen. Für den ersten Straßenbauabschnitt von 371 Kilometern sind nur zwei Jahre veranschlagt. Allein zehn neue Brücken müssen errichtet und über 200 Durchlässe erneuert werden. 2000 angolanische und 1000 chinesische Bauarbeiter arbeiten auf dieser Strecke.

In China sind die Bauunternehmen gewohnt, politische Termine einzuhalten. Sie machen alles so weit fertig, dass es zur Eröffnungsfeier schön aussieht, und flicken hinterher, wenn überhaupt, daran herum. Gauff will auf jeden Fall verhindern, dass hier Pfusch betrieben wird. Die CRBC baut mit Gauff auch eine Betonbrücke von hundert Meter Spannweite und zwölf Meter Breite über den Fluss Dande. Zwei Lastwagen à dreißig Tonnen können später die Brücke gleichzeitig überqueren. Das ist neu hier.

Gauff hat sich verspätet. Der chinesische Generalmanager und sein Stellvertreter warten nicht in der sengenden Sonne, sondern im klimatisierten Jeep. »Mal sehen«, murmelt Gauff und öffnet die Tür des gekühlten Wagens. Draußen herrschen 48 Grad, gute Voraussetzungen für eine hitzige Debatte, ein kleines interkulturelles Gefecht. Der Eklat bleibt aus. Man begrüßt sich herzlich in Englisch. Jetzt verstehe ich, was Gauff mit »Gehorchen« meint. Achtung wäre wahrscheinlich das bessere Wort, oder mehr noch Respekt. Er nimmt zwei Steine in die Hand und klopft sie aneinander. Der Granit ist tatsächlich sehr hart. »Das ist Pech«, sagt Gauff verständnisvoll, »aber es gibt keinen anderen Weg.« Er spricht von Kollege zu Kollege. Kalte Wasserflaschen werden verteilt. Die Chinesen sind empfänglicher für Zuspruch als für Druck, sie sind froh, dass überhaupt jemand in dieser Gegend vorbeikommt. »Die Deutschen sind großartige Ingenieure. Sie arbeiten genau und sind verlässlich«, sagt Generalmanager Jingbo Liu mit einem Leuchten in den Augen, als käme er gerade von einem Tokio-Hotel-Konzert.

Gauff kennt die Chinesen lange genug, um zu wissen, wo er als Nächstes ansetzen muss. Sie werden versuchen, so seine Vermutung, die verlorene Zeit am Bau wieder aufzuholen. Also fährt er zur Straßenbaustelle und stochert in den Schichten des Aufbaus der Trasse, nachdem die chinesische Walze darübergefahren ist. Tatsächlich: Die Schichten werden zu schnell aufgetragen und zu wenig gewässert. »Das müssen Sie neu machen«, sagt er zu den Chinesen. Sie nicken fast gleichzeitig. Auch die Straßengräben müssen tiefer werden. Liu widerspricht: »Die Regenmengen sind nicht so groß in dieser Gegend.« Er will das mit Unterlagen belegen. »Und was, wenn es doch mal mehr regnet?«, fragt Gauff zurück. Die Chinesen lächeln und schweigen. »Das müssen wir machen«, sagt Gauff. Den richtigen Ton zu finden gehört zu seinen wichtigsten Aufgaben.

Ein paar Afrikanerinnen mit Plastiktonnen auf dem Kopf kommen des Weges. Gauff schnappt sich eine der Tonnen, die am Straßenrand stehen, platziert sie auf seinem Kopf und läuft den Frauen hinterher. Die Dorfbewohner lachen, besonders die Männer, denn hier tragen die Frauen die Güter. »Ich mache people business«, sagt Gauff. Ihm fällt das leicht. Dass dies immer noch nicht Normalität ist, merkt er bei Einstellungsgesprächen. »Wir können nicht mehr als

Herren auftreten, sondern wir müssen als Partner auftreten. Unsere junge Generation muss in diesem Punkt lernen umzudenken.« Bei Chinesen und bei Afrikanern. Partnerschaft heißt für Gauff nicht Demokratie und Mitbestimmung, sondern Führung. Dabei macht er keinen Unterschied zwischen der Führung von Unternehmen oder Staaten in Afrika: »Die Menschen in Afrika und Asien brauchen eine klare Führung. In dieser Frage gibt es eine große Übereinstimmung zwischen Afrika und Asien, und das trägt auch zur gegenseitigen Verständigung bei. Freiheit kann nur auf Ordnung beruhen. Erst wenn es Ordnung gibt, kann es Mitbestimmung geben.«

Sein Mitarbeiter Christoph Fischer, der seit über zwei Jahren in Angola lebt und dessen Familie in Deutschland ist, hat ähnliche Erfahrungen gemacht. Er glaubt aber, dass die Angolaner mehr Führung brauchen als die Chinesen. »Es ist viel schwieriger, mit den Angolanern zu arbeiten. Die sind manchmal wie Kindergartenkinder.« Erstaunlicherweise klingt es nicht herablassend, wenn er so spricht, sondern eher besorgt. »Die müssen an die Hand genommen werden. Die Chinesen sind selbständiger, aber schludern gern. Doch wenn man ihnen auf die Finger klopft, machen sie gute Arbeit. Sie wissen dann schon, was sie zu tun haben. Manchmal ist es ein wenig althergebracht. Aber nicht schlecht, alles in allem.«

Gauff stimmt ihm zu und erklärt: Die 1,5 Millionen Kriegstoten seien schlimm für das Land, noch schlimmer sei für die Zukunft des Landes jedoch, dass die meisten Menschen dreißig Jahre lang keine Ausbildung erhalten haben. »Viele haben das Arbeiten verlernt.«

Gauff ist im Chinesen-Camp zum Abendessen eingeladen. Eine Containerstadt im Quadrat, 214 Chinesen, vier Mann pro Containerbude, ein Hund und ein Pflanzenrondell in der Mitte. Der chinesische Koch ist nassgeschwitzt, aber strahlt über das ganze Gesicht und tanzt in der dunklen Küche mit geschmeidigen Bewegungen um den Wok herum. Darin brutzelt doppelt gebratenes Rindfleisch. Hat er manchmal Heimweh? »Nein, ich habe kein Heimweh wie die meisten meiner Landsleute.« Er ist seit zehn Jahren im Ausland und fährt alle zwei Jahre für ein paar Wochen nach Hause. Zuletzt war er in Südafrika und Äthiopien: »Gegenüber Äthiopien hat Angola einen großen Vorteil. Hier ist der Krieg zu Ende. Das ist gut. Die Wirtschaft kommt langsam wieder in Gang. Der Handel hat begonnen. Zwar gehe ich kaum raus, doch meine angolanischen Hilfen erzählen mir, dass die Angolaner unsere Unterstützung brauchen. Angola ist ein Entwicklungsland, aber es hat viele Ressourcen. Wenn die Angolaner hart arbeiten und fleißig sind, werden sie einmal so leben wie wir. Nun muss ich aber kochen, die Jungs sind hungrig, wenn sie reinkommen.«

Kurz darauf hämmert er mit seinem Hackmesser gegen die Abflussrohre der Küche: Es gibt Abendessen. In der Dämmerung strömen die Arbeiter aus ihren Containern, frisch gewaschen, müde – der Alltag im Kampf der Weltmächte. Jeder hat seinen Essnapf im nummerierten Holzregal. Im Speisesaal läuft der chinesische Fernsehsender CCTV. Es riecht nach zu Hause, nach chinesischem Essen. Die Chinesen haben alles aus China mitgebracht: die Container, die Stromversorgung, die Computer, die Sojasauce und die Stäbchen. Nur das Gemüse, Tomaten und Kürbisse, Kohl und Spinat bauen sie hier selbst an.

Die meisten Bauarbeiter interessieren sich nicht für die Weltpolitik, auch nicht für den Erfolg Chinas in Afrika. Sie wollen Geld verdienen und dann wieder nach Hause. »Auch in China müsste ich auf der Baustelle leben und wäre nicht bei meiner Familie«, sagt Wan Qi, 43, dürr und drahtig, im weißen Unterhemd, »warum dann nicht für mehr Geld in Afrika bleiben.« Er war auch schon in Nigeria und Äthiopien. »Hier ist es nicht so gefährlich.« Was das Schlimmste sei, frage ich ihn. »Die Hitze«, antwortet er knapp, setzt die Schale ans Kinn und schiebt sich eine neue Ladung Reis mit Hühnerfleisch in den Mund. Dann pult er einen Knochen aus dem Mund und legt ihn auf den Tisch zu den anderen. Sie glänzen fettig im Neonlicht. »Noch ein Jahr, dann darf ich zurück.«

Der Materialplaner Zhou Zhang, ein Ingenieur, der ihm schräg gegenübersitzt, denkt anders. Er ist erst 24, trägt Brille und einen gegelten Stoppelhaarschnitt. Er kann sich vorstellen zu bleiben, bis er dreißig ist. Von dem Geld, das er bis dahin gespart hat, will er ein Auto und ein Haus kaufen. Knapp viermal so viel verdient er hier. Er ist nicht aus eigenem Antrieb nach Afrika gegangen: »Ich bekam einen Befehl. Aber ich habe mich gefreut, weil ich nicht mehr in der Zentrale arbeiten wollte.« Warum bleibt er nicht länger in Angola? Zhou zögert: »Wegen der Frauen. Ich kann angolanische Frauen nicht akzeptieren. Das Niveau ihres Wissens ist gering. Und die schönen Frauen sind schon mit 16 Jahren verheiratet. Außerdem sprechen sie kaum Englisch, sondern nur Portugiesisch – und vor allem meine Mutter wäre beleidigt. Eine Schwarze kann ich ihr nicht antun.«

Die chinesische Regierung sähe ein wenig mehr privates Engagement ihrer Mitbürger in Afrika gern, denn sie ist daran interessiert, dass China und Afrika auf lange Zeit ein Bündnis bilden. Warum sollen die Chinesen in Afrika nicht eine ähnlich große Rolle spielen wie in Indonesien, Thailand oder an der Westküste der USA? Zhou hat eine diplomatische Antwort: »Wir sind ein großes Land, es wird immer Personen geben, denen es hier gefällt.«

Wir fahren zurück. Im Auto ein bekanntes Gesicht aus der deutschen Politik: Erich Riedl, der ehemalige Parlamentarische Staatssekretär im Wirtschaftsministerium und Strauß-Vertraute. Der inzwischen 74-Jährige arbeitete 1987 bis 1993 unter den Wirtschaftsministern Helmut Hausmann, Jürgen Möllemann und Martin Bangemann. In Afrika hat er ein neues Beschäftigungsfeld gefunden. Seit einigen Jahren ist er Berater der angolanischen Regierung und Vorsitzender der Deutsch-Angolanischen Wirtschaftsinitiative, lebt aber nach wie vor in München. Gauff und Riedl kennen sich seit Jahren. »Was sagen denn Ihre ehemaligen Politikerkollegen, dass Sie heute Berater der angolanischen Regierung sind?«, will ich wissen. »Die staunen. Wenn ich ihnen das erzähle, fragen sie gleich: ›Was machst du da, die haben doch Krieg? Lieferst du denen Waffen runter?‹«

»Und?«

»Natürlich nicht.«

Riedl ist ein einnehmender Erzähler, bald fällt das Kürzel FJS. Riedl ist überzeugt: »Wenn Strauß heute noch leben würde, hätte er das Thema Afrika sofort erfasst.« Gauff stimmt ihm zu: »Er hätte eine Chance für Deutschland und Europa gerochen, so wie er die Chance für den Airbus gerochen hat.« Und Riedl fügt hinzu: »Der Strauß hatte keine Hemmungen, politisch hochgefährliche Themen anzupacken. Dazu war er zu unabhängig. Das macht heute niemand mehr. Die Merkel moderiert nur, sie handelt nicht. Sie ist eben keine geborene Parlamentarierin.« Also kümmert sich niemand um Afrika in der deutschen Politik?

Den Neu-Lobbyisten Riedl bringt die Ignoranz des Westens in

Rage: »In diesem G8-Papier zu Afrika fehlt ein breites finanzpolitisches Engagement Europas in Afrika und vor allen Dingen dort, wo die Chinesen bereits ganz massiv und mit großem Erfolg auch tätig sind«, donnert Riedl. Nun ist er nicht mehr zu stoppen. »Ich höre immer das Gejammer, die Volksrepublik China kauft sich weltweit beim Erdöl ein. Ich kenne keine einzige deutsche Firma, die in Angola nach Öl bohrt oder zumindest Öl verarbeitet. Die Angolaner fragen mich immer wieder, braucht ihr kein Öl mehr? Für die Angolaner ist das halb so schlimm, denn die Chinesen sind bereits sehr aktiv. Und Asien wartet nicht auf den Westen.«

Thomas Lorenz unterbricht: »Der Wunschpartner wäre Deutschland. Den größten Entwicklungsschub hat Angola mit deutscher Technik gemacht, das lag an den traditionell guten Beziehungen zwischen Portugal und Deutschland.« In den sechziger Jahren war Angola technologisch fortschrittlicher als Portugal. Eisenbahnen und Kräne kamen aus Deutschland. »Die Farmer sind nach Deutschland gefahren und haben sich die Landmaschinen und Autos gekauft.« Seit 1978 gab es einen regen Austausch zwischen Angola und der DDR, viele angolanische Ingenieure haben in Ostberlin studiert. »Allerdings wurden die Beziehungen mit dem Einigungsvertrag beendet. Es gibt nicht einmal mehr ein Rechtshilfeabkommen.«

»Welches Ministerium interessiert sich denn am ehesten für dieses Thema?«, will ich von Riedl wissen.

»Das Außenministerium und das Wirtschaftsministerium bemühen sich ernsthaft. Nicht hingegen das Ministerium für wirtschaftliche Zusammenarbeit. Die halten Angola offensichtlich für einen Feindstaat. Ebenso das Finanzministerium.«

»Ist es nicht früh genug, sich mit Ländern wie Angola zu beschäftigen, wenn sie noch ein paar Jahre mehr Stabilität aufweisen können?«

»Dann ist es zu spät. Dann haben sich die Asiaten, vor allem die Chinesen, die besten Projekte gesichert.«

»Zu spät? Afrika und auch Angola gelten nicht als einfache Standorte«, wende ich ein.

»Die Angolaner haben, das muss ich zugeben, eine sehr schwierige Bürokratie. Das ist nach knapp dreißig Jahren Bürgerkrieg kein Wunder. Wenn deutsche Unternehmen nach Angola kommen, brauchen sie acht, neun Monate, um eine Firma zu gründen. Die Verfahren der Zollbehörden, die Einfuhrbestimmungen sind veraltet. Da muss der Westen helfen. Es kann nicht sein, dass man bei der Einreise drei Stunden in der Schlange stehen muss, um ins Land zu kommen. Es muss auch sichergestellt werden, dass es nicht sechs Wochen dauert, bis Güter im Hafen entladen sind. Aber immerhin haben wir bereits 2003 ein Investitionsschutzabkommen zwischen Deutschland und Afrika zustande gebracht. Der größte Vorteil von Angola ist, wie gesagt, jedoch: Sie brauchen schnell viel Infrastruktur und haben Geld. Die Chinesen haben das längst begriffen.«

»Warum sind die schneller als wir?«

»In China ist alles in einer Hand, der Staat, die Wirtschaft, die zentrale Notenbank, Finanzierungsinstitute, da kann man schnell und unbürokratisch entscheiden.«

»Das kann aber doch kein Modell für Deutschland sein ...«

»Nein. Aber wir können den Wettbewerbsvorteil Chinas nicht ignorieren. Bei uns ist es beispielsweise so, dass Außenwirtschaftspolitik, was die Finanzen anbetrifft, immer im Einvernehmen zwischen Außenministerium, Wirtschaftsministerium und Finanzministerium erfolgen muss. Das heißt, es gilt hier nicht das demokratische Mehrheitsprinzip, wie es wünschenswert wäre, sondern wir übertreiben es wieder: Es gibt ein Vetorecht. Wenn sich einer querstellt, passiert nichts. Das nützt niemandem, es lähmt nur die Wettbewerbsfähigkeit Deutschlands.«

»Was fordern Sie denn als angolanischer Regierungsberater?«

»Wir brauchen ein vernünftiges Miteinander zwischen Wirtschaft und Politik. Wenn deutsche Unternehmen in Angola Verträge akquirieren und das unternehmerische Risiko eingehen wollen, und wenn die Angolaner den Deutschen zutrauen, diese Straße oder jene Eisenbahnstrecke zu bauen, dann kann die deutsche Politik nicht hingehen und bei der Finanzierung ihre Benimmregeln durchsetzen. Ich weiß ja nicht im Einzelnen, was die Chinesen bei ihren Verhandlungen besprechen. Aber ich bin sicher: Die Fragen, die in Deutschland gestellt werden, die stellen die Chinesen nicht.«

»Die Chinesen müssen ja auch keinem Wähler Rechenschaft ablegen. Lässt sich mit einer wirtschaftsfreundlichen Afrikapolitik Wählerzustimmung bekommen?«

»Wenn Sie das Menschliche in den Vordergrund stellen, auf jeden Fall. Und wenn klar wird, dass Wirtschaftspolitik in erster Linie Entwicklungspolitik ist, das heißt, dass sie den Menschen mehr hilft als humanitäres Gesäusel und Getue. Ich bin inzwischen gegen die Verschwendung von Milliarden für Entwicklungshilfe. Ich bin ein Anhänger einer aktiven Außenwirtschaftspolitik. Die beste Hilfe für Afrika ist ein langfristig angelegtes Geschäft, von dem beide Seiten etwas haben.«

»Kommt es beim Wähler nicht besser an, wenn man Standards der Good Governance einfordert, also als moralische Instanz in Afrika auftritt?«

»Wir Europäer, nicht nur wir Deutschen, spielen uns manchmal als die Oberschiedsrichter der Welt auf. Das kommt in Afrika immer schlechter an. Wir stellen uns damit selbst ein Bein. Ich möchte nicht erleben, dass in zehn Jahren Trauermärsche durch Deutschland ziehen, weil die Energie knapp wird, und man dann skandiert, wären wir doch 2007 nach Angola gegangen. Die Chinesen haben sich genau aus diesem Grund mit Krediten in Höhe von mehr als zehn Milliarden US-Dollar in Angola eingekauft.«

»Ist den Angolanern die chinesische Invasion nicht unheimlich?«

»Die Gefahren, die von einer einseitigen Abhängigkeit von China herrühren, die sieht der kleine Mann hier gar nicht. Wir kennen ja das ›Ami, go home‹. Ein ›Chinese, go home‹ gibt es hier nicht. Allerdings hat die Führung erkannt, dass es in Zukunft Probleme geben könnte. Sie geht deshalb immer stärker auf Deutschland zu. Und die Chinesen reagieren: Weil sie lange bleiben wollen, engagieren sie sich im Ausbildungssektor.«

»Wenn alles fertig ist, ziehen sie wieder ab, und die Angolaner stehen allein da.«

»Das glaube ich nicht. Bei großen Infrastrukturmaßnahmen wie beim Großflughafen oder beim Hafenausbau schaffen sie Strukturen, so dass auch nach deren Fertigstellung chinesische Fachleute mit der Instandhaltung und Erneuerung beschäftigt sind.« Das Trommeln von Gauff und Riedl sollte Erfolg haben. Ende 2007 reiste Wirtschaftsminister Michael Glos mit einem Milliardenkredit in der Tasche nach Angola.

Der große Sprung

Von weitem sieht man im Dämmerlicht das Denkmal für die letzte große Schlacht vor der Unabhängigkeit Angolas. Im November 1975 versuchte Holden Roberto als Führer der Frente Nacional da Libertação de Angola (FNLA) mit Unterstützung der Truppen seines Schwagers, des kongolesischen Präsidenten Mobutu, ein letztes Mal, die Hauptstadt Luanda einzunehmen. Der Angriff endete mit einer schweren Niederlage. Kurz danach wurde Angola unabhängig. »Die Chinesen haben zwischenzeitlich auch die FNLA unterstützt«, erzählt Lorenz.

»Warum interessierten sich die Chinesen in den sechziger Jahren für Angola?«, fragt Gauff.

Zwar wusste man damals schon, dass es große Ölvorkommen in Angola gibt. Das gab jedoch nicht den Ausschlag. Die Chinesen waren noch überzeugt davon, sich aus eigener Kraft versorgen zu können, hatten zudem keine außenpolitische Tradition und genug mit sich selbst zu tun. Die Massenbewegungen, die Mao anschob, wie der »Große Sprung nach vorn« oder die »Kulturrevolution«, drohten, waren sie erst mal zu voller Größe entfacht, das ganze Land aus den Angeln zu heben. Es gab dennoch zwei Gründe, sich nach Afrika aufzumachen: einen machttaktischen und einen ideologischen. Mao wollte sich in der sogenannten Dritten Welt als dritte »blockfreie« Kraft zwischen den Großmächten des Kalten Krieges etablieren und darüber hinaus sein Know-how des Befreiungskampfes in der Welt verbreitet sehen: »Die Menschen, die in ihrer eigenen Revolution triumphiert haben, sollten denen helfen, die noch immer für Freiheit kämpfen. Das ist unsere internationale Pflicht«, sagte er. Mao war stolz darauf, dass er in den vierziger Jahren die Nationalisten niedergerungen hatte – wenn auch mit viel Glück. Auch deshalb initiierten die Chinesen 1955 die Konferenz der Blockfreien in Bandong, Indonesien. An der ersten asiatisch-afrikanischen Konferenz nahmen 29 Staaten teil, die meisten von ihnen hatten gerade ihre Unabhängigkeit erlangt. Die Konferenz war der Ausgangspunkt zu einer Bewegung der »blockfreien Länder«, also derjenigen Staaten, die sich weder der Nato noch dem Warschauer Pakt anschließen wollten.

Ab 1963 trieb ein wütender Konkurrenzkampf die Chinesen nach Afrika. Nachdem die Kommunisten die Nationalisten in China besiegt und die Volksrepublik gegründet hatten, musste Mao als Bittsteller zu Stalin reisen. Er brauchte Geld und Know-how für den Aufbau seines vom Bürgerkrieg geschundenen Landes. Stalin demütigte Mao, aber er bekam die gewünschte Hilfe. Schon wenige Jahre später konnte er Stalin auf gleicher Augenhöhe begegnen. Er hatte im Koreakrieg für die Russen die Kartoffeln aus dem Feuer geholt, indem er die Amerikaner auf die Höhe von Seoul zurückgedrängt hatte. Damit gab es nun eine kommunistische Pufferzone zwischen den amerikanischen Truppen und der chinesischen, aber auch russischen Grenze. Von Stalins weniger mächtigem Nachfolger Nikita Chruschtschow ließ sich Mao erst recht nicht herumschubsen, ja, er stellte sogar öffentlich den Anspruch der Sowjetunion als Führungsmacht der Kommunisten in Frage. Darüber zerstritten sich die beiden, und es kam Ende 1963 zum Bruch. Zwei schwer bewaffnete Armeen standen sich nun am Grenzfluss Amur gegenüber. Die Gefahr eines Krieges, der nicht nur die Grenze betreffen würde, sondern beide Länder erfassen konnte, war groß, so groß, dass sich die beiden Kontrahenten lieber auf einen Stellvertreterkampf in Afrika verlegten. Die Chinesen gönnten den Russen keinen Meter Landgewinn und keinen neuen politischen Vertrauten auf dem Schwarzen Kontinent. Der Westen beäugte argwöhnisch, wie China und Russland gegeneinander agierten und jeder für sich gegen den Westen kämpfte. Das Spiel war einfach: Wenn der eine handelte, war der andere ebenfalls gezwungen zu handeln.

So wurde Angola, die ölreiche portugiesische Kolonie, zum Schauplatz eines von den Weltmächten angezettelten Chaos – in kaum einem anderen Land war es größer, und China war mittendrin. In diesem Durcheinander von Allianzen und Feindschaften, von Zweckehen und heißblütiger ideologischer Bruderschaft machten die außenpolitisch unerfahrenen Chinesen keine gute Figur. Sie lieferten ein politisches Schauspiel, das bestem rheinischem Boulevardtheater an Turbulenzen und Überraschungen in nichts nachstand. Sie verstrickten sich so in den Kampf der verschiedenen Widerstandsgruppen, dass dabei ein Dürrenmatt'sches Tohuwabohu herauskam.

Am Anfang stand der Wunsch der Angolaner, von ihren Kolonialherren unabhängig zu werden. Seit 1961 kämpften sie mit Waffen gegen sie. Drei widerstreitende Rebellenbewegungen entstanden: die Movimento Popular de Libertação de Angola (MPLA), eine 1956 gegründete, marxistisch orientierte Volksbewegung für die Befreiung Angolas, die aus einem Zusammenschluss von mehr als zwanzig Gruppierungen hervorging und im Wesentlichen von euro-afrikanischen, städtischen Intellektuellen getragen wurde; die FNLA (National Front for the Liberation of Angola), die sich in der ersten Hälfte der sechziger Jahre formierte, wenig ideologisch war, vom Nachbarstaat Zaire (heute: Demokratische Republik Kongo) unterstützt wurde und eine größere Basis bei der Landbevölkerung hatte; und schließlich die UNITA (União Nacional para a Independência Total de Angola), eine Abspaltung der FNLA, die 1966 gegründet und von Sambia und Ägypten unterstützt wurde.

Die Chinesen waren nun in der schwierigen Lage, sich für eine der Gruppierungen entscheiden zu müssen. Auch für die beiden Supermächte Sowjetunion und die USA war das Engagement in Afrika nicht gerade einfach. Aber China hatte es schwerer: Das erst seit gut einem Jahrzehnt wieder geeinte Land war nicht nur die mit Abstand schwächste Nation unter den Großmächten, sondern hatte, wie bereits erwähnt, keine außenpolitische Erfahrung. Außerdem verkomplizierten Mao Zedongs Auswahlkriterien die Situation. Er wollte in Angola einen Verbündeten finden, der sowohl antisowjetisch als auch antiamerikanisch und zudem bereit war, das revolutionäre Erfolgskonzept der Chinesen zu übernehmen, sowie sich willig steuern ließ.

Anfangs unterstützte die chinesische Führung die MPLA finanziell, doch nach dem Zerwürfnis mit der Sowjetunion 1963 war dies nicht mehr möglich: Die MPLA war zu prosowjetisch, zu städtisch und zu elitär. Da erschien – gerade zur rechten Zeit – ein Neuer auf der Bildfläche, ein willensstarker, bärtiger, bulliger Mann mit rotem Barett, der später als der Rebellenführer in die Geschichte des 20. Jahrhunderts eingehen sollte, der sich am längsten an der Macht halten konnte. Sein Name ist eng mit Angola verbunden: Jonas Malheiros Savimbi.[15] Zunächst kämpfte Savimbi in der FNLA, doch er gewann dort nicht so schnell an Einfluss, wie er es sich gewünscht hatte. So entschloss er sich, sich selbständig zu machen. Dafür brauchte er

Geld und politische Unterstützung, und die gab es nur im Ausland. Er fragte den ägyptischen Präsidenten Gamal Abdel Nasser um Rat, der damals der afrikanische Führer mit den besten Kontakten in die Welt war. Nasser verwies ihn an die Russen: »Die Sowjets geben jeder antikolonialen Bewegung Geld. Warum nicht dir«, sagte er zu Savimbi. Der ambitionierte Rebell reiste nach Moskau und Osteuropa. »Aber ich war enttäuscht«, sagte er Jahre später, »die Russen boten mir zwar an, mich zum stellvertretenden Führer der MPLA zu ernennen, doch sie wollten Angola nicht wirklich zur Unabhängigkeit verhelfen. Sie wollten Vasallen, die ihren Befehlen gehorchen. Daran war ich nicht interessiert. Ich wollte nicht die portugiesische Version des Kolonialismus durch eine sowjetische ersetzen.« Nasser schickte ihn daraufhin zu den Chinesen auf Betteltour. Die Chinesen und die Ägypter hatten seit Mai 1956 diplomatische Beziehungen. »Die magst du vielleicht lieber; und die geben auch Geld.«[16] Zunächst trauten die Chinesen Savimbi nicht; immer wieder hatte er Rebellenführerkollegen, die mit den Chinesen zusammenarbeiteten, als »Vasallen« beschimpft, Worte, die auch Teil der russischen Propaganda waren. Nachdem er den Chinesen deutlich gemacht hatte, wie groß seine Unzufriedenheit gegenüber den Russen war, da war der Bann sofort gebrochen. Savimbi durfte 1964 mehrere Monate in China bleiben und 1965 erneut für mehrere Monate mit einem Dutzend Gefolgsleute nach China reisen. Die Chinesen unterrichteten Savimbi und seine kleine Truppe an der Militärakademie der alten Kaiserstadt Nanjing im Guerilla-Kampf. Savimbi war begeistert: »Die Chinesen verhalten sich anders als die Russen«, erinnerte er sich Jahre später. »Ihre Herangehensweise war: Die Hilfe macht aus unseren Interessen heraus Sinn, und deswegen helfen wir dir, und du machst, was deinen Interessen dient.« Sie verhielten sich wie ein Investor. »Sie ließen mich entscheiden, was das Richtige ist.«[17] Zumindest, solange ihre Interessen gewahrt waren. Gleichzeitig hielten sie lockere Kontakte zu den anderen Gruppen. »Aber«, so Savimbi selbstbewusst, »mich mochten sie lieber.« In der Zeitschrift *Policy Revue* schrieb er 1986 über seine Kontakte zu den Chinesen: »Von Mao habe ich gelernt, einen Guerilla-Kampf zu führen und zu gewinnen. Und er brachte mir bei, welche Fehler ich bei der Regierungsführung vermeiden muss.« Von einer ideologischen Bindung an die Maoisten war nicht die Rede. Savimbi war nie Maoist, er machte auch keinen Hehl daraus. Das schien die Chinesen zunächst nicht zu stören: Er bekam 30 000 US-Dollar als Wagniskapital, um 1966 die UNITA zu gründen. Damit heizte Mao den Konflikt zwischen MPLA und UNI-TA an und half, einen der längsten und erbittertsten Bürgerkriege Afrikas anzuzetteln, der bis in dieses Jahrhundert andauern sollte. Viel schlimmer aus der Sicht Chinas war, dass diese Entscheidung der Beginn einer politischen Achterbahnfahrt werden sollte, die in einem politischen Scherbenhaufen endete.[18]

Auf dem Papier hatten die Chinesen die Lage für sich analysiert, aber nur auf dem Papier: »Der amerikanische Imperialismus und der moderne Revisionismus unterdrücken den bewaffneten Kampf der Afrikaner, [...] während Chruschtschow den Afrikanern sagt, zu warten, bis die Vereinten Nationen den Kolonialismus abgeschafft haben.« Das Staats- und Parteiorgan *Volkszeitung* hatte im Dezember 1967 auch eine Lösung für das Dilemma. »Immer mehr unterdrückte afrikanische Staaten erkennen an, dass die Gedanken Mao Zedongs die stärkste Waffe sind, um wirkliche Unabhängigkeit zu erlangen. Der bewaffnete Kampf ist ihr Weg, um sich zu befreien.«[19] Mao gab seinen neuen Schützlingen eine große Bühne – zumindest in China. Zwischen 1967 und 1970 wurde nur noch Savimbis UNI-TA in der chinesischen Presse erwähnt. Sie galt in der chinesischen Propaganda als die führende Rebellenbewegung, und das, obwohl sie nicht einmal für ein Zehntel der Bürgerkriegsaktivitäten verantwortlich war. Allerdings machte Savimbi anfangs durch spektakuläre Anschläge und Sabotageakte von sich reden. In dieser Zeit wurde das Land Angola in den Köpfen der Chinesen verankert.

Spätestens Juli 1971 änderte sich die außenpolitische Lage schlagartig und wirbelte die chinesische Angola-Strategie durcheinander. Sicherheitsberater Henry Kissinger hatte in geheimer Mission die chinesische Führung getroffen. Sie verstanden sich blendend, vor allem teilten sie ihre Einschätzung über die Sowjetunion: Zusammen sind wir stärker. Im Februar 1972 besuchte dann sogar Präsident Richard Nixon Mao Zedong in Peking. Die Chinesen mussten spätestens nun ihre politische Linie modifizieren. Der antisowjetische Impuls wurde stärker als der antiimperialistische. Die chinesischen Afrikaspezialisten waren hin- und hergerissen: War der eigensinnige

Savimbi mit seinen driftenden, ständig wechselnden Positionen der richtige Mann? War es nicht gefährlich, nur auf ein Pferd zu setzen? Sie liebäugelten mit der MPLA, weil sie durchsetzungsfähiger schien als die UNITA. Doch bereits nach einem Besuch einer MPLA-Delegation im Juli 1971 nahmen die chinesischen Diplomaten wieder Abstand von dieser Idee. Die MPLA-Führer waren einfach zu eng mit den Russen verknüpft.[20]

Ab Oktober 1970 hatten die Chinesen begonnen, mit weiteren afrikanischen Ländern diplomatische Beziehungen aufzunehmen – bis Oktober 1972 mit insgesamt 15 –, denn sie wollten ständiges Mitglied im UN-Sicherheitsrat werden und brauchten Stimmen für ihre Wahl im Herbst 1971. Kissinger hatte den Vorschlag als Gastgeschenk mit nach China gebracht. Dass dieses Unterfangen nicht ganz einfach werden würde, hatten die Chinesen im Voraus nicht bedacht: Es galt nämlich plötzlich, Rücksicht auf die unübersichtlichen politischen Befindlichkeiten der einzelnen afrikanischen Länder zu nehmen. Deren Führer geizten nicht mit guten Ratschlägen. Ihr alter Freund zum Beispiel, der tansanianische Präsident Julius Nyerere, der in seiner Amtszeit 13 Mal in China war, legte ihnen nahe, die FNLA in Angola zu unterstützen, weil er sie selbst favorisierte. Ihr neuer Freund, Zaires Präsident Mobutu Seko, empfahl Peking ebenfalls die FNLA, weil dessen Führer Holden Roberto sein Schwager war. Dieser wiederum pflegte keine intensiven Kontakte zu den Russen. Schließlich entschlossen sich die Chinesen anlässlich eines Besuchs von Roberto im Dezember 1973, den Rebellen 450 Tonnen Waffen zu schenken, die im folgenden Jahr nach Zaire geliefert und dann nach Angola eingeschleust wurden. Chinesische Militärberater trainierten die FNLA-Rebellen. Der düpierte Savimbi beschwerte sich vergeblich.[21]

Doch der Schwenk der Chinesen in der Angolapolitik erwies sich als schlechter Schachzug. Die von den Russen gestützte MPLA wurde immer stärker, die Portugiesen wurden immer schwächer: Ihre Großoffensive 1972 war ein letztes Aufbäumen. Von da an ging es bergab. Nach der Nelkenrevolution 1974 in Portugal brach das portugiesische Kolonialreich zusammen. Beim Abkommen von Alvor, am 15. Januar 1975, einigten sich MPLA und UNITA sowie die FNLA und die neue portugiesische Regierung auf eine Übergangsregierung, an der alle drei Befreiungsbewegungen beteiligt sein sollten. Die Chinesen hofften nun, neben den Russen mit im Boot zu sitzen. Aber es sollte anders kommen.

Schon im März gerieten die Vertreter der drei Bewegungen aneinander. Als die MPLA im November 1975 die Gründung der unabhängigen Volksrepublik von Angola verkündete, die von Kuba und den Russen unterstützt wurde, riefen FLNA und UNITA die Demokratische Volksrepublik Angola aus, die von Südafrika und den USA unterstützt wurde. Die Chinesen waren das fünfte Rad am Wagen. Der Bürgerkrieg flammte wieder auf. China gab zunächst den russischen Beratern die Schuld und ignorierte die neue Regierung. Im November 1975 war in der *Volkszeitung* zu lesen: »Die sowjetische Führung hat die gemeinsamen Erklärungen der Freiheitsbewegungen missachtet, indem sie nur eine der Organisationen unterstützt hat, die sie mit großen Mengen von Waffen versorgt hat. Damit haben sie einen Bürgerkrieg in Angola provoziert.« Nun stand für die chinesischen Diplomaten fest: Die FNLA war die Hoffnungen nicht wert. Die Chinesen hatten zum zweiten Mal aufs falsche Pferd gesetzt – und wieder gegenüber den Russen ihr Gesicht verloren. Das sollte auf keinen Fall noch einmal passieren. Dieses Mal wollten auch sie auf der Siegerseite stehen. Deshalb unterstützten sie von nun an alle drei Rebellengruppen und rechtfertigten dies mit einer verstiegenen Argumentation: »Die Sowjet-Revisionisten starten eine hysterische Propaganda-Kampagne gegen China. Darin werfen sie China vor, dass unser Land sich massiv in die inneren Angelegenheiten Angolas einmischt. […] Wir haben immer alle drei Befreiungsorganisationen unterstützt. […] Jetzt, da alle drei eine Unabhängigkeitserklärung mit Portugal unterschrieben haben, bekommen alle drei Militärhilfe.«[22] Selbst der sowjetfreundliche MPLA-Führer wurde 1975 in Peking empfangen.

Bald mussten die chinesischen Diplomaten feststellen: Wer allen hilft, ist mitnichten jedermanns Freund. Die Verwirrung war größer denn je. Ein junger Diplomat namens Qian Qichen, der später ein wichtiger chinesischer Politiker werden sollte, bekam das als afrikanischer Botschafter aus erster Hand zu spüren. »Die Beziehung zu Afrika hatte zahlreiche Komplikationen«, sagt er rückblickend mit fast britischem Understatement.[23] Er war Mitte vierzig und Botschafter in Guinea, als er im November 1976 von Präsident Ahmed Sékou

Touré einbestellt wurde, um sich über »angolanische Fragen« auszutauschen. Der Präsident sprach eine Stunde, sein Premierminister und neun weitere Minister mussten ebenfalls zuhören. Nach einer Eloge auf die guten guineisch-chinesischen Beziehungen sagte er mit sorgenvoller Miene: »Ich bedaure, dass die schwierige Lage das Einschätzungsvermögen Chinas übersteigt.« Ein Vortrag folgte, bei dem Qian alle Selbstkontrolle brauchte, um nicht mit den Augen zu rollen. »Die FNLA wurde von der Demokratischen Partei von Guinea gegründet. Holden Roberto, der Gründer der FNLA, hat mit einem guineischen Pass Reden vor den Vereinten Nationen gehalten. Aber Roberto wurde später ein Kunde des CIA. Guinea unterstützte ihn deshalb nicht mehr. Jonas Savimbi, der Präsident der UNITA, wurde von dem rassistischen Regime in Südafrika unterstützt. Damit ist die UNITA ebenfalls ein Agent des Imperialismus. Die Menschen Guineas sind verletzt darüber, dass China nun auf der Seite der Imperialisten steht.« Seine Stimme sei lauter geworden, doch dann, erinnert sich Qian, habe er in einem milderen Ton fortgefahren: »Die MPLA hingegen kämpft für die Menschen Angolas gegen den portugiesischen Kolonialismus seit 1961. Die FNLA hat ihre Basis nun in Zaire. Mobutu Seko, der Führer, ist ein Betrüger. Er ist verantwortlich für den Tod von Patrice Lumumba, dem ersten Führer Zaires. Guinea begrüßt die Präsenz Chinas in Zaire und jedem anderen afrikanischen Land. Aber es soll den konterrevolutionären Kräften Mobutus nicht helfen. Guinea möchte, dass die Kommunistische Partei Chinas und die chinesische Regierung sorgfältig die wirklichen Machtverhältnisse zwischen den revolutionären und konterrevolutionären Kräften betrachten, um dem antiimperialistischen Kurs Afrikas nicht zu schaden.«

Qian war sofort klar, dass es sich um die afrikanische Antwort eines sino-sowjetischen Konfliktes handelte. Er antwortete, wie es ihm die Regierung in Peking aufgetragen hatte: »Die chinesische Regierung hat sich immer für den rechtmäßigen Kampf der Menschen in Angola eingesetzt und allen drei Widerstandsgruppen geholfen. Seit Januar 1975 jedoch haben wir keiner der drei Gruppen Militärhilfe gegeben, um einen Bürgerkrieg zu verhindern. Die schwierige Situation in Angola entspringt dem Kampf der Supermächte um die Vorherrschaft.« Möglicherweise war dem chinesischen Außenministerium in der Anspannung zum Ende der Kulturrevolution entgangen, dass im August 1975 noch 93 Tonnen chinesischer Waffen im Hafen von Dar es Salaam, Tansania, für die UNITA ankamen. Die Verwirrung war komplett. Doch mehr konnte Qian nicht tun. Er hat seine Afrikazeit ohne großen Schaden für seine Karriere überstanden. Bereits acht Jahre später wurde Qian Vizeaußenminister. Von 1988 bis 1998 war er Außenminister und danach bis zu seiner Pensionierung 2003 Vizepremier. Er gilt noch heute als der Kissinger Chinas.

Die von den Russen gefütterte MPLA wurde immer mächtiger. Doch fast ausschließlich sie und nicht etwa die Chinesen konnten den Erfolg auf ihr Konto buchen. Die Chinesen ärgerten sich. Ihre Propagandamaschinerie bäumte sich auf: »In der sowjetisch dominierten Armee finden sich immer mehr Menschen, die die Falschheit ihrer Besatzer durchschauen, keine Lust mehr haben, ihr Leben sinnlos für die Sowjetunion zu riskieren und ihre Brüder und Mitbürger zu töten. Immer mehr desertieren.« Ein frommer Wunsch.

Savimbi hatte die Enttäuschung über die Chinesen bereits vergessen, denn er hatte neue mächtige Freunde. Präsident Touré hatte den vielversprechenden regionalen Verbündeten schon genannt: Südafrika. Erstaunlicherweise half nun Savimbi der weißen Apartheidregierung bei der Verfolgung von Freiheitskämpfern der namibischen South West Africa People's Organization (SWAPO) auf angolanischem Boden. Die südafrikanische Regierung bedankte sich 1975 dafür mit Truppen für eine Offensive aus dem Süden. Savimbi hatte an Macht gewonnen und war nun wieder interessant. Das war der Moment, in dem die Chinesen die Freundschaft zu ihm wieder aufkochten. Die neue Koalition wurde noch verstiegener. Da sie selbst nicht über die Ressourcen verfügten, mit viel Geld und Waffen in den Konflikt einzugreifen, wandten sie sich ausgerechnet an die Amerikaner. Die waren dem Vorschlag gegenüber gar nicht so abgeneigt, hatten sie doch ebenfalls ihre Not mit der unübersichtlichen afrikanischen Lage. Von den Chinesen informiert, überzeugte der damalige Außenminister Henry Kissinger Präsident Gerald Ford davon, dass man mit chinesischem Guerilla-Know-how, amerikanischem Geld, den Südafrikanern und der FNLA die Russen aus Angola vertreiben könne. Tatsächlich hatte Ford vor, ein Hilfspaket für Angola auf den Weg zu bringen, doch der Senat stoppte sein Ansinnen. Ford regierte in jener Zeit in einer ähnlichen politischen Konstellation wie George W. Bush in den Jahren 2007 und 2008: Im Frühjahr erst hatten die Amerikaner das militärpolitische Desaster in Vietnam und Kambodscha beendet; die Mehrheit der Senatoren sehnte sich daher nicht nach neuen außenpolitischen Militärabenteuern. Die Chinesen und auch die Südafrikaner waren enttäuscht, dass Henry Kissinger sein Versprechen nicht wahrmachen konnte. Trotzdem hielten sie weiterhin stur an ihrer Position fest. Chinas erster Außenminister und erster chinesischer UN-Botschafter im Weltsicherheitsrat Huang Hua entschuldigte vor der UN-Vollversammlung gar offen die Invasion Südafrikas in Angola mit dem Versuch, den Einfluss der Russen zurückzudrängen. Die Welt war erstaunt.

China hatte sich völlig verrannt, wie ein chinesischer Diplomat beschreibt: »Wir haben Fehler in Angola gemacht, weil wir die Lage als zu einfach betrachtet haben, ohne sie wirklich zu analysieren. Wir haben blind auf die Position der Russen reagiert. Je länger der Bürgerkrieg andauerte, desto größer wurde das Fiasko. Als wir das merkten, versuchten wir unsere Beziehungen zu Luanda zu normalisieren. Doch unser Vorgehen war unausgegoren.«[24]

Derweil errichtete die MPLA einen an der Sowjetunion orientierten Einparteienstaat in Angola. 1979 übernahm José Eduardo dos Santos die Führung in Staat und Partei, die er bis heute innehat. Savimbi brauchte eine neue Marktlücke, um sich als Oppositioneller deutlicher von der Regierung absetzen zu können: Der von Maos Kämpfern trainierte Rebell wurde nicht nur immer antisowjetischer, sondern zunehmend auch antikommunistisch, wie die Chinesen mit Sorge feststellten. Er strebte immer stärker ein prowestliches Angola mit marktwirtschaftlicher Ordnung an und wurde von konservativen afrikanischen Staaten unterstützt. 1980 bis 1982 griff Südafrika mit Savimbis Hilfe immer wieder den Süden des Landes an.

Hin- und hergerissen nahmen die Chinesen 1983 schließlich diplomatische Beziehungen zur MPLA-geführten angolanischen Regierung auf, die sie lange ignoriert hatten. Die Kämpfe dauerten an, ohne dass sich ein eindeutiger Sieger abzeichnete. Die UNITA hatte Tausende südafrikanische Soldaten im Rücken, die MPLA 15 000 Kubaner. Mit Kuba verstand sich China viel besser als mit Südafrika. Lag man nunmehr richtig? Die UNITA wiederum erhielt zwischenzeitlich Geld von den USA, so dass die Amerikaner und die Chinesen nun wieder stärker gegeneinander arbeiteten. China war erschöpft von dem Durcheinander.

In der zweiten Hälfte der achtziger Jahre zog sich der Zauberlehrling der Weltpolitik vom Bolzplatz Angola zurück. China wurde mit der MPLA-Regierung nicht recht warm und hatte von den anderen Rebellen erst einmal genug. Angola wurde kaum noch in der chinesischen Presse erwähnt; mal erschien ein Bericht über eine Fischereikooperative, mal ging es um eine kleine Elektrogerätefabrik oder ein Sozialwohnungsprojekt. 1985 nahmen die beiden Länder Handelsbeziehungen auf, ohne dass der Handel blühte.

Im Oktober 1988, knapp ein Jahr vor der Niederschlagung der Freiheitsbewegung am Platz des Himmlischen Friedens, besuchte Präsident dos Santos Peking und folgte damit einer Einladung, die fünf Jahre zuvor ausgesprochen worden war. Die Stimmung war freundlich, aber nicht herzlich.[25] Über die Vergangenheit wurde nicht gesprochen, aber sie belastete die Gesprächspartner, daran änderte die gemeinsame »sozialistische« Grundausrichtung nichts. Die Sowjetunion und China sprachen zwar wieder miteinander. Michail Gorbatschow hatte auch schon einen Besuch in China geplant. Trotzdem misstraute man sich weiter. Schließlich fasste Deng seine neue Strategie gegenüber dos Santos in ebenso allgemeine wie unverfängliche Worte: »Dialog ist besser als Konfrontation, Entspannung ist besser als Zuspitzung.«[26] Das war nicht das, was dos Santos und sein Verteidigungsminister hören wollten. Sie hatten auf Militärhilfe gegen Savimbi gehofft. Die sollte es von China nicht mehr geben. Mit den Savimbis dieser Welt war China fertig, weder dafür, noch dagegen wollte man sein.

Der Stellvertreterkrieg brodelte auch ohne chinesische Zutaten weiter. Die Sowjetunion und Kuba unterstützten die links gerichtete MPLA-Regierung, Amerika und Südafrika standen den prowestlichen UNITA-Rebellen nahe. Als sich Ende 1991 die Sowjetunion auflöste, machten die Chinesen aus der Ferne die USA für das Wiederaufflammen der Kämpfe verantwortlich. Immerhin fehlte der mächtige Partner der MPLA so sehr, dass sie im Mai ein Friedensabkommen unterzeichneten. Alle drei Parteien stimmten Wahlen zu, die im September 1992 stattfanden. Kurz schien es so, als ob Friede in Angola einkehren würde. Er sollte jedoch noch zehn Jahre länger auf sich warten lassen.

In von internationalen Beobachtern kontrollierten Wahlen wurde Präsident dos Santos mit 49,5 Prozent der Stimmen im Amt bestätigt. UNITA-Chef Jonas Savimbi kam nur auf vierzig Prozent. Er wollte seine Niederlage nicht akzeptieren und zog sich mit seinen Soldaten in den Busch zurück, um weiter zu kämpfen. Im Jahr 1993 ist in einer chinesischen politikwissenschaftlichen Parteizeitschrift zu lesen: »Endlich hat China die Probleme Angolas verstanden, dreißig Jahre nachdem es sich in sie verwickelt hatte.«[27] Die Beteiligten in Angola waren noch nicht so weit. Bei Gesprächen Mitte 1995 versicherten beide Parteien, die Feindseligkeiten endgültig zu begraben. Savimbi erkannte den Vorsitzenden José Eduardo dos Santos als rechtmäßigen Präsidenten Angolas an. Dieser willigte ein, dass knapp 7500 UNO-Soldaten den Frieden in Angola garantieren sollten, und plante die Bildung einer paritätisch besetzten Regierung aus MPLA und UNITA. Er wollte die Rebellen entwaffnen und sie in eine neue gemeinsame Armee integrieren, doch schon 1996 drangen 2000 Soldaten unter Führung Savimbis von Nordangola durch Zaire nach Cabinda vor. Cabinda ist eine ölreiche angolanische Exklave, die durch einen kleinen Landstreifen, der zu Zaire gehört, von dem Hauptteil des Landes getrennt ist. Geld für Waffen bezog der Rebellenführer aus Diamantenverkäufen, die er in den von ihm kontrollierten Gebieten schürfen ließ. Immer wieder flammten Kämpfe im Land auf, bis die UN 1999 ihre Friedensmission abbrach.

Savimbi kämpfte weiter, verlor aber stetig an Macht. Seine Truppe schrumpfte von einst 60 000 Anhängern auf einige tausend. Der lange Zeit vom Westen unterstützte Kämpfer hatte sich zum psychopathischen und misstrauischen Egomanen entwickelt, der trotzig an seinem Machtanspruch über ganz Angola festhielt. Stellvertreter duldete der »Schwarze Hahn«, wie ihn seine Untergebenen nannten, nur, wenn sie ihm nicht durch allzu viel Einfluss schaden konnten. Doch auch mit seinen versprengten Truppen war er noch immer zu Terroraktionen in der Lage. Noch 2001 starben 250 Menschen in einem Zug, den Savimbi-Anhänger in die Luft gesprengt hatten.

Sein Kampf war erst zu Ende, als Regierungssoldaten den 67-Jährigen in einem Gefecht im Februar 2002 töteten. Der dienstälteste

Rebellenchef der Welt starb dort, wo er im März 1966 seine Rebellen-
karriere begonnen hatte: in der an Sambia grenzenden angolanischen
Provinz Moxico. Damit ging einer der längsten und mörderischsten
Konflikte des Kontinents mit 500 000 Toten, 100 000 Verstümmel-
ten und vier Millionen Vertriebenen zu Ende. Straßen und Brücken waren zerstört, die Wasser- und Stromversorgung sogar in der
Hauptstadt zusammengebrochen, Felder vermint. Savimbi und die
Chinesen haben etwas gemeinsam: Sie sind in Angola gründlich gescheitert. Aber: Die Chinesen haben einen zweiten Versuch.

Zurück in die Zukunft

Auf der »Ilja«, einer acht Kilometer langen Lagune vor der Bucht der
Hauptstadt, ahnt man, dass Luanda bald wieder eine blühende Stadt
sein wird. Moderne, loungeartige Restaurants reihen sich aneinander, dazwischen gibt es brasilianische Steakhäuser und chinesische
Restaurants wie das »Shanghai Bay«. Porsche Cayenne parken neben
Audi Q7. Diejenigen, die die Zügel des angolanischen Aufschwungs
in der Hand halten, sei es aus einer Funktion heraus, oder weil sie
besonders hart gearbeitet haben, oder weil sie zur rechten Zeit am
rechten Ort waren, genießen hier den Abend. Hier sitzt man in Maha-
goni-Stühlen unter weißen Sonnensegeln, das Perrier perlt frisch, der
südafrikanische Weißwein ist gekühlt, und die Meeresfrüchte schmecken hervorragend. Auf der anderen Seite der Bucht leuchten die
roten Kolonialgebäude hinter der Promenade in der untergehenden
Sonne. Die Fische springen aus dem lauwarmen Lagunenwasser, als
wollten sie nach Luft schnappen. Die Zukunft ist vielversprechend
auf der Lagune. Zahlreiche Portugiesen und andere Ausländer sowie
die neue angolanische Elite des Landes erholen sich von den Strapazen des täglichen Aufbaukampfs. Auch den einen oder anderen
Chinesen sieht man.
  Wir sitzen mit dem Botschafter Ingo Winckelmann, mit Erich
Riedl, Helmut Gauff und einigen seiner Kollegen an einem gemeinsamen Tisch und beschäftigen uns mit der Frage, ob die Chinesen dauerhaft in Angola bleiben werden. Paolo Laureano von

ENDIAMA, dem staatlichen angolanischen Diamantenkonzern, ist zu uns gestoßen.

»Die Chinesen werden wieder gehen, wenn sie ihre Aufträge erfüllt haben.«

»Wollen Sie, dass sie gehen?«

»Nein. Das ist nicht die Frage. Aber man spürt, dass sie sich nicht integrieren. Also fühlen sie sich nicht wohl, und deshalb werden sie zurückgehen.«

»Das sagen viele Angolaner. Wir wollen sie hier haben, aber sie fühlen sich nicht wohl, und deshalb bleiben sie nicht.«

»Und Sie kriegen das dann alleine hin?«

»Das ist eine gemeine Frage.«

»Schaffen Sie es, ein komplexes Eisenbahnsystem zu betreiben? Eine international wettbewerbsfähige Ölindustrie? Schaffen Sie es, eine Millionenstadt zu managen?«

»Wir brauchen nur die Infrastruktur von den Chinesen. Betreiben können wir das selbst. Wer nach Angola kommt, soll sich hier integrieren.«

»Sie werden noch lange Hilfe brauchen.«

»Das machen dann die Deutschen.«

»Vergessen Sie die Deutschen, die wären längst hier, wenn sie sich für Afrika interessieren würden.«

»Wir brauchen nur die Schienen von den Chinesen. Da kann man dann irgendeinen Zug draufstellen. Der wird schon fahren.«

»Wir haben Jahrzehnte Zeit gehabt und es doch nicht geschafft. Erst seitdem die Chinesen da sind, geht es bergauf.«

»Es war Bürgerkrieg.«

»Es hat uns niemand gezwungen, knapp dreißig Jahre einen Bürgerkrieg zu führen.«

»Wenn die chinesischen Loks nicht mehr funktionieren, dann kaufen wir deutsche Loks.«

»Wo die Chinesen sich einmal eingenistet haben ...«

»... da gehen sie nicht mehr weg. Das ist so.«

»In Thailand ist es ähnlich.«

»Sie haben Recht. Der Westen Australiens. Schauen Sie nach Kalifornien. San Diego.«

»In New York. China Town.«

»Wenn Sie beobachten wollen, wie sich die Chinesen integrieren oder nicht, dann fahren Sie nach Indonesien. Sie sind dort geblieben, haben sich nicht integriert und spielen trotzdem eine zentrale Rolle.«

»Die Qualität der chinesischen Arbeit ist nicht gut genug.«

»Nein. Ein anderes Problem ist viel größer. Sie sind so geschickt, dass es nicht zu viele werden dürfen. Sonst haben wir hier nichts mehr zu sagen.«

»Aber welche Alternative haben Sie denn? Die Chinesen sind die Einzigen, die bereit sind, so viel Geld zu investieren. Dazu sind die Europäer nicht bereit, die Südkoreaner auch nicht.«

»Aber wer zu uns kommt, soll sich integrieren.«

»Dazu werden Sie die Chinesen nicht zwingen können.«

»Wir reden jetzt ja nicht darüber, dass 3000 Chinesen Garküchen in einer China Town betreiben, sondern wir reden von Einfluss und Macht über die Wirtschaft des Landes.«

»Welche Chance hat Afrika durch die Chinesen? Oder anders gefragt: Würde Afrika genauso wachsen ohne die Chinesen?«

»Wenn Afrika klug genug ist, mit den Chinesen umzugehen, steht es vor der größten Chance, die es je hatte.«

»Der Spielraum der Afrikaner gegenüber den Chinesen ist noch sehr groß.«

»Die Afrikaner sollten mit einer Stimme gegenüber den Chinesen auftreten.«

»Das ist sehr theoretisch.«

»Genauso theoretisch war es, dass die Europäer mal in zentralen Fragen mit einer Stimme sprechen würden.«

»Wo der Chinese einmal war, da bleibt er.«

»Derzeit ist Angola auch noch nicht so attraktiv. Doch das wird sich ändern, und wenn die Lebensqualität erst einmal da ist, dann werden die Chinesen auch bleiben.«

Mir fällt ein, was einige Tage zuvor Jiang Yuqiang, der stellvertretende Geschäftsführer von Esco, zu mir sagte. Er hat eine pragmatische Einstellung zu diesem Thema. Ich erzähle den anderen davon: »Jiang sagte: ›Es gibt viel zu bauen hier. Jetzt bringen wir fast alles mit. Doch in Zukunft werden wir uns das nicht leisten können. Wir brauchen lokale Zulieferer. Das werden entweder Angolaner sein oder Chinesen. Wahrscheinlich werden Chinesen und Angolaner dann zusammenarbeiten. Das wird aber nicht funktionieren, wenn die Chinesen alle zwei Jahre wieder nach Hause gehen. Deswegen werden viele hier arbeiten müssen.‹ Dann fügte Jiang nachdenklich hinzu: ›Wir sollten ehrlich mit Afrika umgehen und nicht darauf aus sein, das Land kurzfristig auszubeuten. Denn Afrika bietet unglaubliche Möglichkeiten. Wir können uns hier langfristig einen Markt aufbauen.‹«

Gauff hat das Gespräch die ganze Zeit eher zurückhaltend beobachtet. Nun greift er besonnen ein: »Viele werden bleiben«, meint auch er, »wenn sie dauerhaft mehr Geld verdienen können als zu Hause und die Lebensqualität nicht deutlich schlechter ist. Das wird in ein paar Jahren so sein. Je mehr kommen, desto mehr ziehen nach. Es wird hier dann eine chinesische Community geben. Damit wird auch der chinesische Einfluss langfristig sein. Sie werden sich nicht als Kolonialherren aufführen so wie früher die europäischen Nationen. Trotzdem wird sich China in Afrika implementieren.« Deshalb sollte sich Europa doppelt anstrengen, will es den afrikanischen Markt nicht verlieren: »Der Zug fährt schon, und wenn wir nicht aufspringen, dann werden wir den Anschluss verlieren«, sagt er und bestellt die Rechnung.

Am darauffolgenden Tag sitze ich in einer 35 Jahre alten Boeing 747 von TAAG Angola Airways nach Johannesburg in Südafrika. Das Flugzeug startet mit dreieinhalb Stunden Verspätung. Langsam und umständlich verladen die Angolaner die Fracht, immer wieder kommt der westlich aussehende Pilot, vielleicht ein Portugiese, nach hinten. Die Verbindungstür zum Frachtraum steht weit offen. Der Pilot schimpft. Der Lademeister lacht.

Endlich hebt die Maschine ab, schüttelt sich und gewinnt in einem langen Bogen langsam an Höhe, unten die fantastische Bucht von Luanda. Schon wenige Kilometer von der Hauptstadt entfernt ist das Meer türkisblau, die grünen Felder sind nur von einem schmalen Sandstreifen getrennt. Die Stewardessen sind freundlich, die Sitze alt und zerschlissen, die Getränke schlecht, über das Essen wollen wir nicht sprechen. Aber man muss ja nicht immer essen.

Ich habe viel Zeit, mir Gedanken über Angola zu machen. Ich versuche, mich in die Lage der Angolaner zu versetzen, und notiere:

Die Inder sind sehr nett, haben aber kein Geld. Die Amerikaner sind nicht nett und wollen kein Geld investieren. Die Russen spielen keine Rolle. Brasilien spricht die gleiche Sprache, hat aber wenig Geld und genug mit sich zu tun. Die Chinesen sind verlässlich, haben Geld und investieren. Die Deutschen sind nett, haben aber kein Interesse und ihre Produkte sind teuer. Das Wichtigste jedoch: Erstaunlicherweise kommen Chinesen und Angolaner viel besser miteinander zurecht, als Beobachter im Westen vermutet hätten. Weder die angolanische Regierung noch die Chinesen haben ein naives Verhältnis zum jeweils anderen. Sie sind sich der Chancen und Risiken ihrer Beziehung durchaus bewusst. Ihr Verhältnis ist von einem gesunden Misstrauen geprägt, das bewahrt wahrscheinlich beide vor falschen Schritten. Chinesen und Angolaner haben die Chance, aus ihren Fehlern zu lernen, und bekommen das, so wie es gegenwärtig aussieht, auch hin.

Die globalen Zwänge machen die Zusammenarbeit einfacher. Ideologische Fragen spielen im Verhältnis der beiden Länder kaum noch eine Rolle. Es ist für China weder wichtig, wie sozialistisch Angola heute noch ist, noch, ob es christlich oder muslimisch ist. Umgekehrt ist es für Angola nicht von Bedeutung, wie kommunistisch China noch ist. Auch die historischen Animositäten sind verblasst. Der Kalte Krieg ist längst vorbei. Viel bedeutender sind heute die wirtschaftlichen Zwänge: In diesem Punkt sind Angola und China komplementär. China kann billig und schnell Infrastruktur aufbauen und sie finanzieren, und Angola hat Öl. China hat nun die politische und wirtschaftliche Hebelkraft, dieses Geschäftsverhältnis langfristig aufrechtzuerhalten. Es gibt einige strittige Fragen, die das Verhältnis belasten können. Dazu gehört: Wie viel Anteil an der wirtschaftlichen Entwicklung dürfen die Chinesen haben? Wie stark können sie gezwungen werden zu lokalisieren, also nicht nur Produkte aus China zu importieren, sondern auch in Angola herzustellen? Wie viele Chinesen werden bleiben? Und vor allem, wie werden sie sich in die Gesellschaft integrieren? Das ist die größte Schwachstelle in der Strategie der chinesischen Führung. Denn Integration lässt sich nicht erzwingen.

In diesem Punkt hat der Westen einen Vorteil: Westlichen Unternehmern und Gastarbeitern fällt es wegen der portugiesischen Tradition leichter, sich langfristig einzuleben. Besonders Europäer sind trotz der kolonialen Vergangenheit in Angola herzlich willkommen. Die angolanische Regierung hat neben der kulturellen Verbundenheit auch ein taktisches Interesse daran, ein Gegengewicht zu China aufzubauen. Sie weiß schon jetzt: Egal, wie sich der Westen in dem Spiel entscheidet, Angola ist der Gewinner.

Die große Frage ist nun weniger, welche Fehler die Chinesen machen, als vielmehr, wie geschickt sich der Westen verhält. Seit Beginn dieses Jahrzehnts sieht die Bilanz ernüchternd aus. Die Amerikaner haben sich nicht sehr weitsichtig angestellt. Sie haben Hilfe gegen die Zustimmung zum Irakkrieg versprochen und dann wegen der Probleme im Irak Angola »vergessen«. Auch die Europäer haben die Bedeutung des Landes für die Rohstoffsicherung nicht erkannt und unterschätzen weithin die Investitionschancen für ihre Wirtschaft. Der Westen handelt nach selbst gemachten Spielregeln, die er nicht mehr durchsetzen kann, und hat sich dabei eine blutige Nase geholt. Nun ist der Baum schuld, gegen den das Auto gefahren ist. Erst langsam setzt sich die Erkenntnis durch, dass der Westen nicht mehr die Macht hat, internationale Spielregeln durchzusetzen, mögen sie auch aus seiner Sicht noch so sinnvoll sein. Solange er seine neue Rolle nicht realistisch betrachtet, wird er kein Gefühl für den Stolz der Angolaner und ihre historischen Macken entwickeln. Sie zu kennen und mit ihnen umgehen zu lernen ist jedoch entscheidend für eine erfolgreiche Zusammenarbeit. Angola kann sich entscheiden, und es sieht so aus, als ob sich die angolanische Regierung, nachdem sie sich in den Wirren des Bürgerkriegs die Hörner abgestoßen hat, nunmehr endlich um den Aufbau des Landes kümmert. Die Chinesen sind dabei eine große Hilfe.

Die Maschine landet gut drei Stunden später. Dutzende Passagiere haben ihren Anschlussflug verpasst. Doch die Mitarbeiter von Angola Airways haben schon Feierabend gemacht. Es ist Freitag, kurz nach 18 Uhr. Niemand ist mehr da, um die Tickets für die nächstmöglichen Flüge umzuschreiben. Ohne den Stempel wird man aber von anderen Fluggesellschaften nicht mitgenommen. Die meisten Passagiere müssen im Flughafen bis Montag ausharren, denn sie haben kein Visum für Südafrika, und es ist nicht möglich, im Transitbereich ein neues Ticket zu kaufen. So ergeht es auch meinem chinesischen Kameramann. Wir drehen einen 45-Minuten-Dokumentarfilm für das ZDF. Zhang Wei muss das Wochenende im Transithotel verbringen. Es dauert lange, bis wir meinen großen schwarzen Rimowa-Koffer in dem Durcheinander finden.

Ich habe Glück, mein Bruder Andreas und seine südafrikanische Frau Catherine leben seit Jahren in Johannesburg. Wir hatten schon nicht mehr damit gerechnet, dass Zeit bleiben würde, uns zu treffen. Andreas fasst beim Bier im Restaurant Say What die Reise für mich zusammen: »Gerne wieder Angola. Aber nie wieder Angola Airways.«

Der Wolf warnt das Lamm vor dem Löwen.

Nigerianisches Sprichwort

Modell Schwarz-Gelb oder die ökonomische Polygamie

China in Nigeria

Die Rakete »Langer Marsch« leuchtet unwirklich im subtropischen Dunst von Sichuan. Das weiße Licht der Scheinwerfertürme verstärkt diesen Eindruck. Wo die vier Triebwerke den schlanken Rumpf umschließen, wirkt die Rakete stämmig. An ihrer Spitze, an der ein Satellit montiert ist, leuchtet nicht die chinesische Flagge, sondern ein grünes, ausladend geschwungenes nationales Emblem. Noch wird die Rakete von den Gerüsten eines Stahlturms gehalten, doch sie raucht schon. Es ist eine Minute vor Mitternacht, am 13. Mai 2007, in Xichang; und es ist Montagmittag in Nigeria.

In Lagos, der größten Stadt von Nigeria mit über neun Millionen Einwohnern, hat es gerade wieder einmal einen kleinen Stromausfall gegeben. Nun ist die Stromversorgung stabil, Millionen von Nigerianern sehen diese Bilder von der Xichang-Raketenstartrampe live. Sie sind stolz.

Die Flammen der Triebwerke sind gelbrot, die Rakete hebt unglaublich langsam ab. Für Sekunden herrscht konzentrierte Stille. Die chinesischen Ingenieure in ihren blauen Kitteln beugen sich über die Computermonitore und gleichen Ist- und Sollwerte ab. Als einer nach dem anderen grünes Licht gibt, brechen die nigerianischen Mitarbeiter in Jubel aus. Ein glühender Ball mit einem kleinen Schweif wird vom Tropennebel verschluckt.

Eine schwarze Frau in roter Jacke reißt zuerst die Hände hoch. Sie hat die ganze Zeit fotografiert. Der Großbildschirm, der den gesamten Raum des Kontrollcenters ausfüllt, sieht nun aus wie eine kitschige Grußkarte. In freundliches Orange getaucht und von Sommerblumen gesäumt erscheint der Schriftzug: Gratulation zum erfolgreichen Start des NigComSat-1. Routine für die chinesischen Ingenieure im Raumfahrtzentrum Xichang; bereits zum 98. Mal ist eine chinesische Rakete des Typs »Langer Marsch« erfolgreich gestartet. Dennoch ist dieser Start ein historisches Ereignis: Die Afrikaner haben etwas zu feiern, die Nigerianer im Besonderen und die Chinesen ebenfalls. Fast unbemerkt von der westlichen Öffentlichkeit lässt Nigeria seinen ersten eigenen Kommunikationssatelliten in den Weltraum schießen, der erste eigene des afrikanischen Kontinents außerhalb Südafrikas. Und es ist das erste Mal, dass die Chinesen einen Kommunikationssatelliten plus Raketenstart ins Ausland verkauft haben. Nun gehört auch China zu den Weltall-Spediteuren und Weltraum-Hightech-Lieferanten, ein Bereich, der bisher den Amerikanern, Russen und Europäern vorbehalten war. Der Satellit deckt ganz Afrika, den Mittleren Osten und Südeuropa ab und ist der wichtigste Meilenstein im Jahr 2007 bei der gemeinsamen Aufholjagd von Afrika und China.[1] Das mit 120 bis 140 Millionen Einwohnern bevölkerungsreichste Land Afrikas und das bevölkerungsreichste Land der Welt haben sich dafür zusammengetan.

Die Great Wall Industry Corporation ist schon dabei, den Nigerianern ein eigenes Kontrollzentrum in der Hauptstadt Abuja zu bauen. Zusammen mit einer Kontrollstation im Kashgar, ganz im Westen Chinas, wird es den Satelliten kontrollieren. Dort, wo einst der chinesische Teil der Seidenstraße endete und noch heute zwanzig Millionen Moslems leben. Auch die Hälfte der Bevölkerung Nigerias sind Moslems. 15 Jahre lang wird der Satellit über Afrika schweben. Er soll 150 000 Arbeitsplätze für Nigerianer schaffen, Breitbandbenutzern 95 Millionen US-Dollar im Jahr einsparen und 660 Millionen US-Dollar an Telefongebühren. Vor allem macht der Satellit es möglich, dass auch entlegene Dörfer ans Internet und an das Mobilfunknetz angeschlossen werden können – sofern sie schon Strom haben.[2] »Der Satellit hilft Nigeria, sich aus der Abhängigkeit vom Öl zu befreien und in Richtung einer Wissenswirtschaft zu entwickeln«, sagte Hammed Rufai, Managing Director von Nigerian Communication Satellite Ltd. (NigComSat). »Es ist der Beginn einer wirtschaftlichen und technischen Emanzipation vom Westen.«[3]

China hatte sich 2004 gegen 21 Konkurrenten durchgesetzt und das 311-Millionen-US-Dollar-Geschäft bekommen. Inzwischen hat das Land Aufträge für dreißig ausländische Kunden, Satelliten in den Orbit zu bringen. Im zweiten Halbjahr 2008 zum Beispiel starten die Chinesen einen ähnlichen Satelliten für Venezuela. Eine Woche vor dem Start der Rakete hatte die Regierung einen Zehnjahresplan zur Erschließung des Weltraums beschlossen. Auch die Chinesen wollen zum Mond. Im Oktober 2005 führten sie den zweiten bemannten Raumflug durch. Im Olympiajahr 2008 sollen chinesische Astronauten der »Shenzhou-7« in selbst entwickelten Anzügen für eine halbe Stunde die Kapsel verlassen und ihren ersten Weltraumspaziergang machen. Die »Shenzhou-8« soll dann zwischen 2009 und 2011 folgen, um Chinas Fähigkeiten bei Andockmanövern im All zu demonstrieren. 2022 sollen die ersten chinesischen »Taikonauten« den Mond betreten. »Die Mondlandung erfordert eine Rakete mit 3000 bis 4000 Tonnen Schubkraft. Derzeit jedoch liegt die leistungsfähigste chinesische Trägerrakete bei rund 600 Tonnen«, so Luan Enjie, der Leiter des chinesischen Monderkundungsprogramms.[4] »Wir können auf diesem Gebiet in 15 Jahren mit den USA und Russland gleichziehen«, meint Wang Zhougui, der Direktor des chinesischen Raumfahrtzentrums.[5]

2007 starteten die Chinesen eine Mondsonde. Und sie werden Afrika bei ihrer technologischen Aufholjagd mitziehen. »Was wir mit diesem Projekt erreicht haben, ist ein Meisterstück chinesisch-afrikanischer Zusammenarbeit«, sagt Hammed Rufai, »wir arbeiten bereits in einem weiteren Projekt mit China zusammen, und ich bin zuversichtlich, dass wir diese bilaterale Kooperation auch in Zukunft weiterführen werden.«[6] 2009 soll der nächste nigerianische Satellit im Weltraum stationiert werden, denn es hat sich gezeigt, dass der chinesische Satellit nicht nur ein Spielzeug der nigerianischen Politiker, sondern auch ein wirtschaftlicher Erfolg ist. Er spielt angeblich 140 Millionen US-Dollar jährlich ein. Ein arabisches Unternehmen hat Kapazitäten im Wert von 250 Millionen US-Dollar gebucht, und einige westafrikanische Länder ebenfalls. Das genügte, um die

Euphorie Purzelbäume schlagen zu lassen. Der damalige Wissenschaftsminister, Professor Turner Isoun, verkündete, dass dies der erste Schritt sei, damit 2030 die ersten Nigerianer auf dem Mond landen. Er wurde allerdings von einem Kommentator der führenden nigerianischen Tageszeitung *Nigerian Tribune* auf den Boden der Tatsachen zurückgeholt. »Ich bin sprachlos. Lieber Professor, es würde uns reichen, noch in diesem Jahr ununterbrochen Strom zu haben. Es würde uns reichen, die Stahlindustrie und die Fabriken zu haben, um unsere eigenen Motorräder und Autos bauen zu können (und nicht nur Montage-Fabriken, bitte). Was den Mond betrifft, können sich Präsident Obasanjo und sein Wissenschaftsminister meinetwegen hinaufschießen lassen, um dort zu leben. […] Bitte, verstehen Sie mich nicht falsch. Dass der NigComSat-1-Satellit für gut 300 Millionen US-Dollar in den Orbit geschossen wurde, war richtig und sinnvoll. […] Doch wurde der Satellit in Nigeria von Nigerianern entwickelt? Nicht eine Niete. Wurde er aus Nigeria in die Umlaufbahn gebracht? Nicht die kleinste Chance. […] Und wird wenigstens die Bodenstation von Nigerianern gebaut? Nein.«[7]

Die Weltraumtechnologie werden die Chinesen noch ein wenig für sich behalten. Das bekannteste chinesische Produkt in Nigeria ist derzeit vielmehr das Jincheng-Motorrad.[8] Das chinesische Unternehmen ist bereits seit 18 Jahren in Afrika. Inzwischen halten die Chinesen allein vierzig Prozent des nigerianischen Marktes. Das Motorrad ist mittlerweile das Symbol für die erste Stufe des neuen Wohlstands. Es gibt ein nigerianisches Lied über die Jincheng-Motorräder namens »Okada«, in Lagos wurde Ende 2006 ein Fanclub gegründet, und die Motorräder werden von nigerianischen Hinterhoffabriken kopiert.[9]

Spätestens im Januar 2006, als die staatliche China National Offshore Oil Corporation (CNOOC) verkündete, für 2,3 Milliarden einen 45-Prozent-Anteil eines Ölblocks an Nigerias Akpo Offshore Öl- und Gasfeld gekauft zu haben, begann das intensive Engagement der Chinesen in Nigeria, dem größten Ölproduzenten des Kontinents und dem elftgrößten der Welt.[10] Es ist ein Land, in dem sich die Chinesen relativ spät engagierten, weil es bis dahin politisch fest in amerikanischer Hand war. Allerdings haben die beiden Länder schon lange wirtschaftliche Beziehungen, wenngleich auch auf niedrigem Niveau. So stellte der Veterinärwissenschaftler Idowo Ola in einer Kolumne der englischsprachigen Tageszeitung *China Daily* fest, dass die chinesischen Kloschüsseln in seiner Universität, die vor 35 Jahren dort eingebaut worden waren, noch immer gut funktionieren.[11]

Ansonsten dominierte der Westen. Westliche Ölkonzerne hatten bei der Ölförderung in den letzten fünfzig Jahren die Oberhand, seitdem man 1958 zum ersten Mal Öl im weit verzweigten Nigerdelta gefunden hatte. Ende 2006 teilten sich noch fünf westliche Ölkonzerne neunzig Prozent des nigerianischen Marktes: der britisch-niederländische Konzern Royal Dutch Shell, die beiden amerikanischen Unternehmen ExxonMobil und Chevron, der französische Ölkonzern Total und der italienische Mineralölkonzern ENI.[12] 2,5 Milliarden Barrel täglich wurden gefördert. Die Chinesen schlossen das Geschäft mit South Atlantic Petroleum ab, einem Unternehmen, das dem ehemaligen nigerianischen Verteidigungsminister Theophilus Danjuma gehört. CNOOC musste einige Monate später noch einmal 2,25 Milliarden US-Dollar für die Inbetriebnahme des Akpo-Feldes bezahlen, die für 2008 vorgesehen ist. Es war die erste Akquisition des chinesischen Ölunternehmens außerhalb Asiens, nachdem es 2005 für knapp 600 Millionen US-Dollar ein indonesisches Gas- und Ölfeld von einem spanischen Unternehmen erworben hatte.[13] 2004 hatte allerdings PetroChina ein Geschäft mit der Nigeria National Petroleum Corporation über die Lieferung von 30 000 Barrel Öl pro Tag im Wert von 800 000 Millionen US-Dollar jährlich abgeschlossen.

Das Ölfeld im Golf von Guinea gehört ebenfalls der South Atlantic Petroleum. Es wird von Total betrieben, da die Chinesen – noch – nicht über die Technologie verfügen, in diesen extremen Tiefen zu bohren. Allein dieses Feld soll ab 2008 zu zehn Prozent der Ölproduktion Nigerias beitragen.

Danjuma, der auch schon Armeechef war, hatte das Feld 1998 von dem damals herrschenden Militärdiktator Sani Abacha bekommen. Die meisten unter Abacha verteilten Öllizenzen wurden unter der Führung des ersten demokratisch gewählten Präsidenten Olusegun Obasanjo für nichtig erklärt. Die Akpo-Lizenz blieb im Besitz von Danjuma, denn er war unter Obasanjo Verteidigungsminister. Zunächst hatten die Inder den Zuschlag bekommen, da sie politisch unkomplizierter sind als die amerikanischen Partner. Doch das indische Parlament hatte ein Engagement wegen des hohen Preises angesichts des politischen Risikos abgelehnt.[14] Es ist durchaus möglich, dass Danjuma die Lizenz verliert. Obasanjo musste nämlich laut Verfassung nach zwei Amtszeiten die Macht an Umaru Yar'Adua abgeben. Chinesische Ölmanager sagen, dass der Handlungsspielraum der Inder generell kleiner ist, weil sie über weniger finanzielle Möglichkeiten verfügen. Während der chinesische Staat 1,33 Billionen US-Dollar Devisenreserven besitzt, haben die Inder nur gut 165 Milliarden. Auch die indischen Ölunternehmen sind kleiner als die chinesischen. Außerdem zeigen sich die Chinesen mit weiteren Investitionen erkenntlich. Präsident Hu Jintao reiste im April 2006 nach Nigeria und unterschrieb Verträge im Wert von zwei Milliarden US-Dollar zum Bau von Häusern, Straßen, Eisenbahnen und Kraftwerken.

Die Erklärung, die Hu und sein Gegenüber Obasanjo abgaben, war alles andere als bescheiden und las sich wie ein versteckter Angriff auf die westlichen Industrienationen: Die beiden Länder kamen überein, »im Geiste ihrer existierenden strategischen Partnerschaft weiterzuarbeiten, die Kooperationen im Bereich der internationalen Beziehungen zu erweitern, sich für die Rechte und Interessen von Entwicklungsländern einzusetzen und den Weltfrieden zu stabilisieren mit dem Ziel des dauerhaften Friedens und des gemeinsamen Wohlstands«. Die chinesische Regierung habe erklärt, dass sie eine »neue Weltordnung aufbauen« wolle, die »auf Konsens und Toleranz basiert und nicht auf dem Kampf der Kulturen«, fasst der ehemalige Außenminister Bola Akinyemi die Strategie Chinas zusammen.[15]

Es bleibt nicht bei schönen Worten: Ein chinesisches Konsortium, die Guangdong Xinguang International Group, baute ein Schnellzugsystem zwischen Abuja, der neuen Hauptstadt im Norden, und Lagos, der alten Hauptstadt im Süden. Dieselbe Firma errichtet auch die S-Bahn-Verbindungen zwischen den Flughäfen und den Innenstädten von Abuja und Lagos.[16] Die Chinesen werden darüber hinaus Einkaufszentren in den großen Städten des Landes hochziehen. Immer mehr Chinesen müssen dazu nach Nigeria reisen. Deshalb fliegt die China Southern Airlines mit einem Airbus 330 seit Dezember 2006 dreimal die Woche von Peking über Dubai nach Lagos. Es ist das erste Mal, dass eine chinesische Airline Afrika regelmäßig anfliegt. Allein für das Eisenbahnprojekt in Nigeria müssen 5000 Chinesen hin- und hertransportiert werden.[17]

Das erste Großprojekt der Chinesen, der Bau der 1860 Kilometer langen Tansania–Sambia-Eisenbahnstrecke, begann Anfang 1968. Die chinesische Regierung gewährte einen zinsfreien Kredit von 988 Millionen Yuan und schickte eine Million Tonnen Material und Ausrüstung nach China. Rund fünfzigtausend Ingenieure und Arbeiter bauten bis zur Übergabe im Juli 1976 die Strecke mit 320 Brücken, 22 Tunneln und 93 Stationen. Auch nach der Inbetriebnahme blieben noch hunderte chinesische Experten in Afrika, um den reibungslosen Betrieb zu gewährleisten. Tansanias damalige Präsident Julius Nyerere bezeichnete den Einsatz der Chinesen als »großen Beitrag für die afrikanische Bevölkerung« und fügte hinzu: »In der Vergangenheit bauten Ausländer Eisenbahnen in Afrika nur, um unsere Bodenschätze zu plündern. Die Chinesen hingegen haben genau das Gegenteil getan; sie haben die Entwicklung unserer Wirtschaft vorangetrieben.« Auch in anderen Ländern Afrikas bekommen sie deshalb den Zuschlag für viele Projekte.

Die Eximbank gibt Kredite für fünf Thermalkraftwerke in Nigeria. Der Auftrag, einen Wasserstaudamm zur Stromgewinnung im nordöstlichen Mambilla-Plateau zu errichten, ist ebenfalls an die Chinesen gegangen. Bekommen hat ihn die China Gezhouba Group Corporation (CGGC), die auch der wichtigste Bauunternehmer des chinesischen Drei-Schluchten-Staudamms war. Er wird mit 2600 Megawatt das größte Wasserkraftwerk, das je von einem chinesischen Unternehmen in Afrika gebaut wurde. Die Kosten betragen mindestens 1,46 Milliarden US-Dollar. »Wir sind zuversichtlich, dass wir einen nigerianischen Drei-Schluchten-Staudamm bauen können, der die Erwartungen der Nigerianer erfüllt«, sagte CGGC-Präsident Yang Jixue.[18] Der Bau wird knapp sieben Jahre dauern.

Der Auftrag, in den Ausbau der nigerianischen Eisenbahn zu investieren, hat den knapp sechsfachen Wert: 8,3 Milliarden US-Dollar. 2,5 Milliarden US-Dollar gibt es von den Chinesen als Kredit, um die gut 1300 Kilometer lange, zweigleisige Strecke zwischen dem Wirtschaftszentrum und dem knapp vier Millionen Menschen umfassenden Handelszentrum Kano im Norden des Landes zu bauen.

Überwacht wird das Ganze von einem italienischen Ingenieurbüro. Ende Oktober 2006 wurde der Vertrag unterschrieben. Der Präsident der China Civil Engineering Construction Corporation (CCECC) Lin Rongxin betonte, dass 50 000 Nigerianer bei diesem Projekt Arbeit finden würden. Dies ist die erste Stufe eines insgesamt 7800 Kilometer langen Schienennetzwerks, das die wichtigsten Städte des Landes verbinden soll. Es wird insgesamt mehr als dreißig Milliarden US-Dollar kosten. Die Bauzeit beträgt vier Jahre.[19]

Welche Wende dies für ein Land wie Nigeria bedeuten kann, sieht man, wenn man sich die Entwicklung des Eisenbahnverkehrs in den vergangenen 25 Jahren anschaut. 1980 fuhren noch 14 Millionen Menschen mit dem Zug, 2005 nur noch eine Million. Auch die Güterzüge transportierten 2005 nur noch eine halbe Million Tonnen, während es 1980 noch drei Millionen waren. Den Rentnern der staatlichen Eisenbahngesellschaft stehen noch insgesamt 256 Millionen US-Dollar zu, weil die staatliche Eisenbahngesellschaft zahlungsunfähig war. Sie muss derzeit monatlich zwei Millionen US-Dollar an Pensionen und 1,68 Millionen US-Dollar an Gehältern zahlen, nimmt jedoch nur 176 000 US-Dollar im Monat ein.

Der Auftrag ging an die CCECC, die 1996 unter General Sani Abachas Regime ihren ersten Auftrag bekommen hatte.[20] Dulue Mbachu, ein nigerianischer Schriftsteller und Journalist, der für die *Washington Post* ebenso arbeitet wie für das *International Relation Security Network* der Eidgenössischen Technischen Universität in Zürich, stellt im *South African Journal for International Affairs* fest: »Die Art der Geschäfte unterstreicht die Natur der chinesischen Expansion in Nigeria und anderswo in Afrika. Die Geschäfte werden mit einer sozialen Komponente kalkuliert, die westliche Unternehmen, die nur daran interessiert sind, was hinten herauskommt, normalerweise vermeiden, weil sie die Risiken für außerordentlich hoch halten.«[21] Doch nicht alle Versprechungen lassen sich erfüllen: Im Mai 2006 hatte die China National Petroleum Corporation (CNPC) bei einer Auktion in Lagos vier Ölblocks erworben, nachdem das Unternehmen sich bereit erklärt hatte, zweieinhalb Milliarden US-Dollar in die Kaduna-Raffinerie im Norden Nigerias zu investieren. Nach genauer Analyse verzichteten die Chinesen jedoch auf den Deal, worüber sich die Nigerianer sehr ärgerten.[22]

Ohne die Chinesen hätte es Präsident Obasanjo nicht geschafft, so schnell und vergleichsweise preiswert die Stromversorgung zu verbessern. Als er 1999 die Macht übernommen hatte, war zwanzig Jahre lang nicht in die Stromversorgung investiert worden. Die Kapazität lag bei 6000 Megawatt. Die Anlagen waren aber so heruntergekommen, dass faktisch nur 2000 Megawatt zur Verfügung standen. Obasanjo nahm sich vor, bis 2007 die verfügbare Kapazität auf 10 000 Megawatt zu erhöhen. 8000 hat er immerhin geschafft. Allein dafür hat die Regierung 2,5 Milliarden US-Dollar investiert. Das meiste jedoch haben die Chinesen gebaut und finanziert. Selbst die 10 000 Megawatt, das sind ungefähr drei Prozent des chinesischen Stromverbrauchs, reichen bei weitem nicht. In den kommenden 25 Jahren soll, so der Masterplan der Regierung, die Kapazität noch einmal verzehnfacht werden. 2010 sollen es erst einmal 24 400 Megawatt werden. Nigeria braucht jedoch 50 000 Megawatt, um sicherzustellen, dass es landesweit keine Stromausfälle mehr gibt. Die Zeit drängt. Die nigerianische Wirtschaft verliere knapp eine Milliarde US-Dollar jährlich durch Stromausfälle, rechnete das Council for Renewable Energy in Nigeria (CREN) aus.[23]

Obasanjos Nachfolger Yar'Adua führt den Kurs fort. Kaum im Amt, genehmigte Yar'Adua für 449 Millionen US-Dollar die Stufe II des Olorunsogo-Gasturbinen-Kraftwerks in der Nähe von Lagos. Das E-Werk soll allein weitere 750 Megawatt zum nationalen Stromnetz beitragen. Die erste Stufe kostete 220 Millionen US-Dollar. Davon hatte die nigerianische Regierung 35 Prozent übernommen, die restlichen 65 Prozent finanzierte die Eximbank of China (EXIMB) – mit der Auflage, dass das Werk von Chinesen gebaut würde. Obasanjo ließ es sich nicht nehmen, die erste Phase des Werkes in Ogun State in der Nähe seines Heimatortes selbst einzuweihen. Er dankte den Chinesen für ihr »herausragendes Engagement« nicht nur im Kraftwerksbau, sondern auch in anderen Bereichen wie dem Straßen- und Dammbau. Er sagte, dass er weiter mit China kooperieren möchte.[24] Bauleiter Zheng Zhengyu ist stolz auf das Projekt.

Seit drei Jahren ist er vor Ort. Das Kraftwerk produziert ein Zehntel des Stromes von Nigeria. Die Technologie und die vorgefertigten Bauteile kommen komplett aus China. »Jetzt zeigen wir den Afrikanern, was wir können«, sagt er. »China ist ein Vorbild für Afrika.

China hat sehr viel in kurzer Zeit erreicht, und die Afrikaner bewundern uns sehr deswegen. Wir bringen den Afrikanern nicht nur unsere Technologie, sondern auch unseren Fleiß. In Nigeria gibt es ungefähr 50 000 Chinesen. Die haben zur wirtschaftlichen Entwicklung und zum Aufbau des Landes sehr viel beigetragen. Der nigerianische Präsident dankt uns Chinesen dafür.«

Auch andere Länder bauen gute Kraftwerke. Warum bevorzugen die Nigerianer die chinesischen Produkte?

»Unsere Anlagen kosten nur drei Fünftel dessen, was die Anlagen von ABB und Siemens kosten. Aber sie entsprechen internationaler Qualität. Wir wollen das Image bekommen, dass ein niedriger Preis nicht schlechte Qualität bedeutet.«

Worin liegen denn die Stärken des Westens?

»Die Stärke von Siemens liegt bei dem Projektmanagement. Aber dafür sind die Kosten höher. Die Anlagen sind zu aufwändig. Wir hingegen haben uns darauf konzentriert, Anlagen zu entwickeln, die dem jetzigen Entwicklungsstand Nigerias angepasst sind. Wir sind dadurch flexibler als der Westen, das ist unsere Stärke.«[25] Diese Einschätzung teilen die Nigerianer offensichtlich.

Kaum war der neue Präsident im Amt, waren chinesische Delegationen von Stromspezialisten in Abuja, um über weitere Aufträge zu verhandeln. Das große Problem ist jedoch die Sabotage: Die neuen Kraftwerke stehen still, wenn die Gaszufuhr durch Rebellenanschläge auf die Pipelines unterbrochen ist. Selbst 2007 war die Stromleistung im Frühjahr wieder auf 2000 Kilowatt gesunken. Sollte die Regierung die Rebellenaktivitäten unter Kontrolle bekommen, kann es von einem auf den anderen Tag losgehen.[26]

Auch im Telekombereich sind die Chinesen aktiv. Die Kapazitäten des chinesischen Satelliten können nur genutzt werden, wenn es Mobilfunknetzwerke auf dem Boden gibt. Huawei, das chinesische Cisco aus dem südchinesischen Shenzhen, hat 1999 ein Trainingscenter für 300 nigerianische Telekommunikationsingenieure aufgebaut, die inzwischen dringend gebraucht werden. Im Sommer 2005 hat das Unternehmen einen 200-Millionen-US-Dollar-Auftrag bekommen, um das GSM-Netzwerk von V-Mobile, Nigerias drittgrößtem Mobilfunkhersteller, auszubauen. Das Geschäft wurde von der China Development Bank vorfinanziert. Inzwischen beliefert Huawei alle vier

Netzwerkbetreiber und hat einen Marktanteil von vierzig Prozent. Ein weiterer 200-Millionen-US-Dollar-Kredit ebnete den Weg für einen Auftrag für das chinesische Telekomunternehmen ZTE, um eine Minimalinfrastruktur auf dem Land aufzubauen und Billig-Handys zu produzieren. 2005 eröffnete ZTE die erste Handyfabrik in Afrika. Nigeria ist dort der am stärksten wachsende Telekommunikationsmarkt. 1999, als Präsident Obasanjo die Macht übernahm, gab es 400 000 Telefonlinien, heute sind es über 22 Millionen. Die meisten Kapazitäten haben die Chinesen geschaffen.

Der Alltag dieser Projekte ist nicht immer einfach. Ein Manager von Huawei schilderte mir seine Eindrücke im Herbst 2007. Seit 2004 ist Guo Xiubin in Afrika: »An dem Tag, an dem ich in Afrika landete, erinnere ich mich noch so genau, als wäre es gestern gewesen. Ich fand ein kleines Büro vor – Schlafzimmer, Büro und Kantine waren in einem Gebäude. Wir waren weniger als zwanzig Mitarbeiter, einige davon sollten, so wie ich, nur zeitlich begrenzte Projekte unterstützen. Zwei bis drei teilten sich ein Zimmer. Dass wir sogar zu wenig Moskitonetze hatten, war sehr unangenehm. Aber meine Kollegen waren sehr freundlich und hilfsbereit.«

Guo war für das Projekt »Operator S« zuständig, das erste CDMA-Netzwerk in Westafrika. Zehn Leute arbeiteten daran, eine relativ hohe Mitarbeiterzahl für ein so kleines Projekt. Da es jedoch marketingstrategisch wichtig war, wollte die Zentrale in Shenzhen auf jeden Fall den Zeitrahmen einhalten. Ansonsten wurde allerdings gespart, wo es nur ging. »Unser Büro hatte ein paar Fahrzeuge, von denen die meisten Jahrzehnte alte Mercedes waren. Jedes Mal, wenn wir einen Operator besuchten, mussten wir uns zu fünft oder zu sechst in eines dieser Autos zwängen.« Die alten Anlagen waren ziemlich weit außerhalb des Stadtzentrums. »Da Lagos selten ohne Stau ist, brauchten wir im Schnitt zwei Stunden und mehr, um an die Standorte zu gelangen.«

Der Alabadu nördlich von Lagos war der am weitesten entfernte von allen. Jeder Besuch dorthin kostete mindestens vier Stunden. »Dort war es unmöglich, Mittag zu essen. Eine Zeitlang arbeiteten wir ohne Mittagessen. Einmal fuhren wir sogar mit dem Firmenwagen eines Kunden nach Alabadu – in der heißesten Zeit in Nigeria, Mitte Januar. Das Auto hatte keine Klimaanlage, es gab einen furchtbaren Stau und stank nach Abgasen. Als wir unser Ziel erreicht hatten, konnten wir kaum noch gerade stehen. Mit viel Anstrengung hatten wir die Anlagen wieder zum Laufen gebracht.« Doch schon zwei Tage später schlug das System Alarm. Da es zu Sendestörungen kommen kann, wenn man versucht, das Problem ausfindig zu machen, müssen diese Tätigkeiten nach Mitternacht ausgeführt werden. »Wir mussten also abends dorthin fahren und die Nacht dort verbringen«, erzählt Guo. »In Nigeria traut sich keiner, auch unsere lokalen Mitarbeiter nicht, abends nach zehn Uhr vor die Tür zu gehen. Ehrlich gesagt, hatte ich ein wenig Angst. Tian Hetao, ein Produktmanager, musste mich beruhigen und bot mir an, dass ich die Nacht über einfach an seiner Seite bleiben sollte. Die anderen Abteilungsleiter waren besorgt und sagten mir, meine Sicherheit sei das Wichtigste, und dann erst käme die Lösung des Problems. Abends um acht machten wir uns auf den Weg. Wir trafen auf bewaffnete Polizisten. Mein Herz fing wild an zu klopfen.« Um 22 Uhr erreichten Guo und sein Team das Ziel. »Wir schlossen uns einfach in dem Container ein, in dem das Betriebssystem installiert ist.« Tatsächlich gelang es ihnen, die Ursache des Problems herauszufinden. Der Kunde war so beeindruckt, dass sie auch den Zuschlag für die nächste Phase bekamen. »Diese Nacht werde ich mein ganzes Leben lang nicht vergessen«, sagt Guo. Doch es sollte noch schlimmer kommen. Drei bis vier Kilometer entfernt von der Sendeanlage war ein Marktplatz. Man hatte gemeldet, dass das Signal dort sehr schwach sei. Um die Stärke des Signals zu prüfen, wurde eine Testfahrt geplant. Der lokale Fahrer jedoch warnte das Team davor, dass der Marktplatz gefährlich sei. Die Chinesen schlugen die Warnung in den Wind. »Wir dachten, was kann uns schon passieren, wenn wir tagsüber dorthin fahren.« Sie fuhren los, kaum waren sie 200 Meter auf den Platz gefahren, wurden sie von einer Bande, die beobachtet hatte, dass Ausländer im Auto waren, gestoppt. »Der Fahrer versuchte noch mit ihnen zu verhandeln, doch er wurde brutal zusammengeschlagen. Zum Glück waren die Türen geschlossen, sonst wären wir wahrscheinlich auch noch verprügelt oder gar ausgeraubt worden.« Der Fahrer konnte sich schließlich wieder ins Auto retten. Doch nun hockten sich zwei dieser Burschen vor das Auto. »Der Fahrer nahm all seinen Mut zusammen und gab einfach Gas. Wir waren besorgt, dass wir die beiden überfahren würden, im letzten Augenblick aber sprangen die zur Seite.« Guo und sein Team haben sich nie mehr auf dem Marktplatz sehen lassen.

Auch das Stadtviertel Ogba war als gefährlicher Ort bekannt. Von den fünf Orten, die sie betreuen mussten, war er der schlimmste. »Alle Mitarbeiter im Büro wussten das«, sagt Guo. Dennoch mussten die Männer dorthin fahren, da von dort immer wieder Beschwerden über den schlechten Mobilempfang kamen. »Wir mussten dort übernachten und essen«, erzählt Guo. »Jeden Mittag haben wir Bananen gegessen, weil es nichts anderes gab. Bananen waren unser Hauptnahrungsmittel. Wir riefen uns schon gegenseitig zu ›Hallo, Herr Affe, komm mal her‹«, erzählt Guo. In dieser Zeit entwickelte sich eine enge Freundschaft unter den Telekomingenieuren. Diese Erfahrung half ihnen bei den späteren Bedienungs- und Wartungsarbeiten mit »Operator S«. »Um die Quelle der Störung auszumachen, mussten wir vorsichtig aus dem Auto aussteigen und mit einer Suchvorrichtung in der Hand herumgehen. Die Leute um uns herum guckten uns komisch an«, erzählt Guo. Man muss sich das einmal vorstellen: Da laufen plötzlich in einer Gegend, in der vorher nie Ausländer gesehen wurden, Chinesen mit eigenartigen Geräten herum und starren auf den Pegelausschlag. »Eines Nachts mussten wir sogar mit unserem Kollegen von der Netzwerkoptimierung in einen Hinterhof, um eine Störungsquelle zu finden. Kaum jemand, der Afrika kennt, würde uns glauben, dass wir uns zu dieser Uhrzeit in solch dunklen Ecken herumgetrieben haben.« Guo und seine Kollegen begannen ihre Arbeit abends, als alle Leute Fernsehen schauten, und waren morgens zur Frühstückzeit zurück. »Wir wurden die Stars im Büro. Wir wurden nicht mehr mit dem eigenen Namen begrüßt, sondern mit ›Ogba‹.« Weil Guo immer unterwegs war, gingen die ersten acht Monate in Afrika sehr schnell vorbei. Während dieser Zeit lernte er den Stress der Arbeit und das Land kennen. »Ich habe einen ziemlich guten Einblick in das Land bekommen. Nigeria erlebt gerade einen Boom in verschiedenen Bereichen, besonders bei der drahtlosen Kommunikation. Eigentlich ist unser Büro für die ganze Arbeit zu knapp besetzt«, erzählt er. »Ich war dennoch so fasziniert, dass ich immer öfter daran dachte, in Nigeria zu bleiben, um diese große Entwicklung mitzubekommen. Das erste Mal, als ich diesen Gedanken hatte, war ich selbst überrascht. Wenn ich hierbleibe, bedeutet das, dass ich für ein paar

Jahre bleiben muss.« Guo verdiente viermal so viel wie zu Hause in China. Wenn er allerdings an seine alten Eltern dachte, an seine Frau, die er erst kürzlich geheiratet hatte, und ihr gemeinsames kleines Kind, dann war er sich nicht mehr so sicher. »Ich dachte oft darüber nach und konnte mich nicht entscheiden. Nach zwei oder drei Monaten habe ich beschlossen, hierzubleiben, weil es auch für meine Karriere gut ist.« Andere Kollegen entschlossen sich, nach ein paar Monaten zurückzugehen. Guo hingegen machte Karriere. Im Juli 2004 wurde er Seniorabteilungsleiter der Wireless Technical Support Section für ganz Westafrika. Außer für die üblichen Ingenieurstätigkeiten und die Wartung war er für Teambildung, Training sowie Entwicklung der lokalen Mitarbeiter und für Vertragspartner zuständig. »Unsere nigerianischen Mitarbeiter waren technisch sehr ungebildet. Viele wussten nicht einmal, wie man einen Computer bedient. Sie tippten auf ihm mit einem Finger«, erzählt Guo, »es war kein leichter Job, sie so auszubilden, dass sie sich als fähige Telekomingenieure in den verschiedenen Kommunikationssystemen zurechtfanden.« Für ihr Training führten Guo und sein Team eine Reihe von Methoden ein, von denen die Afrikaner noch nie etwas gehört hatten: Angestelltentraining, Wochenberichte, Einschätzung monatlicher Arbeitsleistung und so weiter. »Wir haben uns viel Mühe gegeben, damit sich Nigerianer und Chinesen nicht entfremden, denn wir mussten ja trotz der großen Unterschiede irgendwie zusammenarbeiten.« Guo erzählt, dass sie nach einem halben Jahr schon große Fortschritte gemacht hätten. »Die lokalen Mitarbeiter fingen an, ihre eigene Rolle zu spielen, und die Geschäfte in den Nachbarländern blühten.« Sie übernahmen Projekte in Kamerun, Sierra Leone und an der Elfenbeinküste. »In meinen drei Jahren in Nigeria wurde ich Zeuge, wie sich unser Geschäft in Afrika von null zu einem bedeutenden Bereich unseres Unternehmens entwickelt hat. Auch für meine Karriere war das gut. Diese Jahre haben sich tief in meine Erinnerung eingegraben.«[27]

Die Menschen in Nigeria spüren die chinesische Invasion vor allem daran, dass teure Produkte immer mehr durch billige ersetzt werden. Nigerianische Händler, die lange im Westen eingekauft haben, beziehen immer mehr aus China. Jeden Tag stehen viele von ihnen

Schlange vor der chinesischen Botschaft, um ein Visum zu bekommen. Die meisten Geschäfte nutzen den Nigerianern mehr, als dass sie ihnen schaden. Aber in manchen Bereichen, besonders in der Textilindustrie, sind einheimische Unternehmen nicht mehr wettbewerbsfähig. Achtzig Prozent der Textilunternehmen mussten schließen. Dennoch werden weitaus mehr Arbeitsplätze geschaffen, als verloren gehen. Dass die Alteingesessenen und der Westen sich gleichermaßen über die chinesische Konkurrenz beschweren, findet Busty Okundaye, Nigerianer und Unternehmer der UGC Technology and Management Firm, die in China, den USA und England Geschäfte macht, nicht ungewöhnlich: »Meine Großmutter, die am Straßenrand Akara [Bohnenbällchen] verkaufte, hat sich auch von einem neuen Akara-Verkäufer in ihrer Straße angegriffen gefühlt. Das ist der Grund, warum die Vereinigten Staaten und Europa sich von der chinesischen Präsenz in Afrika bedroht fühlen. Doch sie hatten hundert Jahre Zeit, das zu tun, was die Chinesen jetzt machen, aber nichts dergleichen ist passiert.«[28]

Vor allem führt das chinesische Engagement dazu, dass die nigerianische Regierung Handlungsspielraum bekommt. Präsident Obasanjo konnte Wirtschaftsreformen einleiten, die vom Pariser Club der Industrienationen im Oktober 2005 mit einem Schuldenerlass belohnt wurden. Sechzig Prozent der Schulden, rund 18 Milliarden US-Dollar, wurden annulliert. Den großen Rest konnte das Land im Jahr 2006 zurückzahlen. Die Auslandsverschuldung ist damit erstmals auf drei Milliarden US-Dollar gesunken. Das sind nur 2,5 Prozent des Bruttoinlandsprodukts. Die billigen Investitionskredite der Chinesen machten es der Regierung Obasanjo möglich, die Währungsreserven von 7,1 Milliarden US-Dollar auf 42,6 Milliarden zu erhöhen. Insofern wird die Unabhängigkeit der Nigerianer tatsächlich größer.[29] Das stellte auch der neue nigerianische Präsident Umaru Yar'Adua fest, als er anlässlich des G8-Gipfels in Deutschland im Sommer 2007 zum ersten Mal Staatspräsident Hu Jintao traf. »Die nigerianisch-chinesischen Beziehungen entwickeln sich gut.« Der 56-Jährige bedankte sich für Chinas Unterstützung und sagte: »China hat eine bedeutende Rolle in der Entwicklung Nigerias gespielt. Ich hoffe, dass unsere beiden Länder ihre Wirtschafts- und Handelsbeziehungen noch vertiefen können, vor allem, was die Kooperation im Eisenbahnbau, bei der Errichtung von Wasserkraftwerken und die Telekommunikation betrifft.«[30] Zudem möchte Yar'Adua den Austausch im Kulturbereich, in der Bildung sowie der Wissenschaft und Forschung erweitern. Das bedeutet: Technologietransfer und Ausbildung von eigenen Arbeitskräften.

Der wirtschaftliche Spielraum führt wiederum zu politischer Macht. Kaum war Präsident Yar'Adua an die Spitze des Staates gerückt, gelang es ihm, nach chinesischem Vorbild die Nigerian National Petroleum Corporation zu zerschlagen, die seit Jahrzehnten ein Nest der Korruption war. Das Konglomerat wurde in fünf konkurrierende Unternehmen aufgeteilt, die sich gegenseitig kontrollieren sollen. 2007 konnte er die Reformen vollenden. »Wenn das funktioniert, wird es ein erstaunlicher Fortschritt sein«, urteilt selbst der notorisch afrikaskeptische *Economist*.[31] Dennoch sind die Vorbehalte in den nigerianischen Blogs gegenüber den Chinesen groß. Ein Sani schreibt am 10. Oktober 2007: »Ich traue den Chinesen nicht. Sie betrügen. Sie sind hungrig nach neuen Märkten und Ressourcen. Wenn es die nigerianische Regierung nicht schafft, sie zu überwachen, würden sie nicht zögern, sich unser Land unter den Nagel zu reißen.«

Das größte Problem sind die chinesischen Händler, die sich in Nigeria niederlassen können und ihre Produkte billiger anbieten als ihre nigerianischen Wettbewerber. Im Dezember 2006 schloss die nigerianische Polizei drei Kaufhäuser, die von chinesischen Geschäftsleuten in Lagos betrieben wurden. Die offizielle Begründung lautete, dass dort geschmuggelte und gefälschte Produkte verkauft wurden, die der nigerianischen Wirtschaft schaden würden. »Unsere Untersuchungen haben ergeben, dass die Mengen groß genug waren, um unsere lokale Textilindustrie in Schwierigkeiten zu bringen«, sagte Jacob Buba Gyang, Chef der Zollbehörden. »Die Aktivitäten von Ausländern sollten nicht dazu führen, dass die industrielle Basis unseres Landes zerstört wird.«[32]

Sogar der Senat Nigerias beschäftigte sich mit dem Thema. Der chinesische Botschafter musste reagieren und lud die Führung des Senats ein, um ihr die Bedeutung des chinesisch-nigerianischen Verhältnisses zu erklären. Dass die Behörden daraufhin Milde gegen die Fälscher walten ließen, ärgerte die Menschen in Nigeria. Die Schließung von China Town konnte verhindert werden. »Den Nigerianern ist es nicht gelungen, bei Problemen in China die gleiche Aufmerksamkeit wie die Chinesen hier zu bekommen«, beschwert sich Daniel Michael, Pfarrer der Royal-Victory-Kirche.[33] Seine Kirche hat die ersten afrikanischen Christen zum Missionieren nach China geschickt. Im Dezember 2005 sprang ein Nigerianer in den Tod, als er von chinesischen Polizisten verfolgt wurde. Zwei andere, darunter ein Lehrer, verletzten sich schwer, als sie auf der Flucht vor der chinesischen Polizei aus dem Fenster eines Hochhauses sprangen. »Warum wurden die Fälscher vor dem Senat gehört? Der Volkskongress jedenfalls hat sich nicht mit den toten und verletzten Polizeiopfern beschäftigt.« Das Beispiel zeigt deutlich die ungleichen Machtverhältnisse zwischen China und Nigeria. Die Nigerianer brauchen China mehr als umgekehrt.

Jacob Wu ist kein eitler Mann. Er trägt meist ein dunkles Poloshirt und eine weiße Golfkappe auf der Halbglatze, derzeit mit dem Konterfei des neuen nigerianischen Präsidenten Yar'Adua. Seine randlose Brille hängt tief auf der Nase, die Augenbrauen zeigen fragend nach oben. Er lacht viel. Meist hat er eines seiner Handys am Ohr. Wenn er einen offiziellen Termin hat, rollt er erst im letzten Moment die Ärmel seines Hemdes hinunter und hängt sich eine Krawatte um, auch wenn, wie zur Zeit, der mächtige Landwirtschaftsstaatssekretär Qu Xiaofei mit einer Delegation aus Peking zu Verhandlungen gekommen ist.[34]

Wu ist der wichtigste Mann Chinas in Nigeria. Seitdem der Hongkonger Textilunternehmer Cha Chi Ming im Frühjahr 2007 im Alter von 93 Jahren starb, ist er darüber hinaus der dienstälteste Chinese. Ming hatte Anfang der sechziger Jahre die ersten Textilfabriken in Nigeria eröffnet und war in Hongkong bekannt wie ein bunter Hund, weil er als Einziger afrikanische Hausangestellte hatte. Wu war auch zur privaten Geburtstagsfeier auf der Farm des ehemaligen Präsidenten Obasanjo eingeladen, der im April 2007 siebzig Jahre alt wurde. Drei Tage wurde gefeiert. Die Farm liegt in der Nähe einer der Fabriken von Wu, in der Stahl verarbeitet wird. Wu hat sein Netzwerk sorgfältig aufgebaut. Botschafter kommen und gehen, Wu bleibt. Seit über dreißig Jahren lebt er im Land. Schon sein Vater hatte Fabriken in Lagos. Er war vor den Schergen Maos erst nach

Hongkong geflohen und hatte sich 1953 in Nigeria niedergelassen, als das Land noch eine britische Kolonie war wie Hongkong. Sieben Jahre später wurde Nigeria unabhängig. Seinen Sohn Jacob verließ er, als der noch ein kleines Kind war. Erst 1977, kurz nach Maos Tod, konnte Jacob Wu nach Nigeria reisen, um seinen Vater kennenzulernen, da war er schon Ende zwanzig. Wu studierte zuerst noch Wirtschaft in Toronto, kehrte nach Nigeria zurück und wurde Restaurant-Manager des Shangri-La im damals legendären Eko-Hotel, das dem Milliardär Armand Hammer gehörte, dem Gründer und Besitzer des Ölkonzerns Occidential Petroleum. Hammer, ein persönlicher Freund Lenins, Kapitalist und einflussreichster Kommunist Amerikas, starb 1990. Wu blieb in Lagos hängen und machte sein eigenes Restaurant auf, das Golden Gate mit 1500 Sitzplätzen, das es heute noch gibt. Inzwischen hat sich Wu sein eigenes Konsortium aufgebaut, die Nigeria Golden Gate Group, die es mit einem guten Dutzend Joint-Ventures zu einem Wert weit jenseits der Hundert-Millionen-US-Dollar-Marke bringt. Gut 2000 Nigerianer arbeiten für ihn. Er hat auch ein eigenes Ausbildungszentrum für Nigerianer. »Auf Dauer macht es keinen Sinn, nur mit Chinesen zu arbeiten«, sagt er. »Es ist am Anfang zwar etwas aufwändiger, aber es zahlt sich später aus. Es ist also nicht nur sozial, sondern auch wirtschaftlich sinnvoll.«

Als der Westen in den neunziger Jahren Sanktionen gegen Nigeria verhängte, sah Wu seine Chance. Er blieb und investierte in die Lücken, die der Westen zurückließ. Das haben ihm die Nigerianer nicht vergessen. Selbst Präsident Olusegun Obasanjo, der unter dem Diktator Sani Abacha als Oppositioneller im Gefängnis saß, ernannte ihn im Juli 2004 zum Präsidentenberater. Er soll möglichst viel chinesisches Investment ins Land holen, vor allem soll er sich darum kümmern, dass der chinesische Mittelstand sich im Land ansiedelt. »Das ist der beste Weg einer langfristigen Zusammenarbeit.« Wu hätte selbst nie gedacht, dass es einen solchen China-Boom in Afrika geben würde. »Das muss man ganz nüchtern sehen«, sagt er, »China benutzt Afrika, um genauso stark zu werden wie die USA und sie dann zu überholen. Um dieses Ziel zu erreichen, sind die Chinesen zu vielen Konditionen bereit, und davon profitiert Afrika.« Wu kann die Aufgaben, die auf ihn einprasseln, kaum bewältigen. »Seit fünf, sechs Jahren ist der Teufel los«, erzählt er, »ich weiß gar nicht, was ich zuerst machen soll.« Der knapp 60-jährige Schanghainese hat eine Fensterfabrik und ein Bauunternehmen, das gerade 544 Luxusvillen gegenüber der Chevron-Texaco-Zentrale baut, Verkaufspreis mindestens 250 000 US-Dollar pro Villa. Die Hälfte der chinesischen Häuser haben sich die Amerikaner schon gesichert. Wu stellt Fernseher und Klimaanlagen her. Er hat das Milliarden-Eisenbahngeschäft eingefädelt und unter anderem sichergestellt, dass ein chinesisches Unternehmen das größte Stromkraftwerk in der Nähe von Lagos baut. Wu ist eine Mischung aus Unternehmer und Politiker, nicht nur, weil er der Generalsekretär des NCPPRC, des »Nigeria Council for the Promotion of Peaceful Reunification of China« ist, das er 2002 gegründet hat, und Mitglied der politischen Konsultativkonferenz in Peking. Wann immer es im Alltag klemmt in den chinesisch-nigerianischen Beziehungen, und das tut es sehr oft, dann ist er zur Stelle. Er versucht das Problem zu lösen, bevor es politische Wellen schlägt, er ist eine Art Übersetzer der kulturellen Unterschiede. »Es gibt viele Missverständnisse zwischen Chinesen und Nigerianern, vor allem bei der Frage, wie man arbeitet«, lacht Wu. Er ist auch so etwas wie das Logistikzentrum für die einreisenden Kader, denn er sorgt dafür, dass der Flughafendirektor Bescheid weiß, wenn chinesische Delegationen landen, damit sie nicht unnötig aufgehalten werden. Die Delegationen wohnen in seinem kleinen Hotel Millennium Inn in der Oladele-Olashore-Straße in Victoria Island, dem Bankendistrikt der Stadt, und essen in seinem Hochhaus am Eingang des Botschaftsviertels, wo früher auch der Präsidentenpalast lag, als Lagos noch Hauptstadt war. Die kleinen chinesischen Dächer des Golden-Gate-Restaurants an der Fassade sind auf dem Weg vom Flughafen in die Stadt nicht zu übersehen, davor stehen die obligatorischen goldenen Löwen.

Wu ist so wichtig, dass die nigerianische Regierung nicht möchte, dass ihm etwas passiert. Er hat immer sechs mit Maschinenpistolen bewaffnete nigerianische Polizisten um sich herum, die sich in zwei Polizeifahrzeugen um seinen Mercedes verteilen. Er hat die Auswahl zwischen einem Jeep und einer Limousine. Der neue Präsident hat einige Wochen zuvor seinem Gegenüber Hu Jintao in Berlin versprochen, alles zu tun, damit Chinesen in Nigeria nicht Opfer eines

Attentats oder Überfalls werden. Vor allem Lagos hat trotz allem wirtschaftlichen Aufschwung der letzten Jahre noch immer einen schlechten Ruf – wohl zu Recht.

Jacob Wu ist früh auf an diesem Dienstag im Mai. Er hat das chinesische Frühstück zeitiger als sonst servieren lassen, denn eine achtköpfige Delegation will sich mit Prinz Olagunsoye Oyinlola, Gouverneur der Osun-Provinz, treffen, um über eine Kooperation im Landwirtschaftsbereich zu verhandeln. Der Staat ist eine kleine, aber dicht besiedelte Provinz, und Oyinlola ein mächtiger Mann mit großem Einfluss in der Hauptstadt. Bevor der ehemalige, unter anderem in den USA militärisch ausgebildete Brigadegeneral 2003 die Wahlen als Provinzgouverneur gewann, war er in den neunziger Jahren militärischer Oberbefehlshaber von Lagos, einer der schwierigsten Städte der Welt. Aus dieser Zeit kennt er Wu. Oyinlolas Vater war von den dreißiger Jahren an bis in die fünfziger hinein Olokuku von Okuku, ein wichtiger Stammeskönig der Region. Kurz vor seiner Amtsübernahme hat Oyinlola, ein passionierter Golfspieler, noch einen Jura-Abschluss an der britischen Buckingham-Universität gemacht. Zwei UN-Friedensmissionen leitete er schon mit, deshalb sitzt er in der Präsidentenkommission zur Reform der Vereinten Nationen. Ein Mann, von dem man noch hören wird.

Amy, Wus Frau, eine Hongkongerin mit Kurzhaarschnitt, in rosa Pulli und rosa Hosen, die auch mitfährt, verteilt die Fresspakete für die Leibwächter und die Fahrer, die sie ermahnt, langsam zu fahren. Die lachen nur. »Ja, Madame«, sagt einer der Polizisten und hebt die Hand ironisch zum militärischen Gruß. Dann setzt sich die Delegation in Bewegung. Das eiserne Tor geht auf. Mitarbeiter halten den Verkehr an, und die Karawane zuckelt los. Vorneweg das Führungsfahrzeug mit Blaulicht und Martinshorn. Es zwängt sich wie ein Eisbrecher im Zickzack durch den Morgenverkehr, dann folgen die beiden Mercedes und ein Kleinbus; ein Polizeiwagen schließt die kleine Kolonne ab. »Go slow«, nennen die Nigerianer den Stau, was angesichts der verkeilten Autos sehr optimistisch klingt. Die Okadas, kleine Transportmotorräder, versuchen sich mit Lkw-Hupen, sonst kommen sie gegen die Molues, die vor Ort gebauten Busse, kaum an. Dazwischen fahren Toyota-Jeeps und der eine oder andere Porsche Cayenne.

Wu hat sich ins Führungsfahrzeug gesetzt, damit es sich möglichst viele Mitglieder der Delegation in den beiden Mercedes bequem machen können. Oder fühlt er sich bei den »Maschinenpersonen« sicherer? Wu lacht nur, als ich ihn das frage, und wechselt das Thema. Ich habe Wu über einen chinesischen Freund kennengelernt, weshalb er mir gegenüber von Anfang an sehr aufgeschlossen ist. Ich darf mitfahren und als Ausländer bei den Regierungsverhandlungen zwischen Chinesen und Nigerianern dabei sein. Die Nigerianer freuen sich über Aufmerksamkeit, und die Chinesen haben offensichtlich nichts zu verbergen.

Wir verlassen die Stadt über die »Dritte Festlandsbrücke«, die über 13 Kilometer lang ist und die reichen Bezirke von Ikoyi, Victoria Island und Le mit dem ärmeren Festland verbindet. Reich bedeutet, dass die billigste Flasche Champagner im Club 6 Grad N für knapp neunzig Euro über die Theke geht, arm bedeutet: kein sauberes Trinkwasser, kein Strom, Kriminalität. Linker Hand dampfen die Slums am Ufer der schwarz fauligen Lagune. Wir biegen auf die Nationalstraße ein. Sie ist die Hauptverkehrsachse nach Norden in die Hauptstadt Abuja, eine Art Schnellstraße mit einem Grünstreifen in der Mitte, der als Parkplatz, Müllhalde und Ersatzteillager dient. Am Rand haben die Lastwagen Furchen in die rote Erde gedrückt. Riesenslalom mit quietschenden Reifen um die Lastwagen herum, mal links, mal rechts vorbei, darunter zahlreiche ausgemusterte deutsche Lastwagen, Rostlauben von Möbel Hübner in Berlin ebenso wie von Edeka. In regelmäßigen Abständen sind Reparaturzentren entstanden: Wellblech- und einfache Steinhütten, in denen Mechaniker mit ein paar Werkzeugen warten. Dieses Geschäft haben die Chinesen noch nicht übernommen. »Das kommt erst, wenn chinesische Lastwagen in Nigeria fahren«, sagt Wu. Einige der alten westlichen Lkw haben sich offensichtlich mit letzter Kraft bis zum Reparaturzentrum geschleppt und sind dann mitten auf der Straße liegen geblieben. Unsere Spur ist verstopft, der Verkehr steht bisweilen. Fliegende Händler bieten Bier, Obst und Lenkradschoner an. Der Fahrer des Führungsfahrzeugs schimpft aus dem offenen Fenster heraus und entschließt sich dann, die entgegengesetzte Fahrbahn zu nehmen. Die Kolonne hoppelt über den Mittelstreifen. Nun sind wir Geisterfahrer. Die Kleinbusse, die hinter den Lastwagen zum Überholen ansetzen, zucken zurück, als sie unser Blaulicht sehen. Immer wieder müssen wir im letzten Moment auf den Mittelstreifen ausweichen.

Der Verkehr wird weniger. Wir wechseln wieder auf unsere Spur. Zeit, sich mit Wu zu unterhalten:

»Sie sind der Ratgeber für Präsident Obasanjo. Was diskutieren Sie, und wann fragt er Sie um Rat?«, will ich wissen.

»Ich berate ihn, wie man die chinesischen Investoren am besten ins Land locken kann. Nigeria braucht Chinesen, die hier investieren, besonders in der kleinen und mittleren Industrie. Wir sprechen auch oft darüber, wie man den illegalen Import von Billigwaren aus China unterbinden kann, und wie wir die Chinesen in den privaten Sektor bekommen. Die chinesische Regierung ermutigt große chinesische Firmen wie Huawei, hierher zu kommen und ihre hochwertige Technologie mitzubringen. Die afrikanischen Regierungen wollen das ebenfalls, doch sie sind auch vorsichtig. Ich weiß, wie die Chinesen denken, und lebe schon lange in Nigeria. Deswegen vermittle ich bei Verhandlungen.«

»Wie ist das Verhältnis zwischen China und Afrika? Die Afrikaner sehen, dass China erfolgreich ist. Sie können zwar einerseits von den Chinesen lernen, aber andererseits sind sie neidisch. Bekommen Sie das bei Ihrer täglichen Arbeit zu spüren?«

Die tropischgrüne Landschaft zieht an uns vorüber. Wu blickt aus dem Fenster und zögert einen Moment mit seiner Antwort. »Nein eher nicht. Jeder weiß, dass China ein entwickeltes Land ist. Viele Teile Chinas, wie der Südwesten, sind noch sehr arm, aber die meisten Afrikaner sehen nur Schanghai oder Peking. Ein Aspekt, der viel mehr die chinesisch-afrikanischen Beziehungen trübt, ist die Konkurrenz, die aus China nach Afrika kommt und unsere lokale Industrie beeinflusst. Einige chinesische Geschäftsleute bringen Textilien auf illegalem Weg nach Afrika. Diese sind sehr billig und moderner als die afrikanischen. Im letzten Jahr mussten deswegen hunderte von nigerianischen Textilfirmen schließen. Der Regierung passt das nicht. Sie will, dass die Ausländer hier Infrastruktur aufbauen, aber um die einfachen Dinge wollen sich die Nigerianer selbst kümmern.«

»Verständlich, aber wie kann man das ändern?«, frage ich.

Wu muss diesmal nicht lange überlegen: »Die chinesische Regierung sollte ernsthafte Schritte in diese Richtung unternehmen. Die afrikanische Regierung verlangt, dass die Verantwortlichen in China Führung den Export nach Afrika kontrollieren. Ein Aspekt ist die Qualität, ein anderer das Gesetz. Es gibt Gesetze hier in Nigeria – und es ist nicht erlaubt, Textilien zu importieren, aber trotzdem bringen Chinesen die Waren illegal hierher, denn natürlich gibt es einige Beamte hier, die sie gegen Geld ins Land lassen. Aber würden sie gar nicht erst herkommen, würde auch die Korruption weniger.«

Ich hake nach: »In Afrika ist Korruption ein großes Problem. Denken Sie, dass dieses Problem gelöst werden kann?«

»In den siebziger Jahren hatte Hongkong ebenfalls dieses Problem. Die Regierung gründete eine Organisation, die ICAC (Independent Commission Against Corruption). Gleichzeitig versuchte sie, die Wirtschaft anzukurbeln. Je besser die Menschen verdienen, desto geringer wird die Korruption. Denn den Menschen sind die 200 Dollar nicht wichtig, die man ihnen gibt, wenn sie 15 000 im Monat verdienen. Die Asiaten, Europäer und die Amerikaner sollten den Nigerianern dabei helfen und die vorderste Quelle abschneiden. Sie sollten Hand in Hand arbeiten.«

»Wenn Europäer Geschäfte in Afrika machen, legen sie normalerweise Wert auf Regeln und Pläne, und plötzlich wird es dann kompliziert, woran liegt das?«

»Vor allem daran, dass sie anders sind. Sie haben eine unterschiedliche Kultur, eine andere Vorstellung von Organisation, andere Denkweisen und eine andere Regierungspolitik. Das ist auf Dauer schwierig. Die Briten regierten Nigeria lange Zeit. Sie wenden hier zum Beispiel noch immer britische Gesetze an. Aber Europa und Afrika sind einfach zu weit voneinander entfernt. Europa ist zu entwickelt für Afrika. China hingegen ist noch immer in einigen Regionen wie Afrika. Die Chinesen haben ähnliche Probleme, die sie lösen müssen. Daher ist auch die Zusammenarbeit oftmals einfacher.«

»Und was ist der größte Unterschied zwischen China und Afrika?«

»Die Chinesen sind disziplinierter. Sie lösen Probleme Schritt für Schritt. Die Afrikaner machen erst etwas und denken dann über das Gesetz nach, aber das ändert sich auch allmählich«, antwortet Wu und fügt mit einem leisen Lachen hinzu: »Das chinesische Leben ist sehr einfach. Chinesen würden auch Wein aus einer großen Schüssel trinken, die Europäer würden das niemals tun. Die Afrikaner können vielleicht diese Ideen und diese Flexibilität von China übernehmen. Sie sind sich ohnehin näher, weil sie ähnliche Erfahrungen gemacht haben.«

»Afrika wächst mit einer Rate von etwa fünf Prozent. Kann durch die Investitionen aus dem Ausland und besonders durch den chinesischen Einfluss eine neue Entwicklungsstufe erreicht werden?«

»Die EU und die UN haben viele Missionen hier. Aber nur die Stabilität Afrikas kann Frieden und Stabilität für die ganze Welt schaffen. Nicht nur die Chinesen, auch die Deutschen, die Japaner und die Amerikaner interessieren sich sehr für Afrika. Sie wollen auch, dass die Menschen hier etwas zu essen, anzuziehen und Arbeit haben. Jeder Teil der Welt, der in dieser Hinsicht allein gelassen wird, bedeutet Schwierigkeiten für die ganze Welt. Wenn alle zusammenarbeiten, werden wir in der näheren Zukunft sehen, dass Afrika aufholen kann.«

»Es hängt doch derzeit immer mehr auch von der Zusammenarbeit der chinesischen und der afrikanischen Regierung ab. Wie wollen sie einen langfristigen Erfolg erreichen?«, frage ich und merke, dass Wu schon oft über diesen Aspekt nachgedacht hat.

»Sie wissen, dass sie dafür eine Win-Win-Situation erreichen müssen. Letztes Jahr beim Sino-African Summit hat die chinesische Führung viele Aufträge nach Afrika vergeben. Aber im Unterschied zum Westen geben die Chinesen den Afrikanern nicht nur einen Fisch, sondern bringen ihnen auch bei, wie man angelt.«

»Es gibt drei Gründe für China, nach Afrika zu gehen. Der erste sind die Bodenschätze, der zweite ist das Interesse an diesem neuen Markt und der dritte ist das Interesse an politischen Verbündeten. Welcher Grund ist der wichtigste?«

»Ich bin nicht die chinesische Regierung, aber in den fünfziger Jahren war der politische vielleicht am wichtigsten. China war nicht in der UN und brauchte Stimmen. Seither sind die wirtschaftlichen Gründe und die Bodenschätze am wichtigsten für sie.«

Ich nicke, da ich die Antwort erwartet habe, und frage weiter: »Welches sind die wichtigsten Investitionsbereiche für Chinesen in Afrika?«

»Die Landwirtschaft. Wenn die Essensversorgung gewährleistet ist, wird Afrika stabil bleiben. Wenn Menschen kein Essen haben, wird es Krieg geben. China hat viel Erfahrung damit, denn das Land hat 1,3 Milliarden Einwohner. Wir schlagen der chinesischen Regierung auch vor, sich mehr um Investitionen in der Landwirtschaft zu kümmern.«

»In welcher Position wäre Afrika, wenn es keine chinesischen Investitionen gäbe?«

»Wir sagen: ›In einer Welt ohne dich und mich wird sich die Welt trotzdem weiterdrehen.‹ Wir können nicht sagen, dass ohne die Chinesen Afrika zerbrechen würde, aber die Entwicklung wäre langsamer. Die westlichen Länder sind interessierter an großen Projekten, deswegen brauchen wir die Chinesen, damit auch die kleineren Projekte übernommen werden. China hat darin sehr viel Erfahrung.«

»China übernimmt aber doch zunehmend mehr große Projekte, denken Sie, Unternehmen wie das von Julius Berger sind langfristig konkurrenzfähig?«

»Ich denke nicht, dass chinesische Unternehmen die deutschen Firmen verdrängen können wegen ihrer besseren Technologie und ihres Managements. Aus diesen Gründen sind chinesische Unternehmen niemals mit deutschen vergleichbar, aber der Preis wird eben immer wichtiger, und da sind die Chinesen unschlagbar.«

Wus Frau gibt ein Zeichen, wir sind fast da. Ich frage Wu: »Warum sind Sie und Ihre Frau so lange in Afrika geblieben?«

»Wegen der Möglichkeiten hier. Außerdem wird unsere Firma immer größer und größer – ich kann nicht gehen«, er lacht und holt noch einmal aus: »Unsere Firma entwickelt sich. Wir haben mehr und mehr Hotels, wir haben unser Bauunternehmen, die Fensterfabrik, eine Maschinenfabrik. Wir haben eine Fabrik für Klimaanlagen, und es kommen immer mehr Firmen hinzu. Vieles muss ich gleichzeitig erledigen: Manchmal muss ich auch auf Regierungsebene den Präsidenten treffen und beraten, wie tun wir dies oder das. Ich bin die Brücke zur chinesischen Regierung. Ich muss das chinesische Image in Afrika verbessern. Andernfalls belastet der illegale Import von Billigwaren unser Ansehen. Wo immer ich meine Ausbildung bekommen habe, welchen Pass ich auch habe – man wird mich immer als Chinese dafür verantwortlich machen.«

Wir sind angekommen. Das Provinzregierungsviertel liegt wie ein kalifornischer Campus in der hügeligen Landschaft, moderne, aber nicht protzige Gebäude hinter einem hohen Zaun. Unsere Wagenkolonne schlängelt sich zum Gouverneursgebäude hoch. Wir werden in den Audienzraum geführt und müssen dreißig Minuten warten. Dann taucht der Zeremonienmeister auf und moderiert den Gouverneur an. Er verfällt dabei ein wenig in den Singsang der Rapper. Prinz Oyinlola geht mit großen Schritten auf uns zu. Wu und der Prinz umarmen sich herzlich. Wu stellt die Delegation vor und schildert das Anliegen der Chinesen. Der Staatssekretär sagt ein paar erklärende Worte, der nigerianische Prinz antwortet. Ja, man sei interessiert, im Agrarbereich zusammenzuarbeiten. Damit, glaubt der Prinz, sei der erste Schritt getan, nun können die Fachleute verhandeln. Die Chinesen wollen mehr, sie machen Druck. Zumindest eine Absichtserklärung müsse unterschrieben werden. Gouverneur Oyinlola ist darauf nicht vorbereitet, er zögert. Wu vermittelt vorsichtig. Einerseits hat er ein Interesse daran, dass weitreichende Ergebnisse erzielt werden, andererseits möchte er den Gouverneur nicht brüskieren. Die Chinesen haben den Auftrag, möglichst viele Absichtserklärungen nach Hause zu bringen. Morgen fliegen sie weiter nach Ghana, anschließend geht es in den Mittleren Osten. Der Staatssekretär zieht ein Papier aus der Tasche, die Chinesen haben etwas vorbereitet. »Das können sich die Fachleute des Prinzen ja mal unverbindlich ansehen«, sagt Wu mit dem Charme eines Versicherungsvertreters. Der Prinz willigt ein. Er nimmt das Papier und zieht sich mit seinen Fachleuten in den Arbeitsbereich zurück. Die Chinesen warten fast zwei Stunden bei Wasser und Erdnüssen. Während über den chinesischen Vertragsparagraphen gebrütet wird, habe ich Gelegenheit, mich mit dem Gouverneur zu unterhalten. Er sitzt in seinem braun gemusterten Gewand und mit einer Kappe in den gleichen Farben tief in seinem Ledersessel, neben ihm die grüne nigerianische Flagge. Er ist mit sich und der Welt zufrieden. Warum er sich nicht ein Gegenangebot von den Europäern hole, frage ich ihn. »Das lohnt sich nicht«, antwortet Oyinlola, »mit denen haben wir schon gesprochen. Die Europäer wollen in einem zivilisierten Umfeld arbeiten. Sie wollen ihr Programm zügig durchziehen. Als wir mit den Chinesen einen Vertrag unterzeichnet haben, kamen die

Bauern aus China. Ich wollte sie in schönen Häusern in der Stadt unterbringen. Aber sie sagten, nein, wir gehören nicht in die Stadt, wir leben bei euren Bauern. Und da blieben sie, in Gegenden, wo es noch nicht einmal Strom gibt. So einfach ist das.«

»Die Europäer sind ein wenig neidisch auf die neuen Beziehungen zwischen China und Afrika. Haben sie Grund dazu?«

»Sie sollten. Wir haben eine lange Beziehung zu den Europäern. Aber sie haben in der langen Zeit nicht das hinbekommen, was die Chinesen geschafft haben. Sie müssen wettbewerbsfähiger werden. So einfach ist das. Wir arbeiten mit denen zusammen, die am besten für uns sind.«

»Aber schafft das, was die Chinesen machen, auch Arbeit für die Menschen hier?«

»Natürlich, sie kommen hierher, um unsere Farmer auszubilden, ihnen zu zeigen, wie man Maschinen effizient einsetzt. Sie schaffen viele Arbeitsplätze und geben uns ihre Technologie. Wir haben bereits hundert chinesische Agrarspezialisten in unserer Provinz. Unsere Bauern lernen viel. Der Ertrag der Landwirtschaft erhöht sich bereits. Und für den Preis von einem westlichen Berater bekommen wir zehn chinesische.«

»Was können die Chinesen von Afrika lernen?«

»Sie können den Geist der Freundschaft der Afrikaner lernen. Wenn sie zum Mond fliegen, sollen sie einen Afrikaner mitnehmen«, sagt der Prinz und bekommt ein Zeichen. Seine Mitarbeiter sind fertig. Die Chinesen sind angespannt. Was hält der Prinz von ihrem Vorschlag?

Wu erkennt am Gesichtsausdruck der Nigerianer sofort, dass alles so weit in Ordnung ist. Sie haben nur ein paar kleine Änderungsvorschläge. »Wir können nun unterschreiben«, sagt der Prinz. Der chinesische Staatssekretär ist erstaunt: Das ginge nicht, ein Vertrag mit dem Prinzen müsse mindestens von einem chinesischen Provinzgouverneur unterschrieben werden, wenn es schon keine Prinzen in China gebe. Oyinlola solle nächsten Monat zur Unterzeichnung nach China reisen. Dann könnten übernächsten Monat schon 300 Spezialisten nach Osun kommen. Chinesen und Nigerianer wollen nicht nur Gemüse gemeinsam anbauen, sondern in der neuen Freihandelszone auch verarbeitende Industrie aufbauen. »Wenn uns das gelingt«, strahlt der Prinz über das ganze Gesicht, »wird unsere Provinz ein nie da gewesenes Niveau an wirtschaftlichem Wachstum erreichen.« Das bedeute Arbeitsplätze für die Menschen.

Die Chinesen haben wieder ein Millionengeschäft abgeschlossen. Wu ist zufrieden, er hat einen guten Job gemacht. Seine Frau, die als eine Art Protokollchefin fungiert, drängt zum Aufbruch. Ein obligatorisches Gruppenfoto für die Provinzmedien, und wir hasten los. Jacob Wu muss zum Flughafen, noch am selben Tag trifft er Vertreter der neuen Regierung. Tags darauf wird er mit einer Botschaft nach Peking zur dortigen Regierung fliegen.[35]

Als wir zurück in Lagos sind, treffe ich Allan Green in einem Café. Green ist Mitte siebzig und ein britischer Gentleman. Mittelbraunes Jackett mit Einstecktuch, blaues Hemd, helle Hose, braune Slipper ohne Socken, so sieht man ihn fast jeden Tag am späten Nachmittag durch Lagos laufen, wenn die Hitze ein wenig nachlässt. Da mag das Chaos in der Stadt noch so groß sein. Es ist ein Freund der Wus. Seit vierzig Jahren lebt er in Lagos. Zusammen haben sie den einen oder anderen Diktator überstanden, gute Geschäfte gemacht und gut gelebt. Green hat eine Wohnung in London, doch er liebt Lagos, die Abwechslung, die Herausforderung, das Unvollkommene, die Lebensfreude. »Im Zug schauen sich die Menschen nicht an. Jeder stiert vor sich hin. Hier kommt man ins Gespräch. Hier ist es aufregend. Jeden Tag passiert etwas Neues. Ich langweile mich in Europa.« Er hält sich für eine aussterbende Spezies. Dass der Westen den reichen Schwarzen Kontinent den Chinesen überlässt, lastet er nicht den Politikern an. Er ist überzeugt, dass es vor allem an der Mentalität der jungen Westler liegt. »Ich rate den jungen Leuten in Europa immer wieder, ihr solltet nach Afrika gehen«, sagt er im britischen Singsang eines Altherrenschnösels, mit dem er einen in seinen Bann zieht. »Los, geht dorthin, tut irgendwas, dort habt ihr alle Möglichkeiten. Sie haben diesen Unternehmergeist verloren. Das Leben hat sie verwöhnt. Sie können einfach für eine Internet-Firma arbeiten, in Chicago, London oder sonst wo. Sie gehen nirgendwo mehr hin.«

»Aber ist es nicht verständlich, dass sie lieber in London leben als in Lagos?«, frage ich vorsichtig.

»Ich bekomme hier alles, was ich brauche.« Er wundert sich, dass den Europäern der ursprüngliche Geschäftssinn abhanden gekommen ist. »Die meisten europäischen Unternehmen verpassen das Boot«, sagt Green. »Sie haben noch den alten Blick auf Afrika.« Er vermisst das Unternehmertum. Die meisten Europäer kämen nicht hierher, um sich niederzulassen. Sie hätten einen Entsendungsvertrag für drei, vier oder zehn Jahre. »Aber sie werden nicht ein Teil der Umgebung, in der sie leben. Sie kommen als Angestellte und nicht als Unternehmer. Es gibt in Nigeria vielleicht zehn britische Unternehmer, zehn deutsche Unternehmer. Das ist heute schon anders bei den Chinesen.«

»Aber gibt es nicht auch in Afrika immer wieder Investitionswellen, und nun sind mal die Chinesen am Ruder?«, werfe ich ein. So etwas müsse er doch in seinen über vier Jahrzehnten Nigeria schon mehrfach erlebt haben.

Green schüttelt den Kopf: »Es ist das erste Mal, dass ich fühle, hier entsteht ein Boom. Der Einstieg Chinas ist eine neue Dimension. Es kommt mir fast wie eine Revolution vor. Die Europäer verlieren viele Geschäfte an die Chinesen. Sie sind pfeilschnell. Leider. Und es geht rasant bergauf.«

»Aber gibt es nicht auch Schattenseiten des chinesischen Geschäfts für Afrika?«

»Die afrikanischen Regierungen fragen sich bereits, was ist der Pferdefuß. Aber das hat keinen doppelten Boden. Sie wollen nur Geschäfte machen. Ich rate den Afrikanern: Überdenkt es, und wenn ihr glaubt, es ist zu eurem Vorteil, dann legt los.«

»Wie schnell wird sich Nigeria in den nächsten zehn Jahren verändern?«

»Nigeria wird sich nicht so dramatisch in den nächsten zehn Jahren verändern, wie sich Pudong in Schanghai verändert hat. Tinubusquare, das Gebiet um das National Theatre, wird entwickelt werden, ebenso die Lekki-Gebiete. Es wird überall Strom geben. Es wird ähnlich aussehen wie heute, aber organisierter. Man kann das chinesische Tempo nicht eins zu eins auf Afrika übertragen. Aber China kann Nigeria dennoch zum Tiger von Afrika machen.«

»Welche neuen Entwicklungen müssen stattfinden, damit das passiert?«

»Das, was noch passieren müsste, ist, dass kleine und mittlere chinesische Unternehmen zu uns kommen. Firmen, die zum Beispiel

Türgriffe herstellen. Sie bringen die Maschinen und das Know-how, bilden ein paar lokale Arbeiter aus, und los geht es.« Chinesen aus Indonesien hätten beispielsweise die Instant-Nudelsuppen eingeführt. »Die wurden hier bis vor kurzem kaum gegessen. Jetzt verkaufen sie zwischen drei und fünf Millionen Pakete pro Tag.« Green ist sich sicher, dass Nigeria auf Grund seiner Bevölkerungszahl das Produktionsland für die Subregion werden wird. Das Wichtigste, was die neue nigerianische Regierung tun müsse in China, sei, »das Vertrauen zu schaffen, dass es sich lohnt, hierher zu kommen«.

»Warum beginnt der Aufstieg Nigerias ausgerechnet jetzt?«

Das liege daran, dass die Chinesen wegen des gestiegenen Rohstoffbedarfs den afrikanischen Kontinent entdeckt hätten: »Von allen Völkern, die ich kenne, sind es die Chinesen, die das, wenn überhaupt, hinkriegen. Es ist interessant: Die Inder sind toll ausgebildet und haben eindrucksvolle Unternehmen, ich habe einige gute indische Freunde. Aber mein Eindruck ist, dass die Chinesen besser organisiert sind. Es werden sich mehr Chinesen hier niederlassen als Inder, und sie werden mehr aufbauen. Denn sie sind schnell und flexibel und nicht so herablassend.«

Ein paar Wochen vorher hatte ich den nigerianischen Präsidenten Obasanjo in seinem Amtssitz in Abuja getroffen. Abuja, erst seit 1991 Hauptstadt, ist eine Retortenstadt, die ihren künstlichen Charakter langsam ablegt und sich mit Leben füllt. Schon heute hat sie viele Vorteile gegenüber Lagos. Sie ist kühler, sicherer, übersichtlicher, und ihre Infrastruktur ist verlässlicher. Die christliche Kirche und die Moschee stehen sich, getrennt durch die neue Stadtautobahn, gegenüber.

Es sollte sein letztes Gespräch mit einem westlichen Journalisten werden, bevor er die Amtsgeschäfte an seinen Nachfolger Yar'Adua übergeben würde.[36] Obasanjo hat ein wechselvolles Leben hinter sich, wie kaum ein anderer afrikanischer Staatsmann, abgesehen von Nelson Mandela. Er hat das von Diktatoren gebeutelte Land in den vergangenen acht Jahren in den Status eines vielversprechenden Schwellenmarktes mit knapp sechs Prozent Wachstum geführt. Zum ersten Mal erregte der in England ausgebildete Mann Aufsehen, als er 1979 als Diktator und Ex-General die Macht an eine zivile Regierung übergab – mit dem Ziel, Demokratie einzuführen. Gegen die neue

Regierung wurde jedoch Anfang der achtziger Jahre vom Militär geputscht. Nach weiteren Putschen wurde Obasanjo 1995 als Dissident zu 15 Jahren Gefängnis verurteilt. Er kam nach drei Jahren wieder frei und wurde 1999 als erster frei gewählter Präsident Nigerias in der Hauptstadt Abuja vereidigt. Er bekämpfte die Korruption so entschlossen, dass er in den Aufsichtsrat von Transparency International berufen wurde. Anspruch und Wirklichkeit klafften gegen Ende seiner Amtszeit jedoch auseinander.

»Als Nelson Mandela in Südafrika aus dem Gefängnis entlassen wurde, habe ich ihn besucht«, erzählt Obasanjo. »Wir waren sehr ausgelassen und haben gescherzt. Mandela sagte, er sei nun ›prison graduated‹, er habe ein Gefängnisdiplom. Weil er ins Gefängnis kam, bevor er Präsident war, während ich ins Gefängnis kam, nachdem ich das Land regiert hatte, meinte Mandela ich sei ppg: ›post prison graduated‹. Diese Erfahrung hat uns stark geprägt.« Obasanjo hatte Glück: Er saß, wie gesagt, nur drei Jahre, dann starb 1998 Sani Abacha. Auch wenn es Debatten in Nigeria darüber gibt, ob Obasanjo genug für sein Land getan hat, sind sich die meisten Beobachter darüber einig, dass in seinen beiden Amtsperioden Nigeria die größten Fortschritte gemacht hat, vor allem in den vergangenen acht Jahren. Das hat einerseits damit zu tun, dass die Machtkämpfe im Land gut dreißig Jahre nach der Unabhängigkeit abgeflaut sind. Andererseits liegt es daran, dass China als zweiter großer Spieler neben dem Westen das Land entdeckt hat. Worauf ist Obasanjo besonders stolz? »Ich bin zufrieden, dass ich noch hier sitze. Als ich die Macht übernommen habe, räumten mir selbst enge Freunde keine großen Chancen ein. Sie haben mich gefragt: Warum nimmst du das auf dich? Nigeria ist ein Paria-Staat, mit dem niemand Geschäfte machen will. Die Menschen haben eine geringe Schulausbildung und sind gewaltbereit und zerstritten. Der Staat hat keine Kontrolle über die Vorgänge im Land. Es gibt überall Korruption. Die Infrastruktur ist verrottet. Es gibt kaum eine Gesundheitsversorgung. Das war meine Ausgangslage.«

»Was macht man in einer solchen Lage zuerst: Macht sichern, Reformen einleiten?« Deng Xiaoping stand vor einer ähnlichen Aufgabe, als er 1979 die Macht übernahm. Er versuchte, einen Öffnungsprozess einzuleiten, den seine Gegner nicht mehr umkehren konnten. Aber seine Ausgangsposition war sehr viel günstiger: China war stabil, die öffentliche Ordnung war hergestellt. Die Welt blickte auf China und war voller Hoffnung Anfang der achtziger Jahre. Viele westliche Unternehmen versuchten in einem Markt mit Millionen Kunden Fuß zu fassen. Im Fall Nigerias war das anders. Das Land hatte den Ruf eines instabilen Molochs. Die Welt wartete auf China, aber sie wartete nicht auf Nigeria.

»Die erste Frage war: Schaffen wir es, wieder Stabilität im Land herzustellen? Ich kam zu dem Ergebnis, dass die Militärs, die einmal politische Macht besaßen, der Versuchung erliegen könnten, wieder nach der politischen Macht zu greifen. Denen musste ich erst einmal klarmachen: Genug ist genug. Also habe ich diese Militärs und ihre Familien entmachtet. Den anderen sollte ein für alle Mal klar sein: Das Militär hat seine Aufgaben so zu befolgen, wie sie in der Verfassung verankert sind: Verteidigung unseres Land nach außen und Wahrung von Frieden und Stabilität nach innen sowie internationale Hilfe bei Friedensmissionen. Mehr nicht. Das zu akzeptieren war für viele Militärs nicht einfach.«

Deng hat die Militärs damals an den Geschäften beteiligt, damit sie nicht auf dumme Gedanken kamen und putschten. Noch bis weit in die zweite Hälfte der neunziger Jahre gehörten viele Immobilien und Geschäfte der Armee, wie zum Beispiel das heutige Peninsula Hotel in der Nähe des Platzes des Himmlischen Friedens, an der Wangfujing-Fußgängerzone. Erst unter Staatspräsident Jiang Zemin und Premierminister Li Peng wurde das Militär erfolgreich zurückgedrängt. Es spielt heute keine zentrale Rolle mehr. Der Nachteil dieser Entwicklung war, dass die Korruption blühte. Ich vermute, dass das in Nigeria ähnlich gewesen sein muss.

Obasanjo atmet tief ein und aus, dann sagt er: »Wenn ich es dabei hätte bewenden lassen, wahrscheinlich. Aber nachdem ich gewählt war, noch vor der offiziellen Amtsübergabe, habe ich ein Antikorruptionsgesetz entwickeln lassen. Das wurde sofort nach meiner Vereidigung in der Nationalversammlung bearbeitet und nach einem Jahr verabschiedet. Damit war jedem klar: Es wird nicht mehr drunter und drüber gehen in Nigeria.«

»War das nicht ein frommer Wunsch?«

»Nein, ein wichtiger Schritt. Aber Sie haben mich gefragt, was ich am meisten bedauere. Nun, dass ich nicht in der Lage war, schneller hinter die Kulissen des Landes zu blicken und ein ungeschminktes Bild von den Zuständen zu bekommen. Denn die waren viel schlimmer, als ich dachte.«

Ich bitte ihn um ein Bespiel.

Obasanjo wendet sich einem Thema zu, das, auch wenn sich die Lage verbessert hat, eine große Schwäche des Landes ist. »Die Stromversorgung«, sagt er und macht eine lange Pause. »Der Energieminister hatte mir versprochen, die flächendeckende Energieversorgung binnen eines Jahres wiederherzustellen. Nach einem Jahr hatte er noch immer keinen Überblick über die Probleme. Es hat alles viel länger gedauert. Aber wir haben die wichtigsten Probleme in den zwei Amtsperioden in den Griff bekommen. Probleme, die die meisten westlichen Länder gar nicht haben, die aber für uns in Afrika gigantische Aufgaben darstellen.«

Ich spüre, dass er wirklich stolz darauf ist, auch wenn in Lagos, dem Wirtschaftszentrum des Landes, noch regelmäßig der Strom ausfällt. Das kennt Obasanjo schon. Die unterschiedlichen Blickwinkel. Während er die Verbesserungen in den letzten acht Jahren sieht und weiß, welch große Mühe die gemacht haben, neigen die westlichen Besucher dazu, die Lage in Nigeria mit der im eigenen Land zu vergleichen. Dann muss die Bewertung vernichtend ausfallen. Ich komme auch auf einen zweiten Bereich zu sprechen, in dem es Fortschritte in Nigeria gegeben hat. Die Regierung Obasanjo hat es geschafft, ihre Auslandsschulden zurückzubezahlen. Dieser Erfolg hat eng mit dem neuen Spieler China in der Globalisierung zu tun. Die stark gestiegene Nachfrage aufseiten der Chinesen hat dazu geführt, dass die Rohstoffpreise steigen und damit auch die Einnahmen Nigerias. Gleichzeitig haben vor allem die Chinesen der Regierung billige Kredite zur Verfügung gestellt.

Obasanjo strahlt. »Es ist ein sehr schönes Gefühl, wenn das Schwert der Schulden nicht mehr über einem baumelt und das Ausland einem keine Vorschriften mehr machen kann.« Ich hole Luft, um dazwischenzugehen. Doch er weiß schon, was ich fragen will: »Das bedeutet jedoch noch nicht, dass ich mit dem Geld machen könnte, was ich will. Ich muss es zum Wohle des Staates ausgeben.«

»War das nicht schwierig?«, will ich wissen. »Denn es fehlt dem Land an allen Ecken und Enden noch immer an Investitionen.«

»Deswegen muss man sich zunächst auf zwei Bereiche konzentrieren«, erklärt Obasanjo. »Infrastruktur: Straßen, Eisenbahn, Strom, Wasser, Kommunikation. Das zweite ist die menschliche Infrastruktur: Ernährung, Ausbildung, Gesundheitsversorgung. Das müssen wir für eine Bevölkerung von 140 Millionen Menschen bereitstellen. Das bedeutet, wir sind weiterhin knapp bei Kasse.«

Ist das also der Grund, warum sich seine Regierung nun wieder in Milliardenhöhe verschuldet, diesmal bei den Chinesen, nachdem sie ihre Schulden gegenüber dem Westen gerade abbezahlt haben?

»Das ist ein gutes Geschäft«, verteidigt sich Obasanjo, und sein Argument überzeugt: »Wenn Sie auf der Bank fünf Prozent für Ihr Geld bekommen und Sie finden jemanden, der Ihnen das Geld für drei Prozent leiht, wären Sie ein schlechter Geschäftsmann, wenn Sie sich das Geld nicht leihen würden. Daran ist nichts Verwerfliches.«

»Hätten Sie sich gewünscht, solche Angebote auch von den Ländern der EU zu bekommen?«, will ich von ihm wissen. Und eigentlich wollte ich nun etwas über die Enttäuschung vom Westen erfahren. Immerhin ist Nigeria traditionell westlich orientiert.

Doch Obasanjo ist ein schlauer Mann. Er nutzt die Antwort als Lockruf: »Jeder, der uns billiges Geld leiht, ist herzlich willkommen. Die Chinesen sind dazu bereit, und wir können sie bezahlen mit dem, was wir haben: Öl und Gas. In der Vergangenheit haben wir die Profite aus den Bodenschätzen nicht gut maximieren können, weil nicht viele verschiedene Kunden da waren. Das ist nun anders. Wir geben unser Öl demjenigen, der am meisten bezahlt. Nun sind wir endlich in der Lage, die Messlatte immer höher zu legen. Wir sagen zum Beispiel: Wer uns zusätzlich hilft, unsere Infrastruktur aufzubauen, der hat größere Chancen, den Zuschlag zu bekommen. Wenn die Firmen zweier Länder das Gleiche für einen Ölblock bieten, können sie sich durch die Infrastrukturprojekte den Zuschlag erkämpfen. Die Chinesen sind in der Lage, gute Qualität für einen günstigen Preis zu liefern.«

Ich lege die Latte höher. »Zahlreiche EU-Politiker befürchten«, wende ich ein, »dass moralische Standards und demokratische Errungenschaften durch die Angebote der chinesischen Diktatoren unterlaufen werden.«

Obasanjo schwankt nicht: »Das beste Angebot anzunehmen ist

höchst moralisch für die Zukunft unseres Landes. Die Menschen hier brauchen die Hilfe dringend.«

Ich bohre weiter. »Im Westen fällt immer wieder das Stichwort Neokolonialismus, wenn das Engagement Chinas in Afrika beschrieben wird. Ist da nicht etwas dran?«

»Ich weiß gar nicht, was Sie unter chinesischem Neokolonialismus verstehen«, echauffiert sich Obasanjo. Allmählich steigt er in das Gespräch ein. »Wenn Deutschland in Afrika investiert, ist das dann auch Neokolonialismus?«

»Nun, die Chinesen investieren ein wenig mehr als die Deutschen«, erwidere ich, »damit wird auch die Abhängigkeit größer.«

»Dann sollen die Deutschen auch so viel investieren«, Obasanjo freut sich, dass er parieren kann. »Das wäre sehr moralisch. Ihre Investitionen sind herzlich willkommen.«

Ich lasse nicht locker: »Aber ist es für die afrikanischen Länder nicht wichtig, dass man Zahlungen mit Forderungen verbindet, die dazu führen, dass Afrika stabiler und fortschrittlicher wird?«

Obasanjo holt weit aus, um das Thema zu fassen: »Afrika hatte vier große Demütigungen zu ertragen. Die erste war der Sklavenhandel. Der hat uns sehr geschwächt. Die zweite war der Kolonialismus. Wir wurden 1884/1885 auf der Kongo-Konferenz in Berlin unter den europäischen Ländern aufgeteilt. Ein Gebiet wurde deutsch, ein anderes französisch, wieder ein anderes englisch. Ich musste in Nigeria Englisch lernen, mein Kollege in Ketu, der heutigen Republik Benin, Französisch. Wir konnten uns nicht untereinander verständigen. Erst zufällig fanden wir heraus, dass wir beide Yoruba sprechen. Die dritte Demütigung war der Kalte Krieg. Damals ging es auch nicht um Moral, sondern nur darum, ob sich der Westen oder die Sowjetunion mehr afrikanische Länder unter den Nagel reißen konnte. Zur vierten Demütigung drohte die Rohstoffabhängigkeit unserer Wirtschaft zu werden. Wir waren von wenigen Ölfirmen abhängig. Doch mit dem Aufstieg Asiens ändert sich das. Jetzt haben wir die Wahl und damit ganz neue Chancen.«

»Aber auch diese Allianz hat eine historische Dimension«, wende ich ein, »zwei Verlierer der Kolonialisierung tun sich zusammen. Wie wichtig ist die gemeinsame Vergangenheit für den Zusammenhalt und das gegenseitige Verständnis?«

»Nicht wirklich wichtig. Das ist Vergangenheit. Neulich hat jemand gesagt, wir Afrikaner sollten Reparationen verlangen. Das ist nicht meine Sicht. Ein britischer High Commissioner hat einmal auf eine solche Forderung gegenüber England geantwortet: ›Wir reichen die Reparationsforderungen an die Römer weiter, die England besetzt haben. Und die Römer reichen sie an die Griechen weiter. Und die geben sie womöglich den Persern.‹ Sie sehen, so kommen wir nicht weiter. Deshalb kann auch unsere Verbindung mit den Chinesen nicht von den Erfahrungen in der Kolonialzeit bestimmt sein.«

»Welche Werte teilen Sie?«

»Die Chinesen glauben, dass die Entwicklung der Infrastruktur das Wichtigste ist. Wir glauben ebenfalls daran. Die Chinesen sind es gewohnt, aus der jeweiligen Situation das Beste zu machen. Auch wir sind das gewohnt. Die Chinesen haben eine hohe Bevölkerungszahl. Wir haben das für afrikanische Verhältnisse auch. Wenn ich es in einem Satz zusammenfassen soll: China und Nigeria glauben an eine Co-Prosperität.«

»Und nun ist der Westen eifersüchtig«, werfe ich ein.

»Daran kann der Westen nichts auszusetzen haben. China hat etwas, was wir brauchen können, nämlich Geld und preiswerte Infrastruktur. Und wir haben etwas, was die Chinesen brauchen, nämlich Bodenschätze. Wir versuchen nichts anderes, als unter diesen günstigen Voraussetzungen den gegenseitigen Nutzen zu maximieren.«

»Was den Westen vielleicht noch eifersüchtiger macht, ist, dass Chinesen und Afrikaner sich auch politisch gegen den Westen zusammenschließen. China hat beispielsweise zusammen mit der Afrikanischen Union eine scharfe UN-Resolution gegen den Sudan verhindert. Haben die Chinesen die Afrikanische Union nicht nur benutzt, um ihre wirtschaftlichen Interessen im Sudan zu zementieren?«

Obasanjo schüttelt den Kopf: »Ich halte nichts von Vetos. Die Vetopolitik ist veraltet. Warum legen Staaten ein Veto ein? Weil sie ihre eigenen, nationalen Interessen schützen wollen. Nur deswegen jetzt mit dem Finger auf China zu zeigen halte ich nicht für angebracht. Mit allem Respekt, wie oft haben die Vereinigten Staaten ein Veto benutzt, um ihre spezielle Beziehung zu Israel zu schützen und ihre eigenen Interessen in der Region zu untermauern? Wir brauchen faire, für alle Seiten akzeptable Lösungen, die den regionalen Gepflogenheiten entsprechen.«

»Sollten die Konflikte auch nur von regionalen Mächten gelöst werden?«

»Die Lage im Sudan macht uns Afrikanern große Sorgen, denn die Konflikte finden im Herzen Afrikas statt. Das Problem könnte und sollte auch von Afrikanern gelöst werden. Doch dazu sind wir derzeit nicht stark genug. Auch bekommen wir nicht genug internationale Unterstützung.«

Ich versuche seine Einschätzung der strategischen Kraft Afrikas auszuloten: »Die Afrikanische Union ist also noch zu jung und zu schwach, um diese Aufgaben zu übernehmen?«, frage ich deshalb.

»So würde ich es nicht formulieren. Die Afrikaner verfügen nicht über die militärischen Mittel, die Probleme in Darfur zu lösen. Dennoch bin ich überzeugt, dass die Probleme unter afrikanischer Führung gelöst werden sollten. Wir wissen am besten, was zu tun ist.«

»Also«, denke ich den Gedanken zu Ende, »soll der Westen nur unter afrikanischer Oberaufsicht helfen?«, und schaue Obasanjo fragend an.

Er holt wieder aus: »Das Problem Sudan beginnt in Liberia. Wir haben uns weit aus dem Fenster gelehnt, um eine für Afrika sinnvolle Lösung zu finden. Wir haben gesagt, wir finden einen Weg, dass Charles Taylor sein Amt aufgibt. Alle sagten, das sei eine gute Idee. Das war 2003. Taylor ging nach Nigeria ins Exil. Doch während wir an einer dauerhaften Lösung gearbeitet haben, verfolgten die Amerikaner, die Briten und Franzosen und die Vereinten Nationen parallel ihre eigenen Ziele. Unter deren Druck haben wir uns schließlich 2006 entschlossen, Taylor an die UN zu übergeben, damit er in Sierra Leone vor ein internationales Gericht gestellt werden kann. Dafür hat Nigeria international viel Anerkennung bekommen. Aber heute bin ich der Auffassung, dass solche Aktionen unseren Spielraum unterlaufen, den wir brauchen, um die Probleme selbst zu lösen und eine angemessene Afrika-Politik zu entwickeln.«

Ich bin erstaunt. »Hat Charles Taylor nicht seine Anklage verdient?«

»Das ist nicht die Frage. Entscheidend ist die Frage, war das für afrikanische Verhältnisse vorausschauend. Und noch deutlicher: Wie kann man weiteres Leiden verhindern? Wer kann es Präsident al-Bashir im Sudan übel nehmen, dass er uns nun nicht mehr glaubt, oder Robert Mugabe, wenn wir sagen: Tritt zurück, es wird dir nichts passieren. Du wirst morgen für Kriegsverbrechen angeklagt. Er wird uns die Frage stellen: Kann ich euch trauen? Seht, was mit Charles Taylor passiert ist. Und ich kann nur sagen: Er hat Recht. Die kurzsichtige internationale Politik hat uns die Tür zu einem Ausweg verschlossen, der viel Leid hätte verhindern können.«

Sein Argument leuchtet mir ein. Aber, schießt mir sofort danach durch den Kopf, hat das Verhandeln nicht irgendwann eine Grenze? Haben die westlichen Länder nicht die Pflicht einzugreifen, wenn Menschenrechte in Afrika verletzt werden, wie in Simbabwe und im Sudan? »Wer definiert denn, wann es Menschenrechtsverletzungen in Afrika gibt?«, mit dieser Frage bringe ich Obasanjo außer Rand und Band.

Er redet sich in Rage: »Wer definiert, wann es Menschenrechtsverletzungen in den Vereinigten Staaten gibt? Wer? Was ist mit Guantánamo? Wer bestimmt, wann Menschenrechte in Deutschland verletzt werden, wenn sogenannte illegale Immigranten abgeschoben werden? Wer zur Hölle maßt sich an, die Standards für mein Land festzulegen? Mit welchem Recht drückt ihr uns eure Standards auf? Wenn der Westen glaubt, dass wir etwas falsch gemacht haben, dann soll er mit uns auf gleicher Augenhöhe darüber sprechen. Ich habe mich heute Morgen mit einer westlichen Menschenrechtsgruppe getroffen. Ich bin auch gegen die Todesstrafe, weil ich selbst ohne fairen Prozess im Gefängnis saß. Dennoch achte ich Menschen, die für die Todesstrafe sind, und versuche sie vom Gegenteil zu überzeugen. Wir haben die moralische Überheblichkeit zu weit getrieben. In der Bibel steht zu Recht: ›Was siehst du den Splitter in deines Bruders Auge, aber den Balken in deinem Auge wirst du nicht gewahr.‹«

Sein rhetorisches Donnerwetter hinterlässt Eindruck bei mir. Aber seine Argumentation hat eine Lücke: »Sie haben sich doch mehrfach selbst in die inneren Angelegenheiten einiger anderer afrikanischer Länder eingemischt, ohne dass Sie behaupten können, in Nigeria stehe alles zum Besten«, wende ich ein.

»In der AU-Charta ist das Recht verbrieft, dass afrikanische Länder einem dritten Land Afrikas deutlich machen dürfen, was ihnen gefällt und was nicht. Das haben wir im Falle Liberias getan. Wir waren willkommen, weil wir nicht gesagt haben, wir zwingen dich, dies und jenes zu tun. Wir waren nicht anmaßend. Wir waren auch im Sudan willkommen, weil wir gesagt haben, wir glauben, dass die Probleme auf andere Art gelöst werden müssen. Wie können wir helfen, dieses Ziel zu erreichen? Das ist eine Sichtweise, die davon ausgeht, dass kein Land von sich behaupten kann, völlig ohne Menschenrechtsverletzungen zu sein. Es gibt keine eindeutige Festlegung, was zu den Menschenrechten gehört und was nicht. Manche sehen das Recht auf Arbeit als ein Menschenrecht an. In vielen Ländern stellt sich auch die Frage, welche Menschenrechte zuerst etabliert werden sollen. In dieser Frage haben die asiatischen Länder eine andere Auffassung als die westlichen.«

»Welche Politiker im Westen teilen Ihren Blickwinkel?«

»Die meisten sind Mitglieder des InterAction Council of Former Heads of State and Government, das sich im Mai in Wien trifft. Sie können auch sagen, dass wir eine Gruppe von arbeitslosen, alten Politikern sind, die darüber lamentieren, dass die Zeiten früher besser waren. Aber ich möchte mich noch so lange wie möglich mit ihnen austauschen. Dazu zählt Helmut Schmidt. Das ist ein Mann, für den ich große freundschaftliche Hochachtung empfinde, und ich bin überzeugt, dass er mir die gleiche Hochachtung entgegenbringt. Ich teile seine Sicht auf die Welt. Er war es, der uns schon Anfang der Neunziger davon überzeugt hat, dass China – was immer auch sonst noch passieren wird – in den nächsten dreißig Jahren eine Weltmacht werden wird. Weil das so ist, schlug er vor, dass wir uns näher mit China beschäftigen und uns überlegen, wie wir mit China zusammenarbeiten können.«

»Aber im Grunde müssten doch auch Sie ein Interesse daran haben, dass Ihre Abhängigkeit von China nicht zu groß wird, dass Sie sowohl mit China, als auch mit Europa und den USA ausgewogen zusammenarbeiten. Ihr erster Staatsbesuch außerhalb Afrikas führte Sie im Dezember 1999 immerhin noch nicht nach China, sondern nach Deutschland. Damals schlugen Sie einen regelmäßigen Gipfel zwischen Afrika und Europa in Berlin vor, also an eben jenem Ort, an dem Afrika von den Kolonialmächten aufgeteilt wurde. Halten Sie ein solches Treffen noch immer für hilfreich?«

»Ich glaube, es ist noch sehr wichtig. Aber solche Treffen funktionieren nur, wenn sie informell bleiben. Es macht keinen Sinn, sich zu treffen, wenn alle Seiten sich nur gegenseitig ihre lange vorbereiteten Positionspapiere vorlesen. Vielmehr sollten wir uns offen austauschen.«

»Worüber zum Beispiel?«

»Zum Beispiel über das Thema Infrastruktur. Es ist im Interesse der Welt, dass wir Infrastruktur aufbauen. Die Frage ist, wie europäische Unternehmen daran partizipieren können. Durch die Initiativen aus Asien stellt sich nun auch für die Europäer die Frage aufs Neue, wie Staat und Privatunternehmen dabei zusammenarbeiten.«

»Ich finde das sehr theoretisch, denn die Unternehmen in Europa gehorchen dem Staat nur, wenn er sie zwingt, etwas zu tun. Und die meisten europäischen Unternehmensvertreter sind überzeugt, dass sich Afrika nur sehr langsam und unstetig entwickelt. Deshalb investieren sie lieber in Asien. Wann wird sich das ändern?«

»Die Sichtweise mag ihre Berechtigung haben, aber sie sieht nur einen Teil des Panoramas. Wenn man in einem Land investiert, ist die Infrastruktur sehr wichtig. Wie sind die Straßen und Schienen, wo bekomme ich Wasser und Strom her? Wie sind die Häfen, wie bekommt man sein Geld rein und raus? Wir müssen in dieser Hinsicht noch viel schaffen. Aber wir haben auch schon viel erreicht: In Nigeria ist es jetzt möglich, innerhalb von 24 Stunden ein Unternehmen zu gründen. Die Frage für die europäischen Unternehmen ist nun, ob sie dabei sind oder nicht, wenn sich die Entwicklungsgeschwindigkeit Afrikas erhöht.«

»Es gibt allerdings auch Faktoren wie Umweltprobleme, die das von China induzierte Wachstum zunichte machen könnten. Das könnte bedeuten, dass sich die Entwicklungsgeschwindigkeit wieder absenkt und die Europäer nichts verpasst haben in Afrika.«

»Das ist durchaus möglich. Unser Land gerät bereits von mehreren Seiten unter Druck. Unsere Küsten versanden im Süden. Die Wüste breitet sich im Norden aus. Und im Zentrum leiden wir unter Erosion. Wenn der Meeresspiegel steigt, werden zahlreiche unserer Investitionen weggespült werden. Wenn es so weitergeht, ist es nur eine Frage der Zeit, wann Nigeria ein Wüstenland wird. Wir sind besorgt. Ich habe ein Ministerium für Umwelt gegründet. Aber wir können uns nicht allein retten. Wir brauchen Hilfe, und dann allerdings stellt sich wiederum die Frage, wer uns effizienter hilft.«[37]

In der Wirtschaftsmetropole Lagos leben mehr Chinesen als in der Hauptstadt Abuja, deshalb fliege ich noch einmal zurück, um mir unter anderem das größte China Town Nigerias anzuschauen. Von der Hochstraße aus sieht die Stadt aus wie eine riesige Spielzeug-Ritterburg mit chinesischen Elementen. Oder soll das die chinesische Mauer im Quadrat sein? Der Wassergraben fehlt. Das Einkaufsparadies betritt man durch ein großes Tor. Man steuert auf einen geschäftigen Platz zu, der umrahmt ist von vielen kleinen Geschäften, die sich über zwei Stockwerke an der Innenseite der Mauer hinziehen.

Am Eingang treffe ich wie vereinbart einen Journalisten, der für eine NGO namens Cacol (Coalition against Corrupt Leaders) arbeitet. Sie erhebt schwere Vorwürfe gegen die Obasanjo-Regierung: Es fehlten 250 Millionen US-Dollar aus der Kasse der Nigeria National Petroleum Corporation. Siemens habe u.a. drei Minister mit insgesamt zehn Millionen US-Dollar bestochen. Der amerikanische Öl- und Gasanlagenbauer Wilbros soll Beamte im Gassektor mit sechs Millionen bestochen haben. Und es geht um Milliardenüberweisungen an den staatlichen Stromerzeuger Power Holding Company of Nigeria ohne erkennbaren Gegenwert. »Die in Nigeria grassierende Korruption ist der Hauptgrund für die Unterentwicklung des Landes«, sagt der nigerianische Journalist, der seinen Namen nicht nennen will. Er hält auch Obasanjo für einen Milliardär, der nicht über ehrliche Geschäfte zu seinem Geld gekommen ist. »Gibt es dafür Beweise?«, frage ich. »Das ist schwierig. Der Diktator Abacha ist ja verstorben: aus seinem Vermögen hat allein die Schweiz 500 Millionen US-Dollar nach Nigeria repatriiert. Ob es besser wird oder nicht, kann niemand so genau sagen.« Dennoch habe ich den Eindruck, dass es mit dem Land bergauf geht. Ich erinnere mich an eine Äußerung des Rockmusikers und Afrika-Unterstützers Sir Bob Geldof: »Ich bin Afropragmatiker. Ja. Es gibt viel Unrecht in Afrika. Aber das riesige jährliche Wirtschaftswachstum könnte dort nicht entstehen, wenn alles nur bankrott, bestechlich und unberechenbar wäre.« Unser Gespräch über das Chaos zieht sich noch lange hin. Die Argumentationslinien bleiben. Am Ende bin ich weiterhin davon überzeugt, dass man die Fortschritte, so klein sie auch sein mögen, verstärken muss, ohne sich von den Zuständen einschüchtern zu lassen. Danach laufe ich in Gedanken noch ein wenig durch China Town.

Hier gibt es alles, was billig ist: Textilien, Elektrogräte, Plastikprodukte für den Haushalt. Korpulente nigerianische Frauen kaufen tratschend und wiegenden Schrittes ein, als stehe der jüngste Tag vor der Tür. Ein Nigerianer in buntem, wallendem Gewand dirigiert zwei chinesische Helfer mit einer riesigen Matratze zwischen den Pfützen hindurch zu einem Lasttaxi. Das Design der Matratze ist einfach und einprägsam: Das Logo und der Schriftzug der Pekinger Olympiade 2008 wiederholen sich endlos. Ich spreche den Mann an, will wissen, warum er bei Chinesen einkauft. »Ich kaufe nicht bei Chinesen. Ich kaufe, weil es billig und gut ist.«

»Was halten Sie von den Chinesen?«, frage ich ihn.

Er überlegt kurz und sagt dann: »Wenn wir einen chinesischen Präsidenten hätten, wären wir schon viel weiter.«

Möchte Steven Spielberg als die Leni Riefenstahl
der Pekinger Olympischen Spiele in die Geschichte
eingehen?

Mia Farrow, Schauspielerin und
Ex-Frau von Woody Allen

Genozid light

China im Sudan

Im Bahnhof von Atbara steht eine Lok. Die Menschen drehen sich
nach ihr um. Auf tiefem Blau leuchten ein roter und ein gelber
Streifen, keine Schramme, kein Rost ist zu entdecken. Im grauen
Führerstand warten Wu und Bashin auf das Signal, um losfahren zu
können. Das dauert, denn die Strecke ist eingleisig. Es ist die wichtigste Verkehrsachse des Landes. Die beiden haben Zeit. Dank der
Klimaanlage ist es hier so kühl wie sonst nirgendwo im Betriebshof
der Eisenbahner-Stadt mit 112 000 Einwohnern, die zwischen der
Hauptstadt Khartoum und der Hafenstadt Port Sudan liegt.

Wu und Bashin sind Lokführer; der eine ist Chinese, der andere Sudanese. Wu bringt Bashin bei, wie man die neue chinesische
Diesellok bedient. Die beiden nutzen die Zeit des Wartens: Sie üben
abwechselnd arabische und chinesische Worte: Salam aleikum – Ni
hao; Kawa – kafei; Beslama – zaijian. Immer schneller werfen sie
sie sich gegenseitig zu, bis sie sich lachend auf die Schulter klopfen.
Bashin, der Sudanese, hat ein offenes, helles arabisches Gesicht, krau-
se grauschwarze Haare, eine hohe Stirn und einen Schnurrbart. Ein
wenig sieht er aus wie die arabische Version des verurteilten Frankfurter Bauunternehmers Jürgen Schneider ohne Toupet. Er trägt den
graugrünen Firmenkittel von Sudan Rail, dessen einziger Schmuck
ein blauer Kuli in der linken Brusttasche ist. Er hat die Gelassenheit,

die alle Lokführer der Welt haben. Es gibt nur wenige Hebel in der grauen Konsole, ein Schwarzweißmonitor zeigt die aktuellen Betriebsdaten.

Bashins Freund Wu hat das scharf geschnittene Gesicht eines Mannes, dem viel zuzumuten ist. Er trägt keine Uniform, sondern ein weinrotes T-Shirt und eine weiße Baseball-Kappe, auf der drei Buchstaben stehen: CSR – China Southern Railway. CSR Ziyang Locomotive ist nach General Electric Transportation Systems (GETS) der zweitgrößte Lokomotivenhersteller der Welt. Das Unternehmen versorgt zwar schon siebzig Prozent des chinesischen Marktes, aber ist noch viel kleiner als sein amerikanischer Konkurrent: 2006 hat CSR 330 Loks produziert, GETS hingegen über 700. Die amerikanischen Loks sind mit rund 7000 PS die stärksten der Welt, aber sie sind auch teuer, zu teuer für Entwicklungsländer. Das ist die Chance von CSR. Ihre Loks haben nur 5500 PS und sind entsprechend billiger.

»Was kostet eine Lok?«, will ich von Wu wissen. »Das weiß ich nicht. Das sagen die mir nicht. Ich bin After-Sales. Ich weiß genau, wie die Lok funktioniert und wie man sie repariert, wenn sie kaputtgeht.« Im November 2005 wurden die ersten Loks in den Sudan geliefert. Wu hat schon Lokführer im zentralasiatischen Turkmenistan und in Südafrika geschult. Das macht er gerne, denn draußen in der Welt verdient er dreimal so viel wie zu Hause. Seine Frau und sein sechs Jahre alter Sohn können das Geld gut gebrauchen. Außerdem kann er mit seinen Erzählungen zu Hause Abende füllen. Allerdings vermisst er seine Familie sehr, deshalb will er nur noch sechs Monate bis maximal ein Jahr im Sudan bleiben. Manchmal fährt er in die drei Stunden entfernte Hauptstadt Khartoum. Doch meist ist er in Atbara, dem wichtigsten Eisenbahnknotenpunkt im Norden des Sudan. Von allen ausländischen Lokführern, mit denen er bisher zu tun hatte, versteht er sich mit Bashin am besten. »Ich habe über zehn afrikanische Freunde«, prahlt er.

Bei Bashin sieht es anders aus. Er ist in Atbara groß geworden, Wu ist der erste Ausländer, den er näher kennengelernt hat, er ist sein Tor zur Welt, sein Meister der Globalisierung. Die beiden haben sich zum ersten Mal getroffen, als Bashin 45 Tage zur Schulung im chinesischen Ziyang war. Dorthin ist er noch mit Emirates geflogen, mit einem Zwischenhalt in Dubai, inzwischen könnte er schon mit Air China direkt nach Peking fliegen. Ziyang, ebenfalls ein Eisenbahnzentrum, liegt in der Provinz Sichuan, die etwa so viel Einwohner hat wie Deutschland und für ihr gutes und scharfes Essen weltbekannt ist.

Wu ist für Bashin der »gute Mensch von Sezuan«. Er hat ihm gezeigt, welche chinesischen Gerichte am besten schmecken, und er hat gelernt, sich darauf einzustellen, dass Bashin nicht jede Sorte Fleisch isst und wie die chinesischen Minderheiten tief im Westen des Landes mehrmals am Tag gegen Mekka betet. Er hat ihn durch die Häuserschluchten der modernen Stadt geführt und von seinem Schwager dessen neuen Audi A6 geborgt, denn Bashin war noch nie in seinem Leben in einem modernen westlichen Auto gefahren. Seitdem ist Bashin von dem Riesenreich begeistert. »Viele Hochhäuser und neue Autos und überall Strom und Wasser. Dieser Wohlstand kommt nun auch in den Sudan.«[1]

Und tatsächlich: Von Khartoum nach Atbara fährt man über eine neue Schnellstraße, die von Chinesen gebaut wurde. Die Autos, die hier zu sehen sind, stammen meist aus asiatischen Ländern, Hyundai und Toyota sind die am meisten verbreiteten Marken. Doch die Straße ist überlastet, eine nicht enden wollende Kette von Lastwagen, Viehtransportern und Minibussen. Die Lkw-Fahrer sind Tag und Nacht auf Achse. Ihre Lkw sind zigfach überladen, weil es zu wenige gibt, und ziehen oft mehrere Anhänger, so dass sie aussehen wie kleine Eisenbahnen. Vor allem nachts sind die Fahrer mit überhöhter Geschwindigkeit unterwegs. Die Bremsen halten der Belastung jedoch nicht stand, dadurch häufen sich Unfälle. Kaputte Lkw bleiben einfach am Straßenrand liegen und verrosten. Eine Eisenbahnstrecke ist unabdingbar, dank der Chinesen wird sie auch kommen.

Die Ölpipeline haben die Chinesen schon fertiggestellt. Auch die riesige Ölraffinerie, die siebzig Kilometer hinter Khartoum im Wüstenstaub auftaucht, haben sie gebaut und betreiben sie mit, ebenso ein E-Werk, das in der Nähe steht, und das Betonwerk, das vor Atbara errichtet wird und in dem Baustoff für noch viele Häuser und Brücken hergestellt werden soll, sind in chinesischer Hand. Kurzum: Alles, was im Sudan für die Zukunft steht, kommt aus China; die meisten anderen Länder wollen mit dem Sudan nichts zu tun haben.

Der sudanesische Norden ist nicht dicht besiedelt. Vereinzelt gibt es Dörfer mit flachen Hofhäusern aus Ziegeln und Lehm, in die man von außen nicht hineinschauen kann. Nur die schwarzweiß karierten Wassertürme ragen hervor. Einheimische in weißen Gewändern reiten gemächlich auf hellen, kleinen Kamelen, ein wenig Feuerholz hinter dem Sattel vertäut.

Nach 200 Kilometern Fahrt auf dem Weg von Khartoum nach Atbara hält mein Fahrer kurz in Meroe, wo zwischen 300 v. und 300 n. Chr. Dutzende Pyramiden gebaut wurden. Die Könige von Napata kontrollierten von hier aus die Nil-Gegend bis hin zu dessen Mündung in Ägypten. Ob in zehn Jahren von Khartoum aus Zehntausende Touristen einen ihrer Tagesausflüge hierhin machen werden? Davon die Hälfte Asiaten, wenn es mit Hilfe von China gelungen ist, den Sudan wieder in die Weltgemeinschaft zu integrieren? Jetzt wartet eine Handvoll Arbeitsloser meist vergeblich darauf. Sie haben zwei wacklige Tische in den Sand gestellt und bieten den üblichen Krimskrams an.

Wir fahren weiter. Im Autoradio läuft melancholische arabische Musik. »Asien und China stehen für eine bessere Zukunft«, erzählt der Fahrer. Für mehr Wohlstand. Dafür, dass es die Kinder einmal besser haben und nicht unter Amerika leiden müssen: »Die Chinesen diskutieren und besichtigen nicht, sie handeln.« Dann schweigt er wieder. Minuten später fügt er noch einen Satz hinzu: »Und sie respektieren unsere Religion.«

Zurück zum Bahnhof von Atbara: Die beiden Lokführer haben ein paar Hebel umgelegt, wir fahren langsam los. Als wir das rostige Signal passieren, sehe ich, dass es noch mechanisch gesteuert wird. Lange Seilwinden laufen neben den Gleisen entlang bis hin zur Rangieraufsicht hinter zersplitterten Fenstern. Wu lässt das Signalhorn tuten. Die Fußgänger, die sich sonst Zeit lassen, laufen ein wenig schneller angesichts des chinesischen Ungetüms. Auch wenn nur kleine chinesische Schriftzeichen auf dem Zug stehen, wissen die Menschen hier, dass die Lok aus China kommt.

Wir ruckeln an den frisch gestrichenen Reparaturhallen vorbei. Dahinter sieht es aus wie nach einem Bombenangriff. Schrottteile liegen herum, alte rostige Loks und Wagons stehen verlassen auf den Nebengleisen, ihre Fenster sind zerborsten – rotbraune Stahlkadaver, der einstige Stolz britischer Kolonialherrschaft, die 1956 zu Ende ging. Auch die Gleise, auf denen wir uns bewegen, sind in kaum besserem Zustand. Obwohl wir nur wenig schneller als Schritttempo fahren, wackelt der schwere Zug alle zehn Meter ein wenig, immer dann, wenn sich die Lok an den noch von den Briten verschraubten Stellen der Schienen wieder neu ins Gleis einfädeln muss, weil diese längst nicht mehr bündig sind.

Die Schwellen der Schmalspurbahn sind kaum noch zu sehen. Wenn der Zug entgleist, ist die Strecke blockiert, denn der alte Eisenbahnrettungskran hat nicht die Stärke, um die neue Lok zu heben. Auf offener Strecke kreuzen immer wieder Schafherden die Gleise, und die Schäfer haben keinen Grund, ihre Schafe zur Eile zu drängen, so langsam ist der Zug. Die alte, genietete Stahlbrücke, die über den Nil führt, kann die Lok nur im Schritttempo überfahren. Man sieht auf den ersten Blick, dass nichts an dem Eisenbahnnetz gemacht worden ist, seitdem die Engländer das Land verlassen haben. Der Sudan war lange auf sich allein gestellt, und die Sudanesen sind mit der Instandhaltung überfordert. Warum haben sie sich nicht schon früher helfen lassen?

Wu und Bashin wissen das nicht, sie wissen sowieso nicht viel über Politik. Sie wissen, dass es Bürgerkrieg im Süden gibt. Aber hier oben im Norden macht das Land einen friedlichen, stabilen und geordneten Eindruck. Ab und zu erzählen Darfuresen, die nach Atbara umgezogen sind, von den Reiterbanden, die durch die Dörfer ziehen, Menschen umbringen und Häuser anzünden. Wu und Bashin wissen jedoch nicht, dass in Darfur arabische Milizen, die Dschandschawid, gegen schwarzafrikanische sudanesische Stämme vorgehen. Sie wissen auch nicht, dass nach internationalen Schätzungen in dem Konflikt mehr als 200 000 Menschen ums Leben gekommen sein sollen und 2,5 Millionen Menschen geflüchtet sind. Die sudanesische Regierung spricht nur von 9000 Toten. Immerhin wissen Wu und Bashin, dass die Amerikaner den Sudan piesacken, weil das Land islamisch ist, und dass deshalb die Chinesen den Sudanesen helfen. So stand es in der Zeitung. Sie haben ihnen nicht nur ein paar Loks geschickt, sondern finanzieren und bauen auch die 800 Kilometer lange Strecke zwischen den beiden wichtigen Städten: Kosten 1,2 Milliarden US-Dollar; Bauzeit vier Jahre; Baubeginn Anfang 2009. Die Planungen sind schon weit fortgeschritten. Die Inder hätten den Auftrag auch gern gehabt. Deshalb ist ein indischer Diplomat nicht gut auf die Chinesen zu sprechen: »Ich habe es mir ausrechnen lassen. Man kann die Eisenbahn hier für die Hälfte der Kosten bauen. Da fragt sich natürlich jemand wie ich: Wo bleibt das ganze Geld?« Auch ein indischer Geschäftsmann, der sich in der Branche auskennt, hält sich mir gegenüber nicht zurück: »Es gibt Gerüchte, dass erhebliche Schmiergelder geflossen sind und dass sie überhöhte Preise nehmen, die sie woanders nicht erzielen können. Die kassieren richtig kräftig ab. Das wissen wir. Und das, was sie liefern, hat schlechte Qualität. Das trägt zur Festigung der sudanesisch-chinesischen Freundschaft nicht unbedingt bei. Die werden sich verkrachen.«

Womöglich wird das nicht passieren. Denn der Inder hat die Rechnung ohne die Deutschen gemacht. Wie auch in Angola werden die Chinesen im Auftrag der Sudan Rail von einem deutschen Beratungsbüro überwacht: Dornier Consulting. Vor Ort verantwortlich ist Ralf Allrich, 52, ein Bauingenieur aus Berlin, der in immer kürzer werdenden Abständen zwischen Berlin und Khartoum hin und her fliegt, der Direktflug von Frankfurt nach Khartoum dauert etwa sechs Stunden. 2007 hielt sich Allrich überwiegend im Sudan auf, um die Vorbereitungen für die Bauarbeiten abzuschließen. Auch die Inder wollten das Geschäft. »Sie waren deutlich billiger, und ihre Pläne hätten auch von Deutschen sein können. Viel mehr Zeichnungen. Danach kann man wirklich bauen.« Allerdings haben sie die Finanzierung des Großprojekts nicht hinbekommen. Die Chinesen konnten schneller mehr Geld locker machen. Allrichs Aufgabe wurde mit den Chinesen als Vertragspartnern schwieriger: »Bei den Chinesen musste ich immer alles hinterfragen. Was habt ihr hier vor, wie wollt ihr das machen? Welche Vorschriften gelten überhaupt?«, stellt der Bauingenieur mit einem Hang zum Kaufmännischen fest. Das Verhandeln und das Feilschen sind ihm ebenso wenig fremd wie das Nachrechnen und Durchkalkulieren. Inzwischen fuktioniert die Zusammenarbeit gut, denn die Chinesen sind pragmatisch genug, um zu wissen, dass sie von ihren Aufpassern etwas lernen können. »Bei kurzen Brücken waren die Sicherheitsstandards um zwanzig Prozent niedriger, da haben wir noch ein paar Pfund draufgeschlagen«, sagt er. »Das haben sich die Chinesen gleich notiert und wollten genau wissen, warum und wieso.«

Auslandserfahrung hat Allrich bereits bei Projekten in Europa genügend gesammelt, zum Beispiel in Polen, Russland und Griechenland. Die Eisenbahnstrecke im Sudan ist jedoch sein bisher größtes Projekt außerhalb Deutschlands, und er muss gleich mit zwei fremden Kulturen zurechtkommen: mit dem muslimischen Nordafrika und mit China. Dabei lässt sich Allrich von seinem Menschenverstand leiten, der vielen Berlinern schon über manches Missgeschick hinweggeholfen hat. Zu seinen ersten Aufgaben zählte eine der schwierigsten »Zirkusnummern«, die das internationale Verhandlungsgeschäft derzeit zu bieten hat: Als die chinesische Regierung mit den Afrikanern über diesen Milliardenauftrag verhandelte, war sie unter Zeitdruck und die politische Atmosphäre sehr aufgeladen. »Das Schwierige war, dass nicht nur die Mentalität, sondern vor allem auch die Ausbildungsstandards und die technischen Vorstellungen bei allen Beteiligten völlig unterschiedlich ausgeprägt sind«, erläutert Allrich. »Wichtig ist, dass man mit allen Partnern auf Augenhöhe spricht, egal, welche Schwäche sie auch haben mögen.« Allrich stellte rasch fest, dass es unter diesen Bedingungen günstiger sein würde, über einen pauschalen Nachlass zu verhandeln, als sich in Details zu verfangen. Allerdings gaben die Chinesen nicht gleich nach, daher drohten die Sudanesen zunächst, doch die indische Konkurrenz zu bevorzugen. »Und es wurde knapp«, sagt er und lächelt verschmitzt dabei.

Allrich saß mit den Sudanesen schon neben gepackten Koffern und war dabei, die Rechnung zu bestellen, als das Telefon erneut klingelte. Eine Einladung der Chinesen zum Abendessen. »Makabrerweise zum Inder«, feixt Allrich. Dort wurde dann die chinesisch-sudanesische Freundschaft beschworen. Am nächsten Tag war der Knoten geplatzt. Chinesen und Sudanesen einigten sich auf einen anständigen Preisnachlass. »Wir konnten ein angemessenes Ergebnis erzielen und die Interessen unseres Kunden, des Sudan, durchsetzen«, sagt Allrich feierlich. Nachdem dies gelungen war, widmete sich das Team den eigentlichen Details. 2009 kann voraussichtlich mit dem Bau begonnen werden. »Wichtig ist, dass man zwischen arabischer Verhandlungsmentalität und chinesischem Problemverständnis allen Beteiligten vermittelt, dass dieses Projekt nur zum Erfolg führt, wenn jeder am Erfolg partizipieren kann«, fasst Allrich die Lage zusammen. »Insofern ist unsere Rolle als Berater schon sehr spannend.« Er freut sich auf die nächsten Jahre.

Auch Bashin freut sich über den Deal. In fünf Jahren wird eine Lok hundert Kilometer pro Stunde fahren können, dann ist er statt in drei Tagen in gut acht Stunden sorgenfrei in Port Sudan: »Meine Kinder werden sehr stolz auf mich sein.«

Der Fortschritt kommt in den Sudan trotz amerikanischer Sanktionen. Die Wirtschaft in dem flächenmäßig größten Land Afrikas wuchs 2006 um neun Prozent. Der Sudan erhielt nach Südafrika mit 3,5 Milliarden US-Dollar die zweitgrößten Auslandsinvestitionen in Afrika.[3] Die Ölproduktion stieg seit 2000 von 160 000 auf 480 000 Barrel am Tag. Die Regierung nahm 2006 mehr als vier Milliarden US-Dollar aus Ölexporten ein – davon kamen achtzig Prozent aus China. Bereits 1996 übernahm die China National Petroleum Corporation (CNPC) einen Vierzig-Prozent-Anteil an einem Konsortium, das Öl in den südsudanesischen Feldern Heglig und Unity fördert.[4] Um sichergehen zu können, dass sich das Öl auch nach China exportieren lässt, beteiligte sich die CNPC zwei Jahre später an dem Bau einer 930 Meilen langen Pipeline, die die Felder mit dem Roten Meer verbinden sollte. Die Sudanesen wiederum verlangten, dass ein Teil des Öls auch im Sudan verarbeitet wird. Also beschloss die CNPC, siebzig Kilometer nördlich der Hauptstadt Khartoum, am Rande der Pipeline, eine Raffinerie mit 2,5 Millionen Tonnen Kapazität zu bauen, in der Flüssiggas und Flugbenzin hergestellt werden. Der Betrieb wurde bereits im Frühjahr 2000 aufgenommen. Der chinesische Stromequipment-Hersteller Harbin Power investierte in dieser Gegend 400 Millionen US-Dollar in den Aufbau eines neuen Stromnetzes. Neben dem E-Werk wurden sieben Transformationsstationen und 1000 Meilen Hochspannungsleitungen errichtet.[5] Die Chinesen kümmerten sich auch um die Wasserversorgung in dem Wüstenstaat. Für 345 Millionen US-Dollar zogen sie eine Wasserpipeline vom Nil nach Port Sudan und bauten auch noch das Wasserversorgungsnetz der Stadt Alfashir auf. Kein Wasser ohne Damm, also investierten sie 200 Millionen US-Dollar in den Bau des Kajbar-Damms.[6] Das alles sind keine Almosen, sondern Geschäfte zum beiderseitigen Vorteil. Die Chinesen verdienen daran, und die Sudanesen kommen billig und schnell an Infrastruktur, die Wachstum ermöglicht und damit Staatseinnahmen. Mit diesen wiederum können sie den Chinesen neue Aufträge geben. Was die chinesische Regierung macht, ähnelt ein wenig den Venture-Capital-Unternehmen, die Start-up-Unternehmen den ersten Schub geben in der Hoffnung, langfristig davon zu profitieren.

Deswegen bauen und finanzieren die Chinesen noch einen zweiten Damm: den Merowe-Damm im Nil. Er ist derzeit das größte Wasserkraftprojekt Afrikas mit einem Wasserreservoir von 200 Kilometern Länge und wird spätestens 2009 fertig sein. Die Turbinen in dem Damm können 1250 Megawatt an Elektrizität produzieren. Acht Überlandleitungen mit einer kombinierten Länge von 1760 Kilometern werden den Strom in der Region verteilen. Zudem soll der Damm die potenziell fruchtbare Region im Dongola-Teil des Nils mit Wasser versorgen. Chinesische Landwirtschaftsingenieure sollen sich danach um den Aufbau der Landwirtschaft kümmern. Der Damm wurde vom deutschen Unternehmen Lahmeyer geplant, das auch die Bauaufsicht übernimmt. Finanziert wird das 1,5 Milliarden US-Dollar teure Projekt aus chinesisch-arabischen Quellen, einer Finanzierungsallianz, an die sich die Welt wird gewöhnen müssen: 700 Millionen US-Dollar kommen von den Saudis, gut 300 Millionen US-Dollar gibt die Eximbank, refinanziert von dem französischen Investmenthaus BNP Paribas, der amerikanischen Citigroup, der amerikanischen Investment Bank Goldman Sachs, der britischen Bank HSBC und der Investmentbank Merrill Lynch. 500 Millionen US-Dollar gibt die sudanesische Regierung, die nunmehr wieder flüssig ist.[7] Für den Bau des Dammes, gegen den internationale Umweltgruppen große Bedenken geäußert haben, mussten 50 000 Menschen umgesiedelt werden. Siemens sollte die Turbinen liefern, aber das deutsche Unternehmen stieg in letzter Minute unter dem Druck der Amerikaner aus und der französische Konzern Alstom stattdessen ein. Die Chinesen sind nicht unglücklich darüber, dass ihnen die amerikanische Politik so die Konkurrenz vom Leib hält.

Folgende weit verbreitete Einschätzungen lassen Unternehmen wie Siemens offensichtlich keine Wahl: Die bösen, vom Iran und

Libyen unterstützten Islamisten der sudanesischen Regierung beauftragen die Reitervölker arabischer Herkunft, die afrikanischen, alteingesessenen, zum Teil christlichen Eingeborenen auszurotten, um an die Bodenschätze in der Region zu kommen. Die skrupellosen Chinesen helfen ihnen dabei, indem sie ihnen Waffen verkaufen und Ölgewinne verschaffen. Unter Präsident Omar Hasan Ahmad al-Bashir wird von Khartoum aus ein Genozid an Hunderttausenden von hilflosen Menschen verübt. Die Welt ist empört. Die UN versagt, denn die Sanktionen werden von den Asiaten unterlaufen. Doch die Menschen in Darfur werden von Hollywood-Schauspielern und -Regisseuren gerettet, weil sie geschickt mit dem Boykott der Olympischen Spiele 2008 in Peking drohen. Peking knickt ein.[8] War es wirklich so einfach? Oder hat Hollywood die Welt mit Hollywood verwechselt?

Der lange Marsch

Die heutigen Konflikte innerhalb des Sudan, die die diplomatischen Fähigkeiten der Chinesen bis zum Anschlag herausforderten, begannen spätestens in den fünfziger Jahren. Der erste Bürgerkrieg zwischen dem Norden und dem Süden entbrannte 1955. Schon ein Jahr später entließen die britisch-ägyptischen Kolonialherren das Land in seine Unabhängigkeit.[9] Wie in fast allen afrikanischen Staaten entflammte damit der Kampf lokaler rivalisierender Gruppen um die Vorherrschaft, der diese jungen Staaten zu wenig berechenbaren Nationen werden ließ. Zudem hinterließ dies eine gewisse Genugtuung bei den Kolonialherren, die weiterhin davon überzeugt waren, die Afrikaner seien unfähig, für sich selbst zu sorgen. Sie vergaßen, dass diese Machtkämpfe für die Entwicklung von Nationen nichts Ungewöhnliches sind und viel weniger mit der »afrikanischen Mentalität« zu tun haben, als man auf den ersten Blick vermuten würde. Selbst ein so altes Reich wie China mit einer langen und sehr effizienten Tradition der zentralen Verwaltung machte nach 1911, nach dem Zusammenbruch des Jahrhunderte dauernden Kaiserreiches, fast vierzig Jahre lang eine Phase des Bürgerkriegs durch, in der rivalisierende Gruppen um die Vorherrschaft kämpften, die gleichfalls von Weltmächten instrumentalisiert wurden. Diese Kämpfe waren brutal für die Zivilbevölkerung, die Korruption war unerträglich. Auch war es keine ausgemachte Sache, dass die Kommunisten unter Mao Zedong schließlich doch gewinnen würden. Unter Mao stand die Einheit Chinas nicht mehr auf dem Spiel. Aber man kann sagen, dass die Phase der Unsicherheit für die Bevölkerung bis in die zweite Hälfte der siebziger Jahre reichte, denn noch in dieser Zeit musste fast jeder Chinese sich täglich vor einer neuen politischen Kampagne fürchten, die sein Leben aus der Bahn werfen konnte, ja, die ihn sogar in Lebensgefahr bringen konnte. Ein bis zwei Hungersnöte, bei der viele Menschen starben, waren in einem normalen chinesischen Leben nichts Ungewöhnliches. Doch wir brauchen nicht bis nach China zu schauen: Der Übergang von Otto von Bismarck zu Konrad Adenauer dauerte ähnlich lange, war mit zwei Weltkriegen und dem Holocaust weitaus brutaler, tyrannischer und in seinen Auswirkungen weltumspannender als all das, was selbst die größten Schlächter seit den sechziger Jahren in Afrika vollbracht haben.

Allerdings war China damals – im Gegensatz zu Deutschland – in einer ähnlichen Lage wie die afrikanischen Länder heute. In ihrer Schwäche wurden sie Opfer der Machtpolitik der Weltmächte. Das kann man von Deutschland nicht wirklich behaupten: Deutschland hat zweimal, im Ersten und Zweiten Weltkrieg, den Streit mit der Welt gesucht. Insofern ist das Verständnis für die Lage der afrikanischen Länder in China größer als im Westen. Das kann allerdings keine Entschuldigung für die deutsche Herablassung sein. Man müsste ja annehmen, dass die Kämpfe in Ländern mit geringerer oder keiner nationalen Tradition länger dauern und heftiger ausfallen, als das in China oder Deutschland der Fall war. Umso erstaunlicher ist es, dass es die meisten Länder Afrikas in etwas kürzerer Zeit geschafft haben, sich auszutoben, und sich in ihnen inzwischen einigermaßen stabile Regierungsverhältnisse herausgebildet haben.

Die Deutschen haben ihre Machtkämpfe bis zum Ende der zweiten Hälfte des 20. Jahrhunderts ausgetragen und einen Spitzenplatz erzielt, was die Anzahl der Opfer und die kalte Brutalität ihnen gegenüber betrifft.

Inzwischen sind in Afrika Regierungen entstanden, mit denen

man Politik betreiben und Geschäfte machen kann. Die afrikanische Wirtschaft wächst seit fünf Jahren mehr als die Weltwirtschaft. Sechs verheerende Kriege konnten in den letzten zehn Jahren beendet werden. Demokratische Wechsel von Regierungen sind häufiger geworden als Militärputsche. Es hat sechzig Mehrparteien-Wahlen in den letzten fünf Jahren gegeben, und die Afrikanische Union hat beschlossen, keine Regierung mehr anzuerkennen, die durch einen Militärputsch an die Macht kommt.

Die Chinesen haben diese Entwicklung viel früher erkannt als wir und nutzen die Chancen. Unser eigenes Chaos erscheint uns bedeutungsvoller. Historiker, die sich mit der Übergangszeit von Bismarck zu Adenauer beschäftigen, sind in Deutschland hoch angesehen. Auch die Beschäftigung mit dem Übergang vom letzten Kaiser zu Deng Xiaoping gilt inzwischen als lobenswerte Aufgabe, jetzt, da China immer erfolgreicher wird. Afrika hat diese Verklärung noch vor sich. Je wichtiger es als Ressourcenkontinent wird, in dem zudem Islam und Christentum um die Vorherrschaft kämpfen und der noch dazu in unserer Zeitzone liegt, desto mehr wird aus dem afrikanischen Chaos eine spannende Geschichte. Die Chinesen sind stets ganz nah dran.

Doch zunächst war Moskau am Zug. Die Russen hatten in den sechziger Jahren das größere politische Gewicht, die bessere Technologie und mehr Geld. Wenn ein afrikanischer Staatsführer ein wenig guten Willen zeigte, mit dem sowjetischen Gesellschaftsmodell zu kooperieren, war ihm die Unterstützung sicher. Das wurmte Mao Zedong sehr, denn die Chinesen konnten keine so großen Sprünge machen, nachdem sich die westlichen Kolonialmächte zurückgezogen hatten. Doch bei der erstbesten Gelegenheit fuhren sie wie ein Formel-1-Wagen aus dem Windschatten der Russen und der westlichen Unternehmen heraus, um innen durch die Kurve zu ziehen.

Die erste zivile Regierung des Sudan nach dem Abtritt der Engländer wurde nach nicht einmal zwei Jahren von General Ibrahim Abboud geputscht.[10] Abboud hielt sich ebenfalls nicht lange, da die rivalisierenden Kräfte noch zu stark waren. Die Hoffnung, selbst an die Macht zu kommen, ist bei den meisten Rebellenführern größer als die Furcht, dabei umzukommen oder unterzugehen. Ein Volksaufstand, die sogenannte Mai-Revolution, brachte Abboud zu Fall, und ein junger Oberst kam 1969 mit Unterstützung der Kommunisten an die Macht: Jaafar al Nimeiri, der die folgenden 16 Jahre regieren sollte – vor allem mit chinesischer Unterstützung.

Aber zunächst waren noch die Russen am Zug. Die Sowjetberater rieten al-Nimeiri, die Banken zu verstaatlichen und die großen Unternehmen des Landes unter seine Kontrolle zu bringen. Für den Neuzugang im Kalten Krieg bedankte sich die sowjetische Regierung mit großzügiger Militärhilfe. Zwischen 1966 und 1972 wuchs die sudanesische Armee von 18 000 auf über 50 000 Mann. 1970 lebten bereits 2000 sowjetische und osteuropäische Militärspezialisten im Sudan, 350 Sudanesen befanden sich zur Ausbildung in der Sowjetunion. Darüber waren der Westen und vor allem die USA besorgt. Bereits 1964 hatten Royal Dutch Shell und BP eine Raffinerie in Port Sudan an der Küste eröffnet, die 20 000 Barrel Öl pro Tag verarbeitete.[11] Parallel dazu begann der italienische Ölkonzern Agip in dem sudanesischen Küstengewässer des Roten Meeres nach Öl zu suchen. Das freute al-Nimeiri, konnte er doch so den Westen gegen die Sowjets ausspielen. Die Berater aus Moskau spürten das und wurden immer zudringlicher. Sie wollten immer weniger beraten und immer mehr regieren. Al-Nimeiri, dem dies zu viel wurde, vertrieb die von Moskau betreuten Kommunisten, die sich zunehmend ins Tagesgeschäft einmischten, aus der Regierung, woraufhin die sudanesischen Kommunisten mit ihren russischen Beratern ein Jahr später versuchten, al-Nimeiri zu putschen. Dies misslang, und die Putschisten wurden erschossen. Al-Nimeiri war nun eine Sorge los, aber den kapitalistischen Westen mit seiner Pluralität und dem sich selbst regulierenden Markt hielt er für ebenso gefährlich für seine Machtposition. Das wirtschaftliche Know-how konnte ihn nicht locken. Anfang der siebziger Jahre kamen die Chinesen so ins Spiel: Sie boten sich ihm als die besseren Kommunisten an. In ihrer antisowjetischen Haltung waren sie glaubwürdig. Auch Mao hatte sich mit den aufdringlichen Russen bereits überworfen und sie derart provoziert, dass sie 1962 die Beziehungen abbrachen und ihre Berater abzogen.[12]

Ihm fiel es leicht, al-Nimeiri zur Niederschlagung des Aufstandes zu gratulieren. Die China-Sudan-Freundschaftsgesellschaft in Peking organisierte eine »spontane« Unterstützungsdemonstration.

Nun war der günstige Moment gekommen, sich aus der Deckung zu wagen, und so überreichte die chinesische Regierung als eine Art Belohnung für die Exekution der russentreuen Kommunisten als Soforthilfe einen roten Umschlag mit 45 Millionen US-Dollar. Moskau und Nordvietnam protestierten scharf. Aber al-Nimeiri war nicht mehr auf sie angewiesen.

In den frühen siebziger Jahren reiste er mehrfach nach China und ließ sich von Mao überzeugen, dass der Sudan als blockfreies Land die besten Chancen habe. Der sudanesische Wirtschaftsprofessor Ali Abdalla Ali, damals Regierungsberater, erinnert sich: »Präsident al-Nimeiri war sehr beeindruckt, wie aufrichtig die Chinesen zu ihm waren, als er um Hilfe bei der Ölförderung bat. Sie sagten ihm, er solle sich in diesen Fragen an die USA wenden. Sie hätten die entsprechende Technologie und genug Geld, um den Sudanesen zu helfen. Man muss sich einmal vorstellen: Diesen Rat gaben die Chinesen im Kalten Krieg.«[13] Nach dem Besuch Nixons bei Mao im Februar 1972 hatten sich allerdings die chinesisch-amerikanischen Beziehungen entspannt. Al-Nimeiri kehrte zurück und nahm auf den Rat Pekings hin 1972 diplomatische Beziehungen mit den Vereinigten Staaten auf. Ohne den Zuspruch der Chinesen hätte er diesen Schritt nicht gewagt. Wenn er geahnt hätte, dass die neuen Freunde, von denen er sich wirtschaftliche Kooperation erhoffte, sein Land einmal in die Schublade der »Schurkenstaaten« stecken würden, hätte er wahrscheinlich anders gehandelt.

Zum damaligen Zeitpunkt aber sah alles nach einer vielversprechenden Zukunft aus – für die sudanesische Ölindustrie ebenso wie für die amerikanische. Al-Nimeiri hoffte, es könnte gelingen, sein Land zwischen China, den USA und den arabischen Nachbarstaaten in der Schwebe zu halten, was bedeutete, zwischen chinesischen Politfunktionären, amerikanischen Managern und arabischen Brüdern zu vermitteln. Dies erwies sich als äußerst schwierig. Die Chinesen stellten nicht einmal das größte Problem dar. Aber kaum ein arabischer Nachbarstaat wollte dulden, dass die pro-israelischen Amerikaner in der Region Fuß fassten. Im März 1973, nicht einmal ein Jahr, nachdem der Sudan und die USA diplomatische Beziehungen aufgebaut hatten, wurde der amerikanische Botschafter Cleo Noel von palästinensischen Terroristen des Kommandos »Schwarzer September« erschossen.[14] Al-Nimeiri war bestürzt, er ließ sie verhaften und verurteilen. Doch aus der Region und seinem eigenen Land wurde der Druck so groß, dass er nachgeben musste und sie schon ein Jahr später freiließ. Sein Kalkül: Ich stelle mich mit meinem Nachbarn gut. Die Amerikaner werden schon bleiben. Sie wollen Geld verdienen. Genauso sollte es kommen: Die amerikanische Regierung war politisch verstimmt, aber nicht so empört, dass sie das Interesse am Geschäft verloren hätte.

Eine Konstellation, die wiederum den Chinesen, die nichts dazu beigetragen hatten, sehr gefiel. Trotzdem sollten sie noch auf lange Zeit nicht konkurrenzfähig sein. Genau zwei Jahre später begann der amerikanische Energiekonzern Chevron seine Ölexploration im Roten Meer und in der Nähe der Orte Bentiu, Malakal and Muglad im Südwesten des Landes am Rande der Darfur-Region. Kaum war sie angelaufen, kaufte sich der britische Öl-Konzern Shell mit 25 Prozent ein. In den folgenden zwanzig Jahren sollten Chevron und Shell geschätzt eine Milliarde US-Dollar investieren und 53 Ölquellen entwickeln. 1976 entdeckte Chevron Gas im Roten Meer. Zwei Jahre später tat sich ein Ölfeld auf, das mit der Förderung von 15 Millionen Barrel pro Tag »größer ist als das in Saudi-Arabien«, wie eine libanesische Tageszeitung aufgeregt meldete.[15]

Die chinesische Führung hatte andere Sorgen. Ein historischer Wandel kündigte sich an: Wer und was kommt nach Mao?, war zu jener Zeit die Frage, die die Chinesen hauptsächlich beschäftigte. Mao starb im September 1976. Trotzdem begannen sie gleichzeitig ihre bescheidene politische Freundschaft zum Sudan im großen antiimperialistischen Elan auszubauen. In den siebziger Jahren errichteten sie am Nilufer in Khartoum die Freundschaftshalle, ein Krankenhaus und die Hantoub-Brücke. Die Tonanlage in der Freundschaftshalle beispielsweise mussten die sudanesischen Kollegen mehrere Mal komplett auseinanderbauen und wieder zusammensetzen, weil, wie ein chinesischer Techniker auf die erstaunte Frage eines Sudanesen antwortete: »wir nicht wollen, dass ihr einen imperialistischen Ingenieur um Rat fragen müsst, wenn wir wieder nach China zurückgekehrt sind«.[16]

Al-Nimeiri wollte jedoch weiterhin zweigleisig fahren. Es schien ihm zu riskant, sich angesichts der unsicheren Situation in China stärker auf das Reich der Mitte zu verlassen. So führte er 1977 – zur Freude und Überraschung des Westens – die Marktwirtschaft ein. Die Ölförderung brachte einen unglaublichen Aufschwung, die Landwirtschaft boomte so sehr, dass der Sudan bereits der »Brotkorb Arabiens« genannt wurde.[17] Das nordostafrikanische Land wurde mit Krediten aus dem Westen und aus arabischen Ländern überschüttet. Aber in dem Maße, in dem der Sudan-Hype entstand, wuchsen auch die Begehrlichkeiten seiner Widersacher. So wurde es trotz des wirtschaftlichen Erfolgs für Nimeiri immer schwieriger, die Balance zu halten. Fast jährlich gab es Umsturzversuche. Darüber hinaus hatten die lokalen Politiker weder gelernt, wie man stabile Regierungsverhältnisse herstellt, noch, wie man mit Geld umgeht. Ein Teil der Kredite ist bis heute nicht zurückgezahlt.

Aber auch die amerikanische Regierung befand sich in einer Art Rausch. Angesichts der großen Ölfunde hatte US-Präsident Jimmy Carter den Tod seines Botschafters diplomatisch schneller überwunden als erwartet. Im Februar 1979, ein gutes halbes Jahr vor der Geiselnahme amerikanischer Bürger im Iran, deren Befreiung Ende April 1980 missglückte, bot der amerikanische Verteidigungsminister Harold Brown dem sudanesischen Präsidenten Flugzeuge, Panzer und andere Waffen an, die dieser dankend annahm.[18] Die Chinesen mussten nun betrübt feststellen, dass sie noch nicht groß genug waren, um bei solchen Machtspielen als gleichberechtigte Partner auftreten zu können. Sie hatten keine wettbewerbsfähigen Waffen und nicht genug Geld, auch fehlte ihnen das politische Personal. Chinas neuer Führer, Deng Xiaoping, brauchte jeden Mann zu Hause, um das riesige Reich auf Reformkurs zu trimmen. Die Amerikaner zogen einstweilen davon und schienen unerreichbar: Zwischen 1979 und 1983 wuchs die amerikanische Militärhilfe nach offiziellen Haushaltszahlen von fünf Millionen auf 101 Millionen US-Dollar an. 1981 und 1983 veranstalten sudanesische und amerikanische Streitkräfte sogar gemeinsame Manöver.[19]

Die amerikanische Unterstützung im Rücken und vom guten Rat der Chevron-Manager aufgeputscht, wurde al-Nimeiri, der weiterhin nicht fest im Sattel saß, übermütig. Als er an die Macht gekommen war, hatte er dem Süden des Landes eine gewisse Autonomie gewährt, um Rückendeckung für einen sozialistischen Sudan zu bekommen. Diese Sonderbehandlung hatte den Vorteil, dass sich der Präsident der Loyalität des Militärs aus dem Süden weitgehend sicher sein konnte. Doch dafür musste er einen politischen Preis zahlen. Die Sonderregion im Süden führte ihr Eigenleben und machte den westlichen Ölmanagern das Leben schwer, da Vereinbarungen mit der Zentralregierung dort nicht unbedingt galten. Von mühevollen Verhandlungen mit den Führern im Süden ernüchtert, baten sie Nimeiri um einen Gefallen, unter dessen Folgen das Land noch heute leidet. Ähnlich wie Deng Xiaoping 1992 unternahm al-Nimeiri 1989 eine Reise in den Süden, um das Land wieder auf Kurs zu bringen. Doch was für Deng zu einem Triumph wurde, war für al-Nimeiri der Beginn eines Desasters. Während Deng den Menschen im Süden Chinas wirtschaftliche Selbständigkeit versprach, tat al-Nimeiri das Gegenteil: Er nahm dem Süden die Ölfelder weg, indem er den Grenzverlauf so veränderte, dass das Gebiet, in dem Chevron Öl gefunden hatte, von nun an zum Norden gehörte. Die Raffinerie sollte ebenfalls hier gebaut werden. Das Chevron-Investment schien auf sicherem Boden, die Südsudanesen fühlten sich zu Recht betrogen, und al-Nimeiri fühlte sich sicher. Was sollten die »Kameltreiber« schon gegen die Allianz der USA und der sudanesischen Führung ausrichten können? Al-Nimeiri und seine politisch-wirtschaftlichen Berater aus dem Sudan waren sich einig, dass die Hirten ihren Widerstand aufgeben und die Kamele bald wieder friedlich im Süden grasen würden. Doch die Menschen im Süden waren nicht bereit, diese Niederlage hinzunehmen. Dass Chevron auf dem Gebiet des südlichen Sudan dann noch 236 Millionen Tonnen Öl fand, machte die Lage nicht einfacher.

Al-Nimeiri blieb weiterhin auf amerikafreundlichem Kurs. Im August 1981 gründeten seine Regierung und Chevron die White Nile Petroleum Corporation – ohne Beteiligung der Südsudanesen.[20] Damit schürten sie einen Konflikt, der für beide die denkbar schlechteste Wendung nehmen sollte: Der eine sollte seine politische Macht einbüßen und der andere sein Geschäft verlieren. Wie so oft gibt es bei zwei Verlierern einen lachenden Dritten: Das waren in diesem Fall die Chinesen. Wenn die chinesische Führung etwas besonders gut kann, dann ist es, günstige Gelegenheiten zu erkennen und zu ergreifen.

Nachdem sich die südsudanesischen Offiziere von al-Nimeiri abgewandt hatten, geriet dieser ins Straucheln. Bald musste er auch seine beiden Vizepräsidenten absetzen, die sich mit den abtrünnigen Offizieren zu solidarisieren begannen. Kämpfe im Süden des Landes flammten auf, aber die Armee war trotz amerikanischen Militärtrainings nicht in der Lage, den Rebellen die Kraft zu nehmen. Der Präsident unterschätzte den Widerstand und versuchte es mit »Business as usual«, statt politisch klare Verhältnisse zu schaffen. Vielleicht bringt der Aufschwung die Kämpfer auf andere Gedanken, dachte er sich. Die White Nile Petroleum Corporation beschloss 1983, für eine Milliarde US-Dollar eine 1240 Kilometer lange Exportlinie aufzubauen, in der das Öl von den Fördergebieten an die Küste gepumpt werden sollte.[21] Aber diese Signale brachten nicht die erwünschte Kehrtwende: Die Rebellenkämpfe spielten sich in immer größerer Nähe der Ölfelder ab. 1984 schloss die Regierung ein weiteres Abkommen zum Bau einer 1750 Kilometer langen Pipeline nach Zentralafrika, dieses Mal mit dem amerikanischen Unternehmen Trans-Africa Pipeline Corporation. Doch nicht einmal mehr die Planungsphase dieses Projekts sollte al-Nimeiri in Amt und Würden erleben. Als noch im selben Jahr drei amerikanische Ölarbeiter entführt und getötet wurden, war für die Ölmanager das Maß voll. Aus Sorge um die Sicherheit seiner Mitarbeiter ließ Chevron umgehend die Arbeiten an den Ölfeldern einstellen.[22] Diese Nachricht feierten die Rebellen als Sieg.

Al-Nimeiri pumpte derweil immer mehr Geld in die Armee, ohne dass er politische Erfolge vorweisen konnte. Der Aufschwung kam nicht, und die Unzufriedenheit in der Bevölkerung wuchs. Die Regierung gab inzwischen doppelt so viel Geld für die Armee aus wie für die Gesundheitsversorgung und die Ausbildung ihrer Bürger. Damit hatte die Opposition leichtes Spiel. Sie musste nur den Unmut ein wenig kanalisieren und schon kam es in der Hauptstadt zu Massendemonstrationen gegen den Präsidenten, die in einen Generalstreik mündeten. Während sich die Amerikaner verunsichert zurückhielten und überlegten, ob sie nicht schon auf den Nachfolger setzen sollten, reiste 1984 der Vizepremier und spätere Ministerpräsident Li Peng in den Sudan. Beide Länder vereinbarten Militärhilfe.[23] Al-Nimeiri schöpfte wieder Hoffnung: Die chinesischen Kommunisten waren geübt im Rebellenkampf, hatten ein politisches Interesse, ihr Wissen weiterzugeben, und sie waren nicht so voreingenommen wie die Amerikaner.

Um die Jahreswende 1984/1985 geriet al-Nimeiri dann aber auch noch außenpolitisch in massive Schwierigkeiten: Während der großen Hungersnot in Äthiopien ließ er über eineinhalb Millionen Flüchtlinge ins Land. Unter ihnen befanden sich auch Angehörige der Falasha, einer kleinen religiösen Gemeinde, die jüdischen Traditionen folgt und die das Oberrabbinat in Israel 1975 als Juden anerkannt hatte. In geheimer Mission plante Israel daher, die Falasha außer Landes zu schaffen. Das Codewort der Evakuierung hieß Operation Moses. Zwischen 3000 und 7000 Flüchtlinge wurden ausgeflogen, bevor die Aktion, von der al-Nimeiri nichts wusste, ans Licht kam. Der Präsident war sehr verärgert. Einerseits war sein Land Mitglied der Arabischen Liga, andererseits hatten die Sudanesen gute Beziehungen zu den USA. Familien waren auseinandergerissen worden, ein Teil befand sich noch in Flüchtlingscamps im Sudan, während der andere längst in Israel war. Auch der ägyptische Präsident Hosni Mubarak war verstimmt: »Wenn das dazu führt, dass Äthiopier sich in der Westbank niederlassen, gibt es ein großes Problem.«

Schließlich fand al-Nimeiri eine Lösung: »Ich werde Israel nicht helfen, indem ich ihnen die Flüchtlinge schicke. Aber wenn sie von hier wegwollen nach Europa oder in die USA, ist mir das egal.« Die Chinesen hielten sich aus diesem Konflikt heraus. Die Amerikaner gaben in jenem Jahr immerhin 200 Millionen US-Dollar für humanitäre Hilfe an den Sudan, die zweitgrößte Summe in ganz Afrika. Auch dies nützte al-Nimeiri nichts mehr, er war bereits innenpolitisch erledigt. Trotz der unsicheren Lage reiste er ins Ausland und wurde im April 1985 – in Abwesenheit – entmachtet.[24]

Sein Nachfolger, der damals 49-jährige Sadiq al-Mahdi, der 1970 schon einmal versucht hatte, al-Nimeiri zu stürzen, ist der Urenkel des Rebellenführers Muhammad al-Mahdi, der das Land regierte, nachdem es den Sudanesen gelungen war, 1885 den britischen General Charles George Gordon zu töten. Gordon hatte 1864 eine herausragende Rolle bei der Niederschlagung der chinesischen Taiping-Rebellion gespielt. Ende des 19. Jahrhunderts war er mit seinem

Ingenieurscorps nach China gekommen, um Schanghai als Handelszentrum der Briten gegen die Rebellen zu sichern. Er kehrte 1865 nach England zurück, wo er als »Chinese Gordon« begrüßt wurde. 1873 wurde er Gouverneur von Äquatoria im Sudan und war in den folgenden Jahren bis 1880 unter anderem dafür zuständig, Rebellionen zu bekämpfen und den Sklavenhandel zu unterbinden. Im Februar 1884 kehrte er in den Sudan zurück und evakuierte ägyptische Truppen aus Khartoum, die von Muhammad al-Mahdi bekämpft wurden. Einen Monat später stand die Stadt unter Belagerung. Am 26. Januar 1885 brachen die Rebellen schließlich in die Stadt ein. Sie töteten Gordon und die anderen Verteidiger – angeblich entgegen der Anweisung al-Mahdis. Nach den Ereignissen wurde aus »Chinese Gordon« nun »Gordon von Khartoum«. Es gab also günstige historische Anknüpfungspunkte für die Chinesen.[25]

1986 ging Sadiq al-Mahdi als Sieger aus den Wahlen hervor, an denen die Bewohner des Südens »aus Sicherheitsgründen« nicht teilnehmen durften, und wurde Premierminister. Die Pekinger Diplomaten versuchten nun, intensiver mit den Sudanesen ins Geschäft zu kommen. Deng Xiaoping hatte nach einer Interimsregentschaft von Hua Guofeng die Macht übernommen und das Land wirtschaftlich geöffnet. Es war daher abzusehen, dass China mehr Rohstoffe brauchen würde, als auf eigenem Territorium zur Verfügung standen. Zunächst wurden fünfzig chinesische Militärspezialisten in den Sudan geschickt, um den Sudanesen zu helfen, ihre russischen Panzer sowie anderes Equipment zu warten und Piloten auszubilden. Doch noch war der Einfluss der Amerikaner größer. Nach Angaben der CIA waren sie zwischen 1983 und 1988 mit einer 120-Millionen-US-Dollar-Militärhilfe führend, gefolgt von China und Frankreich mit jeweils dreißig Millionen und England mit zehn Millionen US-Dollar. Weitere 160 Millionen US-Dollar kamen aus nicht nachvollziehbaren Quellen, teils wohl aus Ägypten und Libyen. Es könnte sich aber auch noch um westliche Militärgüter gehandelt haben, die zu einem Vorzugspreis von arabischen Ländern erworben und weitergeschickt wurden.[26] Auf jeden Fall verhielten sich die Amerikaner nach dem Sturz ihres Freundes al-Nimeiri vorsichtig, die amerikanischen Geschäfte standen weiterhin still. Pläne für den Bau einer 375 Millionen US-Dollar teuren Pipeline im Sudan wurden verschoben.

Trotzdem war es ausgerechnet die amerikanische Industrie, die den Chinesen den Eintritt ins Ölgeschäft erleichterte. Chevron begann nach Partnern zu suchen, um sein Risiko zu minimieren. Die Chinesen signalisierten den Sudanesen, dass sie interessiert seien. 1988 reisten Premierminister Sadiq al-Mahdi, sein Verteidigungsminister und der ehemalige General Osman Rahma nach Peking. Rahma kannte sich hier gut aus, denn er war al-Nimeiris letzter Botschafter in China gewesen. Er wusste, dass die Chinesen inzwischen bereit waren zu investieren, und stellte entsprechende Forderungen. Um einen Anteil am Chevron-Ölfeld zu bekommen, mussten sie umfangreiche Waffenlieferungen zum Vorzugspreis zusagen.[27] Al-Mahdi hatte so zwei Fliegen mit einer Klappe geschlagen: Die Chinesen waren mit im Boot, und Chevron nahm die Ölförderung wieder auf. Auch die Chinesen waren zufrieden, sie hatten einen Fuß in der Tür.

Allerdings blieb al-Mahdi nicht lange genug an der Macht, um die chinesischen Waffen in Empfang nehmen zu können. Die oppositionelle Sudanesische Volksbefreiungsarmee kämpfte weiter, die Lage blieb instabil. Im April versuchte die Regierung ihren letzten Schlag gegen die Opposition: 200 Menschen wurden verhaftet, einige sofort exekutiert. Dennoch entmachtete am 30. Juni 1989 Generalleutnant Omar Hasan Ahmad al-Bashir die amtierende Regierung.[28] Die Lage wurde wieder undurchsichtig, was die chinesischen Diplomaten sehr enttäuschte. Just da sie stabile Beziehungen aufgebaut hatten, fegte es ihren Partner mit den großen Vorfahren hinweg.

Al-Bashir, der bis heute an der Macht ist, kündigte an, mit seiner Bewegung National Islamic Front (NIF) den Sudan zu einem islamischen Staat umzuwandeln. Auch das passte den Chinesen nicht. Aber ihre Aufmerksamkeit war sehr abgelenkt: Anfang des Monats, am 4. Juni, waren in Peking Studentendemonstrationen auf dem Platz des Himmlischen Friedens blutig niedergeschlagen worden. Die Welt war schockiert, und die chinesische Führung wieder einmal im entscheidenden Augenblick mit sich selbst beschäftigt. Keine sechs Monate später, zum 1. Januar 1990, beendete Chevron seine Aktivitäten im Sudan, nachdem das Unternehmen über eine Milliarde US-Dollar im Land investiert hatte. Um die Versorgung aufrechterhalten zu können, bekam der Sudan nun kostenlos Öl aus Libyen. Nach einem versuchten Coup gegen die NIF-Führung wurden 28 Soldaten standrechtlich erschossen, und eine unbekannte Zahl von Sympathisanten wurde verhaftet. Wenige Monate später wurden sechzig Richter und Anwälte entmachtet, darunter acht aus dem Höchsten Gericht. 15 weitere, zum Teil hohe Militärs verloren ebenfalls ihre Ämter.[29] Die Amerikaner waren schockiert. Es war innenpolitisch nicht ratsam, sich mit einem solchen Potentaten im Oval Office zu zeigen.

Den Rest besorgte der zweite Golf-Krieg, der im August 1990 ausbrach. Al-Bashir unterstützte den Überfall Iraks auf Kuwait und brach damit mit dem Westen. Die sudanesische Regierung konnte nunmehr nicht mehr auf offiziellem Weg an Waffen aus dem Westen kommen. Diese Aufgabe übernahmen die Chinesen gern. In geheimer Mission reiste der Logistikchef der sudanesischen Armee Anfang 1991 nach Peking und kaufte dort Waffen im Wert von 300 Millionen US-Dollar (darunter zwei Hubschrauber und einhundert 1000-Pfund-Bomben, die aus großer Höhe abgeworfen werden können), die wiederum vom Iran finanziert wurden, da auch der iranische Präsident Ali Akbar Hashemi auf Seiten al-Bashirs stand.[30] Die Bombardierungen im Süden nahmen daraufhin wieder zu.

Im Dezember 1991 reiste Irans Präsident Hashemi Rafsanjani mit einer gut 150-köpfigen Delegation in den Sudan, darunter rund achtzig Militärangehörige und Geheimdienstmitarbeiter, um dem neuen islamischen Alliierten seine Unterstützung auch durch Taten zu demonstrieren. Er kündigte an, die sudanesische Armee zu trainieren und den Sudan mit Öl zu versorgen. Ein 150-Millionen-US-Dollar-Kredit noch aus der Schah-Zeit wurde den Sudanesen erlassen.

Washington zeigte sich »besorgt« über die Vorgänge und ließ über die Vereinten Nationen den Druck erhöhen: Im Februar 1992 verurteilte die Vollversammlung der Vereinten Nationen die sudanesische Regierung wegen Menschenrechtsverletzungen.[31] Die Kämpfe zwischen dem Norden und dem Süden setzten sich jedoch über das gesamte Frühjahr hinweg fort. Bürgerkrieg ist teuer, und so ging der al-Bashir-Regierung das Geld aus. Am 30. Juni, dem dritten Jahrestag seiner Machtübernahme, kündigte al-Bashir an, dass die Ölförderung im südlichen Kordofan wieder aufgenommen werden solle: 120 000 Tonnen pro Tag sollten gefördert werden. Allerdings würde der Westen dafür nicht mehr zur Verfügung stehen. Das musste al-

Bashir nicht stören. Die Iraner, Iraker und inzwischen auch die Chinesen konnten mit Know-how aushelfen. Finanzminister Adel Rahim Hamdi kündigte an, der Irak würde technische Hilfe leisten. Die amerikanische Regierung schaffte es zwar nicht, eine geschlossene Front des Westens aufzubauen, doch amerikanische Unternehmen und solche, deren Geschäfte von den USA abhingen, mussten sich fügen.

Deshalb verkaufte Chevron im Oktober 1992 auf politischen Druck seine Ölsuchrechte an einen sudanesischen Geschäftsmann.[32] Ein kleines kanadisches Unternehmen nutzte die Chance. Bevor die Chinesen überhaupt zum Zuge kamen, kaufte das Ölunternehmen Arakis Energy die Lizenzen zu einem nicht genannten Preis. Die Konzessionen waren immerhin 3,5 bis fünf Milliarden Barrel wert.[33] Das Barrel Rohöl kostete damals auf dem Weltmarkt etwa zwanzig US-Dollar.

Es wurde noch ärgerlicher für die amerikanische Regierung. Im Juni 1993 ging die Arakis Energy Group mit Erfolg an die New Yorker Börse, was die US-Regierung damals noch nicht verhindern konnte. Ein knappes Jahr später, im Mai 1994, kaufte Arakis das sudanesische Unternehmen State Petroleum zu lukrativen Konditionen. Der Kurs stieg weiter. Mitte 1995 übernahmen saudische Investoren für 345 Millionen US-Dollar und einen Kredit über 400 Millionen einen 45-Prozent-Anteil.[34] Als die Scheichs den vereinbarten Zahlungsmodus nicht einhielten, geriet die Aktie ins Trudeln und brach um vierzig Prozent ein. Eine Berg- und Talfahrt der Aktie begann, die im August 1995 damit endete, dass ihr Handel in New York ausgesetzt und sie in Vancouver ganz vom Markt genommen wurde.[35] Arakis kam nicht mehr recht auf die Füße, deshalb entschieden sich die Manager im Dezember 1996, unter die schützende Haube der Chinesen zu schlüpfen.

Arakis stieg mit 25 Prozent als Anteilseigner und Feldoperator bei der Greater Nile Petroleum Operating Company (GNPOC) ein. Der größte Anteilseigner mit vierzig Prozent war die China National Petroleum Corporation, gefolgt von dem malaysischen Ölkonzern Petronas mit dreißig Prozent. Die verbleibenden fünf Prozent hielten die Sudanesen.[36] Damit war es den Chinesen 1996 gelungen, eine wirtschaftliche Front im Sudan gegen die amerikanische Politik aufzubauen. Die Weltöffentlichkeit nahm davon kaum Notiz, dabei leitete das chinesische Engagement eine Wende im weltweiten Ölgeschäft ein: Die Chinesen hatten zum ersten Mal außerhalb Chinas nach Öl gesucht, förderten es und verarbeiteten es auch noch dort in einer von ihnen aufgebauten Raffinerie.

Die US-Regierung verstand die Botschaft und suchte sich die schwächste Stelle in der Front: Das waren nicht etwa die Chinesen, sondern Arakis. Die Arakis-Manager lenkten aber nicht ein, sondern verkauften ihre letzte amerikanische Beteiligung in Kentucky und entschlüpften damit dem Zugriff der US-Regierung. Das Unternehmen stand nun klar auf der Seite der Chinesen. Arakis-Chef John McLeod betonte gegenüber Investoren, dass die Chinesen zusätzliche Zugeständnisse gegenüber der Regierung gemacht hätten, die entscheidend dafür gewesen seien, dass sie eine Beteiligung in der Höhe bekommen hätten.[37] Später wurde Arakis von dem kanadischen Ölunternehmen Talisman aufgekauft. Das westliche Leck wurde allerdings nicht größer, denn es gelang den Chinesen damals nicht, weitere westliche Unternehmen auf ihre Seite zu ziehen. Man traute ihnen Mitte der neunziger Jahre noch nicht. Und den Sudanesen schon gar nicht. Daran änderte auch nichts, dass die sudanesische Regierung das Public-Relations-Unternehmen Pagolis and Donnelly Group für 300 000 US-Dollar im Jahr engagierte, um ihr Image aufzupolieren. Insofern war die amerikanische Politik sehr erfolgreich.[38]

Außerdem hatte al-Bashir immer wieder Futter für den amerikanischen Anti-Sudan-Kurs geliefert, denn er hatte weiterhin versucht, den innersudanesischen Konflikt militärisch zu lösen. 1993 setzte das US-Verteidigungsministerium den Sudan aufgrund der immer enger werdenden Beziehungen zum Iran auf die Liste der Staaten, die den Terrorismus unterstützen.[39] Je mehr sich die USA gegen den Sudan aus dem Fenster lehnten, desto interessanter wurde es für die Chinesen, den Amerikanern die politische Strategie zu vermasseln.

Der sudanesische Krieg wurde teuer: Der Sudan konnte seinen Kreditverpflichtungen bei der Weltbank nicht mehr nachkommen; der Bürgerkrieg verschärfte sich; Drittstaaten versuchten zu vermitteln. Anfang der neunziger Jahre hatten mehrere afrikanische Staaten eine Verhandlungsgruppe gebildet, die zwischen dem Süden und der Regierung vermitteln sollte. Der Westen hatte mehr und mehr die

Seite der südlichen Rebellen bezogen. Einen weiteren Höhepunkt erreichte die Konfrontation, als der Erzbischof von Canterbury Anfang 1994 mit seiner Frau demonstrativ die Rebellen im Süden besuchte: Die sudanesische Regierung wies den britischen Botschafter aus, die Briten wiederum schickten den sudanesischen Botschafter nach Hause.[40]

Wenn man einen Zeitpunkt festlegen will, an dem die Chinesen wieder politisch massiv ins Spiel kamen, bevor sie die wirtschaftliche Front aufbauen konnten, dann war es bereits im Januar 1994. Dies hatte weniger mit der außenpolitischen Konstellation zu tun, sondern vielmehr innenpolitische Gründe. Viereinhalb Jahre nach der Niederschlagung der Protestbewegung auf dem Platz des Himmlischen Friedens war China wieder auf Reformkurs. Das lag insbesondere daran, dass westliche Unternehmen den neuen chinesischen Markt brauchten, um ihren Wachstumskurs beibehalten zu können, da die eigenen Märkte bereits weitgehend gesättigt waren. Der Zusammenbruch der Sowjetunion 1990 und die Turbulenzen nach den schockartigen Wirtschaftsreformen, die nicht zuletzt der Internationale Währungsfonds vorgeschlagen hatte, führten dazu, dass wenige Privatleute sich die gesamte Wirtschaft unter den Nagel gerissen hatten. Russland schien als Investitionsstandort nicht ratsam, Osteuropa schon eher, jedoch hauptsächlich für die Deutschen. Aber auch die konnten den Verlockungen in China nicht widerstehen, ebenso wenig wie die Amerikaner, die Japaner und Koreaner, für die der chinesische Markt weitaus interessanter schien als Europa. In diesem Klima der wachsenden Investitionsbereitschaft des Westens war es Deng Xiaoping schon 1992 mit besagter Reise in den Süden gelungen, die kommunistischen Hardliner und Reformgegner umzustimmen.[41] Das Jahr 1993 brauchte Deng, um in Peking alles wieder so aufzustellen, wie er es haben wollte. Anfang 1994 war daher der richtige Zeitpunkt, um wieder gemeinsam mit politischen Freunden in die Zukunft zu schauen.

Der damalige Vizepremier und Außenminister Qian Qichen, in der Zeit nach 1989 für die politische Schadensbekämpfung zuständig, reiste mit einer Wirtschaftsdelegation in den Sudan, um einen gemeinsamen Plan zu entwickeln. Nachdem sich die sudanesische Regierung 1989 international als einer der wenigen zuverlässigen

Freunde erwiesen hatte, waren die Chinesen bei den Verhandlungen nicht kleinlich. Umfangreiche Verträge über die Zusammenarbeit in der Öl- und Bankindustrie, der Landwirtschaft und der Fischerei-industrie, aber auch in der Schwer- und Pharmaindustrie wurden unterzeichnet. Damit stieg China zu einem Zeitpunkt in die wirt-schaftliche Zusammenarbeit mit dem Sudan ein, als die Beziehungen mit dem Westen auf einem Tiefpunkt waren und die sudanesische Regierung die Hilfe am meisten brauchte.[42]

Im Frühjahr 1994 baute Chevron seine still liegenden Bohr- und Förderstellen ab und verließ endgültig das Land. Die Rebellenkämp-fe flammten immer wieder auf. Rebellenhorden, die als regierungs-treu galten, zogen mordend, vergewaltigend und brandschatzend durch die Dörfer. Hunderttausende Menschen waren auf der Flucht. Je schwieriger die Lage wurde, desto stärker engagierten sich die Chinesen und desto größer wurde die Distanz des Westens zur al-Bashir-Regierung. Der britische Ministerpräsident Tony Blair traf sich in Westminster demonstrativ mit Vertretern der Opposition aus dem Süden. Die Regierung in Washington wies ihre Banken an, Geschäfte mit dem Sudan einzustellen. Der französische Ölkonzern Total zog sich ebenfalls, 14 Jahre nachdem er die Bohrrechte über ein 120 Quadratkilometer großes Gebiet im Sudan erworben hatte, völ-lig aus dem Land zurück.[43]

Im November 1994 reiste der sudanesische Außenminister Hus-sein Suleiman Abu Salih nach Peking, um über weitere Kooperatio-nen im Öl- und Textilbereich zu verhandeln. Mitte 1995 verhandelte der sudanesische Energieminister Maj-Gen Salah Karrar immerhin noch mit vier Ländern über die Entwicklung der sudanesischen Öl-industrie; zu zwei von ihnen hatte der Westen gute Beziehungen: China und Russland, was man von den beiden anderen nicht be-haupten konnte: vom Irak und vom Iran. Der Deal ging an China. Peking schnürte das günstigste Finanzpaket. Am 25. September 1995 traf al-Bashir dort ein. Er sprach mit Präsident Jiang Zemin, um den Ölkonzern CNPC in den Sudan zu holen und mit Hilfe der Chine-sen eine umfassende Ölindustrie aufzubauen.[44] Seine Delegation unterschrieb Vereinbarungen über die Ausbeutung von Minen, über Ölförderung, den Bau von Textilfabriken und die Erneuerung des Eisenbahnnetzes. Zudem gab es einen Kredit in Höhe von zwanzig

Millionen US-Dollar und dazu eine Beihilfe von einer Million Yuan für »Projekte für arme Familien«,[45] ein Kleinkredit gemessen an den Summen, die China zehn Jahre später verteilen würde. Die Chinesen stellten sich auch politisch hinter den Sudan.

Im Jahr 1996 kam es dann zum ersten Showdown, bei dem die Chinesen Farbe bekennen mussten. Weil die Sudanesen Osama bin Laden und seine Gefolgsleute beherbergten, drängten die USA die UN zu Sanktionen. Am 26. April beschloss die UN Maßnahmen gegen den Sudan, »bei weiterer Nicht-Auslieferung mutmaßlicher Terroristen«.[46] Die Chinesen enthielten sich der Stimme, die amerikanische Regierung verschärfte ihre Position: Präsident Bill Clinton unterzeichnete den sogenannten Anti-Terrorismuspakt, der es Amerikanern verbot, finanzielle Transaktionen mit Regierungen durchzuführen, die den internationalen Terrorismus unterstützen. Die Chinesen intervenierten allerdings hinter den Kulissen und redeten ihren neuen Freunden gut zu. Sie hatten kein Interesse an einer Konfrontation mit den USA. Im Mai gab al-Bashir nach und forderte bin Laden, seine Kämpfer und seine Familie auf, das Land zu verlassen. Sie gingen nach Afghanistan, wo die Taliban gerade die Macht übernommen hatten. Doch das reichte den Amerikanern nicht.[47]

Susan Rice, Afrika-Spezialistin im US-Außenministerium, sagte: »Die Ausweisung Osama bin Ladens hat nicht dazu geführt, dass auch sein finanzielles Netzwerk eliminiert wurde. Die Regierung hat sich nicht wirklich angestrengt.« Radikale islamische Gruppen würden sich immer noch dort aufhalten.[48] Die sudanesische Regierung hielt die Ausweisung bin Ladens jedoch für ein großes Entgegenkommen und sah sich nun in ihrer Befürchtung bestätigt, dass die Amerikaner die Latte immer höher hängen würden. So kam es auch. Im August verhängte der Sicherheitsrat der UN Sanktionen gegen den Sudan. Flugzeuge der Sudanesen hatten von nun an weltweit Start- und Landeverbot.[49] Die Chinesen und die Russen enthielten sich erneut der Stimme. Die Fronten waren klar. Die Chinesen waren verärgert, dass sie den Sudanesen geraten hatten, sich konziliant zu verhalten.

Im November genehmigte US-Präsident Bill Clinton zwanzig Millionen US-Dollar Militärhilfe für die drei Nachbarstaaten Äthiopien, Eritrea und Uganda. Mit dem Geld sollten die Länder die südsudanesischen Rebellen unterstützen. Derweil kam der Sudan in ernste finanzielle Schwierigkeiten. Das Land hatte inzwischen ein 900-Millionen-US-Dollar-Defizit und musste für 400 Millionen US-Dollar im Jahr Öl importieren. Deshalb war die sudanesische Regierung dringend darauf angewiesen, dass die chinesischen Investitionen so schnell wie möglich Einnahmen generierten. Nach relativ kurzer Vorlaufzeit begann die China National Petroleum Corporation die Ölförderung in den drei Feldern Sharaf, Tabaldi und Abu Jabra.[50]

Im Juli 1997 entschloss sich trotz amerikanischen Drucks das erste europäische Ölunternehmen, wieder im Sudan tätig zu werden: Die OMV, ein österreichischer Ölkonzern, dessen Mehrheitseigner der österreichische Staat ist, stieg in ein Konsortium ein. Durch Arakis bekam die Mannesmann Handels AG einen großen Auftrag zum Bau von 500 Kilometern Pipeline; Baukosten: 750 Millionen US-Dollar. Es sollte bis heute der letzte Großauftrag für ein deutsches Unternehmen werden. Die China Petroleum Technology & Development Corporation erhielt den Auftrag für eine mehr als doppelt so lange Strecke.[51]

Am 4. November 1997 verfügte US-Präsident Bill Clinton nach dem International Emergency Powers Act, dass alle sudanesischen Anlagen in den USA blockiert und die Handelsbeziehungen zu dem Land komplett eingestellt werden müssen. »Die Sanktionen wurden verhängt«, so Außenministerin Madeleine Albright, »weil Khartoum weiter den internationalen Terrorismus unterstützt, die Nachbarstaaten destabilisiert und eine fürchterliche Menschenrechtslage hat.«[52] Allerdings, so behauptete Mansoor Ijaz, Mitglied des New Yorker Council on Foreign Relations und Vorstandsvorsitzender des New Yorker Investmenthauses Crescent Investment Management LLC, sei al-Bashir im Jahr 2001 viel kooperativer gewesen, als der Clinton-Regierung lieb war. »Zwischen 1996 und 1998 habe ich inoffizielle Kontakte zwischen der sudanesischen Regierung und der Clinton-Regierung aufgebaut. Ich habe mich aus diesem Grund auch mit US-Präsident Clinton und seinem Sicherheitsberater Sandy Berger getroffen.«[53] Ijaz bezeichnet sich als muslimischen Amerikaner und Clinton-Anhänger. Der Investmentbanker mit MIT-Ausbildung und pakistanischen Vorfahren kommentiert das Geschehen in der Region regelmäßig für die *Washington Post* und das *Wall Street Journal*. Nachdem er sich mehrfach mit dem sudanesischen Präsidenten al-

Bashir getroffen hatte, sollte er eine Botschaft an die amerikanische Regierung überbringen: »Al-Bashir wollte, dass die Sanktionen aufgehoben würden. Er bot deswegen nicht nur die Ausweisung bin Ladens nach Saudi-Arabien an, sondern auch seine Verhaftung.[54] Oder er wollte sich bereit erklären, das Kindermädchen zu spielen. Und er wollte den Amerikanern seine Geheimdienstinformationen zum globalen Netzwerk des ägyptischen islamischen Dschihad, der iranischen Hisbollah und der palästinensischen Hamas anbieten.« Als die USA nicht reagierten, ließ al-Bashir die Gruppe um bin Laden ausreisen, darunter eine Handvoll Männer, die nach dem September 2001 auf die amerikanische Liste der meistgesuchten Terroristen gesetzt wurden. »Im April 1997 überbrachte ich zum letzten Mal eine Einladung an FBI-Mitarbeiter, sich die Informationen vor Ort anzuschauen. Die Clinton-Regierung reagierte nicht.« Al-Bashir wollte allerdings, so berichtete Ijaz, »dass Clinton im Sudan persönlich um die Verhaftung von bin Laden bittet«. Für Ijaz ist klar, dass die Clinton-Regierung »nie wirklich ein Interesse hatte, muslimische Länder einzubinden«.[55] Doch war al-Bashir so mächtig, dass er bin Laden hätte verhaften können, ohne dies mit dem Leben zu bezahlen? Worin lag der Deal?

Die Chinesen hielten sich – zumindest soweit es sichtbar werden konnte – aus diesen Machtkämpfen heraus. Sie waren vielmehr überzeugt, dass wirtschaftlicher Aufschwung die Menschenrechtslage entspannen würde, wenn sie diese Frage im Sudan überhaupt interessierte. Allerdings gelang es China nicht, sich aus dem Konflikt ganz herauszuhalten. Spätestens nachdem die chinesische und die sudanesische Regierung einen Finanzierungsvertrag über den Kajbar-Damm unterzeichnet hatten, der von dem südsudanesischen Stamm der Nubier bekämpft wurde, waren auch sie ein Teil des Konflikts. Im Januar 1998 dann bekam die China Petroleum Engineering Construction Corporation den Auftrag, die Port-Sudan-Hafenanlagen inklusive einer Pipeline zur Verschiffung von Öl aufzubauen. Die Pumpen bestellten die Chinesen in Schottland, die Stromgeneratoren in England. Im Februar 1998 kamen die Kämpfe zwischen Regierungs- und Oppositionsrebellen in der Gegend um Bentiu der Bohroperation der China National Oil Petroleum Company (CNPC) sehr nahe. Im Mai begann die CNPC mit dem Bau einer Raffinerie in Al-Jayli mit einer Produktionsleistung von 50 000 Barrel pro Tag oder 2,5 Millionen Tonnen Öl.[56]

Je mehr die Chinesen sich engagierten, desto mehr gerieten sie einerseits in die innerpolitischen Konflikte und desto weniger konnte andererseits die Sanktionspolitik der Amerikaner aufgehen. Die Amerikaner erhöhten den Druck in der Hoffnung, dass den Chinesen die Lust vergehen würde, weiter im Sudan zu investieren, und die al-Bashir-Regierung daraufhin in die Knie gehen würde. Im August feuerten die USA Raketen auf eine angeblich von Anhängern bin Ladens betriebene Chemiefabrik in der Nähe von Khartoum, über die später bekannt wurde, dass sie sechzig Prozent der im Sudan verfügbaren Medikamente produzierte.[57] Clinton beharrte dennoch darauf, eine »drohende Gefahr für unsere nationale Sicherheit« abgewehrt zu haben. Albright bezeichnete den Sudan als »Schlangennest von Terroristen«.[58] Eine Aktion, die allerdings ohne große politische Folgen blieb. Die Chinesen bauten weiter. Im April des folgenden Jahres wurde die 1610 Kilometer lange Pipeline fertig, die das Heglig-Ölfeld mit dem al-Bashir Terminal am Roten Meer verbindet. Die Raffinerie liegt an der Strecke und nahm im Dezember ihre Produktion auf. Im April 1999 besuchte der Energieminister Awad Ahmed al-Jaz China und verhandelte mit der Regierung über die Fertigstellung der Khartoum-Raffinerie und eines großen E-Werkes in der unmittelbaren Nähe.[59]

Im Mai konnte die sudanesische Regierung eine für das Land erfreuliche Nachricht verbreiten, die den Amerikanern bitter aufgestoßen sein muss: Der Sudan war wieder in der Lage, sich selbst mit Öl zu versorgen und sogar 150 000 Barrel pro Tag zu exportieren, hauptsächlich mit chinesischer Hilfe. Im Jahr 2000 waren es schon über 200 000 Barrel. Dies änderte jedoch nichts an der Krisensituation in Darfur, die nun immer mehr die Aufmerksamkeit der Chinesen verlangte. Ebenfalls im Mai 1999 berichtete ein UN-Mitarbeiter, dass 1000 bis 2000 Zivilisten am östlichen Rand der Heglig-Ölfelder angegriffen und die Dörfer dort niedergebrannt worden waren. In einer zehntägigen Offensive hätten Antonov-Bomber, bewaffnete Hubschrauber, Panzer und Artillerie 6000 Häuser zerstört. Am 20. September 1999 verübten Rebellen Anschläge auf die chinesische Pipeline in der Nähe von Atbara.[60]

Westliche Anschlagsziele gab es nicht mehr. Der wieder vorhandene Ölmarkt im Sudan war überschaubar, was die internationale Beteiligung betraf. Das sudanesische Öl war nun fast ausschließlich in asiatischer Hand. China hält bis heute den weitaus größten Teil, gefolgt von Malaysia und Indien. Das ist bereits über zwölf Jahre her und fand statt, ohne dass sich damals die internationale Öffentlichkeit dafür interessiert hätte. Noch heute interessiert sich niemand dafür, dass Indien im Sudan aktiv ist.

Der Showdown

In dem Maße, in dem sich China in anderen Ländern wirtschaftlich und politisch engagierte, fand es an den Möglichkeiten, die die Vereinten Nationen boten, immer größeren Gefallen. Die UN wurde ein Ort, an dem die chinesische Regierung wieder mehr aus Not als aus Absicht ihre Position deutlich machen und sich, wenn es gar nicht mehr anders ging, den Rücken freihalten konnte. Und es war wiederum ihr Engagement im Sudan, das die Chinesen dazu zwingen würde, im letzten Moment einen beherzten Sprung über den Abgrund zu riskieren.

Vor allem in der Frage der UN-Friedensmissionen hat sich die Position Chinas erheblich gewandelt. In den siebziger Jahren lehnten die Chinesen sie noch kategorisch ab. In den achtziger Jahren unterstützten sie die ersten Missionen, allerdings ohne sich daran zu beteiligen. In den Neunzigern unterstützten sie sie und beteiligten sich auch daran.[61] Und nun im ersten Jahrzehnt des neuen Jahrhunderts stehen sie vor einer neuen Herausforderung. Zum ersten Mal in den 35 Jahren ihrer Mitgliedschaft sind sie gezwungen, eine Resolution für eine Friedensmission herbeizuführen, und zwar für den Sudan, ein Land, mit dem sie nicht einmal eine gemeinsame Grenze haben und das sogar auf einem anderen Kontinent liegt. Mit Hilfe der UN könnten sie die Macht der USA relativieren und die wichtigen Entscheidungen der Welt in die Hände einer Gruppe von Ländern legen. Zumindest solange die Chinesen nicht so mächtig sind, Entscheidungen von weltweiter Bedeutung allein durchzusetzen, haben sie daran ein großes Interesse. Sie sind jedoch keine Hasardeure; sie haben keine große außenpolitische Tradition und ziehen sich im Krisenfall lieber ins Schneckenhaus zurück. Und sie haben sich auch um diese Aufgabe nicht gerissen. Ein solches Vorhaben ist fast aussichtslos, und man kann sich ordentlich blamieren. Das weiß auch der Westen, und er versucht deshalb, sie auf die offene Ebene der internationalen Politik zu locken.

Die westliche Welt wartet mit einer gewissen Häme darauf, dass China international Verantwortung übernimmt und dabei in Schwierigkeiten gerät. »Wir haben kein Interesse, China zu isolieren«, sagte US-Präsident Bill Clinton bereits 1993, aber China müsse »verantwortliches Benehmen« zeigen.[62] An dieser Linie hat sich nichts geändert. Auch Bundeskanzlerin Angela Merkel drückt sich heute ähnlich aus: »Allein dadurch, dass sie Rohstoffe brauchen und internationale Wirtschaftsbeziehungen haben, werden sie zu einem politischen Faktor in der Welt und dazu aufgefordert sein, auch immer mehr politische Verantwortung für eine friedliche Entwicklung der gesamten Welt wahrzunehmen, zumal China diese Verantwortung als ständiges Sicherheitsratsmitglied natürlich auch institutionell in ganz großem Ausmaß hat.«[63] Unter diesem Druck soll China erkennen, dass es günstiger ist, sich den westlichen Spielregeln anzupassen. Im Fall des Sudans versuchte der Westen unter der Führung der USA eine Zwickmühle für die Chinesen aufzubauen. Man drängte sie zusehends in die Lage, sich zwischen ihren politischen Freunden im Sudan und der westlichen Mehrheit entscheiden zu müssen. Wenn sie sich für den Sudan entscheiden, würde man sie in die Nähe der »Schurkenstaaten« rücken können. Wenn sie sich für den Westen entscheiden, würden sie ihre Öllieferanten bloßstellen und ihr Investment gefährden. Mit jeder Resolution, die verabschiedet wurde, zog der Westen die Daumenschrauben gegen den Sudan und damit auch gegen China stärker an. Die Begründung war einfach und überzeugend: Nachdem die schwächere Drohung nicht funktioniert hatte, musste man nun zu härteren Mitteln greifen. Die Position der Chinesen hingegen, »Verständnis statt Härte«, hatte einen großen Nachteil. Sie wurde mit jeder Resolution schwächer, was dazu hätte führen können, dass sie einzelne Länder im Stich hätten lassen müssen. Dies wiederum hätte ihre Verlässlichkeit in Frage gestellt. Das ist riskant, denn die

Chinesen bekommen nur deshalb Zugang zu vielen Ressourcen, weil ihnen die Regierungen der Länder vertrauen, die von der internationalen Gemeinschaft isoliert wurden oder vom Westen von oben herab behandelt werden. Herausragende Beispiele hierfür sind der Iran und Nordkorea, aber auch Venezuela und Simbabwe.

Den Fall Chevron noch vor Augen, versuchten die Chinesen zunächst alles zu unternehmen, um ihr großes Investment im Sudan zu schützen. Der amerikanische Ölkonzern hatte, wie bereits erwähnt, in den achtziger Jahren eine Milliarde US-Dollar im Sudan investiert und musste sich Anfang der neunziger Jahre komplett aus dem Land zurückziehen. Den Chinesen ging es um mehr als nur ums Geldverdienen. Sie müssen ihre Energieversorgung langfristig sichern. Denn nur mit Öl und Gas können sie ihr im Schnitt knapp zehnprozentiges Wachstum halten, welches sozialen Frieden in dem riesigen Land garantiert, das 1,3 Milliarden Einwohner zählt. Doch die Position, die der stellvertretende Außenminister Zhou Wenzhong noch 2005 vertrat, lässt sich heute kaum noch halten: »Geschäft ist Geschäft. Wir versuchen Geschäft und Politik zu trennen, [...] und die innenpolitische Lage des Sudan ist eine innere Angelegenheit des Landes, in die wir uns nicht einmischen.«[64] Es sind vor allem die Amerikaner, die China immer mehr dazu zwingen, klare Position zu beziehen. Die Chinesen haben sich selbst in diese schwierige Lage im Great Game mit den USA manövriert. Man kann sich die Welt nicht gefügig machen, ohne Stellung zu beziehen. Und es ist nicht übertrieben, festzustellen: Noch nie waren die Chinesen, seit sie sich der Welt geöffnet haben, diplomatisch in solch einer brenzligen Lage wie im Fall des Sudan. Sollten sie diesmal unter die Räder der internationalen Diplomatie kommen? Die Amerikaner jedenfalls hatten große Chancen, den Frischlingen auf dem internationalen Parkett eine Lektion in Sachen Weltpolitik zu erteilen. Chinas Außenpolitik hatte plötzlich eine offene Flanke.

In den vergangenen Jahren duckte sich China bei solchen Konflikten und ließ die Welle über sich hinwegrauschen. Allerdings gab die chinesische Regierung damit den USA Gestaltungsspielraum, den sie nutzten, um sich mit kleinen und größeren Boshaftigkeiten dafür zu revanchieren, dass sie die Kartoffeln allein aus dem Feuer holen mussten. Solange China noch mit sich selbst beschäftigt war, störte dies die Regierung nicht sehr. Seitdem das Land mit riesigen Handelsüberschüssen, Devisenreserven und Investitionen spürbar in den Weltwirtschaftskreislauf eingreift, ist die Chance der Amerikaner gestiegen, dass der Druck Erfolg hat.

Im Kosovo-Konflikt waren die Chinesen gegen eine bewaffnete Intervention. Sie enthielten sich schließlich bei der Abstimmung im UN-Sicherheitsrat. Als sie später in den Konflikt hineingezogen wurden, da Nato-Bomben die chinesische Botschaft in Belgrad trafen, war der Gesichtsverlust groß und ihr Spielraum gering.[65] Sie konnten nur besonnen reagieren. Der Kampf gegen den Terrorismus war den Chinesen im Fall der Resolution für den Einmarsch in Afghanistan immerhin ein Okay wert. Sie waren nach dem 11. September 2001 besorgt, dass islamische Gruppen aus dem Nachbarstaat in China Unruhe verbreiten könnten.[66] Mit der Unterstützung der Resolution war für die Volksrepublik die Arbeit getan. Die Verhandlungen und die Implementierung der Truppen überließen die Chinesen anderen – und zahlten ihren Preis dafür: Die Amerikaner schlugen das Basislager einiger ihrer schnellen Eingreiftruppen in der mongolischen Hauptstadt Ulan-Bator auf. Damit standen kurzzeitig Truppen nur wenige hundert Kilometer von der chinesischen Grenze entfernt. Von dort aus starteten die USA die Invasion Afghanistans. Die Transporter mit den Marines flogen dann immer entlang der Grenze Chinas. Zudem ging den Chinesen der Zugang zu Afghanistan als Transitland für Pipelines aus dem Kaspischen Meer verloren. China stand nun vor einer schwierigen Aufgabe: Wie kann man sich einmischen, ohne sich einzumischen?

Wie sah die Lage aus dem Blickwinkel der Sudanesen und der Chinesen aus? Als in der zweiten Hälfte des Jahres 2004 das Comprehensive Peace Agreement (CPA) über die Autonomie des Südsudan verhandelt wurde, hatten die USA am Ende gesagt: Wenn ihr das unterschreibt, seid ihr wieder die Guten. Wir werden die Sanktionen gegen euch aufheben.[67] Tatsächlich aber hatten die Amerikaner kein Interesse daran, dass al-Bashir wieder zu den Guten gehörte. Sie wollten ihn in die Knie zwingen. Also hielten die Diplomaten des State Department neue Stöckchen hoch, über die al-Bashir springen sollte. Nun hieß es: Das CPA reicht nicht, um euch zu glauben, dass ihr wieder gut seid. Ihr müsst auch das Problem Darfur lösen, sonst bleibt ihr ein »Reich des Bösen«. Die Regierung in Khartoum bekam, so ist aus westlichen diplomatischen Kreisen einvernehmlich zu hören, von amerikanischen Offiziellen den Hinweis, dass die Amerikaner nicht so genau hinschauen würden, wenn in Darfur mit militärischen Mitteln aufgeräumt würde. Als die Rebellenkämpfe dann aus dem Ruder liefen, fanden die USA das nicht mehr gut. Innenpolitisch regte sich Widerstand. Es war nunmehr das Einfachste, al-Bashir wieder in die Ecke zu stellen und ihm zu versprechen, dass man ihn wieder für lieb halten würde, wenn die Friedensgespräche im Mai 2006 in Abuja, der Hauptstadt Nigerias, erfolgreich verliefen. Es wurde ein von außen aufoktroyierter Frieden.

Doch Rebellen und Regierung fühlten sich nur wenige Tage an den Friedensvertrag gebunden. Zwei der drei Rebellenführer hatten ihn nicht einmal unterschrieben. Vertraute des Einzigen, der unterzeichnet hatte, erzählten kurze Zeit später in Khartoum, ihr Chef Minni Menawi sei nach drei Tagen ohne Schlaf mehr oder weniger zur Unterschrift gezwungen worden.[68] Immerhin machte al-Bashir seinen Gegner Menawi zu seinem Hauptassistenten, wie im Vertrag vereinbart worden war. Dies konnten selbst Skeptiker als Hinweis deuten, dass auch al-Bashir an einer Lösung interessiert war. Er konnte in diesem Konflikt nichts mehr gewinnen. Die Aufrüstung kostete die Regierung 500 Millionen US-Dollar im Jahr, also über zehn Prozent des Staatshaushalts, und der Konflikt verursachte einen enormen Imageschaden, der in Geld gar nicht zu beziffern war. In der Darfur-Region selbst gab es kein neues Öl. Dass al-Bashir von einer rassistischen Ausrottungsmission getrieben sei, davon gingen selbst amerikanische Diplomaten nicht aus. Insofern war es nicht ausgeschlossen, dass al-Bashir tatsächlich kompromissbereit war, solange dadurch seine Machtstellung nicht gefährdet würde.

Den Amerikanern reichten die Signale aus Khartoum nicht. Al-Bashir drohe das gleiche Schicksal wie Saddam Hussein, wenn er nicht zur Vernunft käme. Auch Saddam habe bis zuletzt geglaubt, er komme ungeschoren davon. Als klar war, dass aus dem Vertrag im Mai 2006 nichts wurde, versuchten die Amerikaner und Briten im August die UN-Sicherheitsratsresolution 1706 durchzusetzen. Sie erlaubte der UN, eine rund 20 000 Mann starke Truppe in den Sudan zu entsenden.[69] In der Wahrnehmung der Darfur-Regierung hörte sich das so an, als ob die Amerikaner mit 20 000 Mann in den Sudan einmarschieren würden. Glück für die Amerikaner war, dass die EU es wieder einmal nicht geschafft hatte, eine eigenständige und gemeinsame politische Linie zu formulieren. Tony Blair stand wie im Irak Seite an Seite mit Bush. Die anderen europäischen Staaten versuchten sich in einer verständnisvolleren Position, wollten bei den Amerikanern allerdings nicht allzu unangenehm auffallen.

Die Chinesen hingegen stellten sich vor den Sudan. Die chinesischen Diplomaten rangen lange mit sich und neigten schließlich dazu, nur unter der Bedingung zuzustimmen, wenn auch die sudanesische Regierung damit einverstanden sei. Das Gute an diesem Argument war, dass es auch manchem pragmatisch eingestellten amerikanischen Diplomaten einleuchtete: »Praktisch gesprochen wird es nützlich sein, die Regierung mit an Bord zu haben«, bemerkte sogar die amerikanische UN-Botschafterin Jackie Sanders.[70] Doch ihre saloppe Äußerung ärgerte die Sudanesen mehr, als dass sie sie erfreute. »Sanders spricht im Ton eines Kapitäns, der uns auf sein Schiff lässt«, so der Vorsitzende des Auswärtigen Ausschusses des Parlaments Osman Khalid Mudawi. »Es ist jedoch an uns zu entscheiden, wen wir auf unser Schiff lassen.« Immer mehr sudanesische Politiker kamen zu der Überzeugung, dass die Amerikaner es darauf angelegt hatten, die sudanesische Regierung zu stürzen. Europäische Diplomaten halten das für übertrieben: »Aber dass sie den Sudan gefügig machen wollten, ist durchaus möglich.«

Die Haltung »Friss oder stirb«, die die Amerikaner gegenüber der sudanesischen Führung an den Tag legten, war es jedenfalls, die den Chinesen den Spielraum gab, sich einzuschalten. Sie haben in der Frage, in welchem Ton man mit jemandem spricht, viel mehr Erfahrung als selbst die verständnisvollsten Regierungen im Westen. Noch Anfang des letzten Jahrhunderts waren die Kolonialmächte ähnlich mit China umgegangen. Selbst 1989, nach der Niederschlagung der Protestbewegung, fühlte sich der Westen zu Herablassung berechtigt und schien es nicht nötig zu haben, die genauen Umstände der Entwicklungen zu betrachten.

Man könne nicht über den Kopf eines Landes hinweg verfahren, argumentierten die chinesischen Diplomaten: Wenn der Sudan nicht zustimmt, ist die Resolution sinnlos. Die Amerikaner hingegen antworteten: Die Resolution erhöht den Druck auf al-Bashir. Das kann auf keinen Fall schaden. Doch die Chinesen waren in dieser Frage nicht kompromissbereit, sie hielten ihre Argumentation für mindestens ebenso vernünftig wie die der Amerikaner. Allerdings schafften sie es nicht, ein westliches Land davon zu überzeugen, sich ihrer Position anzuschließen. China wollte allerdings in dieser Phase der Entwicklungen auch nicht durch ein Veto unangenehm auffallen. Also nahmen China, Russland und Qatar an der Abstimmung der Resolution 1706 nicht teil. Sie wollten weiterhin eine Lösung mit al-Bashir und nicht gegen ihn.[71]

Nun wurden auch im Westen diplomatische Überlegungen laut, ob die Amerikaner den schwachen Friedensvertrag und die Resolution 1706 geradezu aufs Scheitern angelegt hatten, um die Sicherheitsratsmitglieder, vor allem China, weich zu klopfen für den großen Schlag: umfassende, endgültige UN-Sanktionen gegen den Sudan, bei denen dann auch China endlich Farbe bekennen müsste. Schon im Mai 2006 hatten die Chinesen damit begonnen, ihren größten Trumpf, ihr vertrauensvolles Verhältnis zum Sudan, auszuspielen. Die Beziehungen hatten sich in den letzten Jahren von »freundlichen Beziehungen« über »eine dauerhafte und reibungslose freundschaftliche bilaterale Kooperation« bis hin zu einem »Modell der Süd-Süd-Kooperation« entwickelt. Es fehlte eigentlich nur noch, dass China und der Sudan eine »strategische Partnerschaft« eingehen würden. Allerdings begannen andere Länder, die Position der Chinesen zu untergraben. Russland, Malaysia und vor allem Indien boten sich den Sudanesen als Partner an, Länder, die ebenfalls dafür bekannt sind, dass sie den USA nicht nach dem Mund reden. Al-Bashir waren diese neuen Spieler willkommen. Er bedankte sich Anfang 2006 mit Ölkonzessionen; es wurde ungemütlich für die Chinesen.

Im Verlauf des Sommers 2006, nachdem die sudanesische Führung sich in den Gesprächen hinter verschlossenen Türen nicht bereit gezeigt hatte, über eine Stationierung von UN-Truppen nachzudenken, entschlossen sich die Chinesen zu einem riskanten Spiel. Sie kritisierten ihre Freunde öffentlich und testeten damit zum ersten Mal die Belastbarkeit der Beziehungen, und zwar auf höchstem Niveau: Bereits im September sagte der chinesische Premierminister Wen Jiabao, dass er sehr besorgt über die Stabilität in Darfur sei und sich deshalb dafür ausspreche, »Friedenstruppen zu senden«.[72] Der chinesische Vizepräsident Zeng Qinghong machte kurz darauf deutlich, dass eine Friedensmission die Macht der sudanesischen Regierung nicht untergraben würde, und empfahl der Regierung, »konstruktive Verhandlungen« zu beginnen. Ebenfalls im September legte Zeng Qinghong die neue chinesische Taktik offen. »Wir senden ihnen die Botschaft, dass wir davon überzeugt sind, dass es eine sehr gute Idee ist, wenn die UN-Truppen übernehmen.« Um die Einmischung in die inneren Angelegenheiten nicht zu groß erscheinen zu lassen, fügte er hinzu: »Es ist allerdings ihre Entscheidung, dem zuzustimmen. Wir zwingen sie zu nichts.«[73] Das freute vor allem die Amerikaner, und genau deshalb war die Taktik im chinesischen Außenministerium umstritten gewesen. Die Hardliner hatten darauf gesetzt, dass sich die USA im Irak die Zähne ausbeißen würden. Die Drohung, dass al-Bashir das Gleiche passieren könne wie Saddam Hussein, verliere damit an Kraft. Je größer das Desaster im Irak sei, desto kleiner sei die Chance, dass sich die Amerikaner noch einmal in einem anderen Land auf ein solches Spiel einlassen würden. Die Gegner dieser Position hatten zwei Argumente. Sie wollten sich nicht darauf verlassen, dass sich die USA vernünftig verhalten würden, und sie wollten nicht wieder in der Rolle des passiven Beobachters bleiben, der hinterher essen muss, was auf den Tisch kommt. Ihre Position setzte sich schließlich durch.

Die Chinesen schafften es, die Sudanesen am 16. November an den Verhandlungstisch im Hauptquartier der Afrikanischen Union in Addis Abeba zu bekommen. Nur wenige Tage zuvor hatten sich 41 Staaten zum Forum on China-Africa Cooperation (FOCAC) in Peking getroffen. Die Veranstaltung gilt schon heute als ein Meilenstein in der Geschichte der chinesisch-afrikanischen Freundschaft.[74] Nach langer Überlegung nutzte nun selbst Staats- und Parteichef Hu Jintao die Gelegenheit, dem sudanesischen Präsidenten die Meinung zu sagen – in aller Freundschaft natürlich: »Die sudanesische Regierung kann eine angemessene Lösung finden, die Stabilität in der Region weiter zu halten und die humanitären Bedingungen zu verbessern.«[75] Und so mögen die Beobachter im amerikanischen Außenministerium im Chor hinzugefügt haben: Ihr lasst uns weiter in Ruhe Öl fördern und zusammen Geld verdienen. Doch al-Bashirs

Misstrauen gegenüber den neuen Freunden wuchs eher. Es waren die einzigen Partner, deren Verbundenheit nicht durch den gemeinsamen Glauben an den Koran gefestigt wurde. Al-Bashir bewegte sich nicht; die Amerikaner hielten die Chinesen an, den Druck zu erhöhen. Man müsse an einem Strang ziehen, sagten die Unterhändler mit einem süffisanten Lächeln, die Staatengemeinschaft müsse zusammenhalten. Die Gegner der Taktik im chinesischen Außenministerium ärgerten sich, dass sie nicht noch entschlossener davor gewarnt hatten. Tatsächlich blieb selbst Präsident Hu nichts anderes übrig, als den Freunden gegenüber noch deutlicher zu werden. Er reiste im Februar 2007 nach Khartoum, auch um seine Solidarität zu der sudanesischen Regierung zu bekunden. Seine wichtigste Botschaft lautete: Wir stehen in diesen schwierigen Zeit zu euch. Die zweite Botschaft bestand aus harten Worten, die al-Bashir sehr überrascht haben müssen: »Die Regierung sollte ernsthafter daran arbeiten, Frieden in ihren Grenzregionen zu schaffen.«[76] Mit dieser Aussage pflegte Hu gleichzeitig einen neuen Freund Chinas, den Tschad. Erst im August 2006 hatten die Chinesen diplomatische Beziehungen zu dem Land wieder aufbauen können, das bis dahin zu Taiwan hielt. Schon wenige Monate später wurden die ersten Verträge für Ölgeschäfte unterschrieben. Der Tschad ist einer der großen Leidtragenden der Flüchtlingsströme aus der Darfur-Region.

Es gelang den Chinesen trotzdem nicht, das Misstrauen abzubauen. Das wichtigste Gegenargument von al-Bashir hatte große Überzeugungskraft. Die chinesischen Freunde seien gar nicht in der Lage, den Verlauf der Entwicklung zu kontrollieren, wenn die westlichen Truppen erst einmal im Land seien. Anfang März 2007 sandte al-Bashir einen Brief an den neuen südkoreanischen UN-Generalsekretär Ban Ki-moon. Darin stand ein klares Nein. Die Sudanesen waren weiterhin besorgt, dass die Lage außer Kontrolle geriete, wenn die UN-Truppen mit schweren Waffen in ihr Land einrückten, und die UN dann Maßnahmen ergreifen würden, die die Souveränität der Regierung und die Integrität ihres nationalen Territoriums einschränken würden. Diese Furcht war nicht von der Hand zu weisen. Andererseits, so argumentierten die Chinesen, würde die starre Haltung der Sudanesen nur dazu führen, dass die Position der UN geschwächt würde und die Amerikaner immer mehr Argumente hätten, das Problem Sudan auf eigene Faust zu lösen. Den Chinesen lief die Zeit davon, deshalb ließen sie bereits im März ihren Worten Taten folgen: Das Handelsministerium (Mofcom) strich den Sudan von der Liste der Länder, für die chinesische Unternehmen Zuschüsse bekommen.[77] Zwar hieß es offiziell, dies sei nicht geschehen, um Druck auf die Sudanesen aufzubauen, sondern sei der Veränderung der wirtschaftlichen Prioritäten in Afrika geschuldet. Doch das glaubte niemand so recht. Die Sudanesen nicht, und die westlichen Diplomaten auch nicht. Am Ende war es egal: Auch dieser Warnschuss hatte zunächst keine Folgen.

Inzwischen gerieten die Chinesen auch noch aus völlig unerwarteter Richtung unter Druck: Die Hollywood-Schauspielerin und »Good-Will«-Botschafterin von UNICEF Mia Farrow warf Ende März in einem Artikel im *Wall Street Journal* unter dem Titel »Genozid Olympia« den Chinesen vor, dass sie wiederholt ihre Vetomacht benutzt hätten, um Versuche der Amerikaner und der Engländer zu verhindern, mittels einer Friedenstruppe dem Abschlachten ein Ende zu setzen. Außerdem würde die sudanesische Regierung achtzig Prozent der mit den Chinesen erwirtschafteten Öleinnahmen dazu verwenden, die brutale Dschandschawid-Proxi-Miliz mit Bombern, Angriffshubschraubern, gepanzerten Fahrzeugen und kleinen Waffen zu versorgen, von denen die meisten in China hergestellt würden. Von Flugplätzen aus, die von Chinesen gebaut und betrieben werden, würden die Flugzeuge dann zu Bombenabwürfen auf die Dörfer starten. »Ich habe Schreckliches gesehen«, sagt sie.[78] Deswegen rief Farrow in diesem Artikel westliche Sponsoren wie Coca-Cola und Sportler zum Boykott der Olympischen Spiele auf. Über den Regisseur Steven Spielberg, einen der künstlerischen Berater für die Eröffnungsfeier der Olympischen Spiele 2008, schrieb sie: »Möchte Steven Spielberg als die Leni Riefenstahl der Pekinger Olympischen Spiele in die Geschichte eingehen?«, und fügte hinzu: »Ist sich Herr Spielberg, der 1994 die Shoah-Stiftung gegründet hat, um die Erinnerungen an die Holocaust-Opfer zu bewahren, darüber im Klaren, dass China den Genozid in Darfur finanziert?«[79]

Die Kampagne schlug Wellen in den amerikanischen Medien, und die Rolle des Guten und des Bösen war schnell verteilt.

Wer hat die Frau mobilisiert? Es funktionierte – zumindest in

Hollywood. Nur wenige Tage später schickte Steven Spielberg einen Brief an den chinesischen Staatspräsidenten Hu Jintao, in dem er ihn aufforderte, »das menschliche Leid dort zu beenden«. Sein Sprecher fügte hinzu, dass Spielberg zwar über die Menschenrechtslage in Darfur informiert gewesen sei, aber erst kürzlich von Chinas Verstrickungen darin erfahren habe.[80]

Für die chinesischen Diplomaten war dies alles an den Haaren herbeigezogen; »Schauspielergetue«, wie es einer formulierte. Seit September hatten sie den Sudan mehrfach öffentlich kritisiert und schon die erste Strafaktion beschlossen. Aber das kümmerte die internationale Medienöffentlichkeit wenig. Von nun an war klar: Hollywood hat den Chinesen Beine gemacht. Ihre Argumente fanden wenig Gehör, sie waren die Bösen. Dennoch blieben vor allem die reformorientierten Diplomaten im chinesischen Außenministerium davon überzeugt, dass wirtschaftliches Engagement Wohlstand schafft und der Wohlstand dem Frieden dient, und darüber hinaus, dass sie Waffen an eine Regierung liefern, die damit versucht, das Gewaltmonopol des Staates und die Einheit des Landes aufrechtzuerhalten. Wie wenig die chinesische Regierung Verständnis für separatistische Bewegungen hat, sieht man am Umgang mit Tibet und Taiwan. Allerdings war selbst für die Chinesen das Maß nun voll. Sie wollten stabile Verhältnisse für ihre Investitionen.

Noch als Präsident Hu Jintao im Februar in Khartoum war, sagte er zu al-Bashir: »Darfur ist ein Teil des Sudan, und Sie müssen dieses Problem lösen.«[81] Darüber hinaus hatten sich die chinesischen Diplomaten hinter den Kulissen deutlich dafür eingesetzt, dass UN-Truppen in den Sudan einreisen durften. Die hatten allerdings ein Problem: Sie unterschätzten, dass Mia Farrow den politischen Nerv der westlichen Öffentlichkeit getroffen hatte. Ihre Meinung passte nur zu gut zu der weit verbreiteten Vorstellung von einem China, das sich die Welt gefügig macht. Die meisten Menschen haben keine Zeit und auch kein Interesse, sich mit den Details des Konflikts zu beschäftigen. Aber sie haben die diffuse Sorge, dass der Aufstieg Chinas Nachteile für ihren Lebensstandard haben könnte. Deswegen sind sie gern bereit, Geschichten, in denen die Chinesen die Bösen sind, zu glauben. Die Hollywood-Aktion sollte nur wenige Monate später noch größere politische Folgen haben.

Das Außenministerium jedoch folgte unbeirrt seinem Drehbuch: Während es Mia Farrow gelang, das Interesse der amerikanischen Öffentlichkeit für ihr humanitäres Anliegen zu wecken, reiste Nafie Ali Nafie, der Vizepräsident des Nationalen Kongresses, im Auftrag des sudanesischen Präsidenten nach Peking.[82] Wenige Tage später folgte ihm der Oberbefehlshaber des sudanesischen Militärs und traf den chinesischen Verteidigungsminister Cao Gangchuan, der ihn mit engeren Militärbeziehungen lockte, wenn sich die Regierung in der Frage der UN-Truppen »flexibler« zeigen würde. Damit die Sudanesen glaubten, dass er es ernst meinte, sagte Cao öffentlich, dass China bereit sei, die Kooperation zwischen den beiden Armeen weiter zu vertiefen, wohl wissend, dass dies im Westen nicht gut ankommen würde und von den Amerikanern zu Recht gegen sie verwendet werden könnte. Große Fortschritte wurden nicht erzielt. Das Außenministerium schickte daraufhin einen seiner jungen Topdiplomaten nach Khartoum, dessen Namen man sich merken muss: Zhai Jun, ein Assistent des chinesischen Außenministers, vergleichbar mit der Position eines Staatssekretärs in Deutschland. Er wurde von Präsident al-Bashir persönlich empfangen. Sein offizielles Statement nach dem Gespräch hörte sich fast so an, als ob die Chinesen mit ihrem Latein am Ende seien. Er sprach nicht mehr davon, was die andern tun sollten, sondern dass sie selbst alles getan hätten. »Wir haben alles Mögliche versucht, politisch, wirtschaftlich und anderes. Nun raten wir unseren sudanesischen Brüdern, den Annan-Plan zu akzeptieren.«[83] Die *New York Times* berichtete: »In der letzten Woche sind eigenartige Dinge passiert. Ein hochrangiger chinesischer Diplomat, Zhai Jun, ist in den Sudan gereist, um die sudanesische Regierung zu zwingen, eine UN-Friedenstruppe zu akzeptieren. […] Der Dank dafür geht an Steven Spielberg und besonders Mia Farrow. Das ist eine Wende und kann als Lehrstück dafür angesehen werden, wie eine Pressekampagne, die Peking zu einer empfindlichen Zeit an einem empfindlichen Punkt trifft, das bewirkt, was durch jahrelangen diplomatischen Druck nicht erreicht werden konnte.«[84] Mia Farrow war begeistert über die Resonanz, die sie als »außergewöhnlich« bezeichnete: »Was immer ihn dazu bewogen hat, dorthin zu fahren, es freut mich, dass er gefahren ist.«[85] Amerikanische Politiker nahmen den Faden auf. Andrew S. Natsios etwa, Sudan-Beauftragter der amerikanischen

Regierung, sagte: »Wir haben Hinweise, dass die Chinesen nun eine aggressivere Rolle spielen als in der Vergangenheit.« Und er fügte etwas hinzu, was ebenfalls in der Öffentlichkeit kaum wahrgenommen wurde: »Sie könnten die entscheidenden Akteure werden.«[86]

Zhai und seine Kollegen, irritiert über die Berichterstattung in den USA, hielten an ihrem Kurs fest, obwohl sie in den Augen westlicher Beobachter ihre Position nicht verbessern konnten. Ist es ein entscheidender Fehler, dass sich die chinesischen Diplomaten nicht genug mit der Psychologie der westlichen Öffentlichkeit beschäftigen? Sollte das schon so mächtige China an einer Schauspielerin scheitern, die ihre besten Tage bereits hinter sich hat?

Die Chinesen handelten jedenfalls so, als müssten sie darauf keine Rücksicht nehmen. Sie rückten nicht etwa von den Sudanesen weiter ab oder erhöhten den Druck. Im Gegenteil: Sie setzten nunmehr auf Verständnis für al-Bashir. Das wiederum löste im Westen Kopfschütteln aus, war Wasser auf die Mühlen der Mia-Farrow-Bewegung.

Zhai hatte bei den Gesprächen herausgehört, dass die Sudanesen noch immer darüber verstimmt waren, dass die USA in so unverschämter Art und Weise mit ihnen umgegangen seien. Sie wollten deshalb auf jeden Fall verhindern, dass die Amerikaner einen diplomatischen Sieg erringen würden. Vielleicht hilft neben dem Druck ein wenig Balsam für die Seele, überlegte sich der chinesische Diplomat. Denn Druck machen konnten die Amerikaner viel besser als die Chinesen.

Das chinesische Außenministerium entschloss sich daraufhin, am Nachmittag des 11. April einer kleinen Gruppe von Journalisten im Außenministerium Rede und Antwort zu stehen. Darunter war auch ich. Zhai stand für Fragen zur Verfügung. Er nutzte die Gelegenheit für Seitenhiebe gegen die Amerikaner, ohne sie jedoch beim Namen zu nennen, und machte sich zum Fürsprecher der Sudanesen: »Es ist zu hoffen, dass die internationale Gemeinschaft die Ansichten und vernünftigen Bedenken [der Sudanesen] zur Kenntnis nimmt und einen Dialog auf gleicher Augenhöhe führt.« China übte nun also Druck auf beide Seiten aus. Im Verlauf des Gesprächs wurde Zhai sogar noch deutlicher: »Die sudanesische Seite ist gewillt, mit der internationalen Gemeinschaft in einen Dialog über den Fall Darfur zu treten. Viel wichtiger ist jedoch, dass die sudanesische Seite hofft, dass dieser Dialog auf gleicher Augenhöhe geführt wird, dass der Sudan als eine beteiligte Partei bei der Lösung der Probleme betrachtet wird und ihre vernünftigen Einschätzungen mitbedacht werden.«[87] Das Folgende war dann ein klarer Hinweis der Chinesen an die USA: »Die internationale Gemeinschaft sollte der Art und Weise, wie der Dialog geführt wird, besondere Aufmerksamkeit schenken, um die Effektivität ihrer Bemühungen zu erhöhen.«

Wie bei jedem Pressegespräch haben beide Seiten unterschiedliche Interessen: Während es Zhais Anliegen war, seinen Standpunkt deutlich zu machen, versuchten die Journalistenkollegen, ihn an seinen Schwachstellen zu packen. Erstaunlicherweise stellte nicht nur der Journalist vom *Wall Street Journal* die schärfsten und klügsten Fragen, sondern auch der Kollege des arabischen Fernsehsenders Al Jazeera. Zhai musste sein Land daraufhin plötzlich gegen drei Stichworte verteidigen: Genozid-Olympiade, Ölinteresse und Waffenlieferungen.

Die Antwort auf den Vorwurf der Genozid-Olympiade fiel ihm nicht schwer, denn der Boykottaufruf wurde weder in der internationalen Politik noch beim Internationalen Olympischen Komitee (IOC) diskutiert: »Ich glaube, dass nur wenige Menschen das fordern. Manche davon tun dies aus Ignoranz. Andere kennen weder die Lage in Darfur, noch haben sie die Position Chinas und seine Rolle in der Darfur-Krise verstanden. Wieder andere haben ganz eigene Motive.« Zhai sagte, er sei sich sicher, dass »die Spiele im kommenden Jahr sehr erfolgreich sein werden«.[88] Dass es nicht immer genügt, auf die Vernunft der eigenen Argumente zu pochen, sollte sich später noch herausstellen.

Die Frage zum wirtschaftlichen Engagement Chinas im Sudan beantwortete Zhai geschickter: »Der grundlegende Weg, um die Krise in Darfur zu lösen, ist der wirtschaftliche Aufbau und die wirtschaftliche Entwicklung nicht nur der Region, sondern des ganzen Landes. Ohne wirtschaftliches Wachstum ist es unmöglich, den Lebensstandard der Menschen zu verbessern. Die Menschen werden weiter um einfachste Lebensgrundlagen kämpfen.«[89]

Bei seiner Antwort auf die Frage der Waffenlieferungen machte Zhai eine schlechte Figur. Er konnte natürlich aus diplomatischen Gründen nicht sagen, dass auch die Amerikaner in den achtziger Jahren Waffen im Wert von weit über hundert Millionen US-Dollar geliefert hatten, Waffen, die heute durchaus noch im Einsatz sind. »Wir liefern Waffen nach drei Prinzipien«, versuchte er seine Argumentationskette aufzubauen, »sie sollen die Selbstverteidigungsfähigkeit des belieferten Landes steigern. Sie sollen nicht den Frieden, die Sicherheit und Stabilität in den betroffenen Regionen und in der Welt gefährden. Und wir mischen uns nicht in die internen Angelegenheiten des belieferten Landes ein. China hat nie Waffen in Länder geliefert, über die der UN-Sicherheitsrat ein Waffenembargo verhängt hat.«[90] Was er allerdings nicht erwähnte, ist, dass die EU 1994 ein Waffenembargo über alle Bürgerkriegsparteien verhängt hatte, dem sich die Chinesen durchaus anschließen könnten. Allerdings ist das politisch sehr unwahrscheinlich, denn das Waffenembargo, das die Europäer 1989 über China verhängten, ist bis heute nicht aufgehoben. Der ehemalige Bundeskanzler Gerhard Schröder hatte sich in seiner Amtszeit für eine Aufhebung eingesetzt, diese jedoch in der EU nicht durchsetzen können. Auf dieses Glatteis begab sich Zhai immerhin nicht, sondern betonte: »Im Übrigen exportiert China nicht sehr viele Waffen. China unterhält gute Beziehungen zum Sudan in allen Bereichen. Ich denke, daran ist nichts falsch. Aber natürlich können wir nicht garantieren, dass die Waffen, die entlang der Grenze zwischen dem Sudan und dem Tschad benutzt werden, nicht von China verkauft wurden.«

Zhai entschloss sich zum Schluss jener Pressekonferenz doch noch zur einer gezielten Konfrontation. Er kritisierte offen die Linie der amerikanischen Regierung: »China und die USA sind sich in der generellen Einschätzung der Lage in Darfur grundsätzlich einig. Die Ansichten und Methoden, wie man vorgehen soll, sind allerdings nicht die gleichen. Ich glaube, es bringt nichts, hastige Entscheidungen zu treffen. Sanktionen bringen nicht in jedem Fall die gewünschte Lösung. Und warum sollen wir Sanktionen verhängen, wenn wir das Problem auch durch Dialog und Verhandlungen lösen können?« Der Dialog und die Verhandlungen hätten aber bisher zu nichts geführt, flüsterte mir daraufhin ein Kollege zu, der neben mir saß. »Die Weltgemeinschaft ist dafür verantwortlich, der sudanesischen Regierung zu helfen, das Darfur-Problem zu lösen, statt neue Schwierigkeiten zu verursachen, die Widersprüche zu verschärfen und das Problem noch zu verkomplizieren«, so Zhai weiter, »deshalb setzen wir nicht auf verschärfte Sanktionen, sondern auf Beratungen auf gleicher Augenhöhe.« Und er fügte hinzu: »Sie befürchten zu Recht, dass sie zu einem zweiten Irak werden. Ich kann Ihnen versichern: Wir sind nicht gewillt, das mit anzusehen. Ich bin überzeugt davon, dass niemand in der Welt möchte, dass dies passiert. Deshalb haben die Chinesen großes Verständnis dafür, dass die Sudanesen darauf bestehen, dass ein Afrikaner der Kommandeur der Friedenstruppe wird.«[91] China hatte seine Karten offen auf den Tisch gelegt. Das war nicht der Text, den Hollywood sich wünschte.

Trockene Hitze

Zehn Tage später breche ich in den Sudan auf, um mir ein eigenes Bild der Lage zu machen. Ich fahre in das Land, das seit 2006 auf Platz eins der von der amerikanischen Zeitschrift *Foreign Policy* herausgegebenen Liste der »Failed States« steht – noch vor dem Irak, Somalia und Simbabwe. Im Deutschen wird »Failed States« mit »zerfallene Staaten« übersetzt. Das ist ein wenig ungenau, denn im Englischen klingt bei dem Wort *failed* auch mit, dass jemand die Erwartungen eines anderen nicht erfüllt hat. Das trifft es wohl eher. Als schwache Staaten werden jedenfalls Regime bezeichnet, die aufgrund ihrer finanziellen Unzulänglichkeiten und einer ineffizienten Verwaltung nicht in der Lage oder willens sind, die von der Bevölkerung erwarteten, dem Gemeinwohl dienenden Entscheidungen zu treffen und/oder in ihrem Staatsgebiet das Gewaltmonopol aufrechtzuerhalten. Kurz, es sind Länder, in den es drunter und drüber geht.

Die Botschaft des Sudan in Peking am östlichen dritten Ring gleich gegenüber von einem der besten und leider auch teuersten Fischrestaurants der Stadt macht keinen vernachlässigten Eindruck, was man nicht von allen Botschaften Afrikas in Peking behaupten kann. Und drunter und drüber geht es nur in dem kleinen Pförtnerhäuschen, das die provisorische Visa-Stelle ist. Offensichtlich ist der chinesische Andrang in den Sudan noch nicht lange so groß. Ein sehr flexibler chinesischer Konsulatsmitarbeiter hat alle Hände voll zu tun. Packenweise reichen chinesische Firmen rote Pässe und gelbe

Gesundheitszeugnisse ein, die dann von einem Boten in Papiertüten der letzten Maschinenbaumesse nach hinten in die Visa-Sektion gebracht werden. Gut 250 Visa stellen die Sudanesen an die Chinesen pro Tag aus. In dem nicht einmal zehn Quadratmeter großen Raum drängen sich Abholer und Antragsteller, die der Konsulatsmitarbeiter mit großem Geschick dirigiert. Ich bin eine willkommene Abwechslung. Ein Visum für einen deutschen Pass zu bekommen ist kein Problem. Da die Direktflüge ausgebucht sind, fliege ich über Frankfurt nach Khartoum.

Der Khartoum International Airport wirkt für afrikanische Verhältnisse geradezu geordnet und entspannt. Die Wartezeiten bei der Grenzpolizei sind nicht länger als in Deutschland. Die großzügige Halle ist erst einige Wochen zuvor eröffnet worden. 2011 wird ein 500 Millionen US-Dollar teurer neuer Flughafen fertig sein, den die Chinesen bauen.[92] Kaum hat man das Flughafengelände verlassen, fährt man an Toyota-Showrooms vorbei, die erst wenige Monate alt sind. Das neue Rotana, ein Fünf-Sterne-Hotel, liegt fünf Minuten vom Flughafen entfernt. Es gehört zu einer Hotelkette aus Abu Dhabi und wird wie viele Hotels in der Region von Ägyptern geführt. Die kühle Lobby ist von erwartungsvoller Geschäftigkeit erfüllt, obwohl das Hotel noch nicht einmal offiziell eröffnet ist: Araber in traditioneller Kluft, Nordafrikaner, Europäer und Schwarzafrikaner. Die Zimmer kosten 250 US-Dollar, bezahlt wird bar und gegen Vorkasse. Kreditkarten, auch europäische, werden nicht akzeptiert. Die Zimmer entsprechen internationalen Standards und riechen noch neu.

Von meinem Fenster aus schaue ich auf ein zwei Stockwerke hohes chinesisches Eingangstor, das in einen Bauhof führt. Ich lasse mich von meinem Fahrer ins Hilton fahren, am blauen Nil entlang, vorbei an der Freundschaftshalle, an einigen Ministerien und dem Präsidentenpalast. Vor dem Hilton hat sich die China National Petroleum Corporation (CNPC) die beste Plakatwand gemietet. Wann immer man das Hotel verlässt oder aus einem der nach vorne, zum blauen Nil gehenden Zimmer blickt, sieht man drei Chinesen in orangefarbenen Overalls und roten Bauhelmen, hintereinander aufgereiht wie Marx, Engels und Lenin in vielen Darstellungen. Sie schauen so verheißungsvoll in die Ferne wie einst Mao Zedong auf den Plakaten, die zum Höhepunkt der Kulturrevolution gedruckt wurden. Das

Hauptquartier der CNPC liegt an der Nilstraße zwischen prächtigen, noch von den Briten gebauten Regierungsgebäuden und einem alten Hotel, in dem Winston Churchill residierte, als die Engländer hier noch das Sagen hatten. Ich lasse mich von einem Hotelmitarbeiter auf das Flachdach des Hotels bringen, um in der Abendsonne einen Blick über die Stadt zu werfen.

800 Meter weiter östlich fließen der träge, breite Weiße Nil und der schmalere und schnellere Blaue Nil zusammen. Der Blaue Nil wird ausgebremst und passt sich der langsamen Fließgeschwindigkeit des Weißen Nils an, so wie man ihn von Ägypten kennt. Hier entsteht der eigentliche Nil. Auf einer noch viel größeren Plakatwand auf der anderen Seite des Flusses, die man wohl nur aus den oberen Zimmern des Hilton sehen kann, verwittert ein riesiges Pepsi-Cola-Schild vor sich hin. Es muss mindestens zwölf Jahre alt sein, denn 1997 haben die Amerikaner sich aus dem Staub gemacht. Die Pepsi-Zeit endete und die CNPC-Zeit begann. Unter der Plakatwand bestellen Bauern mit ihren Ochsen die Felder. Entlang dem Nil ist die Landschaft erstaunlich grün, doch schon einen guten Kilometer davon entfernt nimmt die graubraune Steppe Oberhand. Schafe weiden hier in der Abendsonne. Einige Fischer sind in kleinen Booten unterwegs. Noch eine halbe Stunde, dann ist die trockene Wüstenhitze erträglich.

Während hier die Zeit noch stehen geblieben zu sein scheint, liegt auf der anderen Seite des Hilton-Hotels die Zukunft Khartoums: eine gigantische Baustelle, auf den Kränen rote chinesische Flaggen. Durch das Fernglas erkenne ich chinesische Arbeiter. Die beiden Brücken in der Ferne werden bewacht von einem eingegrabenen Panzer, Flugabwehrgeschützen und zwei Jeeps mit aufgebauten Maschinengewehren. Die Fahrer lungern im Schatten ihrer Fahrzeuge im Gras. Viel mehr Militär sieht man nicht im Straßenbild von Khartoum. Zwei neue Brücken sind im Bau, davor steht der Al Fatih Tower, ein gläserner Hinkelstein, 19 Stockwerke hoch. Der achtzig Millionen US-Dollar teure Hotelbau ist fast fertig. Er wurde von der libyschen Regierung finanziert und am 1. September 2007, dem Jahrestag von Muammar al-Gaddafis Revolution, eröffnet.[93]

Die Hilton-Manager, jahrelang Platzhirsche, müssen sich nun anstrengen, denn das Hilton hat schon bessere Tage gesehen. Es wurde

1977 für die amerikanische Ölindustrie gebaut und hat gerade seinen dreißigsten Geburtstag gefeiert. Lange Jahre war es der wichtigste Treffpunkt für Ausländer. In der Lobby bin ich mit Herbert Grünwald verabredet, dem Geschäftsführer von Dornier-Consulting. Er ist ein besonnener Mann, aber keiner, der sich duckt, wenn politische Themen angesprochen werden.

Wir kommen auf die Baustelle hinter dem Hotel zu sprechen. Hier soll der neue Central Business District entstehen, eine Vier-Milliarden-US-Dollar-Investition. »Wir müssen feststellen, dass viele Unternehmen aus China, aber auch aus Indien, in Afrika und im Mittleren Osten, sehr erfolgreich ihren Einstieg schaffen.« Auch für Grünwald ist es ein Einstieg, anders als Helmut Gauff in Angola arbeitet Dornier zum ersten Mal mit den Chinesen zusammen. »Das wird sicher nicht das letzte Mal sein. Es sieht so aus, als ob dies ein neues Geschäftsmodell für Afrika ist.« Die Deutschen kontrollieren im Auftrag der Afrikaner die Chinesen. »Die Sudanesen schätzen die Ingenieurskunst und die Zuverlässigkeit der Deutschen. Aber vereinfacht gesehen wollen sie deutsche Qualität zu chinesischen Preisen.«

Der Kellner bringt sudanesischen Malvenblütentee in Kannen mit überlangen Schnäbeln. Er ist reich an Fruchtsäure. Die Frage ist, ob wir überhaupt wettbewerbsfähig wären, wende ich ein: »Da haben Sie Recht. Ein Minister in Saudi-Arabien, der gut Deutsch spricht, hat mir neulich gesagt: ›Ihr Deutschen seid uns lieb und teuer, in letzter Zeit vor allem zunehmend teuer.‹« Trotzdem ist Grünwald davon überzeugt, dass die deutsche Wirtschaft sich noch in einem anderen Bereich ändern muss, wenn sie gegen die Chinesen bestehen will. »In Ländern wie dem Sudan braucht man die Bahn als originäres Transportmittel. Wir neigen jedoch dazu, zu hochwertige Produkte anzubieten. Ein ICE ist ein Hochqualitätsfahrzeug, nur für die Wüste ist er nicht geeignet.« Das sei doch alles graue Theorie, wende ich ein, alle deutschen Unternehmen, die Geschäfte in den USA betreiben, hätten sich wegen des amerikanischen Drucks aus dem sudanesischen Markt zurückgezogen. Das wichtigste Beispiel sei Siemens. Erschwerend komme hinzu, dass der Sudan seine Schulden nicht zurückgezahlt habe und wegen der Sanktionen die deutschen Unternehmen niemals eine Hermesbürgschaft bekommen würden. Kein Konzern dieser Welt, auch Siemens nicht, trete ohne Absicherung mit 1,3 Milliarden Euro in Vorleistung. »Das ist in der Tat ein großes Problem«, antwortet Grünwald. »Vor allem wenn man bedenkt, welche Projekte man macht. Das Bahnvorhaben etwa ist ein Projekt zum Vorteil der Menschen und zum Vorteil der Umwelt, da zum Beispiel die Güter von der Straße auf die Schienen kommen. Trotzdem versuchen die USA diese Länder zu isolieren, indem sie verbieten, mit ihnen Geschäfte zu machen. Sie tun dies, um die Regierungen zu Zugeständnissen zu zwingen. Das Groteske dabei ist, dass die Isolationsstrategie heute nicht mehr funktioniert. Die Eisenbahn kommt auf jeden Fall, nur eben nicht vom Westen. Ein sudanesischer Minister sagte mir kürzlich: ›Ihr Europäer und auch ihr Deutschen treibt uns mit eurer Politik in die Hände der Chinesen. Ist das langfristig in eurem Interesse? Wem schadet ihr? Uns oder euch? Euch mehr als uns.‹ Wir müssen uns überlegen, ob wir immer nach der Methode vorgehen, an des Westens Wesen soll die Welt genesen. Oder besser noch: Am amerikanischen Wesen soll die Welt genesen. Wir müssen uns überlegen, ob die Politik, die wir zuletzt bezüglich Darfur betrieben haben, die richtige ist.« Ich wollte schon antworten, aber Grünwald ist noch nicht fertig. Er erinnert an die Anti-Apartheidspolitik des Westens in Südafrika: »Was nutzt den Menschen mehr: dass die Wirtschaft im Lande bleibt und dann auf die Politik Einfluss nimmt? Oder ist es besser, es verabschieden sich alle? Der Aufbau der Infrastruktur ist ein besserer Weg, Wandel durch Annäherung, sich gegenseitig beeinflussen und voneinander lernen. Es ist falsch, sich zu verabschieden, Mauern zu bauen, von außen Druck auszuüben und dann vorschreiben zu wollen, was die Länder zu tun und zu lassen haben.« Aber es müsse doch auch Grenzen geben, wende ich ein. Wir haben bestimmte Wertvorstellungen, zum Beispiel in Menschenrechtsfragen. Wir können doch nicht einfach zusehen und sagen: andere Länder, andere Sitten.

»Müssen unsere Wertvorstellungen für alle Menschen gelten? Können die Menschen hier nicht ihre eigenen Wertvorstellungen haben? Eines ist klar: Wenn es darum geht, dass ganze Dörfer in Brand gesteckt und Menschen niedergeschossen werden, müssen wir etwas unternehmen. Nur dann müssen wir uns fragen: Was ist der richtige Weg? War es der richtige Weg, der im Irak gegangen wurde? Ich glaube, wir sehen heute, dass es nicht der richtige Weg war. Warum lernen wir nicht daraus und machen es nun anders?«

»Nimmt der Einfluss des Westens in diesen Fragen ab?«, will ich von dem Topmanager wissen.

»Die Bedeutung des Westens hat noch nicht abgenommen, aber die Gefahr ist da. Der Westen kann die Stellung, die er heute hat, nicht mehr halten.«

»Schmerzt Sie das?«

»Teils, teils. Wir leben in einer globalisierten Welt, und wir im Westen können nicht immer bestimmen, was die Werte der Welt sind. In der Geschichte gab es immer wieder Völker, die zu bestimmten Zeiten ihren Höhepunkt hatten. Das wird auch in der Zukunft so sein.«

Nach unserem Gespräch schaue ich mir die Baustelle hinter dem Hilton-Hotel genauer an. Da ich von den Aufsehern nicht reingelassen werde, klettere ich an einer anderen Stelle unbeobachtet über den Zaun. Der sudanesische Baustellenleiter, der nicht weiß, wie es mir gelungen ist, auf die Baustelle zu kommen, begrüßt mich freundlich. Er lässt mir sogar kaltes Wasser und einen gelben Helm bringen. Er ist gerade damit beschäftigt, chinesischen Arbeitern zu erklären, wie man die Sägemaschine für Schalungsholz so am Kran befestigt, dass sie nicht nur hält, sondern auf keinen Fall herunterfällt. Dem Kranführer zeigt er nun mit einem lauten Schrei und einer deutlichen Handbewegung an, dass er die Ladung wieder herunterlassen soll. Die Chinesen können kein Englisch, und der junge Bauingenieur spricht kein Chinesisch. Wenn die beiden Übersetzer an einer anderen Stelle der Baustelle zugange sind, wird mit Händen und Füßen gesprochen. Der junge Sudanese erklärt mir, dass der 65 Hektar große Central Business District Alsunut heißt, was auf Arabisch »Treffpunkt« bedeutet. Luxuswohnungen, Hotels, Bürohäuser, luxuriöse Kaufhäuser, weitläufige Parks und eine mondäne Uferpromenade sollen hier entstehen. Bis zu 58 000 Menschen werden hier arbeiten können und 6500 hier wohnen und in Hotels übernachten. 63 Wohntürme mit 15 bis 35 Stockwerken soll es dann geben. 15 000 Parkplätze werden gebaut. Die Hälfte der Büros ist bereits verkauft. Ein Blick auf die Website lohnt sich: www.alsunut.com. Spätestens 2010 soll die Anlage fertig sein. Im Süden schließt sich noch ein

Wohngebiet mit 1100 Häusern und 6700 Apartments und einem 18-Loch-Golfplatz an. Es ist seit 2006 im Bau und soll allerspätestens 2013 fertig sein. Es wird hier also gebaut, als ob es nie Sanktionen der Amerikaner gegeben hätte. Der neue Distrikt wird ausschließlich von sudanesischen Unternehmen und Banken finanziert.

Ich wundere mich, dass auch auf Baustellen, die die Chinesen nicht finanzieren, chinesische Arbeiter beschäftigt werden. »Bei den Chinesen ist das Preis-Leistungs-Verhältnis am besten«, erklärt der Ingenieur. »Wir haben nicht genug Arbeitskräfte mit Berufserfahrung und keine Zeit, Leute auszubilden.« Ob das denn nicht ein wenig kurzsichtig sei, frage ich. »Aus der Sicht des Unternehmens nicht. Denn billiger als die Chinesen werden die Sudanesen nicht sein können.« Wie es mit der Qualität stehe, will ich wissen. »Wenn man alles checkt, ist die Qualität okay. Wenn man nicht kontrolliert, dann nicht«, sagt er und wackelt dabei schelmisch mit dem Kopf. »Das liegt weniger daran, dass sie nicht bauen können, sondern daran, dass sie so schnell wie möglich fertig werden wollen, weil schon die nächste Baustelle wartet. Wir hätten gerne deutsche Ingenieure zur Kontrolle gehabt wie bei dem Damm- oder dem Bahnprojekt, aber das war den Investoren zu teuer.«

Der Chef der chinesischen Bauarbeiter ist schon nach Hause gegangen. Der Sudanese ruft ihn an, und dieser hat nichts dagegen, dass ich ihn privat besuche. Er wohnt am Rande der Stadt in einer Art Villa, die er sich mit seinen Ingenieuren teilt. Am Eingangstor holt er mich ab, er trägt bereits seine Feierabendkluft: Badelatschen, Schlabberhose und Unterhemd. Im Garten sonnen sich zwei riesige Schildkröten. »Die habe ich, seit ich hier bin«, erklärt er. »Suppenfleisch?«, frage ich, denn die Chinesen lieben Schildkrötensuppe. »Nein«, lacht er, »Haustiere.« Er ist fast sechzig und lebt schon seit 18 Jahren in Afrika. 1990 ist er für vier Jahre nach Kenia gegangen. »Als wir in Kenia angefangen haben, gab es hier noch keine Klimaanlage, wir haben in Containern auf der Baustelle gewohnt.« Danach war er ein halbes Jahr in China, bis er ein Krankenhausprojekt in Mosambik gewann und für vier Jahre dorthin ging. Inzwischen ist er bereits neun Jahre im Sudan. »Hier gibt es so viel zu bauen. Hier gehe ich erst einmal nicht weg.« Wie sich die Chinesen im Sudan integrieren, frage ich ihn. »Wir sind noch zu wenige«, sagt er. Er schätzt, dass gut

30 000 Chinesen im Sudan leben, davon sind 10 000 im Ölgeschäft, die leben aber fernab der Zentren. »Um uns zu integrieren, müsste unsere Gemeinschaft größer sein. Wir können hier kein eigenes Stadtviertel betreiben wie in manchen Städten in Asien.« Im Wohnzimmer sitzen seine Mitarbeiter, seine Frau und seine kleine Tochter vor dem chinesischen Fernsehprogramm. Für einen Moment vergesse ich, dass ich im Sudan bin: »Rauchen Sie?«, frage ich. »Nicht mehr«, antwortet er. »Hier ist der Tabak auch nicht gut, deswegen ist es ein guter Ort, um mit dem Rauchen aufzuhören. Hier haben viele Chinesen mit dem Rauchen aufgehört.« Seine zweijährige Tochter will auf seinen Schoß. Er nimmt sie hoch. Im Vergleich zu ihm hat sie sehr helle Haut: »Ich lasse sie nie rausgehen. Hier ist es zu heiß, und sie könnte zu dunkel werden.« Er fragt mich, ob ich zum Essen bleiben will. Ein chinesisches Essen in der Fremde ist verlockend. Doch ich muss meine Interviews aufarbeiten, bevor ich den Überblick verliere. Es wird Kebab im Hotelzimmer geben.

Am nächsten Tag versuche ich mich über den Darfur-Konflikt zu informieren. Viele meiner Gesprächspartner, Diplomaten, UN-Mitarbeiter und Geschäftsleute, NGO-Vertreter und sudanesische Journalisten, wollen nicht zitiert werden. Das ist nicht weiter tragisch, da ihre Einschätzungen weitgehend deckungsgleich sind. Erstaunlich ist jedoch, wie wenig ihre Version des Konfliktes mit dem zu tun hat, was man in den Medien liest und von Politikern hört.

Die Darfur-Region ist eineinhalb Mal so groß wie Deutschland und wird von fünf Millionen Menschen bewohnt, die von fünfzig bis sechzig Stammeshäuptlingen geführt werden. Wer Araber oder Afrikaner ist, ergibt sich aus der Art der Lebensführung. Nomaden sind meist Araber, sesshafte Bauern sind meist Afrikaner, ohne dass sich die Menschen äußerlich groß unterscheiden. Der Konflikt entstand nicht auf Grund von ethnischen oder religiösen Unterschieden, sondern vor allem, weil fruchtbares Land knapp wurde.

Die Bevölkerung in Darfur hat sich in den vergangenen fünfzig Jahren verdreifacht, die Viehherden ebenfalls. Gleichzeitig hat sich die Wüste große Teile der Gegend genommen. Ein Drittel der dort lebenden Bevölkerung ist bereits freiwillig nach Khartoum und in andere Teile des Landes umgesiedelt. Doch es gibt weiterhin zu wenig fruchtbares Land, um alle Menschen zu ernähren. Die Bereitschaft ist daher hoch, um das fruchtbare Land zu kämpfen. Die Beteiligten haben wenig zu verlieren, bereits seit Ende der achtziger Jahre kämpfen sie miteinander. Die Nomaden zerstören die Felder und Dörfer der Bauern. Die Bauernmilizen zerstören die Weiden und Vorratslager der Nomaden. Immer wieder bekommen sich auch arabische und afrikanische Milizen in die Haare. Dies ist eine sehr unübersichtliche Lage, auch für die Regierung in Khartoum.

Angeheizt wurde dieser Grundkonflikt durch alle möglichen Gruppen, die sich davon Vorteile versprechen. Aus dem Ausland beispielsweise von Libyen, das gute Beziehungen zu der Khartoum-Regierung unterhält, aber in den neunziger Jahren die Rebellen dazu angehalten haben soll, in das westliche Nachbarland, den Tschad, vorzudringen, um den Sudan in einen Zweifrontenkrieg zu verwickeln. Auch die Amerikaner sollen versucht haben, die Rebellen gegen die Regierung in Khartoum zu mobilisieren. Dieser Konflikt spiegelt die Machtkämpfe in Khartoum wieder. Der Führer der Nationalen Islamischen Front (NIF) und ehemalige Generalstaatsanwalt Hasan at-Turab versuchte 2004, den Darfur-Konflikt anzuheizen, nachdem er verhaftet und unter Hausarrest gestellt worden war, weil er sich mit Präsident al-Bashir zerstritten hatte. Sein Ziel war es nun, al-Bashir zu stürzen. »Es hat nie die Absicht gegeben, aus rassistischen oder religiösen Gründen systematisch eine bestimmte Bevölkerungsgruppe zu töten, sondern verschiedene Gruppen haben dies bei ihren Machtspielen in Kauf genommen«, sagt ein hochrangiger UN-Mitarbeiter. Ein europäischer Diplomat wird noch deutlicher: »Es gibt keinen Holocaust-Plan. Es gibt keinen Eichmann, der von Khartoum aus einen Völkermord plant und durchführt und ganze afrikanische Stämme ausrottet. Deswegen sollten die Deutschen dreimal vorsichtig sein, wenn sie den Begriff Genozid in den Mund nehmen. Damit wird nichts erklärt. Es ist ein Massenmord, wie es ihn in Afrika an vielen Ort gibt, und das ist schlimm genug.« Diese Einschätzung teilen eigentlich alle, die vor Ort sind. Die eine Million Darfurer, die in Khartoum lebten, würden nicht diskriminiert. Nicht alle sind so drastisch wie ein westlicher Diplomat: »In Europa denkt man bei Darfur: Araber mit Messer im Mund schlachten kleine Negerkinder ab. Wenn man das relativiert und die Zusammenhänge erläutert, wird man als Apologet beschimpft.« Aber ist es nicht wirklich verharmlosend? frage ich immer wieder. »Wenn man den Konflikt nicht realistisch einschätzt, kann man ihn auch nicht lösen.«

Die Regierung hat vielmehr seit Jahren versucht, mit Gewalt Ruhe in die Darfur-Region zu bringen und den Konflikt zu beenden. Weil die offizielle Armee dort zu neunzig Prozent aus Darfurern besteht, hat die Regierung auf die Dschandschawid gesetzt. Die Dschandschawid sind eine heterogene Gruppe von bewaffneten Kameltreibern verschiedener Stämme, die es schon immer gegeben hat. Sie haben kaum eigenes Land und immer weniger Zugang zu Wasser. Wenn ihnen jemand aus Khartoum ein wenig Geld gab und sie aufforderte, sich so viel Land zu nehmen, wie sie wollten, ließen sie sich das nicht zweimal sagen. So kam es, dass sie in einer beispiellosen Kampagne zwei Millionen Menschen aus ihren Dörfern vertrieben. Horden bewaffneter Reiter ziehen durch die Dörfer, und wie einst die Mongolen vergewaltigen sie Frauen, töten sie Kinder und setzen sie Dörfer in Brand. Dabei werden sie immer wieder von der Regierung aus der Luft unterstützt, wie Menschenrechtsgruppen behaupten, auch mit Waffen, die die Chinesen geliefert haben.

Da Bomben knapp sind, wurden auch mit Sprengstoff und Schrott gefüllte Ölfässer aus den Laderampen von Transportflugzeugen geworfen. Anschließend feuerten Mil-Mi-17-Kampfhubschrauber, beziehungsweise MiG 19, 23 oder Shenyang-Flugzeuge mit Maschinengewehren und Raketen auf die Gebäude.[94] Danach griffen, so die Berichte, die Dschandschawid auf Pferden, Kamelen und Toyota-»Technicals« an. »Technicals« sind offene Toyota-Landcruiser, auf denen Geschütze montiert sind und die seit den Kriegen im Tschad verbreitet sind.[95] Viele Bauern flüchteten im Laufe der Kämpfe in die Städte. Die Bevölkerungszahl der Hauptstadt des Sudan stieg zwischen 2001 und 2006 von knapp 180 000 auf knapp 270 000. In den verlassenen Gebieten weiden arabische Nomaden ihre Herden, was Human Rights Watch und andere Organisationen dazu veranlasste, von »ethnischen Säuberungen« zu sprechen.[96] In den Flüchtlingslagern und in der Hauptstadt Khartoum sind die Bauern aus der Region sicher. Dort werden sie nicht verfolgt. Ein bedauerlicher Konflikt also, der sich allerdings von vielen anderen Konflikten in Afrika nicht groß unterscheidet.

Lange herrschte die Vorstellung vor, dass die sudanesische Regierung die Dschandschawid einfach entwaffnen könne und insoweit die alleinige Verantwortung für das Fortdauern der Massaker innehabe. Nach Ansicht ortskundiger Beobachter gibt es aber weder eine Kommandostruktur zwischen der Armeeführung und den Dschandschawid, noch ist der Sudan ein funktionierender Staat, der eine Entwaffnung durchsetzen könnte. Zudem gibt es viele unübersichtliche Rebellengruppen, die sich gegenseitig bekämpfen. Die sudanesische Regierung steht wie so oft in Afrika da wie ein Zauberlehrling. »Das ist schrecklich, aber kein Genozid, sondern ein ganz normaler afrikanischer Stammeskrieg«, so der UN-Mitarbeiter, »der von nationalen und internationalen Kreisen für ihre Zwecke aufgeladen wird.«

Dass die Darfur-Regierung mitschuldig am Tod von Tausenden Menschen ist, bedeutet noch lange nicht, dass sie den Konflikt steuern oder beenden kann. Sie ist offensichtlich nicht einmal in der Lage, das staatliche Gewaltmonopol durchzusetzen. Öffentlich trauen sich viele nicht, diese Position zu wiederholen, da sie nicht mit der politischen Linie ihrer Staaten und Organisationen kollidieren wollen, die aus welchen Gründen auch immer eine andere Einstellung haben. Einer, der offen sprechen kann und will, weil er sich auf die Forschungsfreiheit berufen kann, ist Stefan Kröpelin, Geograf und Geoarchäologe an der Universität Köln. Er forscht seit über 25 Jahren im Nordwest-Sudan zur Klima- und Besiedlungsgeschichte der Sahara. Er stellt die entscheidende Frage: »Worauf stützen sich die allseits wiederholten Angaben von 200 000 bis 400 000 Opfern?« Auch er nimmt an, dass der Darfur-Konflikt zu furchtbarem Leid in der Zivilbevölkerung geführt hat. »Niemand wird bestreiten, dass es in diesem wie in allen kriegerischen Auseinandersetzungen zu schrecklichen Menschenrechtsverletzungen, Brandschatzungen, Morden und Vergewaltigungen gekommen ist.« Jedes einzelne Verbrechen sei zu beklagen und zu sühnen. »Doch ist die Frage illegitim, ob es sich um Tausende oder um Hunderttausende Opfer handelt? Und ob die Täter allein auf einer Seite stehen? Vergeblich sucht man in den Medien und in den Bildsuchdiensten des Internets nach Fotos, Luftaufnahmen oder anderen Beweisen für den behaupteten systematischen Massenmord.«[97] Bisher wurde, so Kröpelin, noch kein Massengrab gefunden. »Gräueltaten des behaupteten Ausmaßes werden jedoch nicht durch unablässige Wiederholung, sondern allein durch quantifizierte Beweise glaubhaft«, sagt er und fügt hinzu: »Man denke an die Massenvernichtungswaffen im Irak. Kommerziell verfügbare Satellitenbilder gestatten heute eine optische Auflösung, in der jede einzelne Grashütte zu erkennen ist. Mit militärischen Spionagesatelliten wäre es ein Leichtes, eine einzelne Leiche zu dokumentieren. Wenn tatsächlich 2000 Dörfer zerstört wurden, warum werden diese Daten dann nicht vorgelegt?«

Es ist zumindest erstaunlich, dass die US-Regierung nicht mit entsprechenden Bildern versuchte, die öffentliche Meinung auf ihre Seite zu ziehen. »Angebote eines Berliner Universitätsinstituts mit langer Erfahrung in der Fernerkundung Darfurs, bei relativ geringen Kosten eine flächendeckende Satellitenbildauswertung durchzuführen, stießen auf keinerlei Erwiderung. Dies legt den Schluss nahe, dass man das wahre Ausmaß der Zerstörungen gar nicht wissen will. Punktuelle Überprüfungen der häufig abgedruckten Karte der USAID (United States Agency for International Development) mit Hilfe von Quickbird-Aufnahmen ergaben vielmehr in einem der angeblich am schlimmsten betroffenen Gebiete keine einzige niedergebrannte Hütte.« Die hohen Flüchtlingszahlen, die belegt sind, erklärt Kröpelin damit, dass viele Nomaden sich aufgrund von Gerüchten auf den Weg gemacht hätten, weil es sich herumgesprochen hatte, dass es in den Flüchtlingscamps kostenlos Nahrungsmittel gibt. Der Wissenschaftler betont zudem, dass die Zahl der Toten von der UN zwar benutzt wird, aber nie als eine UN-Zahl offiziell bestätigt wurde: »Warum ist der seit über drei Jahren angekündigte UN-Report, der die hohen Schätzungen belegen soll, noch immer nicht erschienen? In den letzten Ankündigungen im Juni 2006 sprach der Chefankläger Luis Ocampo entgegen der sonst genannten Zahlen nur noch von ›einer erheblichen Anzahl von Massakern mit jeweils Hunderten Opfern‹, was schrecklich genug ist, aber der Realität wahrscheinlich näher kommt. Bis endlich schlüssige Beweise vorgelegt werden, ist weiter davon auszugehen, dass in den vergangenen Jahren ungleich mehr unschuldige Zivilisten im Irak, in Afghanistan, in Palästina und im Libanon ums Leben gekommen sind.«[98]

Auch mir gelingt es nicht, Belege zu finden.

Wie denken die Menschen in Khartoum über den Konflikt? In der Dämmerung treffe ich am Nilufer eine Gruppe von jungen Ingenieuren. Wir sitzen auf der Wiese und trinken Tee, den eine fliegende Händlerin anbietet. Ein kühlender, mit Feuchtigkeit gesättigter Wind weht vom Fluss herüber, die trockene Hitze verzieht sich allmählich. Hinter uns rauscht der Feierabendverkehr. Die meisten der jungen Ingenieure waren noch nicht im nicht-arabischen Ausland. Wir kommen auf den Sudan-Konflikt zu sprechen. Auch sie wissen wenig über die Lage in Darfur, obwohl einige Darfurer kennen. Ich habe den Eindruck, der Darfur-Konflikt ist etwas, worüber die Menschen hier in Khartoum mehr wissen könnten, aber nicht wollen. Die jungen Männer interessiert vor allem, wann das Land sich wieder öffnen kann. Die Dauerkrise ist für sie ein Problem, das man lösen muss, damit der Sudan wieder einen besseren Ruf in der Welt bekommt. »Die Sudanesen sollen das allein lösen.« Aber hat die Regierung nicht versagt? »Nein, sie sollte noch härter eingreifen.« Und nicht einmal die Afrikanische Union soll helfen?, frage ich sie. »Die Afrikanische Union ist noch so schwach, dass sie nur das macht, was die Amerikaner wollen. Wir Afrikaner halten nicht wirklich zusammen.« Und die UN? »Die macht nur, was die Briten und die USA wollen. Wenn die UN die beiden Länder abschütteln kann, ist sie willkommen.« Und jetzt kommen die Chinesen und nehmen euch die Arbeitsplätze weg? »Uns kann man nichts wegnehmen. Wir haben nichts.« Ein anderer meint: »Die Chinesen sind sehr arrogant. Sie glauben, sie könnten alles besser.« Ein anderer widerspricht: »Die Chinesen sind überall, im Westen, im Osten, im Süden, und sie behandeln alle gleich. Sie wollen Geschäfte und keine Probleme. Sie bauen unser Land auf.« Aber sie haben doch Waffen in den Sudan geliefert, oder nicht? »Das kann nicht sein. Es ist doch international verboten, an den Sudan Waffen zu verkaufen.« Ein anderer sagt: »Aber die Rebellen werden vom Ausland unterstützt. Die Regierung versucht Frieden zu schließen. Sie hat nichts davon, wenn weiter gekämpft wird. Solange sich die Ausländer einmischen, wird es keinen Frieden geben. Wenn man armen Menschen Geld und Waffen gibt, fangen sie an zu kämpfen.«

Warum müssen so viele Menschen leiden im Süden, obwohl der Sudan so viel Öl hat?

»Wegen der Wirtschaftskrise.«

Und warum gibt es die?

»Weil der Westen uns meidet. Die Regierung in den USA glaubt, jede islamische Regierung sei terroristisch.«

»Die eigentlichen Terroristen sind die Amerikaner. Seht nur, was sie im Irak gemacht haben. Sie werfen Bomben auf Somalia. Wir sind gegen Terroristen, und der Islam ist ebenfalls gegen Terroristen.«

»Ich frage mich: Warum fahren die Amerikaner in der Welt herum und führen all diese Kämpfe? Das ist Cowboy-Mentalität.«

»Sie schaffen Probleme in der Welt, damit man ihre eigenen vergisst.«

Es ist inzwischen dunkel. Ich verabschiede mich und fahre zurück ins Hotel. Am nächsten Tag treffe ich den Vorsitzenden des Auswärtigen Ausschusses Osman Khalid Mudawi. Wir treffen uns in seinem Privatbüro in einer guten Gegend Khartoums. Mudawi hat eine Wirtschaftsausbildung an der Universität London absolviert, ist rhetorisch sehr geschickt und macht politisch einen gemäßigten Eindruck auf mich. Es kommt mir so vor, als habe er seine Argumente schon unendlich oft wiederholt. »Ich habe sehr gute Erinnerungen an England. Ich habe mit Engländern sehr gut zusammengearbeitet. Es ist eine Schande, dass alles so gekommen ist. Wir müssen unsere ganze Energie darauf verwenden, uns gegen irrationale Angriffe zu verteidigen.«

Sind die Angriffe wirklich so irrational? Hat die Regierung al-Bashir nicht große taktische Fehler gemacht?

»Selbst viel mächtigere Länder als der Sudan, die in ähnliche Situationen geraten sind, konnten nicht viel ausrichten. Wenn bei Ihnen jemand den Staat angreift, dann nennen Sie ihn einen Terroristen, wenn das bei uns passiert, nennen Sie ihn einen Friedenskämpfer.« Sein weißer Turban hängt traurig zur Seite.

Ob Khartoum überhaupt noch auf den Westen angewiesen sei, frage ich ihn, mit China, Indien und Malaysia sei der Sudan doch gut versorgt.

Mudawi ist skeptisch: »Wir müssen den Chinesen danken für die Wirtschaftshilfe, ohne politische Forderungen zu stellen. Amerika hat stets seine eigene politische Agenda. Aber uns bereitet Sorgen, dass wir nicht wirklich bedeutend für China sind. China hat alle Karten in der Hand. Wir wollen zu allen Ländern ausbalancierte Beziehungen haben.« Mudawi ist überzeugt, das seine Regierung kompromissbereit ist. Aber er ist grundsätzlich dem UN-Lösungsansatz gegenüber skeptisch eingestellt. »Es ist nicht einfach, das Leiden zu beenden. Was uns jedoch wirklich wütend macht, ist, dass der Westen uns seinen Willen aufzwingen will und dazu einen humanitären Vorwand sucht. Wenn die Amerikaner ein wirkliches Interesse an humanitärer Hilfe hätten, dann hätten sie nicht das gemacht, was sie im Irak gemacht haben. Wenn wir den Darfur-Konflikt lösen, werden sie ein Problem im Osten des Sudan kreieren. Wir brauchen Hilfe, mit der das Land sich selbst entwickeln kann. Keine Nahrungsmittelhilfe, die die Flüchtlinge nur abhängig macht.« Mudawi ist vor allem wütend auf die westlichen Medien. »Die kommen zu uns und erzählen irgendetwas in die Kamera. Und die Welt glaubt es. Dagegen können die Chinesen auch nichts machen.«[99] Mudawi bietet mir an, nach Darfur zu reisen, um mir selbst ein Bild zu machen. Er könne dies kurzfristig arrangieren. Doch fast alle meine anderen Gesprächspartner haben mir abgeraten. Das Gebiet sei größer als Frankreich. Wenn das sudanesische Militär keinen Überblick bekomme, würde das auch mir nicht gelingen. Ich entschließe mich, diesmal auf die Reise in den Süden zu verzichten. Auf dem Weg zum Flughafen schaue ich mir noch die Ausbildungsstätte eines deutschen Unternehmers an, der auf die Chinesen nicht gut zu sprechen ist.

Mehrere Male hatte Eginhard Vietz, Inhaber der gleichnamigen Pipeline-Equipment-Herstellerfirma aus Hannover, auf Einladung der staatlichen sudanesischen Ölfirma Sudapet die Hauptstadt des Sudan besucht. Für drei Millionen Euro wurde dieses Ausbildungszentrum für Pipeline-Schweißgeräte mit modernster Technologie aufgebaut und entsprach somit internationalen Standards. Das Ziel des Instituts war Hilfe zur Selbsthilfe: Die Sudanesen sollten so qualifiziert werden, dass sie selbst Pipelines bauen konnten. Bisher hatten diese Aufgabe Ausländer übernommen, vor allen Dingen Chinesen. Ziel war es auch, die Maschinen, an denen die Studenten lernten, für Pipeline-Baustellen zu liefern. Doch kaum war die Ausbildungsstätte in Betrieb, wurde der Kontakt zu den sudanesischen Partnern immer dünner. Als Vietz im Dezember 2005 nach Khartoum flog, um die Sache zu klären, kam er nicht mehr auf das Gelände, und das zugesagte Gespräch mit dem Minister, welches von der deutschen Botschaft organisiert worden war und in Anwesenheit des Botschafters stattfinden sollte, wurde eine Stunde vor dem Termin abgesagt. Es wurde jedoch festgestellt, dass in dem Institut Chinesen von Chinesen ausgebildet werden. Somit ist die Abhängigkeit der Sudanesen von den Chinesen dokumentiert und für lange Zeit festgeschrieben.

Im Flugzeug fasste ich meine Eindrücke zusammen: Dass die chinesischen Diplomaten das Durcheinander zwischen US-Interessen und sudanesischer Wirklichkeit in den Griff bekommen könnten, hielt ich für noch unwahrscheinlicher als vor der Reise. Hier kann man sich nur die Finger verbrennen. In Berlin treffe ich Peter Scholl-Latour und seine charmante Frau im Borchardts zum Abendessen. Er war zigmal im Sudan und kann die Lage viel besser einschätzen als ich. Der *Spiegel* nennt den 83-Jährigen »den letzten Welterklärer«, was ich nur bestätigen kann. Ich berichte ihm von meiner ersten Reise in den Sudan, und dass im Verlauf davon der Genozid zu einem tragischen, aber eher durchschnittlichen afrikanischen Rebellengemetzel geschrumpft ist. Scholl-Latour schmunzelt: »Haben Sie wirklich geglaubt, dass das stimmt? Ich war im Januar zuletzt in Darfur. Die Reise hat meine Zweifel an dem ›Völkermord‹-Vorwurf bestärkt. Die Massaker sind schrecklich, aber so alt wie Kain und Abel. Peking der Komplizenschaft an dem Morden der Dschandschawid zu bezichtigen entspricht einer gezielten Kampagne. Nicht dass man in Deutschland so etwas nicht auch machen würde. Hat nicht auch Joschka Fischer den Kosovo mit Auschwitz verglichen, um seine Grünen gegen den Krieg in Serbien zu mobilisieren?«, fragt er, schaut mich schelmisch an und schneidet weiter an seinem Schnitzel.

Die Wende

Die Chinesen gerieten derweil mit ihrer sozialtherapeutischen Strategie weiter unter Druck. Sie hatten den Einfluss ihrer Freundschaft unterschätzt. Chinas UN-Botschafter Wang Guangya musste im März 2007 noch ein wenig deutlicher werden: Sein Land spüre »die Verpflichtung«, den UN-Plan zu implementieren. Khartoums Antwort sei nicht das, was sie erwartet hätten.[100]

Das hörte sich nun fast schon so an wie ein Text von George W. Bush. Amerikanische Diplomaten in Peking schlugen gegenüber den Chinesen bereits einen anderen Ton an.

Diese brachten nun frisches Personal ins Spiel. Kurz nachdem ich aus dem Sudan zurückgekehrt war, wurde Liu Guijin, der Botschafter in Südafrika, zum Sonderbeauftragten für afrikanische Angelegenheiten ernannt. Der 62-jährige Karrierediplomat, der ein wenig wie Woody Allen hinter seiner Brille hervorblickt, war zuvor Direktor der Afrika-Abteilung im chinesischen Außenministerium und diente auch schon als Botschafter in Simbabwe. Bis Ende Juni reiste Liu zweimal in den Sudan und traf sich separat mit der Afrikanischen Union und der Arabischen Liga. In beiden Organisationen genießen die Chinesen großes Vertrauen. Gleichzeitig nahm er das Gespräch zu den Europäern und den Amerikanern auf. Allerdings zeigten sich Letztere wenig beeindruckt. Sie blieben nicht nur auf Kurs, sondern erhöhten auch den Preis. US-Präsident George W. Bush persönlich verschärfte den Ton gegenüber dem Sudan am 29. Mai, indem er genau das vorschlug, was die Chinesen zu verhindern suchten. Um acht Uhr morgens gab er eine Erklärung ab: »Schon zu lange haben die Menschen unter der Führung einer Regierung gelitten, die zur Bombardierung, zur Ermordung und zur Vergewaltigung von unschuldigen Zivilisten beigetragen hat. Meine Regierung gibt diesen Handlungen den richtigen Namen: Genozid. Die Welt hat die Verantwortung, dafür zu sorgen, dass dies beendet wird. Vergangenen Monat habe ich angekündigt, dass die USA sich weitere Schritte vorbehalten, wenn die Regierung des Sudan keine UN-Friedenstruppen in ihrem Land zulässt. Ich habe deutlich gemacht, dass die Zeit der Versprechungen vorbei ist und dass Präsident al-Bashir etwas tun muss, um dem Leiden ein Ende zu bereiten.«[101] Auch bei dieser Gelegenheit versuchten die Amerikaner nicht, durch erschreckende Satellitenaufnahmen oder unveröffentlichte Fotodokumente ihrer Haltung Nachdruck zu verleihen. Bush suchte vielmehr die Konfrontation mit den Vereinten Nationen: »Ich habe mich zurückgehalten, weil die Vereinten Nationen glauben, dass Präsident al-Bashir seine Verpflichtungen erfüllen kann, das Töten zu stoppen. Unglücklicherweise hat er dies nicht erfüllt. Präsident al-Bashirs Handlungen in den vergangenen Wochen folgen der Strategie, Zusammenarbeit zu versprechen, nur um dann neue Wege ihrer Verhinderung zu finden. An dem Tag, an dem ich mich das letzte Mal dazu geäußert habe, hat das Militär ein Treffen von Rebellenkommandeuren bombardiert, das angesetzt war, um über ein Friedensabkommen mit der Regierung zu sprechen. In den folgenden Wochen hat er seine Armee und von der Regierung unterstützte Militäreinheiten benutzt, um Rebellen und Zivilisten in Süd-Darfur anzugreifen. Seit das Darfur-Friedensabkommen unterschrieben worden ist, hat er nichts unternommen, um diese militanten Kräfte zu entwaffnen«, fasste Bush seine Sicht der Lage zusammen und fügte hinzu: »Heute führen wir auf meine Anordnung die Schritte durch, die wir im April angekündigt haben.«[102]

Die Maßnahmen betrafen drei Bereiche: Die wirtschaftlichen Sanktionen sollten verschärft und bestehende Sanktionen »aggressiver« durchgesetzt werden. Dreißig Unternehmen, die der Regierung gehören oder von ihr kontrolliert werden, wurden vom Zugang zum amerikanischen Finanzsystem ausgeschlossen: »Es ist ein Verbrechen für amerikanische Unternehmen oder Individuen«, führte Bush aus, »wissentlich Geschäfte mit ihnen zu machen.« Zweitens wurden Sanktionen gegen Einzelne verhängt, »die für die Gewalt verantwortlich sind«. »Drittens habe ich die Außenministerin beauftragt, mit den USA und anderen Verbündeten eine neue UN-Resolution auf den Weg zu bringen. Diese Resolution soll neue Sanktionen gegen den Sudan beschließen und gegen solche Länder, die die Menschenrechte verletzen und den Friedensprozess verhindern. Sie werden ein Waffenembargo gegen die Regierung des Sudan enthalten. Außerdem sollen die Sanktionen dafür sorgen, dass es der Regierung verboten wird, über Darfur Militärflüge durchzuführen. Die Sanktionen werden unsere Möglichkeiten verbessern, Gewaltaktionen aufzudecken und darüber zu berichten.«[103]

Damit hatte Bush seine Agenda klar auf den Tisch gelegt. Doch er hatte sich weit aus dem Fenster gelehnt, so weit, dass seine Mitarbeiter Mühe hatten, ihm die Stange zu halten. Im April bereits hatte sich Bushs Sonderbeauftragter für den Sudan, Botschafter Andrew S. Natsios, von seinem Dienstherrn distanziert: »Der Begriff Genozid widerspricht dem, was in Darfur wirklich passiert.« Daraufhin wurde er von Senator Robert Menendez, der dem Auswärtigen Ausschuss des Senats angehörte, vernommen und kam in arge Loyalitätsnot gegenüber Bush. Das Protokoll einer nervösen Weltmacht:

Menendez: »Sind die Umstände in Darfur dazu geeignet, von einem andauernden Genozid zu sprechen? Ja oder nein?«

Natsios: »Es gibt sehr wenige Kämpfe zwischen der Regierung und den Rebellen und derzeit in Darfur wenige Anschläge auf die Zivilbevölkerung.«

Menendez: »Also würden Sie dem Komitee nun sagen, wie die Lage in Darfur aussieht? Ist das ein Genozid?«

Natsios: »In Darfur, Senator, wird derzeit wenig gekämpft.«

Menendez: »Das bedeutet nicht ...«

Natsios: »Senator, kann ich ausreden?«

Menendez: »Die Frage ist, würden Sie erwägen ...«

Natsios: »Senator ...«

Menendez: »Beantworten Sie meine Frage. Ich habe wenig Zeit, Botschafter. Wenn ich Sie nun also bitten dürfte, dies genauer zu erklären und meine Frage zu beantworten.«

Natsios: »Ich bin dabei, Ihre Frage zu beantworten.«

Menendez: »Sind Sie dabei? Sie können sie nicht beantworten, bevor Sie sie nicht gehört haben. Halten Sie die andauernde Situation für einen Völkermord, ja oder nein?«

Natsios: »Was Sie gerade ...«

Menendez: »Ja oder nein?«

Natsios: »Ich bitte Sie, Senator, was Sie gerade vorgelesen haben, findet in Darfur nicht statt.«

Menendez: »Ich habe nicht ...«

Natsios: »Es gibt sehr wenig ...«

Menendez: »Ich frage Sie, ja oder nein.«

Natsios: »Es gibt zurzeit sehr wenig Gewalttätigkeit in Darfur.«

Menendez: »Ich fordere Sie auf, meine Frage zu beantworten.«

Natsios: »Ihre Frage habe ich gerade schon beantwortet.«

Menendez: »Sind die Umstände heute in Darfur ein andauernder Völkermord? Ja oder nein?«

Natsios: »Zur Zeit gibt es in Darfur weniger Kämpfe zwischen den Rebellen und der Regierung und einige Bürgerverluste. Ich sagte Ihnen bereits ...«

Menendez: »Ich frage nicht, ob es weniger Kämpfe gibt. Meine Frage ist, ob in der jetzigen Situation in Darfur ein Völkermord stattfindet. Ja oder nein. Ja oder nein?«

Natsios: »Die Situation ist sehr unberechenbar. Es gab Zeiträume, in denen viel getötet wurde wie im vergangenen Jahr und die man als Völkermord auslegen könnte.«[104]

Zwischen April und Sommer hatte sich die Lage in Darfur weiter entspannt. Bush bestand jedoch weiter auf dem Begriff »Genozid«. Seine Position erinnert an die Aussage, dass der Irak Chemiewaffen besitze und deshalb Handlungsnot bestehe. Bush wählte diesen Begriff nicht ohne Grund: Er setzte wieder auf die Ordnungshüterreflexe der amerikanischen Öffentlichkeit. Nicht zu Unrecht: Die Empörung über aktuelle Gräueltaten würde das Langzeitgedächtnis ausschalten. Sollte seine Rechnung nicht aufgehen, würden ihm die Medien seine Äußerungen hinterher ausführlich unter die Nase reiben. Einstweilen ließ sich damit gut Politik betreiben. Bush hatte keinen guten Ruf zu verlieren, und es wurde auch nicht mehr von ihm erwartet, dass er sich vor seinem Abgang im November 2008 noch bessern würde. Er war bereits sein eigener Hofnarr geworden.

Den Chinesen nützte das freilich nichts. Ihr Ruf ist in der Welt ebenfalls nicht der beste, doch von ihnen erwartet die Welt noch Besserung. Sie mussten beweisen, dass sie nicht nur Geschäfte machen, sondern auch positiven Einfluss auf die Probleme der Welt nehmen können – auch mal zum eigenen wirtschaftlichen Nachteil. Die Welt erwartet von ihnen, dass sie nicht nur nehmen, sondern auch geben können. Insofern waren die Amerikaner in einer deutlich besseren Lage.

Noch Anfang Juni 2007 sah es so aus, als ob die Amerikaner auf Kurs seien und Sanktionen durchsetzen könnten und die Chinesen dadurch immer mehr in eine diplomatische Zwickmühle geraten würden. Sie hatten das Problem zu spät erkannt und dann seine Gefährlichkeit unterschätzt. Nun gerieten sie Tag für Tag stärker in die Defensive, es gab keine Zeit mehr zu verlieren. Die Machtverhältnisse waren klar. Solange die Sudanesen nicht kompromissbereit waren, bekamen die Amerikaner mit jedem Tag, der verging, mehr Aufwind für ihr hartes Vorgehen. Die Sudanesen wollten natürlich keine Wirtschafts- und Militärsanktionen und auch keine Menschenrechts-aktionen gegen einzelne Personen. Vor allem sollte die UN-Truppe nach ihrer Vorstellung mehrheitlich aus afrikanischen Soldaten bestehen und von einem Afrikaner geführt werden. Lius Ansatz war daher bei den Sudanesen schwierig durchzusetzen: Sie sollten doch eine Hybrid-Truppe aus Truppen der Afrikanischen Union und der UN akzeptieren. Dazu musste er al-Bashir überzeugen, dass die Chancen, an der Macht zu bleiben, größer seien, wenn er UN-Truppen ins Land ließe, als wenn er bei seiner Haltung bliebe. Bei der internationalen Gemeinschaft und vor allem bei der Arabischen Liga (AL) und der Afrikanischen Union (AU) setzte er darauf, die Amerikaner zu isolieren. Sie waren ihm gegenüber grundsätzlich offen. Doch das nützte ihm wenig, solange die beiden europäischen Sicherheitsratsmitglieder, Frankreich und England, hinter den Amerikanern standen. Liu testete vorsichtig an und bekam Signale, dass die Europäer hinter den Kulissen vorsichtig von den Amerikanern abrückten. Trotzdem war noch kurz vor einer Sudan-Konferenz in Addis Abeba, an der die UN, die AU und die sudanesische Regierung teilnahmen, nicht klar, ob sich die Sudanesen bewegen würden.

Liu fuhr daher mit gemischten Gefühlen los. Am ersten Tag der Konferenz gab es eine große Überraschung: In einer gemeinsamen Erklärung von UN, AU und der sudanesischen Regierung wurde die Entsendung einer hybriden Friedenstruppe grundsätzlich beschlossen, die »weitmöglich afrikanischen Charakter haben« sollte.[105] Noch am selben Tag reisten Sonderbotschafter Liu und eine Delegation nach Khartoum, um die Einigung abzusichern. Als Vertreter des UN-Sicherheitsrats mit den besten Kontakten zur sudanesischen Regierung bereitete er den Boden für ein Treffen von UN-Vertretern und der Regierung in Khartoum, das am 17. Juni stattfinden sollte. Liu wusste, dass es um alles ging. Die Sudanesen konnten jederzeit wieder einen Rückzieher machen. In den elf Tagen zwischen dem 13. und 24. Juni fuhr er zu Gesprächen mit den Regierungen von Südafrika, Äthiopien und Ägypten sowie in die Hauptquartiere der AU und der Arabischen Liga. Am 16. gab ihm Ban Ki-moon, der südkoreanische Generalsekretär der UN, in einem Artikel der *Washington Post* Rückendeckung. Er stützte die Position der Chinesen und distanzierte sich vorsichtig von der Position der Amerikaner.[106]

Auch Ban sprach nicht etwa von einem von der sudanesischen Regierung mutwillig angezettelten Genozid, sondern von einem »ethnischen Konflikt zwischen arabischen Milizen und schwarzen Rebellen und Farmern«. Er betonte, dass der Konflikt als eine vom »Klimawandel beeinflusste ökologische Krise« begonnen habe. Vor zwanzig Jahren habe es in Darfur aufgehört zu regnen. »Es ist kein Zufall, dass die Gewalt während dieser Dürre zugenommen hat. Bis dahin lebten die arabischen Viehhirten und die afrikanischen Bauern friedlich zusammen.« Als der Regen aufhörte, hätten die Farmer ihr Land aus Sorge, die Nomaden könnten mit ihren Viehherden ihre Felder zertrampeln, eingezäunt. »Wir können nun hoffen, dass die zwei Millionen Flüchtlinge zurückkehren werden. Wir können ihre Dörfer sichern und dabei helfen, die Häuser wieder aufzubauen. Aber wie können wir das größte Dilemma lösen, dass es nicht mehr genug Land für alle gibt?«[107]

Ban schloss sich der Antwort an, die die Chinesen darauf gaben: »Jede realistische Lösung muss auf nachhaltiger wirtschaftlicher Entwicklung basieren. Neue Technologien sind hilfreich, wie genetisch verändertes Getreide, ebenso neue Bewässerungstechniken.« Auf beiden Gebieten sind die Chinesen weltweit führend. Ban fügte hinzu: »Es muss Geld für neue Straßen und Kommunikationsinfrastruktur zur Verfügung gestellt werden, nicht zu vergessen die Gesundheitsversorgung, sanitäre Standards und der Aufbau eines Sozialsystems.«[108] Die chinesischen Diplomaten waren erfreut. Viele hatten nicht mehr mit einer solch überraschenden Wendung gerechnet. Doch eine Lösung lag noch in Ferne. Immerhin war eine Richtung vorgegeben für den Showdown am 21. Juni zwischen der aufsteigenden und der absteigenden Weltmacht in Washington. Der chinesische Vizeaußenminister Dai Bingguo traf auf den über einen Kopf größeren US-Vizeaußenminister John Negroponte. Die beiden und ihre Teams verhandelten zwei Tage lang hinter verschlossenen Türen.[109] Dai machte den Amerikanern endgültig klar, dass sie keine Mehrheit für ihre Sanktionsresolution gegen den Sudan bekommen würden. Nur eine Lösung mit dem Einverständnis der sudanesischen Regierung sei stabil. Die Chinesen würden den Sudan wirtschaftlich weiterhin unterstützen, weil sie den wirtschaftlichen Aufbau des Landes für einen Eckpfeiler hielten, mit dem der Frieden im Sudan dauerhaft garantiert werden könne. Er betonte, dass die Weltgemeinschaft für einen Alleingang der USA nach dem Debakel im Irak nur wenig Verständnis habe. Dieser harte realpolitische Vorstoß mit dem Wohlwollen der Europäer im Rücken brachte die Amerikaner ins Wanken. Es war, als ob die Schwerkraft sich verändert hätte. Die US-Außenministerin Condoleezza Rice empfing Dai, bevor sie dann nach Paris zu einer Darfur-Konferenz weiterreiste, auf der auch Sonderbotschafter Liu war. Während UN-Generalsekretär Ban Ki-moon von »langsamen, aber verlässlichen und beachtenswerten Fortschritten«[110] sprach, hatte Außenministerin Rice einen schweren Stand. Sie pochte auf der Unglaubwürdigkeit von al-Bashir: »Ich möchte sehr offen sein. Ich glaube, die internationale Gemeinschaft hat nicht getan, was sie hätte tun können.« Angesichts der Serie von Versuchen, Vereinbarungen zu hintergehen, müsse der »Druck von Sanktionen bestehen bleiben«, auch wenn al-Bashir die Friedenstruppen akzeptiert habe: »Die sagen dann plötzlich: ›Wir haben nicht wirklich dazu ja gesagt.‹« Man habe viel Zeit verloren mit Vereinbarungen, die nicht eingehalten wurden. Dann hob sie wie eine besorgte Mutter den Zeigefinger gegen die Chinesen: »Ich möchte, dass jeder, die Chinesen eingeschlossen, den Sudanesen unmissverständlich erklärt, dass es keine andere Option gibt, und dass sie damit aufhören sollen, Bedingungen zu akzeptieren und sie dann wieder zurückzuweisen. Die Chinesen haben eine besondere Verantwortung als Sicherheitsratsmitglied und aufgrund ihrer speziellen Beziehungen zu Afrika. Die Chinesen sind in diesen Fragen deutlicher geworden, aber China muss noch mehr tun.«[111]

Doch weder die Europäer noch die Afrikaner und schon gar nicht die Chinesen fanden unterstützende Worte für die Position der Amerikaner, selbst die Engländer nicht mehr. Alle stellten sich hinter die Position der UN. Liu widersprach Rice am deutlichsten: »Der Sudan und westliche Länder klagen sich gegenseitig an, nicht aufrichtig zu sein. Als die Sudanesen die Hybrid-Friedensmission akzeptierten, sprach der Westen mit der Stimme des Misstrauens. Inzwischen hören wir einige rationale Stimmen aus dem Westen. Ich denke, das ist ein Schritt in die richtige Richtung. Die Regierungen sollten gegenseitiges Vertrauen aufbauen.«

Während der Gespräche relativierte Liu die amerikanische Position mit einer griffigen Metapher: »Wenn wir zusammensitzen und ein Mahl zu uns nehmen, dann essen die Amerikaner mit Messer und Gabel, die Chinesen mit Stäbchen und die Sudanesen mit der Hand. Wenn wir fertig gegessen haben, hat jeder mit seinem Mittel sein Ziel erreicht. Warum sollen wir die harten Werkzeuge der Amerikaner benutzen? Warum nicht etwas Weicheres und Flexibleres?«[112]

Selbst wenn verschiedene Werkzeuge benutzt würden, wie würde die Resolution letztendlich aussehen? Wer würde wie viel Prozent seiner Position durchsetzen? Liu war immer noch nicht am Ziel, er war nun in der Position, in der ihn die Amerikaner haben wollten: Die Chinesen mussten eine Resolution schultern und die Amerikaner ihr Veto dagegenhalten. Rice jedenfalls sagte am 24. Juni sogar noch klar und deutlich: »Wir arbeiten mit unseren Kollegen an einer Resolution, die der Gewalt ein Ende bereitet.«[113]

Am 15. und 16. Juli kamen noch einmal alle beteiligten Gruppen in Libyen zusammen. Die Vertreter der fünf Mitglieder des Weltsicherheitsrates, also der USA, Chinas, Russlands, Frankreichs und Englands, der Nachbarstaaten des Sudan, UN-, AU-, AL- und EU-Vertreter sowie Vertreter der sudanesischen Regierung, aber auch Abgesandte der wichtigsten Rebellengruppen – eine für die USA brisante Mischung, denn hier waren sie mit ihrer Position in der Minderheit. Und tatsächlich: Auf dieser Konferenz gelang für alle Beteiligten überraschend der Durchbruch, den die UN, die AU und die sudanesische Regierung gemeinsam verkündeten. Al-Bashir sagte ja zu einer Hybrid-Friedenstruppe aus UN- und AU-Militärs. Die Machtverschiebung war erdrutschartig. Allerdings war noch viel Kleinarbeit nötig, bis aus dem Ja eine Resolution wurde. Am 27. Juli wandte sich Sonderbotschafter Liu noch einmal an die Öffentlichkeit, um die Widerstände, vor allem aus den USA, weiter aufzuweichen.

Um eine faire Lösung zu finden, müsse »man lernen, mit der sudanesischen Regierung umzugehen«. Keine Friedensmission könne glattgehen ohne ihre Unterstützung. Die internationale Gemeinschaft solle nicht vergessen, dass »eine legitime Regierung Respekt« verdiene. An die USA gewandt, sagte Liu: »Wir sitzen zusammen, um das Problem zu lösen und den Frieden in Darfur wiederherzustellen, nicht um eine Seite zugunsten einer anderen zu bestrafen.« Wegen erster Kampagnen zum Präsidentschaftswahlkampf würden bestimmte Politiker den Darfur-Konflikt hochspielen, »um zu zeigen, dass sie sich in höheren moralischen Sphären befinden«.[114]

Die zweite internationale Konferenz zu Darfur im libyschen Tripolis hielt auch Liu für den entscheidenden Wendepunkt. Alle Parteien einigten sich darauf, dass der politische Prozess hinter die Friedensmission zurückgefallen sei. »Nun müssen alle Parteien ihren Part auf einer gemeinsamen Bühne spielen.« China bestehe auf einer einfachen und praktikablen Lösung: »Wir sollten nicht noch mehr Differenzen zwischen den Parteien in der Resolution unterbringen, sonst gehen die Verhandlungen immer weiter und werden immer komplizierter.«[115]

Der Druck auf die USA wurde immer größer. Die Amerikaner gehörten plötzlich nicht einmal mehr zu den Ländern, die die Resolution einbrachten, sondern England wurde mit Unterstützung Frankreichs der wichtigste Initiator im Sicherheitsrat. Noch am Montag, den 23. Juli, behauptete der amerikanische UN-Botschafter Zalmay Khalilzad, England, Frankreich und die USA würden im Laufe der Woche einen gemeinsam entworfenen Resolutionsantrag im Sicherheitsrat zirkulieren lassen. Doch am selben Tag begannen die USA mit Rückzugsgefechten. Der Sonderbotschafter Andrew Natsios zeigte sich bei einem Treffen mit dem UN-Generalsekretär plötzlich sehr verständnisvoll. Er sei »strikt dagegen, dass US-Truppen im Sudan eingesetzt werden. Das würde die falschen Signale setzen. Das ist nicht klug, die USA haben hier den harten Mann markiert. Wir sind die Einzigen, die unilaterale Sanktionen gegenüber der sudanesischen Regierung verhängt haben.« Diese Einsicht sollte Teil eines Deals werden, im Gegenzug stellte er eine Forderung: »Die sudanesische Regierung sollte kein Vetorecht haben gegenüber dem, was jetzt passiert.«

Am Tag darauf schaltete sich die US-Senatorin und demokratische Präsidentschaftskandidatin Hillary Clinton ein. Sie forderte ein »Überflugverbot über die Darfur-Region«, um sich gegen diejenigen zu stellen, die »die neuen Anstrengungen der AU und der UN unterlaufen«.[116] Einen ungünstigeren Zeitpunkt für eine solche Forderung konnte es kaum geben. War sie einfach nur schlecht informiert, oder wollte sie in einer Frage, die nicht mehr zur Debatte stand, noch im konservativen Lager Punkte machen?

Derweil verabschiedete sich die Weltmacht USA still und heimlich als Initiator einer Resolution, die ihr auf der Zielgeraden aus den Händen glitt. Bush gab dennoch nicht auf. Er versuchte, den Lauf der Dinge mit seinen eigenen Mitteln zu beeinflussen und die Öffentlichkeit in letzter Minute auf seine Seite zu ziehen. Das war ihm schon mehrfach gelungen. Am 25. Juli verurteilte ein amerikanischer Bundesrichter die sudanesische Regierung zur Zahlung von 7,9 Millionen US-Dollar an die Familien von 17 Opfern des Bombenattentats auf den amerikanischen Zerstörer USS Cole im Jemen im Oktober 2000. Das Attentat sei von zwei jungen Jemeniten aus dem Netzwerk von Osama bin Ladens al-Qaida ausgeführt worden. Die beiden Attentäter seien »im Sudan trainiert« worden, hieß es.[117] »Mit der gleichen Begründung könnten die Amerikaner auch Deutschland verklagen, weil die Piloten des 11. September 2001 sich in Deutschland auf den Anschlag vorbereitet haben«, konterte ein chinesischer Diplomat. Das Geld würde, so fügte der Bundesanwalt hinzu, von eingefrorenen sudanesischen Konten in den USA genommen.

Inzwischen waren zumindest im UN-Sicherheitsrat andere am Ruder. Es ging nicht mehr nur darum, eine Resolution zu formulieren, die der Sudan akzeptieren konnte, sondern ein Modell zu entwickeln, das auch für andere afrikanische Staaten tauglich ist, die sich in einer ähnlichen Bürgerkriegslage befinden. Bis vor wenigen Jahren wäre eine solche Modellresolution gar nicht denkbar gewesen, weil die USA noch zu großen Einfluss hatten.

Am 27. Juli brachten Ghana, die Heimat des ehemaligen UN-Generalsekretärs Kofi Annan, Südafrika und Kongo noch Verbesserungsvorschläge im Sinne Afrikas ein. Von den Amerikanern befürwortete Punkte sollten gestrichen werden. Chinas UN-Botschafter Wang Guangya stützte dieses Bestreben: »Es ist die Position von vielen Mitgliedern, dass es nicht notwendig ist, unnötige Elemente in die Resolution einzubringen, die den Prozess nur verzögern.« Es ging vor allem um die sogenannte Chapter-Seven-Regelung, nach der die UN- und AU-Truppen »alle erdenklichen Mittel benutzen können, um Angriffe gegen Zivilisten zu verhindern«. Die Sudanesen, aber auch andere kleinere Länder, betrachteten dies als eine Art Freibrief, in ihrem Land zu tun und zu lassen, was sie wollten. Auch dieser Punkt wurde entschärft. »Wenn wir alle an Bord haben wollen, müssen wir kompromissbereit sein«, erläuterte Wang.[118]

Der neue britische Premierminister Gordon Brown sah in der Resolution eine große Chance, sich von Bush sichtbar gegenüber dem Rest der Welt abzusetzen und dennoch zu schauen, was er für Bush noch machen konnte. Sein Vorgänger Tony Blair hatte sich im Irakkrieg politisch sehr eng an Bush gebunden und dadurch immer mehr Ansehen in England verloren. Die Briten wollten nichts dem Zufall überlassen. Britische Diplomaten waren die Resolution auf Anraten der Chinesen in der britischen Mission in Khartoum mit sudanesischen Kollegen Wort für Wort durchgegangen.

Inzwischen fasste ein *Spiegel*-Journalist die Lage auf der »Panorama«-Seite des Magazins zusammen. Der Text klingt ein wenig so, als ob George W. Bush ihn selbst geschrieben hätte und er von Dick Cheney redigiert worden wäre: »Ist vielleicht das Wetter schuld? Experten diskutieren dieser Tage allen Ernstes, ob der Klimawandel zum Ausbruch der Kämpfe in der Dürreregion Darfur geführt hat. Mindestens 200 000 Menschen sind dem Gemetzel bisher zum Opfer gefallen, 2,5 Millionen mussten vor Mörderbanden flüchten – für deren Gräuel ist aber in erster Linie die Junta der Hauptstadt Khartoum verantwortlich. Auch die internationale Gemeinschaft ist nicht ohne Schuld: Sie scheint erst jetzt imstande, vier Jahre nach dem Ausbruch der Kämpfe, die Entsendung einer schlagkräftigen Friedenstruppe durchsetzen zu können.[119] Noch in dieser Woche könnte der UN-Sicherheitsrat über eine von Großbritannien und Ghana vorbereitete Resolution entscheiden. Sie sieht vor, die gerade 7000 Mann starke Truppe der Afrikanischen Union (AU) in Darfur um mindestens 15 000 Mann auch aus nichtafrikanischen UNO-Ländern aufzustocken. Genau dagegen hat sich Khartoum immer gewehrt. Europäische Blauhelme würden die Soldateska des Regimes wohl ernsthaft an ihrem Mordhandwerk hindern können, anders als die miserabel ausgestattete AU-Mission. Der Sudan werde sich nun doch ›in allen Einzelheiten wortgetreu‹ an ein Mitte Juni in Äthiopien vereinbartes Abkommen halten und internationale Truppen ins Land lassen, versicherte vergangene Woche Mustafa Osman Ismail, enger politischer Berater von Präsident al-Bashir, dem *Spiegel*.[120] Noch Tage zuvor hatte Außenminister Lam Akol allerdings ein Einlenken dementiert. Ob die Junta wirklich kooperiert, hängt vor allem davon ab, wie sich das ferne Peking verhält. Die Chinesen sind bislang Khartoums wichtigster Handelspartner: Sie liefern dem Regime Waffen gegen Öl. Die KP-Führung bevorzugt subtilen Druck statt Sanktionen – und rühmt sich, das jetzige Einlenken der Sudanesen erzwungen zu haben.«

Am 29. Juni telefonierten der chinesische Außenminister Yang Jiechi und sein britischer Amtskollege David Miliband, um die Feinabstimmung der Resolution vorzunehmen. Gleichzeitig traf Gordon Brown bei Bush in Camp David ein. Die Briten konnten nicht mehr viel für die Amerikaner tun. Am 30. Juli wurde der Text noch einmal entschärft: die Schuldzuweisungen gegen die sudanesische Regierung wurden gestrichen und die politische Kooperation wurde stärker betont, um die Resolution so stabil wie möglich zu machen.

Dann war es endlich so weit. Früher als erwartet, schon am 31. Juli nachmittags um halb vier, wurde die Resolution 1769 von Botschafter Wang Guangya dem Vorsitzenden des 15-köpfigen UN-Sicherheitsrats vorgestellt und einstimmig beschlossen. Die große Überraschung: Auch die Amerikaner sagten Ja. »Ich würde da nicht viel reininterpretieren«, verteidigte sich UN-Botschafter Zalmay Khalilzad: »Es gibt viele Resolutionen, bei denen nicht jeder Co-Initiator sein kann. Wir sind zufrieden mit der Resolution.« Doch schon die ersten Sätze künden von der Niederlage für die einst hochtrabende amerikanische Linie, die noch acht Wochen zuvor von US-Präsident Bush selbst vorgegeben wurde: »Der Sicherheitsrat erklärt sein starkes Commitment zur Souveränität, Einheit und Unabhängigkeit der territorialen Integrität des Sudan und drückt seine Entschlossenheit aus, die Regierung des Sudan in vollem Respekt ihrer Souveränität dabei zu unterstützen, die verschiedenen Probleme in Darfur, Sudan, zu bewältigen.«[121]

Die Europäer haben fast alle Punkte der Chinesen berücksichtigt, die nötig waren, um die sudanesische Regierung einzubinden. Sie waren überzeugt, dass dies der beste Weg sein würde, den Konflikt zu beenden. Es wurden keine Schuldigen an diesem Konflikt ausgemacht. »Die Kämpfe zwischen Pro-Regierungs-Milizen und Guerilla-Rebellen haben seit 2003 mehr als 250 000 Menschen das Leben gekostet.« Der Sicherheitsrat verlangte allerdings, dass »keine Bombardierungen aus der Luft stattfinden [sollten] von Flugzeugen, die Hoheitszeichen der Vereinten Nationen benutzen«.[122] Es wurden keine Sanktionen verhängt und an keiner Stelle mit Sanktionen gedroht. Das war wichtig: Alle wirtschaftlichen Aktivitäten der Chinesen sind damit weiterhin UN-konform. Sie konnten die Sudanesen überzeugen, den UN-Truppen zuzustimmen, nachdem die UN das Zugeständnis gemacht hatten, dass die rund 26 000 Mann starke Hybrid-Truppe unter der gemeinsamen Führung der AU und der UN steht. Die United Nations African Union Mission in Darfur (UNA-MID) wird die bislang größte Friedenstruppe der UN sein. Der gemeinsame Special Representative ist ein Afrikaner, der ehemalige Außenminister der Republik Kongo, Rodolphe Adada. Die Truppen stehen unter dem Oberkommando des nigerianischen Generals Martin Agwai. Die Mission wird rund zwei Milliarden US-Dollar kosten. Das beschlossene Mandat umfasst auch nicht die Befugnis, mutmaßliche Kriegsverbrecher auf beiden Seiten zu verfolgen oder festzunehmen, um sie dem Internationalen Strafgerichtshof in Den Haag zu überstellen, der auf Initiative der Amerikaner wegen der Verbrechen in Darfur schon länger ermittelt. Selbst in Details konnten sich die Amerikaner nicht durchsetzen. Bis zuletzt hatten sie versucht, im Chapter-7-Paragraphen, der den Schutz von Zivilisten mit Waffengewalt durch UNAMID festlegt, den Zusatz streichen zu lassen, »sofern dies nicht der Verantwortung der sudanesischen Regierung zuwiderläuft« – ohne Erfolg. Dafür schlug der amerikanische UN-Botschafter Khalilzad im UN-Plenum umso schärfere Töne gegenüber dem Sudan an: »Wenn die sudanesische Regierung ihren Verpflichtungen nicht nachkommt, behält sich die amerikanische Regierung multi-, aber auch unilaterale Schritte vor.«[123] Niemand griff den Ton auf. Der Präsident des Sicherheitsrats, Wang Guangya, betonte noch einmal für sein Land, dass der Fall ohne die Kooperation der sudanesischen Regierung, die Flexibilität gezeigt habe, nicht hätte so weit vorangebracht werden können. Selbst der neue britische Premierminister Gordon Brown, der einen Tag vor der Resolution eine Rede vor den Vereinten Nationen hielt, stellte sich nicht länger als unbedingt nötig hinter Bush: »Im Anschluss an mein Treffen mit Präsident Bush, ich danke ihm für sein Engagement zu Darfur, haben England und Frankreich mit US-Unterstützung die Sicherheitsratsresolution entworfen.« Brown erlaubte sich noch einen bushfreundlichen Schlenker: »Es muss klar sein, wenn eine der Parteien den Fortschritt blockiert und das Töten anhält, werden ich und andere unsere Anstrengungen verdoppeln, um Sanktionen herbeizuführen.«[124] Dann jedoch hielt er eine Rede, die von Bono, Bill Gates und Al Gore hätte geschrieben sein können und die dem amerikanischen Präsidenten gar nicht gefallen haben kann.

Die US-Regierung blieb trotzig auf ihrem Kurs. Am selben Tag verabschiedete das amerikanische Repräsentantenhaus ein Gesetz, wonach Investmentunternehmen und Banken, die Geld aus dem Sudan (und aus dem Iran) abziehen, vor möglichen Klagen von Investoren geschützt werden. Als der chinesische UN-Botschafter Wang dies hörte, sagte er nichts, aber man sah, was er dachte: Besten Dank, liebe US-Regierung, dass ihr uns im Sudan die Konkurrenz vom Hals haltet. Am 3. August unterzeichnete die Danfodio Holding, ein Tochterunternehmen der China Railway Engineering Corp, sogar einen 480-Millionen-Euro-Vertrag zum Bau einer 430 Kilometer langen Eisenbahnstrecke in Westafrika von Mauretanien in Richtung Senegal.[125]

Doch des Botschafters Freude wurde dadurch getrübt, dass sich das Stichwort der Genozid-Olympiade trotz des diplomatischen Erfolgs nicht verflüchtigen wollte. Regisseur Spielberg saß mittlerweile zwischen allen Stühlen und sorgte weiter für Schlagzeilen. »Alle Optionen sind auf dem Tisch«, sagte Spielbergs Sprecher noch im August. Der Oscar-prämierte Regisseur könne auch seine Zusammenarbeit mit der chinesischen Olympia-Leitung aufkündigen. »Wir rechnen bald mit einer Antwort von der chinesischen Regierung«, dann werde man entscheiden, ob Spielberg bei der Inszenierung der chinesischen Olympia-Show ehrenamtlich helfen werde.[126] Spielberg hatte Hu aufgefordert, dafür zu sorgen, »dass UN-Friedenstruppen ins Land gelassen würden, um die Opfer des Genozids zu schützen«. Das hatte Hu nun geschafft, wenn auch nicht auf seinen Druck hin. Doch Journalisten warfen dem Regisseur nunmehr vor, dass er ein Jahr, nachdem 1983 in Sri Lanka ein blutiger Bürgerkrieg ausgebrochen war, dort den Film *Indiana Jones und der Tempel des Todes* gedreht habe. Ihm wurde des Weiteren vorgehalten, dass er zwei Jahre vor der blutigen Niederschlagung der Protestbewegung in Peking und viele Jahre nach »der brutalen Einführung von Chinas Ein-Kind-Politik« den Film *Das Reich der Sonne* in Schanghai gedreht hatte. Und ihm wurde vorgeworfen, dass er den Film *Amistad* 1997 in Puerto Rico gedreht hatte, während die Menschen dort um ihre Unabhängigkeit kämpften.[127] Sein Sprecher beeilte sich zu versichern, Spielberg habe aus eigener Tasche bereits über eine Million Dollar für die Flüchtlinge aus Darfur gespendet.[128] Mia Farrow lenkte inzwischen ein: Sie wolle niemanden verletzen, sondern nur »Dinge in Bewegung setzen«. Das war ihr gelungen. Das Thema fraß sich langsam aus dem Filmgeschäft in die amerikanische Politik durch und bekam durch die Resolution vom 31. Juli eher noch Auftrieb.

Schon am 8. August tauchten gleich zwei Resolutionsentwürfe im US-Repräsentantenhaus auf: Eine Resolution kam von den Republikanern, die Sofortmaßnahmen für einen Boykott der Sommerspiele 2008 in der chinesischen Hauptstadt forderten, sollte das chinesische Regime die schwerwiegenden Menschenrechtsverletzungen weiterhin »billigen, die die Regierungen Sudans, Myanmars und Nordkoreas ihren Völkern gegenüber zu verantworten haben«. Die andere kam von den Demokraten, die Bush ebenfalls zum Boykott der Pekinger Olympiade aufriefen, und zwar mit der Begründung: »China unterstützt das sudanesische Regime und liefert Waffen und Munition in den Sudan.« Im Text des Entwurfs wird der Präsident zur Aufhebung des Boykotts ermächtigt, sollte die Regierung Chinas »die Bestialitäten in Darfur eingestehen und verurteilen, die Lieferung von Waffen, Munition und anderer Militärtechnik nach Sudan einstellen sowie Schritte ergreifen, um die wirtschaftliche Zusammenarbeit zu beenden und auf Investitionen zu verzichten«.[129]

Die britische Regierung überzeugte das nicht mehr. Ende August rückte der britische Außenminister enger an die Seite der Chinesen. Nur zwei Tage nachdem Bundeskanzlerin Angela Merkel in Peking gewesen war und bezüglich der Menschenrechtslage den mahnenden Zeigefinger erhoben hatte, schlug der ehemalige stellvertretende UN-Generalsekretär und neue britische Minister für Afrika, Asien und die UN, Lord Mark Malloch-Brown, in einer Rede vor dem China Institute of International Studies neue Töne an: China ist der wichtigste Player in Afrika, wir wollen an seiner Seite stehen. Er fand angemessene Worte für den dramatisch wachsenden Einfluss Chinas: »Ich begrüße Chinas wachsendes umfassendes Engagement in Afrika. [...] Wenn man das finanzielle und politische Profil betrachtet, das China in Afrika hat, kann dies nur gut sein. [...] China kann als ein positives Beispiel dafür fungieren, wie gewinnbringend es ist, in Afrika zu investieren. Für die afrikanischen Länder und für die Investoren. China kann zeigen, dass sein Erfolg zu Hause in Afrika wiederholbar ist.«[130] Und zu Darfur sagte er: »Chinas Engagement in Darfur ist ein Beispiel dieser konstruktiven Partnerschaft. China verfügt über eine einmalige Mischung aus finanziellem und politischem Einfluss in Khartoum, mit der es zur Steigerung der Sicherheit und der Stabilität im Sudan und in der Region beitragen kann. [...] Für Gordon Brown und mich ist eine globale Partnerschaft entscheidend für die Zukunft, nicht nur für Afrika, sondern für die Welt als Ganzes. Es muss eine Partnerschaft sein, in der China berechtigterweise einen führenden Platz einnimmt.«[131] Eine mutige Rede nicht nur, weil Lord Malloch-Brown sich offen gegen die USA stellte, sondern vor allem auch, weil er den eigenen Wählern, die zwar antiamerikanisch geworden sind, aber den Kommunisten in China sehr skeptisch gegenüberstehen, nicht nach dem Munde redete.

Bundeskanzlerin Angela Merkel urteilte reserviert: »China hat auch Verantwortung im Verhältnis zum Sudan übernommen. Sie wissen, dass es schreckliche Menschenrechtsverletzungen in Darfur gibt. China hat alleine dadurch, dass es sehr enge wirtschaftliche Beziehungen mit dem Sudan hat, auch ein hohes Maß an politischem Einfluss auf die dortige Führung. Diesen hat China in den letzten Monaten auch genutzt.«

Malloch-Brown versuchte hingegen geschickt, Chinas Interesse an westlichen Standards zu wecken, ohne die Regierung zu maßregeln oder gar zu brüskieren. »Als ein großer Konsument afrikanischen Öls und anderer Bodenschätze und ein wichtiger Partner der afrikanischen Länder, wenn es darum geht, diese Ressourcen zu verarbeiten. Chinas volle Unterstützung für die Extractive Industries Transparency Initiative wäre nicht nur symbolisch, sondern würde realen Fortschritt bedeuten.«[132]

Mia Farrow war derweil weiterhin fleißig. Sie inszenierte, als sei in der UN nichts passiert, einen Fackellauf, um die internationale Aufmerksamkeit auf die Rolle Chinas in Darfur zu lenken. Die Welt »versage« angesichts der Katastrophe in der westsudanesischen Region, sagte sie.[133] Der Fackellauf wurde an Orten, an denen Völkermord begangen worden war, weitergeführt. Er ging von Armenien nach Bosnien, von dort aus nach Kambodscha und schließlich nach Deutschland.

Der Zufall wollte es, dass ich am 29. November, nach einem Treffen mit einer Kollegin im Ritz-Carlton am Potsdamer Platz in Berlin, im Nieselregen in Richtung Hotel Adlon lief. Am Rande des Holocaust-Mahnmals fiel mir eine kleine Gruppe auf, die vor Medienvertretern eine Fackel an einem brennenden Holzscheit entzündete. Ich erkannte den braungebrannten Michel Friedman, ehemals Präsident des Europäischen Jüdischen Kongresses, heute Autor bei *Vanity Fair*. Zwischen ihm und einem groß gewachsenen Afrikaner stand eine kleine Frau mit blonden Haaren und einem unförmigen schwarzen Hut. Ich traute meinen Augen nicht. Da war sie. Frau Farrow. »Wir gedenken heute aller Opfer von Völkermord und Menschenrechtsverletzungen und tun dies an einem Ort, der an die schrecklichen Ereignisse mahnend erinnert, die zur Entstehung des Begriffs ›Völkermord‹ geführt haben«, sagte sie. Michel Friedman fügte hinzu: »Wer in der Darfur-Krise nicht deutlich Position bezieht, macht sich mitschuldig an Tod und Leid tausender Menschen. China hat Möglichkeiten, gegenüber dem Sudan seinen Einfluss geltend zu machen und ein Ende von Vertreibung, Vergewaltigung und Mord in Darfur zu fordern.« Die Fackel wanderte weiter nach Sarajewo und Kambodscha.[134]

China geht derweil international einen einfachen und klaren Weg, auch wenn es sich dabei manchmal im politischen Gestrüpp verheddert: Als Aufsteiger ist es viel günstiger, sich mit denen zu verbünden, die ebenfalls unter den herrschenden Verhältnissen leiden, und sich an die Spitze dieser Gruppen zu stellen. Das hat sich China seit einigen Jahren zur Aufgabe gemacht. Dass viele dieser Länder über Bodenschätze verfügen, die die Chinesen dringend brauchen, und dass diese Länder wiederum dringend Infrastruktur und Produkte aus China benötigen, macht die Zusammenarbeit einfacher. Die amerikanische Strategie funktioniert hingegen nur noch in Fällen, in denen die bestraften Länder keine Alternative haben. Diese Zeiten scheinen erst einmal vorbei. Sollte die amerikanische Regierung ihre Strategie nicht überdenken, wird sie eine Niederlage nach der anderen einstecken. Es mag noch den einen oder anderen Pyrrhussieg geben. So ist es beispielsweise durchaus vorstellbar, dass die von den Chinesen entwickelte Friedensmission in Darfur scheitert. Die Welt würde dann mit dem Finger auf China zeigen. Und die Amerikaner könnten dann mit Recht behaupten: Das haben wir immer gesagt. Kaum jemand könnte sich dann harten Sanktionen gegen den Sudan entgegenstellen.

Die Globalisierung führt dazu, dass immer mehr Länder mit anderen Ländern Kompromisse eingehen müssen. Das fällt uns in Europa schon sehr schwer. Dennoch wird sich an diesem Trend in nächster Zeit nichts ändern. Was uns dabei innerlich widerstrebt, ist, dass ein »Schurke« oder skrupelloser Politiker für seine Verbrechen nicht büßen muss, weil wir gezwungen sind, Kompromisse zu schließen. Doch wir können nicht immer alles haben. Im Sudan gab es die Möglichkeit zu Gerechtigkeit und Frieden nie wirklich. Dazu war die Lage zu komplex. Die Pragmatischen unter den Politikern entschieden sich zwischen Frieden und Gerechtigkeit. Das ist keine so schwierige Entscheidung, wie es auf den ersten Blick aussieht. Denn wichtigstes Ziel sollte es sein, dass die Menschen nicht mehr leiden. Das bedeutet: Frieden geht vor Gerechtigkeit. Ein Polizist, der zu einem Tatort kommt, muss erst Frieden herstellen, unter Umständen jemanden festnehmen, der angegriffen worden ist und nun tobt vor Wut. Dann erst kann er sich um die Frage der Gerechtigkeit kümmern. Meistens brauchen Gerichte viele Monate, um diese Frage zu klären. Die amerikanische Regierung macht zunehmend den Eindruck, dass sie in ihrer Ungeduld erst richten will und dann Frieden herstellen möchte. Für diesen Vorgang gibt es einen präzisen Begriff: Rache nehmen. Die absteigende Weltmacht ist verletzlich. Hinzu kommt, dass in der modernen Mediengesellschaft Schuldige schnell gefunden werden müssen, will man politisches Kapital daraus schlagen. Frieden zu schaffen ist viel komplizierter. Der Fall Saddam Hussein ist ein gutes Beispiel. Den Amerikanern schien es wichtiger, ihn zu finden und zu hängen, als den Frieden im Irak herzustellen. Dazu hätte Saddam Hussein womöglich noch nützlich sein können. Jetzt ist er ein toter Verbrecher für die einen und ein toter Held für die anderen. Er kann nicht mehr dazu beitragen, dass sich beide Gruppen aufeinander zubewegen.

Und was war die Motivation der Chinesen? Haben nicht letztlich die harten Drohungen der Amerikaner die Chinesen bewegt, das Problem zu lösen – aus Sorge, sie könnten am Ende selbst am Pranger stehen? Haben die Amerikaner nicht auch »etwas bewegt« bei der chinesischen Regierung? Viel wichtiger als der amerikanische Druck war die Befürchtung der Chinesen, dass unter den Rebellenkämpfen das Land auseinanderbricht und ihr Geschäft leiden würde. Eigentum verpflichtet – auch dazu, Frieden herzustellen. Je mehr die Länder miteinander vernetzt sind, desto geringer ist die Wahrscheinlichkeit, dass ein Land ein anderes überfällt. Insofern löst dieser Vorwurf, aus rein wirtschaftlichen Interessen gehandelt zu haben, in China kaum ein schlechtes Gewissen aus. Die chinesischen Diplomaten wirken überhaupt trotz der Missgeschicke, die ihnen widerfahren, im Ganzen entspannter als die amerikanischen. Das ist kein Kunststück: Der Aufsteiger hat es immer einfacher als der Absteiger.

Auf einer Konferenz in Johannesburg zum Thema »China in Afrika«, auf der Amerikaner, Afrikaner und Europäer eingeladen waren, brachte der sudanesische Wirtschaftsprofessor Ali Abdalla Ali die neue Weltlage auf den Punkt: »China ist ein Elefant geworden wegen der Dummheit und Kurzsichtigkeit der beiden anderen Elefanten.« Daraufhin fragte ihn ausgerechnet eine amerikanische Kollegin vom New Yorker Council on Foreign Relations: »Wer sind die beiden anderen?«[135]

Wenn man die Großkopfigen reden hört, führ'n die Krieg
nur aus Gottesfurcht und für alles, was gut und schön ist.
Aber wenn man genauer hinsieht, sind's nicht so blöd, sondern führen den Krieg für Gewinn.

Mutter Courage, in Bertolt Brecht:
Mutter Courage und ihre Kinder, 1941

Pekingoper auf dem Perserteppich

China im Iran

Ein wenig aus Langeweile, aber auch aus Ehrfurcht vor den religiösen
Regeln des Iran nehmen die Japanerin und die Chinesin ihr Kopftuch
aus der Tasche. Sie legen es um den Kopf, schlingen es um den Hals
und betrachten sich von allen Seiten. Immer mehr Tücher zaubern
sie hervor, weiße, himmelblaue, dunkle Paschmina-Schals, die es in
China preiswert zu kaufen gibt. Sie albern herum, verdecken mit
den Tüchern ihr Gesicht, so dass sie nur noch durch einen schmalen
Schlitz die Welt um sich herum wahrnehmen können, und werfen
den Männern in ihrer Gruppe feurige Blicke zu. Selbst die iranischen
Frauen, die in der nächsten Stuhlreihe mit dem Rücken zu ihnen
sitzen, drehen sich um und schmunzeln. Später im Flugzeug werden
moderne iranische Frauen den beiden sagen, dass sie die Schals erst
in Teheran anziehen müssen und nicht schon im Flugzeug. Für die
Flugbegleiterinnen der Iran Air gilt das nicht. Sie tragen graue Hau-
ben, die Stirn und Ohren bedecken und unter dem Kinn zugebunden
sind, und darüber kleine Hüte.

Die Maschine IR801 der Iran Air, die einmal die Woche aus Tokio
kommt und über Peking nach Teheran weiterfliegt, hat schon über
eine Stunde Verspätung. Noch immer ist die Boeing 747 mit dem
fliegenden Pferd auf der Seitenflosse nicht vor den schlauchartigen
Gang gerollt, über den wir das Flugzeug besteigen sollen. Wir sitzen

am Gate und warten. Hinter der Glasscheibe sieht man den neuen Pekinger Flughafen. Er liegt wie ein sich behaglich räkelnder chinesischer Drache im Abendlicht. Die großen, dreieckigen Fenster auf dem flach geschwungenen Dach sind wie Zacken auf seinem Rücken. Langsam versinkt die Sonne hinter dem langgestreckten Gebäude. Es ist noch im Bau. Von dem britischen Architekten Norman Foster entworfen, wird es zu den Olympischen Spielen 2008 in Betrieb genommen. Die beiden vermummten asiatischen Frauen, die sich als Schatten vor der Silhouette des Flughafens abzeichnen, gehören einer Pekingoperntruppe an. Knapp zwanzig Männer und Frauen, die zu dem Besten gehören, was die chinesische Pekingoper zu bieten hat, reisen in den Iran. Die Jüngste ist 35 Jahre alt, der Älteste 65. Zum ersten Mal werden sie die *Pekingoper* dort aufführen. Sonderlich aufgeregt wirken sie nicht. Manche essen, andere rauchen hinten in der Raucherecke. Cao Yangyang macht Dehnübungen, Zhao Wanjin schläft und schnarcht dabei, Zhou Hongwu und Huang Wanzhong sind über ihre Nintendo-X-Box gebeugt und fahren Autorennen. Zwischen den Asiaten sitzt ein Weißer mit kurzen Haaren und einem ausdrucksvollen Schädel: Ghaffar Pourazar. Er hat die Truppe zusammengestellt. Vor 33 Jahren hat der heute 46-Jährige den Iran verlassen, vor sechs Jahren war er einmal ganz kurz in Teheran. Nun kehrt er nach vielen Umwegen nach Hause zurück und kann seiner Familie vorführen, was er in den letzten Jahren geleistet hat. »Was ist mein Leben doch für ein Durcheinander«, sinniert er mit seinem willensstarken Blick, der seine Pekingopernfigur, den Affenkönig, so überzeugend wirken lässt. Mit seinen großen, kräftigen Händen greift er tief in eine Tüte Chips. »Ein Leben, dessen Verlauf man nicht einmal ahnen konnte«, sagt er noch und hat dann den Mund voll.

Ghaffar wuchs im Iran auf, ging in Cambridge zur Schule, war Tänzer in London, hat eine Aufenthaltsgenehmigung für Kalifornien, lebt seit zwölf Jahren in China und ist der einzige Westler mit einer vollständigen Pekingopernausbildung. Er hat einen britischen Pass, seine Eltern sind inzwischen Amerikaner, seine Familie lebt in Teheran, Los Angeles und Deutschland, seine Verlobte ist Japanerin. »Ich bin ein Bastard der Globalisierung«, sagt Ghaffar über sich, »und das alles, weil der Iran und die USA keinen Modus vivendi finden.«

Ghaffar wurde mit seiner Truppe schon nach Malaysia, Singapur,

England und in die USA eingeladen. Er hat Teile der *Pekingoper* ins Englische übersetzt und sogar Shakespeares *Sommernachtstraum* mit Pekingopernfiguren aufgeführt. Nun wird er Teile der Aufführung in Farsi, seiner Heimatsprache, zum Besten geben. Was ist der größte Unterschied zwischen dem Iran, China und Kalifornien? Ghaffar überlegt kurz: »In China herrscht eine größere Freiheit als in Kalifornien. Auch wenn man das über China nicht denkt, weil es ein postkommunistischer Staat ist, eine Diktatur. Der Iran liegt wohl irgendwo dazwischen. Aber dazu kann ich mehr sagen, wenn wir da waren.« Ghaffar greift wieder tief in seine Tüte Chips. Wie meint er das? »Es geht um die Frage, welche Auswahl man hat und welche Möglichkeiten, die Dinge zu tun, zu denen man Lust hat. Das chinesische Leben ist wie ein chinesisches Essen, es ist nicht teuer, man kann viele verschiedene Sachen bestellen und daraus auswählen. In Kalifornien sind die Möglichkeiten theoretisch genauso groß, praktisch aber viel kleiner, weil alles schon fertig ist und es hohe ökonomische Hürden und strenge informelle Regeln gibt, was man tun darf und was nicht. Im Iran ist der Spielraum nicht so groß wie in China. Man hat nicht so viel Bewegungsfreiheit. Man kann nicht einfach entscheiden, wo man wann hingehen will, was man dazu anzieht und wie man sich benimmt. Aus dem Blickwinkel des Iran ist China ein sehr freies Land. Das wird die Iraner womöglich überraschen.«

»Kann eine *Pekingopern*-Aufführung Klischees verblassen lassen?«, frage ich skeptisch.

»Ein Besuch reicht nicht«, antwortet Ghaffar. »Aber ich glaube schon, dass die Iraner nach der Aufführung einen anderen Eindruck von den Chinesen und China haben werden. Die Mischung aus Tradition und Moderne hat eine unglaubliche Kraft, das werden sie spüren. Ich möchte, dass sie eine Ahnung davon bekommen, wie viel Humor, Drama, Schönheit und Poetik, aber auch Freiheit es in China gibt.«

Seine japanische Verlobte Chia Morinura, die neben ihm sitzt, fügt hinzu: »Die Iraner werden erfahren, dass sich die Chinesen in allen Bereichen anstrengen, nicht nur in der Wirtschaft.« Auch sie spielt in der Pekingoperntruppe mit. Bevor die 35-Jährige Ghaffar in Peking kennenlernte, kannte sie den Iran nur aus iranischen Filmen, die sie sich noch in Japan angeschaut hat und sehr gerne mochte. Sie ist seit

1999 in China. »Nachdem ich seine Eltern in Kalifornien getroffen habe, so herzliche Menschen, bin ich neugierig, wie das Land ist, aus dem sie stammen.«

Es geht bei dieser Reise nicht nur um Familienzusammenführung. Die chinesische und die iranische Kultur sollen wieder näher zusammenrücken. Schon seit Jahren machen atheistische Chinesen und religiöse Iraner Milliardengeschäfte. China ist der wichtigste Verbündete des Iran. Nun treffen Mullahs und Kung-Fu-Tänzer zum ersten Mal zusammen.

Die Chinesen fahren in ein Land, das weltwirtschaftlich nicht unbedeutend ist. Der Iran gehört zu den Top dreißig Volkswirtschaften der Welt, verfügt über 18 Prozent der weltweiten Gas- und über elf Prozent der weltweiten Ölvorkommen. Er kontrolliert die Straße von Hormuz, den für den Westen und Asien wichtigsten Schifffahrtsweg zur Versorgung der Welt mit Öl und Gas. Sie ist neben der Straße von Malaka bei Singapur eines der beiden Nadelöhre der Weltwirtschaft. Iran und China haben mit 16 Ländern gemeinsame Grenzen, darunter mit Irak, Pakistan und Afghanistan. Darüber hinaus ist das Land das älteste Großreich in der Region.

»Ich habe riesige Erwartungen an die Reise«, sagt Ghaffar, »ich stelle mir gern vor, dass die Iraner von unserer Aufführung so begeistert sind, dass sie uns eine Million Dollar pro Jahr zahlen, damit wir dort bleiben und jeden Tag spielen. Aber vielleicht ist das noch ein wenig zu früh. Die Iraner sind sehr auf den Westen fixiert. Sie glauben, die Chinesen sind alle entweder Kung-Fu-Kämpfer oder Geschäftemacher.« Dabei haben sie schon seit Jahrhunderten enge Beziehungen. Ohne den Iran wäre die Seidenstraße nicht entstanden. »Ihr vergesst im Westen gern, dass es drei große Reiche in Asien gegeben hat und heute noch gibt: China, Indien und Persien«, sagt Ghaffar. »Es ist sehr unwahrscheinlich, dass es der angeschlagenen Weltmacht Amerika noch gelingen wird, eines dieser Reiche in die Knie zu zwingen.«

»Wahrscheinlicher ist es, dass sich die drei Reiche zusammentun«, antworte ich.

Ghaffar nickt und zieht ein Gesicht. Die Chips-Tüte ist leer. Endlich rollt die Iran-Air-Maschine ans Gate. »Ich hoffe, sie lassen mich an Bord.« Weil er mit seinem britischen Pass nicht ins Land gelassen wird, hat er sich einen nagelneuen iranischen Pass besorgt. Ghaffar ist nervös. Selbst wenn sie ihn an Bord lassen, wie wird die Grenzpolizei am Flughafen in Teheran reagieren, der die chinesisch-iranischen Beziehungen womöglich egal sind? Ghaffar kennt es noch aus seiner Kindheit, dass die Behörden im Iran nicht Hand in Hand arbeiten. Er weiß von seinen Verwandten, dass es noch heute so ist. Wie werden die Iraner auf seine Aufführung reagieren? Werden die aufmüpfigen Stücke durch die Zensur kommen? Wie wird seine Familie ihn unterstützen?

Seidenstraße

Die Kontakte zwischen Iran und China begannen 139 v. Chr. Die Umstände waren ein wenig so, wie wenn man sich bei der unbekannten Nachbarin ein paar Eier leiht und dann daraus eine lange Freundschaft entsteht. Der Han-Kaiser schickte einen Emissär nach Persien, um Alliierte gegen Nomadenstämme zu finden, die China immer wieder ärgerten. Die beiden Länder halfen sich gegenseitig aus. Den Politikern und Militärs folgten die Händler. Die Seidenstraße entstand.[1] Viele Perser ließen sich in dem südchinesischen Handelszentrum Kanton nieder. Noch heute werden dort bei Ausgrabungen immer wieder persische Münzen gefunden. Vor allem während der Tang-Dynastie (618–907) waren die Beziehungen sehr eng. Schon um 800 n. Chr. berührten das Reich der Tang-Dynastie und das persische Abbasid-Kaliphad-Reich einander auf dem heutigen Gebiet der Mongolei. Das persische Reich war fast ebenso groß wie das der Tang. Es erstreckte sich von der Mongolei bis tief jenseits des Nil in das heutige Ägypten und den Sudan. Vor allem die Chinesen integrierten die interessanten und nützlichen Errungenschaften der persischen Kultur in die chinesische, so wie sie es mit vielen anderen Kulturen taten. Die persischen Gedichte beeinflussten die berühmten Tang-Gedichte, das aus Persien kommende Polospiel wurde am chinesischen Hof eingeführt, die persische Küche bereicherte die chinesische, und die meisten chinesischen Saiteninstrumente stammen aus Persien. Zu Beginn des 8. Jahrhunderts gab es in China eine persische Modewelle, ähnlich der Zeit der Chinoiserien etwa tausend Jahre später im Westen. Essen, Kleidung, Möbel, Kunstgegenstände und Tänze aus Persien waren in China in.

Der Kontakt wurde noch enger, nachdem beide Länder im 13. Jahrhundert von den Mongolen erobert wurden. Die Mongolen tauschten Verwaltungspersonal zwischen der Yuan-Dynastie und der Il-Khanate-Dynastie aus. Es gab jährliche politische Konsultationen zwischen den beiden besetzten Ländern, und sie gaben sich gegenseitig ihr Know-how weiter. Die chinesischen astronomischen Instrumente, die Drucktechnik und das Papiergeld wanderten nach Persien, dafür hielten Kenntnisse über Alchemie, Mathematik, Medizin und Pharmazie in China Einzug. Das kobaltblaue Pigment, mit dem die Chinesen das berühmte blauweiße Geschirr bemalten, stammt ebenfalls aus Persien. Noch heute benutzen es die Kopisten in der chinesischen Porzellanstadt Jingdezhen. Während das chinesische Reich immer größer wurde, begann das persische zu schrumpfen. Im 17. Jahrhundert umfasste es nur noch große Teile der arabischen Halbinsel. Die Grenze zum Irak entsprach schon der heutigen Grenze. Lediglich im Norden und Osten ragte das Gebiet weiter in das heutige Pakistan und Afghanistan hinein und zog sich im Norden entlang des Kaspischen Meeres.[2]

Zu Pakistan haben die Chinesen sehr gute Beziehungen, aus Afghanistan haben sie sich offiziell zurückgezogen. Doch in dem Maße, in dem die westlichen Alliierten aus Afghanistan zurückgedrängt werden, werden die Chinesen das Land in Form von wirtschaftlicher Kooperation übernehmen und könnten so zu seiner Schutzmacht werden, wie es ihnen auch schon in anderen Ländern Asiens und Afrikas gelungen ist. Bereits heute werden sie mit offenen Armen empfangen, während der Westen zum dritten Mal in der Region gescheitert ist. Die Briten waren 1840, als sie mit einer Garnison aus Kabul aufbrachen und den Rückzug antraten, am Hindukusch vernichtend geschlagen worden. »Mit 13 000 der Zug begann; einer kam heim«, dichtete Theodor Fontane damals. 150 Jahre später scheiterten die Russen mit zehnmal so vielen Truppen und tausenden von Panzern, nachdem sie zehn Jahre durchgehalten hatten. Auch für die westlichen Alliierten hat sich im Sommer 2007 die Lage dramatisch verschlechtert. Die von den USA angeführte »Operation Enduring

Freedom« wird scheitern. Frieden wird es wohl erst geben, wenn die westlichen Truppen das Land verlassen haben. Dann werden der Iran und China wieder näher zusammenrücken können. Dass die drei Länder eine wirtschaftliche Achse bilden werden, von der alle drei profitieren, ist nicht unwahrscheinlich. Die Seidenstraße würde wieder erblühen. Sollte es so weit kommen, müssten die Regierungen ihre jeweiligen Bevölkerungen erst wieder langsam aneinander gewöhnen. Die Chinesen trauen den Iranern nicht, und die Iraner sind zwar beeindruckt von China, die meisten wissen jedoch wenig über das boomende Land. Sie sind auf den Westen fixiert. »Sie schauen erstarrt wie das Kaninchen auf die Schlange und drehen dabei China den Rücken zu«, sagt Ghaffar.

Zwei große Zivilisationen

China und Iran hatten lange dieselben kolonialen Feinde. 1507 landete Alfonso de Albuquerque mit sechs Schiffen in Hormuz und verlangte von den Persern, von nun an den Portugiesen Tribut zu zollen. Sieben Jahre später erreichte er China und baute in Macau vor den Toren des chinesischen Reiches seinen Stützpunkt auf.[3] Zu Beginn des 18. Jahrhunderts kontrollierten die englischen Kriegs- und Handelsschiffe den Persischen Golf. Knapp 150 Jahre später, 1840, fielen englische Truppen in China ein. Zwischen 1803 und 1828 drangen die Russen in Regionen vor, in denen heute die Länder Georgien, Armenien und Azerbaijan liegen. Ghaffars Familie stammt aus Azerbaijan. Vierzig Jahre später eroberten die Russen die Gebiete, in denen heute die Länder Usbekistan und Turkmenistan liegen. Damit beschnitten sie den iranischen Einflussbereich erheblich. Gleichzeitig wurden im Süden die Briten, die USA, Frankreich und selbst Deutschland von den Küsten her immer zudringlicher.

Der Westen konnte die asiatischen Reiche erst besiegen, als er die entsprechende Technologie besaß, das persische Safavid-Reich (1502–1722) schwächer wurde und auch das chinesische Qing-Reich (1644–1911) nicht mehr die Kraft für große Reformen besaß. Der Druck auf die beiden Reiche nahm zu, als 1869 der Suezkanal fertiggestellt und die Straße von Hormuz noch wichtiger für die Welt-schifffahrt wurde. Zu Beginn des 20. Jahrhunderts waren beide Reiche an ihren Rändern angeknabbert. Der Iran verlor Armenien, Azerbaijan und Dagestan an Russland. China hatte Hongkong an die Briten verloren, Macau an Portugal, Taiwan an Japan und Gebiete nördlich des Flusses Amur an Russland. Der Westen kontrollierte die wichtigsten Küstenstädte und ihre Häfen.[4] In der Not standen die Länder nicht zusammen, dazu hatten sie sich zu sehr auseinander-gelebt. Jeder kämpfte stolz für sich.

Fast zur gleichen Zeit brachen die beiden Reiche unter dem äuße-ren Druck und der inneren Hilflosigkeit zusammen, der Iran 1906 und China 1911. Für beide Länder folgte eine Phase des Chaos: in China, bis Mao 1949 die Einheit des Landes wiederherstellte und die Ausländer aus dem Land vertrieben hatte; im Iran, bis Mohammed Reza Pahlavi, der Sohn von Reza Khan, 1941 die Macht übernahm und das Land als Nation festigte. Mao übernahm die Macht mit Hilfe der Russen, der Schah wurde von den Amerikanern an die Macht ge-bracht. Mao regierte bis 1976 und konnte sich Anfang der sechziger Jahre von den Russen emanzipieren. Schah Pahlavi war bis 1979 an der Macht und hing bis zum Ende seiner Regierungszeit von den Amerikanern ab. Erst seine Nachfolger, die Mullahs, vertrieben die Amerikaner aus dem Iran und verbündeten sich mit den Chinesen.

Im März 1971, kurz nachdem Henry Kissinger mit Mao über die Pingpong-Diplomatie Kontakt aufgenommen hatte, besuchte Prin-zessin Ashraf Pahlavi, die Schwester des Schahs, China und wurde von Ministerpräsident Zhou Enlai empfangen. Zhou legte die Ton-lage in den Beziehungen fest, die für Jahrzehnte die Basis der Zu-sammenarbeit werden sollte. »Tiefe historische Kontakte und eine traditionelle Freundschaft bestehen zwischen Iran und China seit über 2000 Jahren«, sagte er.[5] Dass die Freunde sich zwischendurch aus den Augen verloren hatten, als sie zu sehr mit sich selbst be-schäftigt waren, verschwieg er. Er könne mit einer gewissen Berech-tigung darauf verweisen, dass diese Zeit relativ kurz gewesen sei. Viel wichtiger erschien ihm, dass beide Länder in der jüngsten Geschichte »ausländischen Aggressoren und Unterdrückern ausgesetzt waren und ein ähnliches Schicksal erleiden mussten«.[6] Als Maos Nachfol-ger Hua Guofeng – eine Übergangsfigur, bevor der Reformer Deng

Xiaoping sich stark genug fühlte, die Macht zu übernehmen – im August 1978 den Iran besuchte, schlug er die gleiche Tonlage an.[7] Bei späteren Besuchen anderer Regierungsvertreter war dann sogar von den »zwei großen Zivilisationen« die Rede. Noch 1991 sagte der damalige Ministerpräsident Li Peng: »Der Iran ist ein großes Land in Asien, das eine wichtige Rolle in regionalen wie in internationalen Fragen spielt.«[8] Diese Formulierung haben die Chinesen allenfalls noch für Indien reserviert – und wenn, dann nur den ersten Teil.

Neue Kleiderordnung

Wir landen spät nachts in Teheran. Ghaffar wartet vor dem Grenzhäuschen in der Ankunftshalle. Er ist müde, das Neonlicht schmerzt in seinen Augen. Der iranische Grenzer hat sein Häuschen verlassen, um seinen Chef um Rat zu fragen. Hinter Ghaffar, durch ein kleines Gatter getrennt, wartet seine bunte Truppe, einer im Trainingsanzug, ein anderer im schulterfreien Rapper-Outfit, einer ganz in Weiß mit schillernder Techno-Brille, eine andere in grauen Hosen, kurzem Hemd und einem Gürtel mit einer seltsamen Schnalle, den man in China überall findet. Auch sie sind müde. Die Maschine war ausgebucht und die Luft schlecht in dem alten Jumbojet. Iranischen Kaviar gab es nur in der Business Class. Ghaffars Nervosität ist auf die Truppe übergesprungen, ohne ihn kann es keinen Auftritt in Teheran geben. Es wird unruhig. Die Passagiere der Lufthansa-Maschine, die gerade gelandet ist, reihen sich in die Schlange ein. Einige murren, weil nichts vorangeht.

Ghaffar hat dem Grenzer seine Geschichte in seiner Heimatsprache Farsi erzählt. Es ist kurz nach zwei Uhr morgens: Er habe eine Einladung der Iraner, mit einer Pekingoperntruppe Teheran zu besuchen. Sein iranischer Pass sei verloren gegangen. In Washington an der Botschaft habe er einen neuen bekommen. Deshalb seien kein iranischer Ausreisestempel und kein chinesisches Visum im Pass. Dass er noch einen britischen Pass besitzt, hat er ihm nicht gesagt. Auch nicht, dass er jahrelang nicht im Iran war. Die Visa-Diplomaten in Washington hatten ihn schon vorgewarnt, dass es Ärger geben würde. Seine beiden Onkel warten mit ihren Frauen und den erwachsenen Kindern seit Stunden oben an der Ankunftstür. Am Ende der Rolltreppe, in Ghaffars Sichtweite, steht der Vertreter des Kulturministeriums. Er kann ihm nicht helfen. Er ist nur für Kultur zuständig. Der Grenzer kommt zurück.

Ghaffar wird durchgewinkt. Sein Gesicht leuchtet auf. Auch mit dem Gepäck, den Koffern mit Masken, Schwertern, Lanzen und Kostümen, gibt es keine Schwierigkeiten. Einer nach dem anderen rollt vom holprigen Band. Der Zoll und die Grenzpolizei winken alles durch. Dann geht die gläserne Schiebetür auf. Es ist warm, es riecht nach Pistazien. Die Chinesen betreten eine neue Welt.

Ghaffar ist zu Hause. Salam Aleikum. Er küsst wie zu Schah-Zeiten die Tanten und Onkel auf die Wangen. Erst seit 1979, als Ajatollah Ruhollah Khomeini den Schah ins Exil gejagt, die Macht übernommen und die Islamische Republik Iran gegründet hat, dürfen Frauen keine nackte Haut, außer ihr Gesicht, und keine Haare mehr zeigen. Dass Männer Frauen in der Öffentlichkeit küssen, ist erst recht verboten. Ghaffar weiß das. Seinen Chinesen hat er noch in Peking erzählt, dass strenge Muslime Frauen nicht einmal die Hand geben. Wenn du eine Frau triffst, senke deine Blicke, steht im Koran. Eine Berührung gilt hier als viel intimer als ein Blick. Das alles scheint Ghaffar jetzt vergessen zu haben, die chinesischen Schauspieler sind irritiert. Zu Hause in ihrer säkularen Diktatur sind die Spielregeln einfacher: Keine Partei oder Bewegung gründen, nicht Mitglied einer religiösen Sekte werden. Jedwede Kritik an der Regierung nur im kleinen Kreis äußern, jedoch nicht als Massen-Mail oder Drucksache verschicken. Auch gegen staatliche Willkür wehrt man sich besser nur nach gründlicher Überlegung. Ansonsten ist fast alles erlaubt, was gefällt. Im Iran, das spüren die Chinesen sofort, ist die Kontrolle schon allein aufgrund der Kleiderordnung allgegenwärtig, wie unter Mao, als Männer und Frauen in den unförmigen Maojacken herumlaufen mussten. Ziemlich genau 1979, als der Maojackenzwang in China auslief, wurde die islamische Kleiderordnung im Iran Pflicht, sollten sie später erfahren.

Ghaffar stellt allen seine japanische Freundin Chia Morinura vor, Tante Shahnaz und Tante Tahmineh, den Brüdern, Onkel Ayoub und Onkel Jouness und den fünf Cousins und Cousinen: Sie begrüßen

Chia wie eine verlorene Tochter. Die Tanten streicheln ihr übers Gesicht, auch das ist eigentlich verboten. Die Chinesen werden freundlich begrüßt mit einer Mischung aus Distanz und Neugier. Während die iranischen Frauen den Ton angeben, rauchen die Chinesen, und die beiden alten Onkel blicken still und melancholisch in die Runde. Ghaffar erinnert sich an früher, als seine Onkel noch selbst im enggeschnittenen Anzug nach Europa gereist sind und rauschende Feste auf Teherans Straßen gefeiert haben. Der eine war ein General und hatte sowohl unter dem Schah als auch unter Khomeini gedient. Er spricht ein herzhaftes, aber schon brüchiges Französisch. Seine Frau spricht nur einzelne Worte Englisch, was sie nicht daran hindert, viel zu erzählen. Die Englisch sprechenden Cousinen haben ihre Kopftücher weit nach hinten geschoben, als wollten sie sagen, wir sind so wie ihr. Ständig binden sie sie neu. Dazu nehmen sie das Tuch kurz vom Kopf, als wollten sie sich von einer Last befreien. Dieses ständige Nesteln sollte uns die zehntägige Reise über begleiten, überall in den modernen Teilen Teherans ein andauerndes Gefummel, die Finger spielen so lange am Rand des Stoffes, bis eine Haarsträhne herausrutscht oder das schon weit hinten am Kopf sitzende Tuch seinen Halt verliert und für einen Augenblick sogar ganz herunterrutscht. Manchmal mit einem verschämt kecken Lächeln, meist jedoch ganz in Gedanken legen es die Betreffenden erneut über das schwarze Haar, nicht zu weit nach vorne und nicht mit einem Knoten geschlossen, sondern nur über die Schulter geworfen.

Wir fahren ins Hotel Ferdowsi, dessen Außenfassade mit traditionellen iranischen Kacheln verziert ist. Um die Ecke liegen die deutsche und die türkische Botschaft, in der Ferdowsi Avenue, wo auch Jagdwaffen und Angelzeug verkauft werden. Noch in der Nacht, irgendwann nach drei Uhr morgens, fragt mich Ghaffars Cousin Hooman in britischem Englisch: »Was denken die Menschen in Deutschland über uns? Glaubt ihr, wir sind alle Terroristen? Fanatische Gläubige?« Die Antwort, die ich geben möchte, ist knapp und hart: Ja. Ich erinnere mich noch gut an die Kommentare von Freunden und Bekannten, als ich ihnen eröffnete, ich würde in den Iran reisen. Doch ich verpacke es ein wenig, als ich seinen traurigen Blick sehe. »Die jüngeren Leute, die in Berlin leben und selbst Iraner kennen, denken nicht so«, erkläre ich umständlich, »die Mehrheit der Deutschen wohl schon. Sie differenzieren wenig zwischen der Regierung und den Bewohnern. Sie haben Angst vor dem Islam.« Hooman entspannt sich ein wenig. Was die Chinesen über den Iran denken, interessiert ihn noch nicht.

Ghaffar ist immer noch unruhig. Der Grenzer hat ihm gesagt, er solle sich beim Grenzamt einen Ausreisestempel geben lassen. Dazu muss die iranische Behörde einen Beleg seiner Ausreise finden, aber seine Ausreise liegt ja schon Jahre zurück. Wenn die den Eintrag nicht finden, würden sie Verdacht schöpfen und glauben, er sei illegal ausgereist und habe sich über eine der grünen Grenzen ins Ausland abgesetzt. »Als ich den Flughafen verließ, fragte ich mich, ob ich je das Land wieder verlassen kann und sie mich hier nicht wegen meines Passproblems festhalten.«

Alte Partner

Die historischen Gemeinsamkeiten Chinas und des Iran führen zu nichts, wenn es nicht in der Gegenwart handfeste Interessen gibt, die es den beiden Ländern nahelegen zusammenzuarbeiten. Die Sowjetunion war ein gemeinsamer Feind in den siebziger und achtziger Jahren, die USA sind es seit den neunziger Jahren. Sie versuchen zu verhindern, dass sich die komplementären Interessen Chinas und des Iran frei entfalten können. China braucht Öl und Gas, während der Iran Infrastruktur, Waffen und Know-how für seine atomaren Anlagen will, zur friedlichen Nutzung, wie die iranische Regierung betont, was ihr der Westen nicht glaubt. Beide haben das Ziel, in ihrer Region die Führungsmacht zu werden. In einem zweiten Schritt wollen die einen im Osten, die anderen im Westen des Kontinents, Indien eingeschlossen, die Geschicke Asiens bestimmen, die Geschicke des Kontinents, in dem die Mehrheit der Weltbevölkerung wohnt. Diese Interessen und Visionen werden von der Überzeugung genährt, dass man jeweils ein großes, altes, wichtiges Reich ist.

Nach dem Zweiten Weltkrieg entwickelten sich beide Länder auf eigene Faust. Mao versuchte, zunächst mit Hilfe der Russen und ab 1963 ohne ausländische Hilfe, das Land zu modernisieren. Dabei wählte er einen auf Massenbewegungen gestützten dritten Weg jenseits des sowjetischen und des westlichen Modells. Erst verließ er sich in der Kampagne »Lasst 100 Blumen blühen« auf die Intellektuellen. Doch er war enttäuscht, als die ihn kritisierten, woraufhin er viele verhaften und ermorden ließ.

Im »Großen Sprung nach vorn« setzte er auf die Bauern. Aber jedes Dorf zu einem industriellen Selbstversorger werden zu lassen überstieg die Fähigkeiten der Bauern. Die Wirtschaft brach zusammen. Eine Hungersnot breitete sich im Land aus. Schließlich setzte er in der Kulturrevolution auf die Jugend. Die geriet außer Rand und Band und brachte das Land an den Rand des Zusammenbruchs. In den drei Kampagnen kamen Millionen Menschen um.[9]

Der Schah, Mohammed Reza Pahlavi, der König des Iran, hatte hingegen zwischen 1941 und 1979 den Westen als Vorbild. Ähnlich wie die Japaner in der Meiji-Zeit oder Mustafa Kemal Atatürk in der Türkei brachte er ein gewaltiges Modernisierungsprogramm auf den Weg. Dazu gehörte auch die Säkularisierung des Landes. Er gründete neutrale staatliche Schulen, Frauen bekamen politische Rechte, das Mindestheiratsalter wurde auf 18 Jahre heraufgesetzt. Es war verboten, den Shador in Regierungsgebäuden und Universitäten zu tragen.[10] Doch ebenso wie Mao verlor der Schah die Kontrolle über die Entwicklungen. Der Premierminister Mohammed Mossadegh wurde immer mächtiger. Während der Schah auf internationale Zusammenarbeit setzte, wollte jener das Öl verstaatlichen. Das passte den Briten nicht, die sich in dem einzigen Ölunternehmen Anglo-Iranian Oil Company (AIOC) festgesetzt hatten. Doch Mossadegh hatte die Unterstützung der Bevölkerung und des Parlaments. Am 1. Mai 1951 trat die Verstaatlichung in Kraft: »Wir öffnen einen verborgenen Tresor, auf dem ein Drache liegt«, sagte Mossadegh. Um den außenpolitischen Schaden so gering wie möglich zu halten, sollten die Briten entschädigt werden. Sie sollten immer noch 25 Prozent der Nettoprofite bekommen, und die Arbeitsplätze der britischen Ölarbeiter sollten garantiert werden. Die Briten aber wollten ihr Ölunternehmen wieder zurück und planten deshalb zusammen mit dem CIA einen Coup, um den Premierminister zu entmachten. Das Argument, das die Amerikaner überzeugte, lautete, dass Mossadegh und seine Anhänger von Kommunisten unterwandert seien.

Mossadegh aber war mit Abstand der beliebteste Politiker im Land. Ein Wink genügte, und es demonstrierten im Juli 100 000 Menschen gegen die USA und den Schah. Dennoch gelang es dem CIA und dem britischen Geheimdienst SIS, General Fazlollah Zahedi als Nachfolger zu installieren. Iraner, die für den CIA arbeiteten, hatten zuvor eine Bombe in dem Haus eines religiösen Führers gezündet, um die islamische Gemeinschaft gegen Mossadeghs Regierung aufzubringen. Der Schah verhielt sich sehr zögerlich, er weigerte sich mehrfach, eine Erklärung zu unterschreiben, die einen Regierungswechsel besiegelte. Der CIA beauftragte daraufhin General H. Norman Schwarzkopf, den Vater des Desert-Storm-Kommandanten, und die Zwillingsschwester des Schahs, Prinzessin Ashraf Pahlavi, als Vermittler zu fungieren. Aber der Schah traute der Lage nicht und floh nach Rom. Der Coup gelang trotzdem: Der Schah wurde – anders als Mao, der immer mehr an Eigenständigkeit gewann – eine tragische Marionette des Westens.[11] Für die kommenden 25 Jahre war er fest in der Hand der USA. Der Iran stand dem US-Militär als Operationsfeld gegen die Sowjetunion zur Verfügung. Abhöranlagen und Flugplätze wurden aufgebaut. Spione wurden über die Grenze in die Sowjetunion eingeschleust. Auch wirtschaftlich forderten die Amerikaner Tribut. Ein Jahr nach dem Coup musste die neue Regierung einen neuen Ölvertrag mit einem internationalen Konsortium abschließen. Die Briten bekamen vierzig Prozent, die Amerikaner ebenfalls, den Rest erhielten andere Länder.[12]

Während die Amerikaner im Iran einen entscheidenden Sieg errungen hatten, mussten sie im Koreakrieg gegen die Chinesen eine große Niederlage erleben. Nachdem die Nordkoreaner 1950 Südkorea angegriffen hatten, gelang es den Amerikanern, fast bis zur chinesischen Grenze vorzurücken. Dann trat Mao mit seinen Truppen und russischer Unterstützung in den Krieg ein und drängte die Amerikaner bis kurz vor Seoul zurück. Damit verhinderte er, dass die Amerikaner das Gleiche mit China von Korea aus machen konnten, was sie aus dem Iran mit den Russen machten. Zu diesem Zeitpunkt dachten die Amerikaner nicht im Traum daran, dass sie im Iran ohne militärischen Konflikt eine noch vernichtendere Niederlage einstecken sollten. Die Chinesen würden diesmal nicht nur die Schutzmacht des halben, sondern des ganzen Landes werden.

Zunächst half ein außenpolitisches Ereignis dem Schah, seinen Machtspielraum zu vergrößern. Im Nachbarland Irak gab es einen Umsturz, der sowohl die Amerikaner als auch die Chinesen beunruhigte. Die Russen konnten ihren Einfluss ausbauen. Im Sommer 1958 wurde der westlich orientierte König Feisal III. von dem von Moskau unterstützten Oberst Abdel Karim Kassem gestürzt. US-Präsident Dwight D. Eisenhower war klar: Der Irak musste isoliert, und der Iran weiter gestärkt werden. Der Schah führte sich entsprechend auf und bedrängte Kennedy gar mit einem aus dem Chinesischen entlehnten Bild: Als er ihn im April 1962 gemeinsam mit Gattin Farah besuchte, lamentierte er, Amerika würde seine Bedeutung nicht genügend würdigen. Er beklagte sich, dass »Amerika den Nato-Partner Türkei wie eine Ehefrau« verwöhne, während er den Iran »wie eine Konkubine« behandele.[13] Kennedy musste den Affront hinnehmen.

Der Schah wusste, dass er noch weiter gehen konnte. Er hatte den Öldeal nicht vergessen, den ihm die Amerikaner aufgezwungen hatten, und baute deshalb Ende der sechziger Jahre ein Konkurrenzunternehmen zu dem westlichen Konglomerat auf, die National Iranian Oil Company (NIOC). Ab 1968 begann er, in den Claims des britisch-amerikanischen Konsortiums Öl zu fördern. Nach langen Verhandlungen gelang es ihm 1973, Ölvorkommen zu verstaatlichen.[14] Am Jahrestag der Weißen Revolution setzte er den westlichen Unternehmen ein Ultimatum. Die Weiße Revolution war ein ambitioniertes Reformprogramm, das jedoch inzwischen buchstäblich im Sande verlaufen war. Der Schah musste sich auch innenpolitisch beweisen.

Der Westen lenkte ein. Von nun an gab es zwischen dem Iran und dem Westen nur noch ein Kunden-/Lieferantenverhältnis. Das Volk jubelte, und auch in China erhielt der Schah hohe Anerkennung. »Um die Souveränität über seine Bodenschätze zu behalten, hat der Iran zusammen mit Mitgliedern der Erdöl exportierenden Länder klug gekämpft und gegen das imperialistische westliche Ölmonopolkonsortium einen Sieg errungen, zu dem wir gratulieren«, sagte Zhou Enlai, als die Schwester des Schahs Peking besuchte. Er animierte den Iran, auch gegenüber der Sowjetunion wachsam zu bleiben. 1969 hatten Gefechte zwischen Russen und Chinesen am Ussuri-Fluss die Welt in Angst versetzt. Russische Freundschaftsverträge mit Ägypten und Indien 1971 und mit dem Irak 1972 ließen China und den Iran näher zusammenrücken. Die Russen hatten in diesen Jahren dreimal so viele Schiffe in der Region wie die USA.[15] 1974 übernahmen sie nach einem marxistisch geführten Coup die Macht in Äthiopien. Das Wichtigste für die beiden asiatischen Reiche war es nun, die beiden Brückenländer zwischen China und dem Iran zu sichern: Pakistan und Afghanistan.

Pakistan war einer der engsten Verbündeten von China, hauptsächlich als Bollwerk gegen Indien, mit dem man sich noch Ende der achtziger Jahre Grenzscharmützel lieferte. Nachdem Pakistan 1971 im Krieg gegen Indien eine vernichtende Niederlage erlitten hatte, begannen die Chinesen, das pakistanische Militär aufzurüsten und 1974 bei der Herstellung von Nuklearwaffen zu unterstützen. Es gelang, Pakistan zu stabilisieren. Das war auch nötig, denn weder die Chinesen noch die Russen hatten es geschafft, in Afghanistan Einfluss zu gewinnen, nachdem die Monarchie 1973 zusammengebrochen war. Sechs Jahre später übernahmen die Russen das Land. Bis heute kann sich China dort nicht als Schutzmacht etablieren, aber die Chancen steigen.[16]

Währenddessen knüpfte der Schah nun wieder mit aller Macht an seinem ursprünglichen politischen Ziel an: der Säkularisierung des Landes. Der Klerus begehrte auf. Der Schah reagierte mit Härte, anstatt politische Institutionen zu schaffen, um die antiwestlichen Stimmungen zu kanalisieren. 1975 machte er den entscheidenden Fehler, alle politischen Parteien aufzulösen, um im Iran eine Entwicklungsdiktatur zu installieren. Damit brachte er das liberale Bürgertum gegen sich auf. International wollte er sich als Sicherheitsgarant gegen die aggressiven arabischen Nachbarstaaten für die Ölzufuhr des Westens in der Straße von Hormuz etablieren. Mit China zusammen wollte er Pakistan gegen Indien schützen und sich mit dem Westen und China gegen die Sowjetunion wappnen. Obwohl der Iran sich wirtschaftlich weiter in Richtung Westen orientierte, verband den Iran und China die Feindschaft gegenüber Moskau. Nachdem die USA sich China angenähert hatten, waren auch die politischen Beziehungen zwischen China und dem Iran einfacher. Dies ging zunächst auch nicht zu Lasten der Beziehungen zu den USA. Beide Länder hatten zwar ein sehr unterschiedliches Verhältnis zu den USA. Der Iran litt unter zu großer Abhängigkeit, und Chinas Blick auf die USA war von einer Mischung aus ideologischer Feindschaft und heimlicher Bewunderung geprägt. Nun teilten beide Länder die Einschätzung des optimalen Verhältnisses zur wichtigsten Weltmacht: Zusammenarbeit vom Standpunkt der Unabhängigkeit aus.

Allerdings war die Position der Unabhängigkeit bei den Chinesen sehr viel ausgeprägter als im Iran. Das zeigt ein Spionageversuch gegen China sehr deutlich. Als die Chinesen im November 1973 in Teheran einige Wohnungen in einem Apartmentblock für ihre Mitarbeiter gemietet hatten, ertappten sie eine Gruppe von Männern, die sich in den noch nicht bezogenen Wohnungen herumtrieben. Nach einem Handgemenge setzten die Chinesen die Männer fest. Sie gingen davon aus, dass die Männer für den CIA arbeiteten und die Wohnungen verwanzen wollten. Der iranische Geheimdienst teilte diese Einschätzung, er ließ die Männer jedoch frei, nachdem die Chinesen sie ihnen übergeben hatten. Der chinesische Botschafter empörte sich darüber, dass die imperialistischen Spione nicht bestraft würden.[17]

China überschätzte manchmal den Spielraum des Iran. Nicht ohne Grund war US-Präsident Richard Nixon 1972 nach Peking gereist, und nicht etwa Mao musste in die USA reisen. Der Schah hingegen hatte seine liebe Mühe, sich aus der Umklammerung der USA zu befreien. Er hätte es nicht gewagt, seine Schwester mit der Bitte nach China zu schicken, diplomatische Beziehungen aufzunehmen, wenn nicht Henry Kissinger zuvor die Annäherung an China vollzogen hätte. Kaum sprach man jedoch miteinander, stellten beide Seiten fest, dass ihnen die Amerikaner zu stark waren. Bei seinem ersten Besuch 1973 waren sich Außenminister Ji Pengfei und der Schah einig, »dass die regionalen Probleme von den Mächten in der Region selbst gelöst werden müssen, ohne Einmischung von außen. Das ist eine gerechte Position«.[18]

Dies war allerdings zu diesem Zeitpunkt ein frommer Wunsch des Schahs, dem Henry Kissinger, von 1968 bis 1977 Sicherheitsberater und Außenminister unter den Präsidenten Richard Nixon und Gerald R. Ford, nüchtern entgegensetzte: »Der Schah hat alles gemacht, was wir wollten. Und er hat von uns alles bekommen, was er wollte.«

Der Auftritt

Der erste Morgen in Teheran beginnt für die Operntruppe mit Didi Hallervorden. Kaum ist der Vorbeter im ersten staatlichen Fernsehkanal fertig, taucht der deutsche Komiker in einem Wohnmobil auf. Eine TV-Klamotte aus den achtziger Jahren. Die Chinesen in den Nachbarzimmern finden es sehr lustig, als Didi, in Farsi synchronisiert, mit seinem Campingbus gegen einen Mann in einer Hängematte fährt und dessen Nase an der Windschutzscheibe plattgedrückt wird. Noch spannender ist jedoch das Volleyballspiel im anderen Kanal. Ausgerechnet China gegen Iran: Asian Masters Cup. Die Akrobaten lungern auf dem Bett herum und sind kaum vom Fernseher wegzubekommen. China gewinnt 3 zu 0.

Die Operntruppe hat noch nicht gewonnen. Drei Auftritte liegen vor ihnen. Der erste ist der schwerste. Bis kurz davor trainieren die Darsteller. Sie stimmen die Akrobatikeinlagen aufeinander ab, die kontrollierten Tai-Chi-Bewegungen, den hohen Singsang. Sie spielen die Abläufe der aus dem Kung-Fu übernommenen Kämpfe mit Schwertern und Lanzen noch einmal durch. In ihrer Alltagskleidung wirken die Männer wie junge Jackie Chans. Die Präzision ihrer Arbeit ist faszinierend. Die Musiker geben mit ihren ohrenbetäubenden Trommeln und Becken den Rhythmus an. Beim zweiten und dritten Auftritt müssen sie immer weiter hinter die Bühne ziehen, weil sie zu laut sind für die iranischen Ohren – und nicht nur für die iranischen.

Draußen stehen die ersten Zuschauer an der Kasse. Das kleine Kassenhäuschen befindet sich auf dem Platz in der Nähe des Studentenparks, auf dem es ein wenig zugeht wie in Berlin im Prenzlauer Berg. Vorführungen von Kleinkunsttruppen, auf den Mauern und Bänken hocken junge Leute in der Abendsonne. Die Männer unterscheiden sich in ihrem Outfit nicht von denen, die in Notting Hill in London, im Central Park in New York oder samstags am Wittenbergplatz in Berlin anzutreffen sind. Die Stimmung ist entspannt. Alltag. Für die meisten Frauen scheint die Kopftuchdebatte längst entschieden: weg damit. Das ist nur die eine Seite des Iran, eine Seite, die aufgeschlossen für Neues ist. Die andere sind die streng blickenden Frauen, die sich ganz in Schwarz hüllen und ihr Gewand mit einem kurzen Griff zuziehen, als wollten sie einen widerspenstigen Vorhang schließen. Dass manche von ihnen rosa Nike-Schuhe unter ihrem Umhang tragen, ändert an ihrer Erscheinung wenig. »Ich fühle mich unwohl in ihrer Anwesenheit«, wird Zhou Hongwu, ein Schauspieler der Pekingoperntruppe später sagen. »Ich kann nicht einschätzen, ob sie nett oder nicht nett sind.« Im orthodoxen und ärmeren Süden Teherans bestimmen sie das Straßenbild, ebenso auf dem Land, wo noch heute junge Frauen gesteinigt werden, ohne dass der Staat einschreitet.

Drinnen blickt Ghaffar durch den Vorhang. Das Theater ist fast voll. Hektik hinter der Bühne. Die Darsteller ziehen sich um. Ein paar Tische, Kleiderstangen und ein Spiegel müssen reichen. In den Koffern befinden sich aufwändig bestickte Kostüme aus alten Zeiten und falsche Bärte. Auf dem Tisch liegt ein Kopfschmuck, an langen Drähten leicht wippende, rote Bommeln. Ghaffar ist verärgert. »Das ist hier ein bisschen anders als in China«, sagt er über seine Landsleute. »Die Menschen hier sind nicht so genau und so praktisch veranlagt wie in China.« Schon vor einer guten halben Stunde sollten Mitarbeiter des Theaters kommen, um ihn zu beraten, wie er mit Zensoren umgehen soll, die festlegen, welcher Teil des Auftritts nicht für den islamischen Iran geeignet ist. »Ich hoffe, wir müssen nicht in letzter Minute alles umstellen.« Allein die Gesichter zu schminken dauert eine Stunde. Zwei Darsteller machen Dehnübungen mit Ghaffar. Von zwei Seiten drücken sie seinen Oberkörper und sein Bein wie ein Klappmesser gegeneinander, bis es schmerzt. Plötzlich unterbricht Ghaffar seine Lockerungsübungen, er wird gerufen.

Der Zensor tritt aus dem Dunkel hervor, Anzug, offenes hellblaues Hemd. Er sieht aus wie Robert de Niro. Ein freundlicher Mann, der stets zuerst grüßt. Einer, der nicht von dem überzeugt ist, was er macht, aber auch einer, der nicht will, dass man das von ihm denkt. Also prüft er genau, ob Haare unter den Kostümhauben hervorschauen. Die Truppe hatte ihre Kostüme für den Iran-Auftritt den dortigen Gepflogenheiten angepasst. Ghaffar zeigt ihm auch Bilder der Originalkostüme. Der Zensor überprüft, ob die weiten Ärmel nicht zu viel nacktes Fleisch freigeben könnten. Als er sich umdreht, erwischt er Ghaffars Verlobte in flagranti. Sie hat gerade ihre Strickjacke ausgezogen und den Zensor gar nicht bemerkt. Auf den Auftritt konzentriert, läuft sie für einen Moment nur in ihrem schwarzen T-Shirt herum – im Dunkeln hinter der Bühne. Ghaffar muss sie rügen, worüber sie sehr beleidigt ist. Das gibt noch Ärger nachher, doch es bleibt keine Zeit, sich lang zu entschuldigen. Der Zensor lässt sich kurz den Inhalt der Stücke erklären. Es interessiert ihn nicht wirklich. Wenn die islamische Form gewahrt ist, hat die Kultur Spielraum. Außerdem haben die Chinesen eine größere Narrenfreiheit als westliche Darsteller.

Schon seit Jahren sind die Chinesen die engsten Verbündeten der Iraner. Allerdings ist es bis heute nicht einfach für die Kommunisten, mit den Mullahs zusammenzukommen – obwohl ihre Volkswirtschaften komplementär sind; obwohl beide Führungen von der Todesstrafe überzeugt sind; obwohl beide Länder über kein funktionierendes Rechtssystem verfügen und punktuell gegen die Opposition mit Willkür und Härte vorgehen. Nur in der Vorstellung des Westens liegen sich die chinesischen und die iranischen Herrscher einig in den Armen. Die chinesischen Politiker sind den Iranern vor allem angesichts ihrer Stellung in der Welt nicht aggressiv genug. Iranische Politiker der großen Klappe wie Präsident Mahmoud Ahmadinejad, der schon mal den Holocaust leugnet und Israel von der Landkarte verschwinden lassen will, sind bei allem Pragmatismus den chinesischen, leise schleichenden Taktikern nicht geheuer.

Geopolitisches Essen

Abends lädt die Familie Ghaffar die Chinesen zu sich in ihre große bürgerliche Stadtwohnung ein. Große Räume. Hohe Decken. Sie liegt in einer kleinen Gasse unweit der Karimkhane Zend, Irans berühmter Schmuckstraße. Nicht alle kommen mit, die Älteren sind zu erschöpft. Kaum haben die Frauen die Tür aufgeschlossen, nehmen sie die Kopftücher ab und ziehen die langärmligen und minirocklangen Kittel aus, die sie über T-Shirt und Jeans tragen. Die Mode hat sich auf die islamischen Regeln eingestellt. Das graue T-Shirt von Haleh ist vorne hochgeschlossen, dafür aber rückenfrei. An den Stellen, wo der Kittel die Jeans verdeckt, sind sie mit bunten Blumen bestickt.

Haleh schüttelt ihr dunkelbraunes lockiges Haar. Die 28-Jährige wohnt noch zu Hause. Sie ist Partnerin in einer Anwaltskanzlei und verteidigt Frauen in Scheidungsfällen. »Es ist sehr schwierig, aber es gibt immer wieder kleine Fortschritte«, erzählt sie. Viel mehr will sie nicht sagen, unauffällig kann sie mehr erreichen. Halehs großer Bruder Hooman ist Manager in einem Schulbuchverlag, und ihr kleiner Bruder Hootan studiert Bauingenieurswesen. In zwei Wochen hat er seine Prüfungen, danach muss er zwei Jahre zum Militär. Davor hat er Angst, selbst wenn es keinen Krieg zwischen dem Iran und den USA gibt. Sein bester Freund ist an der afghanischen Grenze im Kampf gegen die Drogenmafia gefallen. Hootan ist praktizierender Muslim. Wenn Hootan mit nackten Füßen seinen Gebetsteppich im Wohnzimmer ausbreitet, den Koran ans Ende des Teppichs legt, dann betet er unter einer großen Kopie des »Abendsmahls« von Leonardo da Vinci in einem prunkvollen Rahmen. »Hier im Haus wohnen sonst nur Christen«, sagt der Vater. »Wir sind die einzigen Muslime.«

Die Eltern machen sich nicht viel aus Religion. Das Sony-TV-Soundsystem, ein Gebirge aus Lautsprechern und Großbildschirm, ist, wenn überhaupt, ihr Altar. Auch für Hooman ist Religion nicht wichtig, er ist mit Ghaffar zusammen in Cambridge ins Internat gegangen. Das hat ihn geprägt. Er ist ein Public-School-Boy. Als Elfjähriger hatte Hooman schon einmal die amerikanische Staatsbürgerschaft. Seine Tante aus Los Angeles hatte ihn adoptiert. Doch bevor er 18 wurde, ging er zurück in den Iran. Die Adoption wurde rückgängig gemacht. Der westliche Pass ist nun weg. Der Vater wollte seinen Sohn nicht verlieren. Seitdem hat Hooman das Land nicht mehr verlassen. In der Internetchatcommunity Skype schreibt Hooman unter Herkunftsort »Vereinigte Staaten« und unter Sprache »Persisch«. Ghaffar ist unter »Laguna Hill, Vereinigten Staaten« und Sprache »English« eingetragen. Während sein Cousin Hootan und seine Cousine Haleh unter »Teheran, Iran« und »Persisch« verzeichnet sind.

Haleh war nur einmal als Kind kurz in Ankara, aber daran kann sie sich kaum erinnern. Ein paar Fotos hat sie noch. Sie ist stolz, Perserin zu sein. Aber ihr größter Wunsch ist es auch, einmal im Minirock und ohne Kopftuch durch die Straßen zu laufen. Das hat sie noch nie gemacht. Sie möchte in eine öffentliche Disko tanzen gehen.

Und sie will die Welt kennenlernen. Daran jedoch hindert sie nicht die iranische Regierung, jeder kann ein- und ausreisen, sondern die westlichen Regierungen. Sie geizen mit Visa. Hooman ist bis nach Ankara zur nächstgelegenen amerikanischen Botschaft gereist, um ein Visum zu bekommen, vergeblich. »Warum geht ihr nicht nach China?«, fragt Ghaffar Haleh und Hooman. »Das alles kannst du auch in China. Und es ist nicht schwer, ein Visum zu bekommen.«

»Ich weiß nichts über China«, antwortet Haleh zögerlich. Den Kommunismus stellt sie sich auch nicht lustig vor, aber immerhin kein Kopftuch. Als sie sich im Internet Bilder von Schanghai herunterlädt, ist sie erstaunt. Hooman bleibt skeptisch. Die Iraner haben ähnliche Vorurteile gegenüber den Chinesen wie die Deutschen gegenüber den Iranern. »Doch womöglich könnt ihr von China etwas lernen«, sagt Ghaffar, »zum Beispiel, dass es selbst Mao und dem großen China auf Dauer nicht gelungen ist, sich gegen die Kräfte der Globalisierung zu stellen.«

»Wird es dem radikalen antimodernen Islam nicht genauso gehen?«, frage ich. Diese Hoffnung springt nicht auf die Cousins über. »Das ist durchaus möglich, aber wann?«, antwortet Hooman. »Wir leben jetzt, und jetzt ist es nicht so, dass uns niemand rauslässt, sondern es will uns niemand in den Westen reinlassen«, wiederholt er. Die Behörden im Westen haben Angst, dass sie Asyl beantragen oder Terroristen sind. Vor allem die liberalen Perser sind enttäuscht von den USA. Die amerikanischen Politiker haben eine breite Spur der Willkür in der Region hinterlassen, die sich wohl kaum noch reparieren lässt. »Sie machen im Mittleren Osten, was sie wollen«, sagt der sonst eher schweigsame Vater. »Erst haben sie aus dem Iran den Irak bekämpft, dann aus dem Irak den Iran. Inzwischen kämpfen sie sowohl gegen den Iran als auch gegen den Irak. Ist dieser Zynismus ein Teil der westlichen Kultur?« Eine Frage, in der die Bitterkeit darüber mitschwingt, dass die, an die man geglaubt hat, nicht halten wollten, was sie versprochen haben. Mir fällt dazu ein Bericht ein, den ich einige Wochen zuvor gelesen habe und von dem ich am Tisch berichte: Der Irak hat auf Anraten der Amerikaner im Sommer 2007 für 100 Millionen US-Dollar leichte Waffen bei den Chinesen bestellt, weil die amerikanischen Waffenfabriken nicht so schnell liefern konnten. Die Chinesen könnten zudem billiger liefern, hatten die Amerikaner den Iraqis gesagt. Der Irak brauchte neue Waffen, nachdem einem Regierungsbericht zufolge 190 000 AK 47 Gewehre und Pistolen, die die Amerikaner zwischen 2003 und 2006 verteilt hatten, inzwischen verschwunden sind. Das ist die Hälfte der Waffen, die verteilt wurden.[19]

»Sprecht nicht so viel über Politik«, sagt die Mutter und holt die alten Fotoalben in braunem Leder herbei: ihr Mann und sie in Frankreich, ein hübsches und stolzes Paar unter dem Eiffelturm; ausgelassene Partys ohne Schleier und Kittel zur Geburt von Hooman; Spaziergänge im Bikini am Kaspischen Meer; Bilder von der Mutter ihres Mannes, als sie noch in Teheran lebte und nicht in Los Angeles, wo sie die letzten zwanzig Jahre ihres Lebens verbrachte und vor acht Jahren starb.

Immerhin kann man auch im Iran über Billiganbieter für ein paar Cents nach Amerika telefonieren. Das tun sie regelmäßig, dann wird viel geweint. Die Familie wird auch traurig, als Ghaffar ihnen auf dem Apple-Notebook Filmaufnahmen vom Weihnachtsfest bei seinen Eltern zeigt. Die Kinder seines Bruders sind schon durch und durch Amerikaner.

»Wie ist euer Alltag?«, fragt Haleh die Chinesen. Es gibt Ghormeh, würziges Rinderhackfleisch mit frischem Lauch, Zwiebeln, Petersilie und schwarzen Bohnen und Khoreshite Badenjan, Hühnchenstreifen und frischen Auberginen und Tomaten. Manche der Darsteller können ein wenig Englisch, doch Ghaffar übersetzt Frage und Antworten, weil es schneller geht. »Es gibt Grenzen in politischen Fragen. Privat können wir machen, was wir wollen«, stellt sich heraus. So wie die Menschen in China es gewohnt sind, mit den politischen Kampagnen umzugehen, so sind es die Iraner gewohnt, mit den religiösen Gängelungen in ihrem Privatleben zurechtzukommen. Man taucht weg, umgeht, taktiert, wie in diesem Frühjahr in Teheran, als die Sittenkontrolle, der »Frühjahrsputz«, besonders streng war. Das betrifft nicht nur Frauen. »Die Männer sollen keinen westlich dekadenten Haarschnitt tragen, zum Beispiel keine gegelten Frisuren«, erzählte mir ein junger Iraner, den ich vor der Aufführung am Souvenirtisch kennengelernt habe. Die Chinesen haben allerlei Opern-Klimbim mitgebracht, den sie vor und nach dem Auftritt verkaufen. »Die Friseure lösen das auf ihre Weise. Sie stellen ein Schild auf, auf dem steht, dass sie solche Haarschnitte nicht schneiden«, erzählte er mir, als ich ihn auf seine Frisur ansprach. Oder sie würden ihre Kunden persönlich darauf ansprechen. »Die meisten Kunden lassen sich dann genau eine solche Frisur schneiden und gelen sie zu Hause.« Ich berichte am Tisch davon. Ja, so ist das. Das sind die alltäglichen Punktsiege in der Diktatur. »Der Kommunismus ist ebenso wie der Islam nur Mittel zum Zweck«, erklärt Ghaffar kauend. »Die einen nehmen sich auf Grund ihrer guten Beziehungen mehr Freiheiten heraus, Spielregeln zu unterlaufen.« Und die anderen setzen sich für eine größere Rolle der Religion ein, »weil die religiösen Regeln dazu beitragen, dass sie unter ihrem Deckmantel weiter Geschäfte machen können«. Viele Iraner, erzählen die Geschwister, die im Westen gelebt haben, kämen gerne zurück, weil sie im Iran sehr viel Geld verdienen könnten. »Aber auch nur, wenn sie einen zweiten Pass haben.«

Die Chinesen am Tisch kennen das Phänomen. Die hohen Kader verdienten unter der Hand das meiste Geld. Einige sollen schneller reich werden als die anderen, hatte Deng Xiaoping in den achtziger Jahren gesagt und damit die kommunistische Gleichmacherei beendet. So ist es dann auch gekommen. Noch heute ist die Korruption der Kader das größte Ärgernis für die normalen Menschen in China, ebenso wie die Korruption der Mullahs für die normalen Menschen im Iran. »Und dann ist zu wenig Geld für die Kultur da, zum Beispiel, um die Pekingoper in die Welt zu tragen«, sagt der alte Zhang. Plötzlich haben Chinesen und Iraner, die beiden asiatischen Völker, kleine Anknüpfungspunkte. Ein anderes Thema kommt wie von selbst auf: Chinesen und Iraner haben es im westlichen Ausland nicht leicht. Während die Iraner potenzielle Terroristen sind, gelten die Chinesen, die stolz auf ihre neue Freiheit im Wohlstand sind, als menschenverachtende Kommunisten, Umweltverschmutzer, Produktpiraten und gierige Manchester-Kapitalisten. »Wir kennen unsere Probleme auch«, sagt Zhao Wanjin, der Dirigent. »Und wir kämpfen dagegen. Aber wir wollen im Ausland nicht nur für unsere Schwächen stehen. Wir wollen die schönen Seiten Chinas in die Welt tragen.«

Auch für Chinesen ist es nicht leicht, ein Visum für den Westen zu bekommen. Allmählich zeichnen sich neuen Fronten, die in der Politik schon längst gezogen sind, auch in den Alltagsgesprächen ab. Sie verlaufen zwischen der sogenannten Ersten und der Dritten Welt.

Zwischen Asien und dem Westen. Zwischen der neuen Weltmacht USA und den alten Reichen. Die liberalen Iraner müssen allerdings mehr Angst vor der Unberechenbarkeit der amerikanischen Politik haben als die Chinesen: »Bush hat nichts zu verlieren«, sagt der Vater, und es ist plötzlich still im Raum.

In wenigen Monaten schon könnten die ersten Raketen in den Iran fliegen. Die chinesischen Darsteller sind erschrocken. Sie wussten nicht, dass die US-Raketen bereits auf die Menschen im Iran gerichtet sind. Im September wurden dem *Daily Telegraph* detaillierte US-Angriffspläne auf den Iran zugespielt.[20] Im November sollen noch einmal härtere Sanktionen gegen den Iran von der UN verabschiedet werden. Die Amerikaner behalten sich jedoch unilaterale Aktionen vor. Ich habe in den Tagen in Teheran viele getroffen, die nichts von den Mullahs halten, aber niemanden, der von den Amerikanern befreit werden will.

»Immerhin haben wir jetzt noch ein normales Leben«, sagt Hooman. Mit den Mullahs wissen sie, woran sie sind, mit den Amerikanern nicht. Im Flugzeug nach Teheran hatte ich ein Interview mit der Rechtsanwältin Schirin Ebadi gelesen, die 2003 als erste muslimische Frau den Friedensnobelpreis bekommen hat. An eine Passage des Gespräches erinnere ich mich jetzt: »Sollte der Iran angegriffen werden, würden die Menschen ihre kritische Haltung gegenüber der Regierung zurückstellen und ihre Heimat verteidigen.« Auch sie entblößt die Doppelbödigkeit der Argumente des Westens. »Die Iraner fragen sich schon, warum alle über das iranische Atomprogramm reden, es aber niemand als Gefahr für den Weltfrieden ansieht, dass Pakistan die Atombombe besitzt. Ich meine: Pakistan ist kein demokratisches Land, es war Stützpunkt der Taliban, und auch dort gibt es Fundamentalisten« – dieses Argument habe ich ein Dutzend Mal gehört, mal in wütender, mal in ruhiger Form. Die jungen aufgeklärten Iraner finden, dass sie derzeit doppelt bestraft werden. Sie sind die Geiseln der Mullahs, und der Westen spitzt auf ihrem Rücken die Konfrontation mit dem Iran zu. »Dabei wollen sie nur so leben wie ihr«, sagt Hooman.

Die Mutter und Haleh bringen den Nachtisch, süß und schwer: Sholezard, ein Safran-Reispudding, und Halva, eine Art Keks. »Früher wurden die Gerichte zu religiösen Zeremonien gekocht«, erklärt

Haleh, »aus Dank, wenn man sich etwas sehr gewünscht hat, und der Wunsch ging in Erfüllung.«

Danach ist Zeit, zu MTV-Musik zu tanzen. Zum Abschied, der herzlich ist, hält Hootan an der Tür zu unserem Schutz den Koran über uns. Haleh, die nüchterne Anwältin, begleitet uns mit einer Schale Wasser auf die Straße, das sie in alle Himmelsrichtungen verspritzt, damit wir heil aus dem Ausland wiederkommen. »Das ist eine persische Sitte, das hat nichts mit dem Islam zu tun«, erklärt sie.

Partner in Not

Auch wenn der Iran und China viele Gemeinsamkeiten haben, die beiden Länder waren nie gleich stark. China verfügte bereits über die Atombombe, hatte ab 1971 einen Sitz im ständigen Sicherheitsrat der Vereinten Nationen und ist das bevölkerungsreichste Land der Erde mit einer der größten Landflächen. Der Iran war wichtig, weil er Öl und Gas hatte, weil er strategisch günstig lag und es enge Verflechtungen mit den zahlreichen Nachbarstaaten gab. Doch bis heute muss China einen Schemel mitbringen, wenn es dem Iran das Gefühl geben will, dass er auf gleicher Augenhöhe agiert. Noch immer gilt, dass der Iran viel abhängiger von dem Wohlwollen der Weltmacht USA ist als die Chinesen. Und das, obwohl die USA nicht einmal mehr eine Botschaft in Teheran haben.

Schon Ende der siebziger Jahre unterschätzte der Schah dieses Abhängigkeitsverhältnis. Das wurde ihm und den Amerikanern zum Verhängnis, aber auch ein Verhängnis, in das sich die unachtsamen Chinesen hineinziehen ließen. Alle drei Mächte wurden vom gleichen Strudel überrascht und in die Tiefe gezogen.

Ab November 1977 wurde die Opposition gegen den Schah immer mächtiger. Die Menschen vermissten den Wohlstand, den er ihnen versprochen hatte. Demonstrationen, kleine Aufstände und Sabotageakte häuften sich. Es war ein Kampf, dessen Ziele der chinesischen Politik durchaus nicht fremd waren: ein Kampf gegen die westliche Dekadenz, ein Kampf gegen die Tatsache, dass einige reich sind und immer reicher werden und viele arm bleiben.

Die Regierung blieb hart. Der Konflikt verschärfte sich: Terroristen zündeten am 19. August 1978 eine Bombe in einem Kino, in dem westliche Filme gezeigt wurden: 480 Menschen starben. Auch in anderen Städten gab es Zwischenfälle. Am 27. August trat die Regierung zurück, weil sie die Unruhen nicht unter Kontrolle bekam.[21] Zwei Tage später traf der neue chinesische Staats- und Parteichef Hua Guofeng im Iran ein. Das chinesische Protokoll hatte den Besuch ganz auf den Schah zugeschnitten, der ja eigentlich schon so gut wie handlungsunfähig war. Hua, der ansonsten den Imperialismus geißelte, sprach wiederholt von »his imperial majesty« und lud den Schah nach Peking ein. Der antwortete mit den ungewöhnlichen Worten: »Wir hoffen es.«[22]

Niemand will heute sagen, wie es zu dieser Fehleinschätzung kam. Die Botschaft hatte die Führung offensichtlich falsch gebrieft und die Aufstände als Machenschaften des CIA und des KGB identifiziert. Oder hatte es mit dem politischen Leitsatz der Nichteinmischung in die inneren Angelegenheiten anderer Länder zu tun? Oder damit, dass die Chinesen Angriffe auf ihre Macht mit aller Härte erwiderten? Jedenfalls setzten die Chinesen durch ihre Unachtsamkeit die gerade wieder aufgenommenen Beziehungen zum Iran aufs Spiel. Auch die Amerikaner hatten sich verschätzt. Für sie sollten die Verluste noch höher ausfallen. Es waren also ausgerechnet die Amerikaner und die Chinesen, die den Schah bis zum Schluss rückhaltlos unterstützten.

US-Präsident Jimmy Carter hatte ihn wenige Monate zuvor, im Januar, besucht und ihn, als es draußen schon krachte, mit folgendem Trinkspruch bedacht: »Aufgrund der Größe des Schahs ist der Iran eine Insel der Stabilität im Mittleren Osten.«[23] Im Verlauf des Jahres 1978 merkten die Amerikaner, dass es ein Fehler gewesen war, nie über eine Alternative nachgedacht zu haben. Sie hatten den damals 21-Jährigen zusammen mit den Briten im September 1941 auf den Pfauenthron gesetzt. Zuvor hatten sie seinen Vater entmachtet, der gute Beziehungen zum Deutschen Reich hatte und sein Land nicht in den Dienst der alliierten Kriegführung stellen wollte. Sie hatten Schah Reza auch gestützt, nachdem er ihnen 1953 fast den von ihnen inszenierten Coup vermasselt hatte, um ihre und seine Macht zu stärken. Zähneknirschend nahmen sie es hin, als er sie zwanzig Jahre später aus dem Ölgeschäft drängte. Dennoch verkauften sie ihm ihre neusten Waffen, doch der Ärger über ihn wuchs. Ein chinesischer Botschafter zählte heimlich mit, wie oft der CIA-Chef Stansfield Turner, der auf einem Bankett Mitte 1978 neben ihm saß, über den Schah herzog. Vielleicht wollte er damit auch nur verhindern, dass die Chinesen noch mehr Gefallen an ihm fanden. Diese schlossen jedenfalls daraus, dass sich der Dritte freut, wenn zwei sich streiten, und sahen ihre Machtposition schon wachsen.

Nicht die Chinesen gewannen jedoch an Macht, sondern die Opposition. Immer mehr Menschen wandten sich gegen die Korruption im Herrscherhaus. Ajatollah Ruhollah Khomeini schürte aus dem Pariser Exil die Stimmung: »Das Leben eines Menschen im Iran ist weniger wert als das eines Hundes in Amerika.« Der Ton traf die Stimmung. Kassetten mit seinen Predigten wurden im ganzen Land gehört. Am 8. September, nur eine Woche nachdem Staatspräsident Hua Guofeng als letztes Staatsoberhaupt den Schah besucht hatte, zu einem Zeitpunkt, da selbst die Amerikaner sich abzuwenden begannen, töteten die kaiserlichen Truppen des Schahs und der Savak-Geheimdienst hunderte Demonstranten und verletzten mehrere tausend. Dieser sogenannte schwarze Freitag war für die Opposition der entscheidende Durchbruch. Nun hatten sie auch die liberaleren Kräfte hinter sich. Selbst in der Ölindustrie wurde gestreikt. Insgesamt kosteten die Unruhen des Jahres 1978 über 10 000 Menschen das Leben, an die 50 000 wurden verletzt. Zudem traf eine schreckliche Naturkatastrophe das Land: Ein verheerendes Erdbeben am 16. September forderte 25 000 Tote.[24] Für den chinesischen Aberglauben das untrügliche Zeichen eines bevorstehenden Endes. Kurz vor Maos Tod, am 9. September 1976, hatte ein Erdbeben mit 250 000 Toten in der Nähe Pekings das Land aus der Fassung gebracht. Die Anzahl der Toten, so der chinesische Aberglaube, sage viel über die Bedeutung des abtretenden Herrschers. Folgt man dieser Überlegung, war Mao zehnmal so wichtig wie der Schah.

Die Entwicklung im Iran traf die Chinesen dennoch unvorbereitet. Sie hatten wohl einen zu großen Abstand, um die Lage realistisch einschätzen zu können. Die Amerikaner waren hingegen aus zu großer Nähe blind. Der kritische Bericht eines Carter-Vertrauten am 11. Dezember kam zu spät: »Wir haben den Schah zu dem gemacht, was er nun ist. Wir haben seine Vorliebe für grandiose weltpolitische

Entwürfe genährt, wir haben seine Fantasien beflügelt. Wir haben ihn so sehr zum Pfeiler unserer Interessen im Nahen Osten gemacht, dass wir von ihm abhängig sind. Jetzt zerfällt sein Regime unter dem Druck der aufgezwungenen Modernisierung, und wir haben keinerlei Alternative.« Gut vier Monate nach dem Besuch von Hua Guofeng musste der Schah im Januar 1979 nach Ägypten fliehen.[25] Die Pahlavi-Dynastie war zu Ende. »Ich bin müde und brauche eine Pause«, sagte Schah Reza, als er am Mittag des 16. Januar 1979 am Teheraner Flughafen eintraf, um das Land für immer zu verlassen. Er wusste zu dem Zeitpunkt schon, dass er unheilbar an Krebs erkrankt war. Am 1. Februar traf unter großem Jubel Khomeini im Iran ein und installierte zwei Monate später die Islamische Republik Iran. Während die USA in einer aussichtslosen Situation waren, die sich durch die Geiselnahme in der amerikanischen Botschaft noch dramatisch verschärfen sollte, hätten die Chinesen mit ein klein wenig Weitblick ihre Position deutlich verbessern können. Nun steckten sie Khomeini in den Sack zu den anderen: »Unsere Jugend muss wissen, dass China und Russland sowie die USA und die Briten sich von dem Blut unserer Menschen ernähren.«

Auch wenn es zu diesem Zeitpunkt nicht so aussah: Es sollte ein Wendepunkt in der Weltgeschichte werden. Mehrere hundert Jahre westlicher, vor allem amerikanischer und britischer Dominanz brachen innerhalb von Stunden in sich zusammen. Seitdem sinkt der Einfluss der USA stetig und auffällig, während der Einfluss Chinas unauffällig steigt.

Dies war für die Chinesen zunächst nicht abzusehen. Sie waren in der Defensive. Das politische Vakuum zu füllen, das die Amerikaner zurückgelassen hatten, schien unerreichbar, und sie waren selbst schuld. Immerhin konnten sie sich gut in die Lage der Mullahs versetzen. Mao war es 1949 mit den Amerikanern genauso gegangen. Die hatten bis ganz zum Schluss die Nationalisten unter Chiang Kaishek unterstützt. Dann hatten die Kommunisten zur Überraschung aller doch die Macht übernommen. Die Amerikaner gingen damals sofort auf Konfrontation mit ihnen. Die Chinesen entschieden sich im Falle des Iran anders. Sie stellten ideologische Differenzen und ihren Stolz hinten an und wagten einen klugen Befreiungsschlag: Sie entschuldigten sich bei Khomeini. Die islamische Regierung in Pakistan hatte im Iran zuvor ein gutes Wort für ihre chinesischen Freunde eingelegt. Bereits im Juli 1979 überbrachte der pakistanische Präsidentenberater Agah Shahi eine persönliche Nachricht von Hua Guofeng an Ajatollah Khomeini: »Ich entschuldige mich bei Imam Khomeini für meinen Besuch des Iran unter dem Regime des entmachteten Schahs und ich unterstütze die Islamische Republik Iran.« Er erklärte, dass er auf dem Rückweg von Rumänien und Jugoslawien mit seiner Boeing 707 habe tanken müssen. Da der Iran und China ein Flugverkehrsabkommen haben, habe man Teheran als Tankstopp ausgesucht. Weil man nicht unhöflich dem Schah gegenüber sein wollte, habe man einen »kleinen« Staatsbesuch drangehängt.[26] Als Hua im Mai 1980, also nur wenige Monate später, zu Titos Beerdigung wieder nach Belgrad musste, tankte er allerdings lieber woanders und ließ den Mullahs beim Überflug über den Iran per Funk mitteilen, dass sie ganz tolle Kerle seien.[27] In Belgrad traf er den moderaten Außenminister Sedeq Qotbzadeh. Sie verstanden sich gut, Hua lud ihn nach Peking ein. Bevor er allerdings die Reise antreten konnte, hatte ihn Khomeini schon exekutieren lassen.[28]

Die Iraner waren Hua nicht geheuer. Er hatte gehofft, dass der persönlich gehaltenen Entschuldigung auch eine private Antwort folgen würde. Khomeini hingegen ließ die Entschuldigung im iranischen Fernsehen verbreiten und fügte hinzu: »Obwohl die Reise stattfand, als die Jugend des Iran in Blut ertränkt wurde, vergeben wir und die iranische Nation ihm.«[29] Der Schah, der genau ein Jahr später in Ägypten an Krebs starb, hatte offenbar kein iranisches Fernsehen mehr geschaut. In seinem politischen Testament schrieb er: »Ich war tief beeindruckt von der Loyalität der chinesischen Führung. Als Hua Guofeng mich besuchte, als die iranische Krise ihren Höhepunkt erreichte, hatte ich den Eindruck, dass es allein noch die Chinesen waren, die für einen starken Iran eintraten.« Oder war es eine späte Rache?

Die Chinesen waren jedenfalls wieder im Spiel. Wenige Monate später gerieten sie erneut in eine Zwickmühle, als iranische Studenten im November die US-amerikanische Botschaft besetzten und 66 Amerikaner festhielten. Die westliche Welt hielt die Mullahs für verrückt. Peking hatte durchaus Verständnis für die Aktion, auch wenn sich die Regierung hütete, dies öffentlich zu äußern. Die Kämpfer des

Langen Marsches konnten sich noch gut daran erinnern, dass auch Maos Truppen 1948 das amerikanische Konsulat im heutigen nordostchinesischen Shenyang besetzt und Konsul Angus Ward und seine Mitarbeiter über 13 Monate gefangen gehalten hatten. Sie wollten damals die Anerkennung der Kommunisten als der rechtmäßigen Regierung Chinas erpressen. Nun, dreißig Jahre später, würden sie jedoch international ihr Gesicht verlieren, wenn sie die Verletzung der diplomatischen Immunität billigten. Also blieb ihre Stellungnahme salomonisch. Einerseits hieß es, selbst schuld, USA, als Land sollte man sich nicht in »die internen Angelegenheiten eines anderen Landes einmischen«. Andererseits bestand China auf dem Schutz der »diplomatischen Immunität, die universell respektiert werden« müsse.[30] Die Chinesen verurteilten die Sanktionen und den gescheiterten Versuch von US-Präsident Jimmy Carter, die Geiseln von einer schnellen Eingreiftruppe befreien zu lassen. Sie schickten noch während der Geiselnahme im Februar 1980 eine Delegation chinesischer Muslime nach Teheran. Die iranische Führung war sehr erfreut zu hören, dass zwanzig Millionen Muslime in China lebten. Dies war ihnen, so berichteten Teilnehmer, offenbar nicht bekannt.[31]

Die Chinesen bekamen eine weitere Gelegenheit, sich den Iranern anzudienen, ohne die eigene außenpolitische Linie der Nichteinmischung in die inneren Angelegenheiten anderer Länder zu verlassen. Als der UN-Sicherheitsrat die Besetzung im Juli 1980 verurteilte, enthielt sich China der Stimme. Die Regierung in Peking machte also deutlich, dass ihr in dieser Situation die Zusammenarbeit mit den Iranern wichtiger war als ihr internationaler Ruf. Sie hätte sich gar nicht so bemühen müssen. Denn am 22. September 1980 stießen einige Panzerdivisionen des irakischen Präsidenten Saddam Hussein auf die Ölfelder in der iranischen Provinz Khuzestan vor. Sie nahmen die Hafenstadt Khoramshar ein und umzingelten eine Ölraffinerie. Die Amerikaner hatten Saddam Hussein ausdrücklich zu dem Vorstoß ermutigt.

In den ersten zwei Wochen starben 220 000 Iraner und mehrere Tausend wurden verwundet.[32] Der Iran brauchte Waffen, und die konnte er nur von China bekommen, da die USA, aber auch die Russen auf der Seite der Feinde standen. Bereits im Februar reiste eine hochrangige iranische Delegation nach Peking. Nun waren die Komplizen des Schahs aus Peking für die Mullahs »enge Freunde«.[33] China begann Waffen an den Iran zu liefern und steigerte die Zahl jedes Jahr. 1983 reiste Donald Rumsfeld, damals amerikanischer Staatssekretär, nach Bagdad, um in entspannter Stimmung mit Saddam Hussein zu besprechen, wie man den iranischen Widerstand brechen könne. Die Iraner rückten vor und hatten bereits die Straße von Basra nach Bagdad unterbrochen. Noch im selben Jahr setzte Hussein Gas gegen die Iraner ein, das er sich aus dem Westen hatte liefern lassen. Tausende Iraner starben. Es gab jedoch keinen Protest wegen dieser Verletzung der internationalen Konventionen. Erst 1988, als Hussein wieder Gas einsetzte, nun jedoch gegen aufständische Kurden im Norden, war die Empörung groß. Es passte nunmehr in das politische Konzept der Amerikaner. Sie wollten nicht, dass Hussein zu stark wurde.

Während die Amerikaner versuchten, sowohl den Iran, als auch den Irak zu schwächen, unterstützten die Chinesen immer stärker den Iran. 1987 lieferten sie bereits siebzig Prozent der Waffen.[34] Allerdings wollten es sich die Chinesen auch nicht mit den Amerikanern verderben. US-Präsident Ronald Reagan reiste bereits Ende April 1984 nach China, was die iranische Regierung öffentlich kritisierte. Das wiederum ärgerte die Chinesen. Sie drohten, ein Waffengeschäft im Wert von einer Milliarde US-Dollar platzen zu lassen. Die Iraner hielten sich wieder zurück und wurden nicht müde, die enge Freundschaft zwischen China und dem Iran zu predigen: »China ist das beste Land, mit dem der Iran zusammenarbeiten kann.«

Die Chinesen hatten Oberwasser und waren nunmehr auf Abstand bedacht, um ihrer internationalen Reputation so wenig wie möglich zu schaden. Sie betonten, dass sie zwar gemeinsame Ansichten, aber auch »eine unabhängige Außenpolitik« hätten.[35] Dieses Motiv zieht sich bis heute durch das chinesisch-iranische Verhältnis. Waffen gab es trotz Abstand. Allein 1983 wurde ein Waffenabkommen im Wert von 1,3 Milliarden US-Dollar unterzeichnet, das elegant über Nordkorea abgewickelt wurde;[36] im März 1985 noch einmal eines im Wert von einer Milliarde US-Dollar und im Juni eines über 1,16 Milliarden US-Dollar; 1986 dann eines im Wert von 3,1 Milliarden. Darunter waren auch die Bodenraketen des Typs »Seidenwurm«, die der Iran in der Straße von Hormuz aufstellte, um dort auch den zivilen Schiffsverkehr lahmlegen zu können.[37] Während die Iraker iranische Tanker beschossen, zielten die Iraner auf kuwaitische Tanker. Die Amerikaner erlaubten daraufhin, dass kuwaitische Öltanker unter amerikanischer Flagge fuhren, und begannen diese militärisch zu schützen. »Wir stellen uns auf eine Konfrontation mit den USA ein«, sagte der iranische Botschafter Alaeddin Boroujerdi dem chinesischen Außenminister Wu Xueqian im Sommer 1987.

Die Chinesen waren »ernsthaft besorgt«, dass sie ebenfalls in den Krieg hineingezogen werden könnten. Sie sprachen im UN-Sicherheitsrat von einer »Internationalisierung« des Krieges. Dafür war das chinesische Militär nicht ausgestattet, und die Politiker hatten auch kein Interesse daran, würde eine solche Konfrontation doch den wirtschaftlichen Aufschwung im Lande abwürgen. Sie wollten nur noch verhindern, dass der Iran an die Amerikaner fiel. Manchmal war die richtige Strategie, Solidarität zu zeigen, manchmal war es die Provokation, manchmal die heimliche Unterstützung. Nun kam eine neue Strategie hinzu: die Deeskalation. Die Wahrscheinlichkeit, dass eine militärische Konfrontation zu Gunsten der USA ausgehen würde, war sehr hoch. Eine Sicherheitsratsresolution musste her. China sah seine Aufgabe vor allem darin, sie so mitzugestalten, dass man die iranische Führung nicht weiter provozierte, sondern zu Besonnenheit anleitete. Es gehe nicht darum, Schuldige auszumachen, sondern Frieden zu schaffen, betonten die Chinesen. Das Wichtigste sei, dass der UN-Sicherheitsrat mit einer Stimme spreche.[38] China stellte sich auch gegen eine Formulierung, nach der ein Waffenembargo gegen dasjenige Land verhängt werden sollte, das sich nicht an den Waffenstillstand hielt.

Die Chinesen setzten sich durch. Denn niemand hatte ein Interesse daran, dass die Lage weiter eskalierte. Wie brenzlig es damals war, sieht man daran, dass zum ersten Mal in der Geschichte der Vereinten Nationen am 20. Juli 1987 eine Resolution einstimmig verabschiedet wurde.[39] Beide Länder wurden aufgefordert, die Gefechte unverzüglich einzustellen, sich hinter die internationalen Grenzen zurückzuziehen und an UN-Friedensgesprächen teilzunehmen.

Der Iran ignorierte die Forderung. Zu jener Zeit hatten alle Sicherheitsratsmitglieder Militärschiffe in der Region, nur die Chinesen nicht. Sie wären dazu zwar schon in der Lage gewesen, aber es hätte ihre Vertrauensposition gegenüber dem Iran erheblich geschwächt. Sie versuchten stattdessen, den Iran in Gesprächen zur Vernunft zu bringen – ohne Erfolg. Am 14. April eskalierte die Lage. Nachdem eine US-Fregatte auf eine Mine gelaufen war und sank, lieferten sich die USA und der Iran das größte Seegefecht seit dem Ende des Zweiten Weltkriegs. USA, Russland, Europa und die arabische Welt, kurz die ganze Welt, hatten sich klar gegen den Iran gestellt. Und der Iran war bereit, sich zu verteidigen.

Nur die Chinesen konnten noch vermitteln, im Spagat zwischen beiden Seiten. Eine unangenehme Aufgabe. Premierminister Li Peng übertrieb, als er behauptete, Chinas »klare und konsequente Position« im Irak-Iran-Krieg sei »strikte Neutralität und enthusiastisches Eintreten für den Frieden«.[40] Aber es war eine Aufgabe, die die Machtposition Chinas verbessern konnte, wenn sie gelingen würde. Die Chinesen schafften schließlich im zweiten Anlauf, woran kaum einer mehr geglaubt hatte. Sie spielten ihren letzten Trumpf: Statt zu argumentieren, dass die Iraner den Krieg nicht gewinnen könnten, und damit den Kampfwillen womöglich noch zu erhöhen, machten sie deutlich, dass sie im Falle eines Krieges zwischen Iran und den USA nichts mehr für den Iran tun könnten. Der Preis sei zu hoch. Sie waren nicht gewillt, gegen die USA in den Krieg zu ziehen wie noch 38 Jahre zuvor. Damals kamen sie den Nordkoreanern zu Hilfe, nachdem diese Südkorea angegriffen hatten, das wiederum von amerikanischen Soldaten in einer UN-Verteidigungsmission unterstützt wurde. Die Iraner mussten einsehen, dass sie ohne die chinesische Unterstützung in eine ausweglose Lage geraten würden. Im Juli 1988, unter der UN-Sicherheitsratspräsidentschaft der Chinesen, lenkten die Iraner ein. Am 25. August begannen die Friedensverhandlungen.[41] Die Welt war knapp an einem multinationalen Krieg vorbeigeschrammt.

Ein Jahr ging ins Land, ohne dass die Friedensverhandlungen Fortschritte machten. Es gab keinen Krieg, aber auch keinen Frieden. Langsam erarbeiteten die Chinesen mit den Iranern ein Konzept. Sie lockten damit, dass sie dem Iran helfen würden, das ausgeblutete Land wieder aufzubauen. Und sie lockten mit Frieden, indem sie den Iranern neue Waffen für den Frieden versprachen. »Die Beziehung, die mit entfremdeter Gleichgültigkeit begonnen hatte, war binnen eines Jahrzehnts zu einer Beziehung des wertvollen Austauschs und der Unterstützung gewachsen«, fasst John Garver, der Autor des besten Iran-China-Buches, die Entwicklung zusammen.[42] Zum Schluss konnten die chinesischen Politiker ihren iranischen Amtskollegen ernsthaft ins Gewissen reden. Hinter verschlossenen Türen, womöglich in einem Tonfall, den sich der Iran von Diplomaten keines anderen Landes hätte bieten lassen.

Sie blieben allerdings sehr unterschiedliche Freunde. Die Mullahs machten Politik, indem sie lauthals provozierten, die Chinesen versuchten sich in der Diplomatie der leisen Sohlen. Für den Iran konnte die Freundschaft zu China nicht weit genug gehen. Für Peking hingegen gab es Grenzen, die die Iraner immer wieder zu spüren bekamen. China war sehr darauf bedacht, nicht durch zu große Nähe zum Iran sein Gesicht zu verlieren und sich vor allem gegenüber den USA als Partner in weltpolitischen Fragen zu profilieren sowie gleichzeitig die Versorgung mit Bodenschätzen zu sichern. Ironischerweise musste – im Denken des Kalten Krieges – der Westen den Chinesen noch dankbar dafür sein, dass sie den Iran mit Waffen versorgten. Die Mullahs hätten keine Waffen von den Amerikanern genommen, und die Amerikaner hätten ihnen keine geliefert. Die Wahrscheinlichkeit wäre groß gewesen, dass der Irak den Krieg gewonnen hätte. Damit hätten sich der Einflussbereich und auch der wirtschaftliche Spielraum der Sowjetunion erheblich vergrößert. Womöglich hätte dies die Überlebenschancen der Sowjetunion deutlich erhöht. Aber das bleiben Spekulationen.

Tatsächlich gab es vier Verlierer des Krieges: Iran, Irak, die USA und Russland. Und es gab nur einen taktischen Gewinner, einen Gewinner, der gar nicht direkt gekämpft hatte. Chinas Machtposition in der Welt hatte sich erheblich verbessert. Unter den Weltmächten waren der größte Verlierer die USA. Sie hatten binnen eines Jahrzehnts den Iran als Vasallen verloren und waren nicht in der Lage gewesen, sich mit seinen unmittelbaren Feinden zu verbünden.

Die Chinesen feierten ihren »Sieg« mit Besuchen in Teheran. Im März 1989 reiste Vizepremierminister Tian Jiyun dorthin. Er war der ranghöchste chinesische Besucher seit der Reise von Hua Guofeng. Tian lud den iranischen Präsidenten nach China ein. Während Tian in Teheran weilte, brüskierte Ayatollah Khomeini England. Er rief öffentlich zur Tötung des Schriftstellers Salman Rushdie auf, weil dieser sich angeblich in seinem Buch *Satanische Verse* blasphemisch geäußert habe.[43] Europa war empört. Die Briten schlossen ihre Botschaft in Teheran. Rushdie musste sich jahrelang verstecken. Dass nun auch noch Europa abrückte, machte die Chinesen noch attraktiver, als sie schon waren.

Die chinesische Führung konnte sich jedoch in ihrem neuen Machtspielraum nicht lange sonnen. Die Geschichte schlug Purzelbäume. Fast genau zehn Jahre, nachdem Hua Guofeng im revolutionären Teheran gewesen war, reiste Khomeinis Nachfolger, Mohammed Khamenei, im Mai 1989 nach Peking.[44] Es war der erste Besuch eines iranischen Staatsoberhauptes überhaupt in China. Nun war Peking, und nicht Teheran im Chaos. Massendemonstrationen hielten im Frühjahr 1989 das Land in Atem. Millionen Menschen demonstrierten. Tausende hatten den Platz des Himmlischen Friedens besetzt und forderten politische Reformen. Die Mullahs mussten sich fragen, ob nun auch die Zeit der postmaoistischen Kommunisten angebrochen war. Ihre Diplomaten kamen zu dem Schluss, dass es keine wirkliche Alternative zur amtierenden Führung gab. Die Wahrscheinlichkeit war groß, dass der Konflikt zwischen Flügeln innerhalb der Kommunistischen Partei ausgetragen würde. Also betete Khamenei in der Moschee in der Pekinger Ochsengasse für eine noch engere Kooperation mit China. Es wollte keine rechte Stimmung bei der Pekinger Führung aufkommen. Die Mahnung Deng Xiaopings an den iranischen Präsidenten, die Entwicklungsländer sollten nicht ihre Kräfte damit verschwenden, sich untereinander zu zanken, entfaltete ihre Wirkung nicht recht angesichts des Aufstandes im eigenen Haus.

Die chinesische Führung zerstritt sich über der Frage, ob man auf die Studenten zugehen oder die Demonstrationen mit aller Härte beenden sollte. Am 4. Juni ließ sie den Platz des Himmlischen Friedens räumen – Tausende von Studenten wurden verletzt. Niemand nahm groß zur Kenntnis, dass Khamenei seine Landsleute aufgefordert hatte, sich weder mit dem »repressiven Westen« noch mit den »Atheisten im Osten« zusammenzutun, sondern sich ausschließlich mit islamischen Ländern zu verbünden.[45] Seine Nachfolger ignorierten diese Forderung.

China war von einem auf den anderen Tag politisch fast so isoliert wie der Iran. Der Iran und Nordkorea waren nahezu die einzigen Länder, die Außenminister Qian Qichen empfangen wollten. Also fuhr dieser im Oktober nach Teheran. Nun konnten sich beide Seiten in langen Gesprächen darüber beklagen, dass der Westen unanständig mit Entwicklungsländern umgeht und sich unentwegt in deren innere Angelegenheiten einmischt. China war nicht mehr der große Bruder des Iran, sondern beide Länder standen eher wie ein Geschwisterpaar Arm in Arm im Regen.

Für China sollte es noch schlimmer kommen. Oder besser gesagt, folgten in Peking Freude, Sorge und Ernüchterung dicht aufeinander. Die historischen Ereignisse überschlugen sich.

Am 9. November ging die Berliner Mauer auf und die Sowjetunion in den folgenden Monaten unter. Der Angstgegner der USA war nach vierzig Jahren Machtkampf zusammengebrochen. Das freute die Chinesen zunächst, und sie machten sich sogleich daran, die ehemaligen Vasallenstaaten Moskaus, wie die Mongolei und die zentralasiatischen Staaten, für eine Zusammenarbeit zu gewinnen. Es war offensichtlich, dass die USA noch nie so mächtig waren wie in jenen Tagen. Nur die kurzsichtigen Diplomaten in Peking freuten sich, dass China aus den Weltschlagzeilen war und alle nun nach Europa schauten, die weitsichtigen unter ihnen jedoch waren erschrocken. Die USA würden sich einen neuen Sparringspartner suchen, und das konnte kein anderes Land sein als China. Jetzt würde es ernst werden, viel früher, als es der chinesischen Führung lieb sein konnte, und noch dazu zu einem so unglücklichen Zeitpunkt. Die Machtposition Chinas war, nüchtern betrachtet, zehn Jahre nach der Öffnung des Landes nicht gerade vielversprechend. Unter dieser neuen Konstellation Erfolge zu erringen würde sehr viel schwieriger werden.

Die Pechsträhne riss nicht ab. Dass der irakische Präsident Saddam Hussein den Iran nicht besiegen konnte, machte ihm schwer zu schaffen. Er hatte den Iran angegriffen und dabei sein Gesicht verloren. Vor allem dass die Amerikaner nicht hielten, was sie an Kooperationen versprochen hatten, ärgerte ihn. Er brauchte einen Befreiungsschlag: Am 2. August 1990 ließ er Kuwait angreifen. Die Chinesen und die Iraner waren sich einig in ihrer Position: Sie waren gegen die irakische Aggression. Die Amerikaner sollten nicht intervenieren, sondern sich aus der Region zurückziehen. Außenminister Qian Qichen lockte, die Krise im Nahen Osten sei eine »vorzügliche Gelegenheit, um die chinesisch-amerikanischen Beziehungen zu normalisieren«.[46]

Mit Beginn des zweiten Golfkriegs kamen die Chinesen zum ersten Mal in einer Weltkrise diplomatisch ins Spiel. Und das ausgerechnet in einer Situation, in der sie vom Westen wegen der Niederschlagung der Protestbewegung international noch bestraft wurden. Die Sanktionen gegen China, die die Amerikaner verhängt hatten, schlossen unter anderem Treffen von hochrangigen Politikern aus. Aber plötzlich brauchten die Amerikaner die Chinesen. Diese hatten die Chance, nicht nur ihre internationale Position wieder zu verbessern, sondern auch ihren weltpolitischen Vorstellungen Gehör zu verschaffen.

Für den chinesischen Außenminister Qian Qichen jedenfalls wurde es eine der spannendsten Missionen seiner langen Amtszeit. China hatte gute Beziehungen zu Kuwait. Zum Zeitpunkt der Invasion waren fast 5000 Chinesen in dem kleinen Land – überwiegend Ölarbeiter. Deshalb konnte und wollte China sich nicht neutral verhalten. Noch am 2. August verabschiedete der UN-Sicherheitsrat in einer Dringlichkeitssitzung mit Unterstützung der Stimme der Chinesen die Resolution 660, in der der Angriff verurteilt und der Irak aufgefordert wurde, sich sofort zurückzuziehen. »Im Mittleren Osten hatten wir wenig direkte Interessen«, stellt Qian das Licht seines Landes unter den Scheffel, »und waren deshalb bei den arabischen Ländern sehr beliebt.«[47] Die Sicherheitsratsmitglieder waren sich einig, dass Saddam Hussein, wenn überhaupt, dem Vertreter eines anderen international geächteten Landes zuhören würde. Außerdem galten die Chinesen als diplomatisch verlässlich. Aber die Amerikaner wollten die Chinesen verständlicherweise nicht selbst darum bitten und damit zeigen, dass sie allein nicht weiterkamen. Also ging der jordanische König Hussein I. am 15. Oktober auf die chinesische Regierung zu. Die Führung entschied, Qian Anfang November auf eine Reise nach Ägypten, Saudi-Arabien, Jordanien und in den Irak zu schicken. Qian sollte der einzige Außenminister der fünf Mitglieder des Ständigen Sicherheitsrats sein, der während der Golfkrise in den

Irak reisen konnte.[48] Der Frieden in einer der unruhigsten Gegenden der Welt lag nun in den Händen derjenigen Politiker, die noch wegen dem Juni 1989 von der gesamten westlichen Welt verurteilt worden waren. Wie viele vor allem amerikanische Politiker waren wohl davon überzeugt, dass nun der Bock zum Gärtner gemacht wurde? Aber es gab offensichtlich keine Alternative. Die Amerikaner waren bereit einzumarschieren, um ihre Ölinteressen in Kuwait und die politischen Interessen ihrer Partner im Mittleren Osten zu schützen. Dafür brauchten sie die Unterstützung Chinas.

China befand sich nun nicht mehr in der vergleichsweise bequemen Lage, ja und nein zu Resolutionen anderer Sicherheitsratsmitglieder sagen zu können. Sie mussten nun selbst Ergebnisse liefern und konnten auch dafür verantwortlich gemacht werden.

Die Amerikaner sprangen über ihren Schatten und fragten an, ob Außenminister James Baker und Qian in Kairo zusammenkommen könnten. Die Chinesen waren erfreut. Beide Außenminister trafen sich in einem VIP-Raum im Kairoer Flughafen. Baker musste argumentieren, Qian hörte zu. Dem amerikanischen Außenminister ging es vor allem um zwei Punkte. Qian solle sicherstellen, dass Hussein versteht, dass die Amerikaner bereit seien einzumarschieren. Und er hoffte auf eine Ja-Stimme von China, wenn es zu einer entsprechenden Resolution kommen sollte. Qian antwortete, der Konflikt solle friedlich gelöst werden. Baker erwiderte, die Sanktionen »sind die härtesten Sanktionen, die jemals verhängt worden sind«. Dennoch war Amerika sich nicht sicher, ob dies Hussein zum Einlenken zwingen würde. Qian fragte den amerikanischen Außenminister, ob ein militärischer Eingriff der USA auch Aktionen auf dem Gebiet des Irak mit sich bringen würde. Baker antwortete: »Das ist unvermeidlich.« Qian erwiderte, er werde sehen, was er machen könne. Dann nannte er seinen Preis für die Hilfe: ein offizielles Treffen zwischen den beiden Außenministern in Peking. Baker stimmte zähneknirschend zu, verlangte aber, dass die Vereinbarung einstweilen geheim bleiben sollte.[49]

Qian willigte ein. Nachdem er zu Spitzengesprächen nach Ägypten, Saudi-Arabien und Jordanien gereist war, landete er am 11. November in Bagdad. »Der Flughafen war leer«, erinnert er sich, »ich konnte nicht ein einziges Flugzeug sehen.« Noch am selben Tag sprach er zwei Mal mit dem stellvertretenden Premierminister Tareq Assiz, einem Christen, der zu Husseins engsten Vertrauten gehörte. Qian begab sich in die Position des Boten: Er sagte, er habe Hinweise, dass die Amerikaner Kuwait auch ohne UN-Beschluss befreien würden. »Während ich sprach, wechselten sich zwei Stenografen ab«, erzählt Qian, »während der eine weiterschrieb, brachte der andere die Notizen raus. Ich denke, sie berichteten ihrem Vorgesetzten. Hussein wollte zu keinem Zeitpunkt die Kontrolle verlieren.« Das Gespräch mit Assiz brachte keine Fortschritte. Die Iraker wollten erst einmal hören, was der Chinese mitgebracht hatte.

Am nächsten Morgen traf Qian Saddam Hussein. »Zwei neutrale Fahrzeuge sammelten uns ein«, erinnert sich Qian, »wir rasten durch die Stadt und stoppten vor zwei Baracken. Wir wurden in das Gebäude gebracht und mussten dort kurze Zeit warten. Dann kamen zwei neue Fahrzeuge, und wir rasten wieder in extrem hoher Geschwindigkeit durch die Stadt, bis wir am Treffpunkt ankamen. Ich hatte Hussein bereits Anfang März getroffen, als ich den Irak besucht hatte. Diesmal trug er eine Uniform und eine Pistole. Er kam, ohne zuvor Freundlichkeiten auszutauschen, zur Sache.« Die Argumente Husseins überzeugten Qian nicht: »Kuwait gehört zum Irak wie Hongkong zu China«, sagte Saddam Hussein, und er hielt einen langen Vortrag über die gemeinsame Geschichte der Länder. Qian erinnerte ihn daran, dass Irak und Kuwait sich gegenseitig als souveräne Staaten anerkannt und dass im Unterschied zu Hongkong und China die Länder Botschaften im jeweils anderen Land eröffnet hätten. Beide seien Mitglieder der UN und der Arabischen Liga. Hussein wollte wissen, ob die USA einen Einsatz ihrer Armee erwägen würden. Qian bejahte dies und betonte, dass er keinen Vorschlag mitbringe und sich auch nicht als Vermittler betrachte. Diplomatie mit beschränkter Haftung. Die Chinesen wollten nur so weit aus der Deckung gehen wie unbedingt nötig und dabei so viel an Macht gewinnen wie möglich. Hussein jedoch bewegte sich nicht. Später sagte Assiz, der Irak sei willig, mit verschiedenen Parteien zu sprechen. Auch mit den USA.[50]

Qian informierte zuerst Jassir Arafat, dann den saudischen König Fahd. Arafat war, wie zu erwarten, dagegen, dass die Amerikaner eine größere Rolle in der Region spielen sollten, weder als Vermittler, noch als Kriegsherren. König Fahd hingegen war überzeugt, dass man mit dem Irak genug verhandelt habe. Er wollte eine militärische Lösung. Zurück in Peking brieften die Chinesen die Sicherheitsratsmitglieder. Allerdings war der Erfolg von Qians Mission begrenzt gewesen. Es war ihm nicht gelungen, Hussein zu überzeugen, dass es Zeit war einzulenken. Am Ende habe er gar nichts Substanzielles gemacht, fasste Qian seine Mission zusammen. Die erste große Chance als Retter des Weltfriedens war verspielt.

Dennoch waren die Chinesen weiter in der Vorderhand. Die Amerikaner blieben freundlich, denn sie brauchten sie noch im UN-Sicherheitsrat, um einen Waffeneinsatz durchzubekommen. Baker ließ Qian ausrichten, dass Bush der Report gefallen habe – und dass er auf die Unterstützung der Chinesen hoffe.

Ein Machtkampf zwischen den USA und China entstand. »Baker, der lange Finanzminister war, tendierte dazu, alles so zu behandeln, als seien es Geschäftsverhandlungen. Er war stolz auf sein ›doing business‹«, sagte Qian. Baker legte sein Angebot auf den Tisch: Einen Tag nach der Abstimmung, bei der Qian persönlich anwesend sein sollte, könne er Präsident George Bush in Washington treffen. Die Beziehungen zwischen China und den USA würden sich zudem normalisieren, und Baker selbst würde im darauf folgenden Jahr Peking besuchen. Qian schlug nach Rücksprache mit der Führung ein. China würde sich enthalten.

Einen Tag später kam ein Brief von Baker in Peking an, in dem stand, dass es doch kein Treffen in Washington geben könne, es sei denn, die Chinesen würden sich entschließen, mit Ja zu stimmen. Qian schrieb zurück, nun, da Amerika das Wort zwischen zwei Außenministern nicht gehalten habe, würde es auch keinen Sinn machen, in die USA zu reisen.

Die Antwort kam umgehend. Einem Mitarbeiter sei ein Irrtum unterlaufen. Die Einladung stehe. Die USA würden sich dennoch freuen, wenn China für einen Kampfeinsatz stimmen würde. Einen Tag später schrieb Präsident Bush an Staats- und Parteichef Jiang Zemin, dass die Amerikaner es für gut halten würden, wenn China mit Ja stimme, und dass dies eine gute Gelegenheit sei, die Beziehungen zu normalisieren.

Nach dieser missratenen taktischen Finte war wieder alles offen.

Die Amerikaner mussten damit rechnen, dass sich die Chinesen rächen würden. Deshalb rief einen Tag später, am 28. November, dem Tag, an dem die Resolution verabschiedet wurde, Baker mehrmals Qian an, um die Chinesen davon zu überzeugen, mit Ja zu stimmen. Eigentlich jedoch hatten die Amerikaner Sorge, die Chinesen würden im letzten Moment mit Nein stimmen und dadurch die Amerikaner international vorführen. Deshalb betonte Baker immer wieder, dass auch die amerikanisch-chinesischen Beziehungen zur Debatte stünden. Die waren den Chinesen wichtig. Aber konnten sie den USA trauen?

Um 15.40 Uhr begann das UN-Treffen. High Noon: »Die Stimmung war wie elektrisiert«, erinnert sich Qian. »Nicht nur die Gästestühle waren voll, sondern auch die Gänge links und rechts. Alle warteten gespannt, wie China wählen würde. Wenn wir ein Veto einlegen würden, wäre die Resolution tot.« Es ging nunmehr um die Formulierung, dass die UN »alle nötigen Mittel« nutzen würde, um die Freiheit Kuwaits sicherzustellen. Qian hatte Baker schon in den Telefongesprächen gesagt, dass Waffengewalt eine schnelle Lösung sei, man müsse aber die Verluste an Mensch und Material dagegenhalten. Zudem sagte Qian, der Krieg, den die USA gegen China in Korea unter amerikanischem Mandat geführt hätten, sei noch in frischer Erinnerung. Schließlich hätten die USA noch immer Sanktionen gegen China verhängt. Unter diesen Umständen sei es schon ein »großer Gefallen«, wenn China kein Veto einlegen würde. Während der Aussprache sagte Qian dann, die Formulierung »alle nötigen Mittel« würde den militärischen Einsatz erlauben, deshalb sei es für China unmöglich, mit Ja zu stimmen. Andererseits könne man den Einmarsch nach Kuwait unter keinen Umständen billigen. Zwölf Länder stimmten mit Ja. Zwei nicht ständige Sicherheitsratsmitglieder stimmten mit Nein: Jemen und Kuba. Qian hob die Hand, als die Enthaltungen gezählt wurden.

Baker war nicht etwa erleichtert. »Er war enttäuscht«, so Qian, »dass China trotz seiner ungünstigen Machtposition nicht mit Ja gestimmt hatte.« Sein Wort, das er den Chinesen gegeben hatte, war ihm nun egal. Er ließ sie durch einen seiner Mitarbeiter wissen, dass Bush mit der Lösung der Golfkrise so beschäftigt sei, dass er leider keine Zeit habe, Gäste zu empfangen. »Wir entschieden, dennoch nach Washington zu reisen und dort zu verlangen, den Präsidenten zu sehen«, erinnert sich Qian. Das war äußerst riskant. Man konnte sich eine Abfuhr holen. Das würde an die Öffentlichkeit kommen, und China würde sein Gesicht verlieren.

Baker empfing Qian und teilte ihm mit, dass die USA nunmehr bereit seien, mit dem Irak zu sprechen. Bush wollte Baker in den Irak schicken. Baker sagte, er habe Qians Position dem Präsidenten übermittelt, und dies sei einer der Gründe für die Entscheidung gewesen. Dann kam Baker zur Sache. Er sagte, nachdem China nicht für die Resolution gestimmt habe, habe er es für unangemessen gehalten, dass Qian den Präsidenten treffe. Der Präsident habe jedoch anders entschieden. »Er lächelte und wechselte das Thema«, so Qian. Baker erzählte, dass er vor der Abstimmung zwölf Länder besucht habe, um für die amerikanische Lösung zu werben. »Warum haben Sie nicht auch China besucht?«, fragte ihn Qian. »Telefongespräche können manchmal irreführend sein.«

Um 13.40 Uhr am 30. November 1990 betrat Außenminister Qian, ein Vertreter eines Landes, gegen das die Amerikaner Sanktionen verhängt hatten, das Oval Office. Präsident Bush sagte, dass er hoffe, die Beziehungen zwischen den Ländern würden sich schrittweise verbessern bis hin zu gegenseitigen Besuchen der beiden Staatsführer.[51]

Qian reiste zufrieden nach Hause. Den Chinesen war es gelungen, zwei von drei strategischen Zielen durchzusetzen. Sie waren eineinhalb Jahre nach der blutigen Niederschlagung der Protestbewegung 1989 wieder auf die politische Bühne zurückgekehrt. Es hatte sich zum ersten Mal gezeigt, dass selbst die Weltmacht USA ohne China nicht entscheiden kann. Qian musste praktisch keine Kompromisse eingehen. Keines der Partnerländer im Mittleren Osten musste sich im Stich gelassen fühlen. Allerdings waren die Chinesen bei weitem noch nicht stark genug, wiederum den USA ihre politische Linie aufzuzwingen.

Immerhin hatten die Chinesen enge Beziehungen zu einem der wichtigsten Öl- und Gasländern, und die Iraner zu einer aufsteigenden Weltmacht, die über genug Kapital und Technologie verfügte, um das Land auch ohne den Westen voranzubringen. Vor allem waren die Iraner an Atomtechnologie interessiert. Auch die sollten sie von den Chinesen bekommen. Bereits im Januar 1988 hatten sie mit dem Bau des ersten Forschungsatomreaktors begonnen. Er konnte 1992 seine Produktion aufnehmen. Baubeginn für weitere drei Reaktoren war der Januar 1990. Schon 1987 waren 15 iranische Ingenieure zum Training nach China gereist. 1989 begannen chinesische Geologen, im Iran nach Uran zu suchen.[52] Die Anlagen wurden 1992 von der Internationalen Atomenergiebehörde besichtigt. Sie waren sehr viel kleiner und schwächer als die, die der Irak zur gleichen Zeit besaß. Aber sie waren groß genug, um die Vorgänge zu trainieren. Im Januar 1990, als die Welt China das Blutbad am Platz des Himmlischen Friedens noch nicht verziehen hatte, verkündete ein stellvertretender Direktor der chinesischen Kommission für Wissenschaft, Forschung und Industrie zur nationalen Verteidigung zusammen mit dem iranischen Verteidigungsminister ein Zehn-Jahres-Programm zur nuklearen Zusammenarbeit. Die Chinesen lieferten unter anderem einen Plutonium-Produktions-Reaktor, der sechs Kilo Plutonium im Jahr herstellen konnte. Eine Reihe von Forschungsprojekten und Technologietransfers wurde der internationalen Atomenergiebehörde nicht gemeldet.

Die Iraner wollten immer mehr, und sie bekamen mehr: Als Premierminister Li Peng Mitte 1991 den Iran besuchte, hatte er ein beachtliches Gastgeschenk dabei. Er versprach, das Atomkraftwerk Busehr an der iranischen Golfküste zu vollenden, mit dessen Bau die Deutschen und die Franzosen Mitte der siebziger Jahre begonnen hatten. Das Projekt hatten sie jedoch 1979 aufgegeben. Im Oktober reiste der chinesische Staatspräsident Yang Shangkun in den Iran und besichtigte dort die chinesisch-iranischen Nuklearstätten.[53] China legte die Karten international auf den Tisch.

Der Westen war empört. Die neue Offenheit kam kurz vor dem Besuch von Außenminister James Baker in Peking im November 1991. Für China war der Besuch außerordentlich wichtig. Er bedeutete einen großen Schritt zurück in die Weltgemeinschaft. Für Präsident George Bush war er politisch riskant. Denn genau ein Jahr später musste er sich der Wiederwahl stellen. Die Opposition würde die Reise seines Außenministers nutzen, um politischen Druck auf ihn auszuüben. Mit dem Argument, eine Hand wäscht die andere, wollte Baker die Chinesen davon überzeugen, Zugeständnisse in ihrer Iranpolitik zu machen. Damit könne er der Opposition den Wind aus den Segeln nehmen. Baker hoffte, dass die Chinesen keine Nukleartechnologie und keine Raketen der Kategorie I mehr liefern würden. Die Chinesen jedoch bewegten sich in der Frage der Raketen wenig und in der Frage der nuklearen Zusammenarbeit gar nicht. Die Chinesen überschätzten ihren Spielraum.

Die Bush-Regierung konnte nicht mehr viel ausrichten. Bush geriet im Wahljahr unter Druck. Weil er sich nicht nachsagen lassen konnte, dass er sich von den Chinesen habe einwickeln lassen, verkaufte er Taiwan 150 F-16-Kampfjets. Die chinesische Führung konterte: Sie verkaufte nicht nur Raketen nach Pakistan, sondern versorgte auch den Iran großzügig.[54]

Gut zwei Wochen nachdem Bush die Waffenverkäufe verkündet hatte, reiste Präsident Rafsanjani nach Peking. Die Chinesen sagten ihm zu, mindestens vier 300-Megawatt-Reaktoren zu liefern. Beide Länder versicherten, die Reaktoren würden unter Aufsicht der internationalen Atombehörde gebaut und ausschließlich der Stromversorgung dienen. Im Frühjahr 1993 dann entschieden sich die Chinesen, zum ersten Mal eine Kernfusionsforschungsanlage zu errichten. Die chinesische Führung wog damals die Chancen und die Risiken ab. Die Risiken bestanden darin, dass der Iran Atomwaffen herstellen und einsetzen würde. Allerdings würde es noch sehr lange dauern, bis der Iran so weit sei. Anders als der Irak hatte der Iran bisher keine anderen Länder angegriffen, sondern war nur durch seine aggressive Rhetorik aufgefallen. Der dritte Punkt für China war klar: Das boomende Reich hatte Zugang zu Bodenschätzen, gewann wieder Einfluss im Mittleren Osten und musste von den Amerikanern ernst genommen werden, weil es in der Lage war, die Machtverhältnisse im Mittleren Osten entgegen den westlichen Vorstellungen zu verändern.

Die Amerikaner antworteten auf ihre Weise, indem sie China nicht etwa zu konsultieren und zu integrieren versuchten, wie man in Peking gehofft hatte, sondern den Iran und China weiter isolierten. Während George Bush in den siebziger Jahren als quasi US-Botschafter gelebt und deswegen mehr Nachsicht hatte walten lassen, zog sein Nachfolger Bill Clinton, der im Januar 1993 die Amtsgeschäfte übernahm, die politischen Daumenschrauben an. Die Chinesen wehrten sich gegen den Hegemon: »Auch wenn China machtvoll wird«, sagte Außenminister Qian Qichen in Richtung USA, »es wird niemals hegemonial werden.«[55] Anfang 1995 verbot Clinton der amerikanischen Ölfirma Conoco, eine Milliarde US-Dollar in die Entwicklung des Gas- und Ölgeschäfts zu stecken. Zwei Monate später untersagte Clinton allen US-amerikanischen Unternehmen, im Iran zu investieren.[56] US-Verteidigungsminister Warren Christopher bezeichnete den Iran erstmals als »Schurkenstaat« (»Outlaw-State«):[57] Die Iraner versuchten nun die Chinesen davon zu überzeugen, eine große eurasische Koalition gegen die Amerikaner zu bilden.

Dies sollte erst knapp 15 Jahre später klappen. China war zu jenem Zeitpunkt aber schon mächtig genug, dem amerikanischen Druck standzuhalten. Und so hielt Qian Qichen eisern an seiner Position fest, als er sich im März 1995 mit dem amerikanischen Außenminister Warren Christopher traf. Die Amerikaner warfen den Chinesen vor, dass sie Technologie und Material für chinesische Waffen an den Iran liefern würden. Im November 1996 verhängte die amerikanische Regierung erstmals Sanktionen gegen zwei chinesische Unternehmen, von denen sie annahmen, dass sie in diesem Bereich aktiv seien. China bewegte sich wiederum kaum. Allerdings bekamen diejenigen im Außenministerium, die sich für eine unbeugsame Linie einsetzten, zunehmend Druck aus dem Politbüro. Denn ein historisches Ereignis stand an.

Im Oktober 1997 plante Staats- und Parteichef Jiang Zemin, in die USA zu reisen. Die letzte Reise eines so wichtigen chinesischen Staatsmannes lag zwanzig Jahre zurück: Deng Xiaoping war 1979 in Amerika gewesen und hatte sich im Cowboyhut fotografieren lassen. Jiang wollte nicht, dass die historische Reise von machtpolitischem Klein-Klein gestört würde, und schickte deshalb einen Sonderbeauftragten nach Washington. Dieser sollte herausfinden, welche Zugeständnisse die Chinesen zu machen hätten, damit Clinton das Thema China-Iran während der Gespräche vermeiden würde. Die Außenminister tauschten Briefe dazu aus. Die Verhandlungen zogen sich bis in die Nacht vor Jiang Zemins Eintreffen hin. Die Chinesen gaben schließlich nach. Sie sagten zu, ihre atomare Kooperation mit dem Iran zu beenden.[58] Das Erstaunlichste dabei ist, dass nicht etwa die Macht der USA oder wenigstens ihre Überzeugungskraft dazu geführt hatte, dass die chinesischen Diplomaten einlenkten, sondern dass es der Wunsch ihres Staatsoberhaupts gewesen war, dem sie folgten. Nun war auch offensichtlich: Die wichtigsten Streitpunkte zwischen der aufsteigenden Weltmacht China und der amtierenden Weltmacht drehten sich um den Iran. Daran hat sich bis heute nichts geändert.

Hochdruck

Eines der wichtigsten Prestigeprojekte in den neunziger Jahren war der Bau einer U-Bahn in Teheran. Es zeigt deutlich, wie die Chinesen begannen, die Europäer, aber auch die asiatische Konkurrenz im wirtschaftlichen Wettbewerb zu verdrängen. Die U-Bahn war nicht nur verkehrstechnisch sinnvoll, weil es immer mehr Autos gab. Sie war auch politisch bedeutsam. Bis zu diesem Zeitpunkt hatten weltweit nur zwanzig Städte eine U-Bahn, und im Mittleren Osten gab es noch keine.[59] Weil die Europäer den Iranern zu teuer erschienen, wandten sie sich an China. Da traf es sich gut, dass ein Konsortium unter Führung von Siemens seit 1989 an einer 16 Kilometer langen Strecke für Schanghai mit dreizehn Stationen für 600 000 Passagiere pro Tag baute. Die Strecke wurde im April 1992 eingeweiht. China hatte Zugang zu moderner Technologie. Während Siemens den Iranern das schlüsselfertige Projekt für 3,2 Milliarden US-Dollar anbot, hielt das chinesische Konsortium CITIC mit 848 Millionen dagegen. Die Chinesen legten noch einen zinsgünstigen Kredit von zwei Milliarden US-Dollar obendrauf. Auch die zweite Ausbaustufe der U-Bahn ging 1992 an CITIC.[60] Allerdings verhandelte man danach noch mehrere Jahre über die Details. Bei dem Spatenstich des Projekts hielt der U-Bahn-Präsident Mohsen Hashemi eine Rede, in der man noch die Skepsis spürte: »Manche Menschen aus entwickelten Ländern glauben nicht, dass China über die Kapazitäten und das Know-how verfügt, eine U-Bahn zu bauen. Ich hoffe, die Chinesen werden durch diesen Bau beweisen, dass sie eine U-Bahn auf hohem technischen Niveau und in hoher Qualität bauen können und dass der Iran richtig lag, die Chinesen als Partner zu nehmen.«[61]

Mitte 1996 bekam die Changchun Passenger Car Company dann auch noch einen Auftrag im Wert von 138 Millionen US-Dollar, um 217 Wagons zu bauen.[62] Im Februar 2000 wurde die erste Strecke eröffnet. Die Iraner waren so zufrieden, dass Präsident Mohammed Khatami den Chinesen den Zuschlag für einen Streckenausbau im Wert von weiteren 500 Millionen gab.[63] Im Mai 2004 gewann das chinesische Staatsunternehmen Norinco einen Auftrag im Wert von 834 Millionen US-Dollar, um die U-Bahn um weitere 19 Kilometer zu erweitern.[64]

Die Amerikaner boten den Chinesen auch etwas an. Die USA würden Nukleartechnik an die Chinesen verkaufen, wenn diese wiederum garantieren könnten, dass sie sie nicht an Drittländer weitergeben würden. Die Chinesen antworteten, das könnten sie nicht. Kurz darauf bot Präsident Bill Clinton ihnen eine Zusammenarbeit in der kommerziellen Raumfahrt an, wenn sie keine ballistischen Raketen mehr an die Iraner liefern würden. Die chinesische Regierung reagierte mit der weichen Formulierung, dass sie »nicht die Absicht« habe, Raketen zu exportieren, dass sie jedoch nicht bereit sei, »nicht mehr« zu exportieren.[65] Das war am 21. November 2000, nachdem George W. Bush gerade die Wahlen gewonnen hatte, Clinton aber noch im Amt war. Weiter haben sich die Chinesen seit diesem Datum nicht mehr vom Iran entfernt, und näher sollten sich die beiden Rivalen China und die USA in dieser Frage bis heute nicht kommen.

Das lag durchaus an beiden Seiten. Die Chinesen waren inzwischen zu der Erkenntnis gelangt, dass die größere Nähe zu den USA weniger einbringt als die engere Zusammenarbeit mit dem Iran. Im Jahr 2000 vergab die Eximbank ihren bis dahin größten Einzelkredit an das staatliche Schiffbauunternehmen Dalian Shipbuilding Corp. in Höhe von 375 Millionen US-Dollar, um fünf Öltanker für den Iran zu bauen.[66] Die National Iranian Oil and Tanker Company plant, noch weitere 35 Schiffe bis 2010 zu bestellen. CITIC erhielt einen 935-Millionen-Auftrag für eine Aluminiumschmelze. Außerdem bauen die Chinesen ein Stahlwerk im Wert von 300 Millionen US-Dollar in Ardakan in der Nähe von Yasd.

Der widerspenstige Iran konnte Bush nur als politischer Antipode nützlich sein. Er brauchte die »Schurkenstaaten« und ihre Alliierten als Projektionsfläche für eine plakative Außenpolitik, die möglichst

viele Wähler mit einer möglichst einfachen Formel überzeugen sollte. Und die Formel lautete: Die USA schafften Frieden und Freiheit
in der Welt und bekämpften das Böse. Diese Haltung verschärfte sich
noch nach den Anschlägen auf die Türme des World Trade Center
am 11. September 2001. Seitdem erhöht die Regierung kontinuierlich
den Druck, während die Chinesen sich immer deutlicher zu Gunsten
des Iran positionieren.

Im Herbst 2004 spitzte sich die Konfrontation zwischen den USA
und China zu. »Wir werden nicht zulassen, dass einer der führenden
Unterstützer des internationalen Terrorismus Atomwaffen herstellt
und nach Europa, Zentralasien und in den Nahen Osten liefert«,
sagte John Bolton, Staatssekretär für Rüstungskontrolle und Internationale Beziehungen. Dem Iran wurde also nicht einmal unterstellt,
dass er die Bombe selbst einsetzen würde, etwa gegen Israel, sondern vor allem, dass er sie weitergeben und weiterverkaufen könnte.
Auch Außenminister Colin Powell sprach ein Machtwort: »Das Maß
ist voll. Wir werden nicht zulassen, dass der Iran eine Atommacht
wird.«[67] Das Nachrichtenmagazin *Newsweek* berichtete gleichzeitig,
die US-Regierung wolle die Regierung im Iran stürzen, wenn nötig
mit Waffengewalt.

Zu diesem Zeitpunkt hatte das Desaster im Irak noch nicht seinen Höhepunkt erreicht. Die Chinesen verhielten sich ruhig. Für
sie war politisch nichts zu gewinnen. Stattdessen vereinbarten sie
wenige Wochen danach das größte ausländische Geschäft in der
Geschichte der Volksrepublik. Im Oktober 2004 verpflichteten sie
sich, 270 Millionen Tonnen Gas aus dem South-Pars-Gasfeld in den
nächsten dreißig Jahren abzunehmen. Dafür zahlten die Chinesen
siebzig Milliarden US-Dollar und darüber hinaus bauen sie eine
Gasverflüssigungsanlage.[68] Das letzte westliche Unternehmen, das
ein großes Geschäft mit dem Iran abschließen konnte, war der italienische ENI-Konzern 2001 mit ähnlich hohen Investitionen. Zwölf
Prozent der Weltgasvorkommen liegen im Südiran in einem Radius
von 150 Kilometern. Niemand kann bestätigen, dass die sich danach
plötzlich zuspitzende Rhetorik der Amerikaner daher rührt, dass sie
von dem Geschäft der Chinesen erfahren haben. Die Amerikaner gerieten zunehmend in Bedrängnis. Sie drohten, aber sie konnten ihre
Drohungen nicht wahrmachen, weil es dafür im UN-Sicherheitsrat

keine Mehrheit gab. Außerdem konnten sie nicht allein zuschlagen, weil ihre Truppen noch zu sehr im Irak gebunden waren. Im Januar 2006 verdrängte der Iran Saudi-Arabien als wichtigsten Öllieferanten der Chinesen. Sie beziehen inzwischen knapp 15 Prozent ihres Öls aus dem Iran.

Die Chinesen versuchen den amerikanischen Druck zu unterlaufen, indem sie Allianzen auch mit britischen und amerikanischen Unternehmen schließen. Ein Beispiel dafür, dass wirtschaftliche Globalisierung die alten politischen Frontlinien unterläuft, ist das Yadavaran-Feld. Entdeckt wurde es 2002. Es hat ein Volumen von gut 18 Milliarden Barrel. 2004 kamen Chinesen und Iraner überein, dass Sinopec in den folgenden beiden Jahrzehnten 100 Milliarden US-Dollar in das Yadavaran-Feld investieren und dafür Öl und Gas bekommen sollte. Politisch interessant ist die Zusammensetzung des Gemeinschaftsunternehmens: Die Mehrheit hält Sinopec mit 51 Prozent, der indische Öl-Konzern ONGL hält 25 Prozent, und der britisch-niederländische Öl-Multi Shell hält trotz der politischen Probleme zwischen England und dem Iran zwanzig Prozent. Die Chinesen wie auch die Iraner geben den Engländern, die über interessantes technisches Know-how verfügen, eine politisch verträgliche Möglichkeit, an dem Projekt beteiligt zu sein: »Die National Iranian Oil Company kann einen Vertrag jeweils mit Shell und Sinopec eingehen, oder wir unterschreiben nur einen Vertrag mit Sinopec. Shell verhandelt dann mit Sinopec«, sagte Gholamhossem Nozari, der Managing Director des Unternehmens. Shell war mit seiner Formulierung sehr vorsichtig. »Shell hat Sinopec in der Vergangenheit technische Unterstützung für das Yadavaran-Projekt gegeben. Shell hat ein großes Interesse daran, wie das Projekt vorangetrieben werden könnte«, sagte ein Unternehmenssprecher.[69] In dem Hundert-Milliarden-Dollar-Paket ist auch die Investition in das North-Pars-Gasfeld enthalten. Im Mai 2007 einigten sich CNOOC und der Iran, dieses in vier Phasen zu erschließen und Gasverflüssigungsanlagen zu bauen. Damit bindet sich China für 25 Jahre und hält einen Anteil von fünfzig Prozent. Das Projekt wird mindestens 16 Milliarden US-Dollar kosten. Seit Dezember 2007 fließen die ersten zwei Milliarden zur Entwicklung des Ölfelds.

Ein amerikanischer Regierungssprecher bezeichnete den Vertrag als »nicht verantwortungsvoll«. Ein Sprecher des chinesischen Außenministeriums antwortete, die USA sollten sich nicht in die inneren Angelegenheiten Chinas einmischen. Ohne Proteste der USA unterschrieben sie im Januar 2007 einen Zehn-Milliarden-US-Dollar-Vorvertrag über den Bau einer Gasverflüssigungsanlage am South-Pars-Feld. Das französische Unternehmen Total zog sich im September 2007 nach amerikanischem Druck aus einem Gasverflüssigungsprojekt am South-Pars-Feld im Wert von zehn Milliarden US-Dollar aus dem Iran zurück. Die Chinesen verhandeln über eine Übernahme. Auf Druck der USA kündigte Japans größte Ölraffinerie, Nippon Oil, an, die Ölimporte aus Iran um 15 Prozent zu senken.[70]

Die Chinesen unterlaufen derweil selbst amerikanische Strategien im Irak. Im Juni 2007 reiste der irakische Staatspräsident Jalal Talabani mit einer großen Delegation nach China. Es war die erste Reise dieser Art, seitdem China und der Irak 1955 diplomatische Beziehungen aufgenommen hatten. Allerdings waren die Beziehungen nicht schlecht. Von 1982 bis 1989 hatten die Chinesen dem Irak Waffen im Wert von knapp fünf Milliarden US-Dollar verkauft.[71] Doppelt so viele wie dem Iran während des gleichen Zeitraums. Die Iraker haben jedoch nicht bezahlt. Inzwischen sind die Schulden auf knapp zehn Milliarden US-Dollar angewachsen. Die Chinesen erklärten sich bereit, einen Teil der Schulden zu erlassen. Dafür reaktivieren die Iraker die Öl-Konzessionen im al-Ahdab-Feld, die China bereits 1997 für rund 1,2 Milliarden US-Dollar erworben hatte und die sich über einen Zeitraum von 23 Jahren erstrecken sollten. Sie waren jedoch von den Amerikanern für nichtig erklärt worden, weil sie nicht mit einer »rechtmäßigen Regierung«, sondern mit Saddam Hussein abgeschlossen worden waren. Chinesen und Iraker hatten bereits seit November 2006 miteinander verhandelt.[72] Sollten die USA zum Beispiel nach einem Wahlsieg der Demokraten Ende 2008 überraschend abziehen, wären die Chinesen nicht nur vorbereitet, sondern auch willkommen, in großem Umfang im Irak zu investieren.

In anderen Industriebereichen ist es den Chinesen sogar gelungen, amerikanische Unternehmen im Iran unter Druck zu setzen. Im August 2007 kündigte der Automobilhersteller Chery an, für 370 Millionen US-Dollar ein Werk in Barbol im Norden des Iran zu bauen. Partner sind die Iran-Khodro Industrial Group und ein kanadisches Investmenthaus namens Solitac mit nur fünf Mitarbeitern und einem Präsidenten namens Hossein Bavafa. Das Unternehmen wird gelieferte Bausätze des Compact-Fahrzeugs QQ6 im Iran zusammenbauen lassen und auch ins umliegende Ausland verkaufen.[73] Das Gemeinschaftsunternehmen könne Cherys Wettbewerbsfähigkeit im gesamten Mittleren Osten stärken und sein Image als chinesische Marke im Weltmarkt weiter ausbauen, sagte Präsident Yin Tongyao. Chery werden dreißig Prozent des Unternehmens gehören, und es wird zusammen mit den Kanadiern die Mehrheit von 51 Prozent haben. 200 000 Autos sollen jährlich produziert werden. Einen Monat zuvor hatte Chery mit der ChryslerGroup vereinbart, unter der Marke Dodge gemeinsam Fahrzeuge für den amerikanischen und europäischen Markt zu entwickeln und herzustellen. 2009 sollen die ersten Autos vom Band rollen.»Wir kombinieren die Forschungskapazitäten und Chryslers weltweites Vertriebssystem mit den günstigen Produktionsbedingungen bei Chery«, sagte Chrysler-Chef Tom LaSorda.[74] Erst wenige Wochen zuvor hatte sich Daimler-Chrysler wieder getrennt. Die *Financial Times* betitelt die Geschäfte mit »Hinterachse des Bösen«.[75] Ein Konzernsprecher betonte, dass es hierbei keine Kapitalbeteiligungen gebe, damit falle es nicht unter den »Iran Sanctions Act«, der amerikanischen Unternehmen Beteiligungen im Iran verbietet. Chery produziert bereits mit Partnern in Russland, der Ukraine, Uruguay und Indonesien. In nur knapp acht Jahren brachte es das Unternehmen im August 2007 auf über eine Million hergestellte Fahrzeuge. Ebenfalls im August unterzeichneten die Chery-Manager eine Absichtserklärung über ein Gemeinschaftsunternehmen mit Fiat in China.

Mit diesen taktischen Schachzügen legen die Chinesen die Hürden für eine militärische Lösung höher. Ein Konflikt würde Chrysler sehr schaden, aber genauso den britischen und italienischen Ölkonzernen Shell und ENI. Auch die Russen, die den Iranern ein Atomkraftwerk gebaut haben, dessen Brennstäbe sie 2007 geliefert haben, hoffen auf weitere Milliardenaufträge. Gleichzeitig versuchen die Iraner, die Europäer und die Russen gegeneinander auszuspielen. Im Juli einigten sich die Türkei und der Iran, über die geplante Nabucco-Pipeline jährlich dreißig Milliarden Kubikmeter Gas durch die Türkei nach

Europa zu transportieren. Damit bekommt Europa die Möglichkeit, seine Abhängigkeit von russischem Öl zu verringern.

Für die Iraner wird das chinesische Wirtschaftsmodell ein immer größeres Vorbild. Adel Azar, der Chef des Wirtschaftsausschusses des iranischen Parlaments, war schockiert über die Dynamik in China und die Rückständigkeit des Iran: »Dabei haben wir Privatunternehmen zur gleichen Zeit zugelassen wie die Chinesen. Wir haben diskutiert. Die haben gehandelt. Wir sind nicht zufrieden mit unserer Wirtschaft.«[76] Doch einstweilen hat die Regierung Sorge, dass der ausländische Einfluss zu groß wird, wenn sie ihre Wirtschaft noch stärker der Welt öffnet.

Die Einzigen, die ihr diese Sorge nehmen könnten, sind wohl die Chinesen. Sie haben gezeigt, dass man wirtschaftlichen Aufschwung zum Wohl der Menschen schaffen und dennoch die politischen Zügel straff in der Hand behalten kann. Dass die Chinesen das Tempo erhöhen, bedeutet nicht unbedingt, dass es mit der iranischen Wirtschaft bergauf geht. Zwar hat der Handel zwischen China und dem Iran 2007 die Zwanzig-Milliarden-Marke überstiegen und sich damit seit 2005 verdoppelt.[77] Das ist aber hauptsächlich darauf zurückzuführen, dass die Chinesen das Geschäft des Westens übernommen haben.

Das ist nicht ohne Folgen für die weltpolitischen Machtkonstellationen. Auf der Basis wirtschaftlicher Interessen festigen sich auch politische Allianzen: die Shanghai Cooperation Organisation (SCO) beispielsweise, die sich im August 2007 in der kirgisischen Hauptstadt Bischkek traf. Die Organisation, der vier zentralasiatische Staaten sowie Russland und China angehörten, war eigentlich als Antiterror- und Grenzsicherheitsorganisation gegründet worden. Nach dem 11. September 2001 blühte sie unter der Führung der Chinesen auf. 2005 bekam der Iran Beobachterstatus. Im August 2007 veranstalteten die Staaten bereits zum zweiten Mal ein gemeinsames Manöver im Ural, an dem 6000 Soldaten teilnahmen. Die ersten hatten 2005 in China stattgefunden. Die Treffen bekommen eine antiwestliche oder zumindest antiamerikanische Ausprägung. »Sicherheit und Stabilität in Zentralasien lassen sich am besten durch die Bemühungen der in der Region ansässigen Staaten und ihrer Vereinigungen lösen«, hieß es in einer gemeinsamen Stellungnahme am Ende des Treffens. Russlands

Präsident Wladimir Putin sagte deutlich: »Alle Bemühungen, globale und regionale Probleme unilateral zu lösen, sind hoffnungslos.«[78] Bereits im Jahr 2005 hat die SCO zwei ihrer Mitgliedstaaten, Usbekistan und Kirgisistan, aufgefordert, keine amerikanischen Truppen mehr ins Land zu lassen. Usbekistan ist der Aufforderung gefolgt. Kirgisistan hat noch eine amerikanische Basis in seinem Land. Die amerikanische Position verliert immer mehr an Boden.

Im Februar 2007 sagte Nicholas Burns, Staatssekretär im amerikanischen Außenministerium, noch: »Wir führen sehr gute Diskussionen und fühlen uns sehr wohl an dem Punkt, an dem wir in den Gesprächen mit Russland und China angelangt sind. Die Iraner sollten genau das verstehen.«[79] Im Sommer 2007 protestierten die Amerikaner, weil chinesische Schiffe Material für das iranische Raketen- und Atomprogramm an Bord gehabt haben sollen. Die Bush-Regierung nannte sogar die Namen von fünf chinesischen Firmen. Die bestreiten jedoch, an solchen Geschäften beteiligt zu sein. Ein Sprecher des chinesischen Außenministeriums bezeichnete die Anschuldigungen »als grundlos und extrem verantwortungslos«.[80]

Bis noch vor einigen Jahren hätte niemand den Chinesen geglaubt. Seitdem es um die Frage ging, ob Saddam Hussein Massenvernichtungswaffen gehabt hat, sind die Zweifel an der Glaubwürdigkeit der amerikanischen Regierung größer geworden. So ist es auch im Streit um das Atomprogramm des Iran. Der Iran sagt, er habe das Recht, ein Atomprogramm zur friedlichen Nutzung zu betreiben. Dieses Recht ist auch international nicht umstritten. Allerdings glauben die Amerikaner, dass der Iran gleichzeitig an einer Bombe arbeitet, und verlangen vom Iran deshalb, sein gesamtes Atomprogramm einzustellen. Ein Beweis dafür ist bisher nicht öffentlich erbracht worden. Allerdings hat der Iran Teile seines Atomprogramms lange der internationalen Öffentlichkeit verheimlicht – entgegen internationalen Abmachungen.

Drei iranische Forschungsreaktoren sind bereits in Betrieb. Das von den Russen gebaute 1000-Megawatt-Atomkraftwerk ging 2007 ans Netz. Zwei weitere sind im Bau. Gegenwärtig errichtet der Iran drei Anlagen: Eine soll in Natanz Uran anreichern, eine in Arak soll schweres Wasser herstellen, und in Isfahan sollen Brennstäbe produziert werden.[81] Nach langen Verhandlungen willigte der Iran Ende

2006 ein, seine Atomforschungen auszusetzen. Als der Druck der USA nicht nachließ, verkündete Ahmadinejad im April 2007, es sei erstmals gelungen, Uran so anzureichern, dass er in Atomkraftwerken genutzt werden könne.[82] Fachleute behaupten, die Anlage im 300 Kilometer südlich von Teheran gelegenen Natanz könne auch waffenfähiges Uran herstellen, und das schwere Wasser aus Arak könne zur Herstellung von Plutonium genutzt werden.

Die Chinesen und die Russen halten nichts von Sanktionen. Die Europäer wollen eine Verhandlungslösung, sind aber Sanktionen gegenüber nicht ganz abgeneigt. Die Amerikaner wollen starke Sanktionen. Solange sie die Sanktionen in den Vereinten Nationen nicht durchsetzen können, versuchen sie vor allem die europäische Wirtschaft, aber auch die Chinesen und Inder unter Druck zu setzen. Die drohende Botschaft der Amerikaner ist einfach: Wer mit dem Iran Geschäfte macht, bekommt Probleme mit dem amerikanischen Geschäft. Während der Druck gegen den Westen teilweise erfolgreich ist, ist er gegenüber China weitgehend nutzlos. Bis Ende November 2007 konnte sich der UN-Sicherheitsrat nicht auf UN-Sanktionen einigen. Ende September gelang es Russland und China sogar, die USA zu zwingen, folgende Erklärung mit zu tragen: »Wir begrüßen die Vereinbarungen zwischen der IAEA und dem Iran, um alle Fragen vergangener Nuklearaktivitäten des Iran zu klären.«[83] Am 6. Oktober 2007 sagte US-Präsident George W. Bush, er habe nicht die Absicht, den Iran anzugreifen: »Das ist leere Propaganda, [...] haltlose Gerüchte. Ich habe dem amerikanischen Volk versprochen, den Konflikt diplomatisch zu lösen.«[84]

Husarenstück

Ich möchte wissen, wie sich die politische Lage im Iran aus dem Blick eines Geschäftsmanns anfühlt, deshalb fahre ich mit einem alten russischen Taxi hinauf in den neuen Geschäftsdistrikt, der sich in Nordteheran am Fuß des Damavand-Berges befindet. Zahlreiche neue Geschäftshäuser sind hier in den letzten Jahren entstanden, doch es gibt noch viele Baulücken. Einige der Baustellen mit zehn- bis fünfzehnstöckigen Gebäuden sind verwaist. Die Wirtschaft wartet ab, wie sich die politische Lage entwickelt. Am Africa Boulevard liegt das Büro von Hamid Varzi.

Seit Jahren ist er der Chef einer deutschen Bank im Iran. Varzi ist mir durch seine originellen Kommentare aufgefallen, die er seit einigen Jahren im *International Herald Tribune* veröffentlicht. Im August 2006 schrieb er dort: »Ich musste schon ein wenig lächeln, als ich diese beiden zufällig nebeneinanderstehenden Artikel bemerkte, der eine berichtete darüber, dass sich der amerikanische Handelskonzern Wal-Mart aus Deutschland zurückzieht, und der andere darüber, dass die arabische öffentliche Meinung sich zu Gunsten der Hisbollah gewendet hat, die Amerikaner jedoch auf ihrer Politik beharren. Der Unterschied zwischen dem größten Einzelhandelsunternehmen der Welt und der mächtigsten Nation der Welt ist, dass die Manager in dem brillant geführten Unternehmen genau wissen, wann es Zeit ist, sich zu ihren Verlusten zu bekennen und den Rückzug anzutreten. Die Neokonservativen in der Bush-Regierung hingegen bestehen darauf, ihren fragwürdigen Zielen bis zum bitteren Ende zu folgen. Dabei ignorieren sie die katastrophalen Rückschläge in Afghanistan, Irak und nun im Libanon wie ein windelweich geprügelter, strauchelnder Boxer, der weitermacht, weil er noch auf einen Glückstreffer hofft. Die Stärke von Wal-Mart liegt in der ständigen Selbstkontrolle, wissend, dass selbst die höchstbezahlten Manager sich total irren können. Die US-Regierung hingehen hält schon das kleinste Zugeständnis eines Fehlers für einen Angriff auf ihre Würde.«

Ich bin gespannt, wie er im persönlichen Gespräch ist.

Varzi ist mir sofort sympathisch, und er ist nicht auf den Mund gefallen. Sein Englisch und sein Deutsch sind hervorragend. Er spricht so, wie er schreibt, womöglich in diesen Tagen noch schneller und aufgebrachter als sonst. Denn er ist in einer Art Schockzustand. Drei Wochen zuvor haben sich die Commerzbank, die Dresdner und die Deutsche Bank aus dem Irangeschäft zurückgezogen. Die offizielle Begründung lautet: zu großer bürokratischer Aufwand. Doch tatsächlich hat die US-Regierung den Druck gemacht. Vertreter der amerikanischen Regierung haben in die Berliner US-Botschaft geladen, um den Bankmanagern zu verkünden, sie würden nicht verhindern, dass amerikanische Behörden deutschen Unternehmen Schwierigkeiten machten, wenn sie weiter im Iran tätig seien. Sie würden ihnen deshalb freundschaftlich raten, ihre Geschäfte im Iran einzustellen.[85] Daraufhin haben die deutschen Banken die Konsequenzen gezogen. Die Bundesregierung hat sich zu dem Thema still verhalten.

Eine schwierige Situation. Deshalb besteht Varzi darauf, dass er alles, was er mir sagt, als Privatperson äußert, so wie in der *International Herald Tribune*. »Ich bin einer der Frechsten in unserer Bank.« Das ist mir sehr recht, da offizielle Stellungnahmen von Bankern in der Regel nicht zu den schillerndsten Äußerungen gehören. Das Interessante an Varzi ist, dass er zwischen allen Stühlen sitzt. Er gehört zu keiner Fraktion richtig, er redet nicht den Mullahs nach dem Mund, aber auch nicht der Opposition. Er ist Iraner, aber mit seinem deutschen Pass auch Deutscher. Er mag kluge Amerikaner, und er kennt jede Menge, aber er hält nichts von der amerikanischen Regierung. Er ist Geschäftsmann, aber kulturell interessiert.

Und dann legt der Privatmann los: »Ich habe selten einen solch feigen Akt gesehen, wie den von Frau Merkel.« Sie habe kein Rückgrat gezeigt. »Man muss im Iran über die Menschenrechte sprechen. Aber dann muss man auch über die über eine Million toten Iraker sprechen, die der amerikanische Einmarsch in den Irak gekostet hat.« Das passiere jedoch nicht. »Diese Doppelmoral des Westens ist der Hauptgrund, warum unsere Fanatiker im Iran so stark geworden sind.«

»Aber die Deutschen sind nicht die Einzigen, die sich aus dem Iran zurückziehen«, wende ich ein.

»Richtig, die Schweizer und Franzosen gehen auch. Doch die entscheidende Frage ist, wer bleibt?« Die britische Hongkong Shanghai Bank of China (HSBC) bleibe. Das ist die größte europäische Bank. Ebenso die Standard Chartred Bank. »Eigentlich hätten die Briten mit ihrer ›War Off Terror‹-Politik die Ersten sein müssen, die den Iran verlassen. Aber sie bleiben hier und bedienen weiter die iranischen Kunden. Wie kann das sein?«

»Wahrscheinlich«, versuche ich zu erklären, »weil die Amerikaner ihre bisher engsten europäischen Verbündeten nicht einbestellt haben. Interessant ist auch, dass die US-Amerikaner die Kreditgaran-

342

tien an den Iran aus dem Jahr 2005 von Italien (6,2 Milliarden US-Dollar), Deutschland (5,2 Milliarden), Frankreich (1,4 Milliarden) sowie Spanien und Österreich (je eine Milliarde) offen gelegt haben, jedoch nicht die Garantien von England.«

»Aber wie kann man die deutschen Banken der Beihilfe zum Terrorismus beschuldigen und die englischen Banken nicht?«

»Die USA sind eben in Europa noch mächtig genug, um sich diese Auswahl ungestraft leisten zu können. Immerhin, die Franzosen ziehen sich auch zurück«, gebe ich zu bedenken.

»Aber es gibt einen großen Unterschied zwischen den Franzosen und den Deutschen, was ihren Ruf im Iran betrifft. Die Franzosen gelten als Prostituierte. Sie waren jahrelang die besten Freunde des Iran, dann haben sie sich Ende der achtziger Jahre auf die Seite des Irak geschlagen. Als sie aber merkten, dass der Irak verloren hat, sind sie mit ihren Peugeots und Citroëns wieder in den Iran gekommen. Das wissen die Menschen hier. Deutschland hingegen hat immer zum Iran gestanden. Wir blicken auf 120 Jahre gute Beziehungen zurück. Die deutschen Politiker haben auch sehr gute diplomatische Kanäle. Darauf konnten die Iraner bauen, und deshalb waren die Deutschen bis vor drei Wochen mit weitem Abstand die beliebteste Industrienation im Iran. Der Schaden für den Ruf Deutschlands ist also unendlich größer.«

»Aber eine Bank ist nicht fürs Image der Deutschen im Ausland zuständig«, provoziere ich ihn. »Dafür haben wir das Goethe-Institut. Eine Bank soll Geld verdienen. Gibt es nicht auch geschäftliche Gründe, in diesem Durcheinander den Iran zu verlassen?«

»Nicht einen, der mit dem Iran zu tun hätte. Unsere Bank zum Beispiel ist seit vielen Jahren hier im Iran vertreten.« Sie seien geblieben, als der Schah ging und die Mullahs kamen. Sie seien während des irakisch-iranischen Krieges hier gewesen. Sie hätten durchgehalten, als die Amerikaner im Irak einmarschiert seien und niemand gewusst habe, wie der Iran in den Konflikt hineingezogen werden würde. Und sie hätten auch 1998 ihre Koffer nicht gepackt, als der Iran sein Barrel Öl für sechseinhalb und sieben US-Dollar verkaufen musste. »Der Iran ist ein wirtschaftlich integres Land. Er hat seine Schulden immer zurückbezahlt, und wenn es Milliarden waren. In der Geschichte des Iran ist nicht eine Bank bankrott gegangen. Unser Land hat laut Internationalem Währungsfonds Devisenreserven von 65 Milliarden US-Dollar. Sie können hier jedem Mullah unter den Umhang fassen, und Sie werden 25 Millionen US-Dollar finden. Der Iran ist nicht Nordkorea, das für 25 Millionen US-Dollar seine Hosen herunterlässt. Dass Deutschland jetzt geht, ist auch für mich persönlich eine unglaubliche Enttäuschung. Denn ich liebe Deutschland. So etwas macht man nicht.« Varzi hatte die Wahl. Er hat in Cambridge studiert und hätte auch die englische Staatsbürgerschaft haben können. Vor allem aus politischen Gründen hat er sich für Deutschland entschieden. Er hielt die Deutschen für gradliniger und verlässlicher. Nun habe es einen gewaltigen Bruch gegeben: »Es wird für die deutschen Banken schwierig sein, wieder im Iran Fuß zu fassen. Denn sollte der Iran mit Amerika einen Friedensvertrag abschließen, wird die City Group die Hälfte der iranischen Bankindustrie über Nacht übernehmen. Und wenn die USA und der Iran Feinde bleiben, werden die Chinesen und andere Asiaten das Geschäft an sich ziehen.« Varzi muss das Gespräch abbrechen. Eine dringende Telefonkonferenz mit Deutschland. Ich habe den Eindruck, dass er froh ist, in dieser Lage nicht mehr Rede und Antwort stehen zu müssen. Aber er empfiehlt mich an einen Kollegen weiter, der sogar gerade um die Ecke auf einem Termin ist. Wir treffen uns in einem Café. Er möchte nicht unter seinem Namen zitiert werden. Also nennen wir ihn Mehdi Sadeghi.

»Warum verstehen sich die gottesfürchtigen Mullahs und die atheistischen Kommunisten so gut?«, frage ich.

»Gottesfürchtig? Es gibt keinen Mullah, der an Gott glaubt.«

»Die glauben also alle nur an Geld.«

»Ja, genau. Das verbindet sie mit den Chinesen.«

»Und beide sind gegen Amerika. Das verbindet auch.«

»Genau, und zwar noch auf lange Zeit.«

»Das heißt, niemand wartet, bis die Deutschen beispielsweise wieder zum Iran nett sind.«

»Wir schaden uns also nur selbst, ohne irgendetwas zu erreichen. Das ist eine Katastrophe. Ihr Geschäft wird sich stark reduzieren. Unter normalen Umständen hätte Deutschland Güter im Wert von sechs bis sieben Milliarden US-Dollar exportieren müssen. Nun werden es mit Glück Güter im Wert von rund zwei Milliarden sein. Es geht auch um die 150 Lokomotiven im Wert von 450 Millionen Euro, für die Siemens im November 2006 unterschrieb. Im ersten Halbjahr 2007 ist das Handelsvolumen mit Deutschland bereits um 17 Prozent gesunken. Wenn es nur Siemens getroffen hätte, wäre es kein Problem, aber es trifft vor allem mittelständische Unternehmen, das Rückgrat der deutschen Wirtschaft. Wenn die Zurückhaltung politisch etwas ändern würde, könnte man ja noch darüber reden. Aber so helfen wir nur den Chinesen. Die Politik der Bundesregierung ist also nicht nur feige, sondern auch noch ungeschickt.«

»Innenpolitisch ist es wahrscheinlich gar nicht so dumm«, halte ich dagegen, »sich gegen die Moslems zu stellen. Die Wähler haben Angst vor dem Islam. Zu sagen, die sind böse und wir sind gut, funktioniert wahrscheinlich.«

»Das hat nicht nur innenpolitische Gründe«, fällt mir Sadeghi ins Wort. »Man sollte den Druck der Israelis auf Deutschland nicht unterschätzen. Vor fünf Monaten haben 50 000 Nachkommen von Holocaust-Überlebenden die Regierung wegen ihrer verlorenen Kindheit verklagt. In fünfzig Jahren werden dann die Enkelkinder klagen. Sie werden dann ein oder zwei Milliarden Euro verlangen. Das geht immer weiter. Deutschland hat nicht den Mut zu sagen, wir haben Schlimmes getan, aber jetzt ist es genug. Gegenüber den USA wäre es im Falle des Iran richtig zu sagen: In der iranischen Regierung gibt es keine Engel. Aber so teuflisch, wie die Amerikaner und Israelis sie darstellen, sind sie auch nicht.«

»Andererseits muss man irgendwie der iranischen Regierung signalisieren, wann das Maß voll ist«, erwidere ich.

»Das ist richtig. Nur wenn der Westen Prinzipien hat, dann müssen sie auch für alle und alles gleichermaßen gelten. Ein Beispiel: Die Amerikaner werfen dem Iran vor, dass er die antiamerikanischen Rebellen im Irak unterstützt, weil er seine Grenze nicht kontrolliert und damit der Iran zum Rückzugsgebiet wird, auf das die Amerikaner keinen Zugriff haben. Wenn es um Saudi-Arabien geht, sagt der Sprecher des Pentagon, 45 Prozent der grenzüberschreitenden Rebellenbewegungen kommen über die saudische Grenze. Die Grenze ist 800 Kilometer lang. Und er fügt hinzu: Es ist verständlich, dass die saudische Regierung es nicht schafft, die Grenze zu kontrollieren. Im Fall des Iran heißt es, sie halten ihre Grenze nicht dicht. Der Iran hat eine 1470 Kilometer lange Grenze zum Irak. Wie soll man die kontrollieren? Und wer soll die Grenze von 2700 Kilometer zu Pakistan und Afghanistan kontrollieren? Die USA haben zehn Millionen illegale mexikanische Immigranten. Obwohl die Amerikaner über die neuste Überwachungstechnologie verfügen, schaffen sie es nicht, die Grenze zu Mexiko zu kontrollieren. Ein anderes Beispiel ist die Frage der Atomenergie. Die Amerikaner lassen die Pakistanis in Ruhe, die besitzen die Atombombe schon. Den Iranern gestehen sie nicht einmal zu, zivile Atomenergie zu besitzen. Deshalb haben wir Iraner, auch die, die die Regierung hassen, immer mehr das Gefühl, dass Amerika den Iran unbedingt militärisch angreifen will.«

»Diesen Eindruck kann man nicht von der Hand weisen. Aber es gibt einen Ausweg. Wenn die Vereinten Nationen Sanktionen beschließen oder die Iraner sich kompromissbereit zeigen, verringern sich die Chancen eines Angriffs erheblich. Die Sanktionen nehmen den Amerikanern den Wind aus den Segeln.«

Sadeghi holt tief Luft: »Sanktionen haben noch nie funktioniert. Das wissen die Amerikaner auch, womöglich setzen sie darauf. Denn wenn Sanktionen verhängt wurden, und sie funktionieren nicht, dann haben die Amerikaner alle Trümpfe in der Hand. Damit die Sanktionen greifen, müssten sie Dubai schließen. Das werden sie nicht riskieren. Achtzig Prozent der Industrie in Dubai sind vom Iran abhängig. Ich war mal bei einem Chef einer der großen lokalen Banken und habe ihn gefragt, wie viel Prozent der Wirtschaft von den Schmuggelgeschäften in den Iran abhängen. Da sagte er mir leise lächelnd: ›Das ist kein Schmuggel, sondern Reexport.‹ Die Araber können das, Goldschmuggel, Perlenschmuggel. Sie sind von Haus aus Piraten. Und die Amerikaner lassen nicht nur Dubai gewähren, sondern sie machen selbst, ebenso wie die Engländer, Geschäfte mit Dubai. Das ist Doppelmoral. Darauf lassen sich keine Vertrauensverhältnisse aufbauen. Die deutsche Regierung macht es aus Feigheit. Die weiß, dass es falsch ist, was die Amis tun. Die Deutschen haben einen Minderwertigkeitskomplex, und sie sind sehr pessimistisch. Deswegen trauen sie sich nicht, in der Öffentlichkeit gegen die Amerikaner Widerstand zu leisten, obwohl sie eigentlich ein großer Freund des Friedens in der Welt sind. Die Deutschen müssen wissen: Die Politik der Sanktionen hat nur eine Folge. Der Westen treibt uns in die Arme der Chinesen, ob wir das wollen oder nicht. Die sind verlässlicher. Das gilt auch für die Menschen auf der Straße, die Kunden. Denn je heftiger die amerikanischen Sanktionen greifen, desto mehr sind wir darauf angewiesen, preiswerte chinesische Produkte zu bekommen. Wenn man erst einmal festgestellt hat, dass die No-Name-Produkte der Chinesen fast genauso gut sind wie die des Westens und der Japaner, dann kauft man sie weiter.« Fast atemlos endet sein Monolog.

»Doch viel schlimmer ist«, finde ich, »dass wir unsere Chance verspielen, die Werte, die uns wichtig sind, in diesen Ländern zu verankern. Während der Spielraum der Chinesen, ihre Werte zu verankern, zunimmt.«

»Was ist die Henne, und was ist das Ei?«, will ich von Sadeghi wissen. »Ist die iranische Politik durch die chinesische Unterstützung frecher geworden? Oder braucht sie mehr chinesische Unterstützung, weil sie frecher geworden ist?«

»Es hat durch die Unterstützung der Chinesen eine gewaltige Veränderung gegeben«, antwortet Sadeghi. »Die iranischen Mullahs fühlen sich politisch und wirtschaftlich gestärkt. Die Machtverhältnisse in der Region haben sich erheblich verschoben. Das können auch die Amerikaner nicht ignorieren. Die Mullahs hatten sogar zeitweilig versucht, das chinesische Entwicklungsmodell zu übernehmen: Also erst die wirtschaftliche Öffnung, während man politisch die Zügel angezogen hält. Seit Ahmadinejad die Macht übernommen hat, hat sich das wieder geändert. Den Chinesen ist es also offensichtlich noch nicht gelungen, die iranische Regierung von den Vorzügen dieses Weges zu überzeugen. Deshalb würde ich sagen: Die Chinesen haben die Mullahs unterstützt. Auch dadurch sind die Mullahs selbstbewusster geworden und haben sich mit unbedachten Äußerungen in eine Lage gebracht, wo sie noch mehr Hilfe von den Chinesen brauchen.«

»Aber dass Präsident Ahmadinejad den Holocaust leugnet und Israel mit der Atombombe vernichten will, ist sicher nicht im Interesse der Chinesen und wohl auch nicht in Ihrem, oder?«

»Nein. Seine Äußerungen im August 2005 und im Frühjahr 2007 waren eine Dummheit, denn sie waren Wasser auf die Mühlen der jüdischen Lobby. Das ist keine Art, Außenpolitik zu machen. Die

Regierung ist politisch sehr ungeschickt. Leider kontrollieren die revolutionären Garden das Land. Und viele von denen haben ein Interesse daran, die Spannungen aufrechtzuerhalten, damit sie ihre eigenen Geschäfte machen können. Genau wie die Amis es gemacht haben und damit durchgekommen sind.«

»Und dennoch ist keine Revolution in Sicht?«, will ich wissen.

»Den Leuten hier ist bewusst, dass die Chancen gering sind. Ihnen steckt noch die Erinnerung in den Knochen, dass die Revolution 1979 zwar funktioniert hat, sich die Dinge aber nicht so entwickelt haben, wie man sich das gewünscht hat. Deshalb hassen die Menschen hier die Regierung. Außer die Leute, die von der Regierung leben, das sind sechs oder sieben Prozent der Bevölkerung, also fünf Millionen Menschen. Aber die Mehrheit ist klug genug, die Möglichkeiten nicht zu überschätzen. Das ist die eine Seite. Die andere Seite ist, dass man auch nicht übersehen darf, dass die Äußerungen von Ahmadinejad nicht ganz korrekt übersetzt wurden. Das hat er hinterher mehrfach gesagt. Aber ihm hat da schon niemand mehr zugehört. Immerhin hat der *New York Times*-Korrespondent Nasil Afati, der fließend Farsi spricht, die richtige Übersetzung verbreitet: ›Wir hoffen, dass Israel aus den Seiten der Geschichtsbücher verschwinden wird.‹ Nicht mehr und auch nicht weniger. Es ist auch nicht so, dass nur eine Seite extrem reagiert. Alle Fanatiker, egal ob Moslems, Christen oder Juden, sind gleichermaßen dumm und gefährlich. Wer ein Friedensangebot nicht einmal annimmt, ist ein Fanatiker.«

Sadeghi spielt auf die Friedensverhandlungen an, die die iranische Regierung am 2. Mai 2003 der amerikanischen Regierung angeboten hat. In einem Papier, das sie über den Schweizer Botschafter weiterleitete, hatte sie sich bereit erklärt, die Hamas und die Hisbollah nicht mehr zu unterstützen und ihr Atomprogramm offen zu legen.

»Die US-Regierung hat das Papier nicht einmal beantwortet, sondern die Schweizer Regierung so lange unter Druck gesetzt, bis sie ihren Botschafter aus Teheran abgezogen hat«, führt Sadeghi weiter aus. »In den Augen der Amerikaner hat derjenige, der das Papier weitergeleitet hat, die Schuld. Auf diese Weise erst sind sie in die unangenehme Lage gekommen, ein Papier verschwinden lassen zu müssen. Auch das ist Fanatismus. Wir befinden uns derzeit in einer Phase, in der alle Seiten polarisieren und zu größerem Extremismus neigen.«

»Das heißt«, fragte ich, »Sie gehen davon aus, dass sich die Lage weiter zuspitzt?«

»Ich habe die Sorge, dass die Amerikaner aus reiner Bosheit den Iran angreifen. Sie werden damit nichts erreichen, weil es keinen politischen und militärischen Sinn macht. Das ist also reine Selbstbefriedigung. Eine sterbende Schlange kann immer noch ihr letztes Gift rausspritzen. Sie sind keine logischen Leute. Die fällen große Entscheidungen aus dem Bauch heraus. Das ist für mich ein Albtraum, was in den letzten sechs Jahren in Amerika passiert ist. Feinde zu Freunden, Freunde zu Feinden. Ich verstehe es nicht. Die Einzigen weltweit, die derzeit mäßigend eingreifen, sind die Chinesen. Sie versuchen, im UN-Sicherheitsrat zwischen beiden Fronten zu vermitteln. Aber ich kann nicht einschätzen, ob sie mächtig genug sind, die USA zur Vernunft zu bringen. Was meinen Sie?«

»Die Frage ist schwierig zu beantworten«, sage ich. »Wenn sie Verbündete für ihre Position finden, könnten sie es schon schaffen. Das war im Sudan-Konflikt auch so. Die Frage ist, wie sich Frankreich und England verhalten.«

»Ich verstehe nicht, warum die Deutschen den Chinesen das Feld überlassen«, greift Sadeghi den Faden wieder auf. »Die Deutschen hätten die Chance, für den anderen Westen zu stehen. Für einen Westen ohne Kreuzzüge, für einen Westen, der die liberalen Kräfte im Iran stärkt, indem er ihr verlässlicher und vertrauensvoller Partner ist. Eine Alternative zu China.«

Sadeghi bricht an dieser Stelle ab. Er hat noch einen Termin. Auch ich muss zurück in die Stadt. Wie sehen andere die strategische Bedeutung der Chinesen? Sind die Deutschen wirklich so ungeschickt? Und welche Rolle spielen die übrigen Europäer?

Ich treffe einen europäischen Diplomaten und einen westlichen Manager, um Sadeghis Position zu kontrastieren. Der eine ein ruhiger, besonnener, kluger Mann, der andere der Vertreter eines Großunternehmens mit langjähriger internationaler Erfahrung. Er kommt gleich zur Sache: »Wir haben das Gefühl, dass die Chinesen die Beziehungen sehr großrahmig und vorausschauend aufbauen. Der Staat, aber auch die Unternehmen nehmen Abschlüsse in Kauf, die kurzfristig nicht wirtschaftlich, aber an dem Ziel orientiert sind, dass

man dafür in den nächsten Jahrzehnten umso mehr Profit einfährt.«
Das zeige sich vor allem bei den Milliarden-Verträgen, bei denen sie
sich mit hundert Milliarden US-Dollar über zwanzig Jahre engagieren und dabei zukünftig steigende Öl- und Gaspreise in die gegenwärtige Entwicklung miteinbezogen hätten. »Die Iraner haben lange
gezögert, diese Verträge zu unterschreiben. Aber sie haben derzeit
keine andere Wahl. Zum Angebot der Chinesen gab es keine wirkliche Alternative, zumal sie mit solchen Abschlüssen auch politischen
Spielraum gegen den Westen und die USA schaffen. Da der Druck der
USA noch nie so groß war wie heute, ist das womöglich eine kluge Investition.« Die iranische Führung würde es gern sehen, dass sich die
Europäer Schritt für Schritt von den USA lösten. »Die deutsche Wirtschaft sieht das gern,« erwidere ich. »Sie denkt nicht in Zwei-Jahres-
Schritten, wie die Politik – zumindest die Energiewirtschaft nicht.«
Merkel hatte zwar bei ihrem Besuch auf der Farm von US-Präsident
Bush im Herbst 2007 versprochen, kein Gas in großem Stil einzukaufen. Dennoch ist das Energieversorgungsunternehmen RWE 2007 in
ein Konsortium unter der Führung des österreichischen Energie-
konzerns OMV eingestiegen, das bis 2014 eine 3300 Kilometer lange
Pipeline namens Nabucco bauen wird, die von der Osttürkei bis nach
Österreich reichen soll. An dem gut fünf Milliarden US-Dollar teuren Projekt sind Ungarn, Rumänien, Bulgarien und die Türkei beteiligt. Das Konsortium windet sich noch, wenn es um die Frage geht,
woher das Gas kommen soll, das durch die Pipeline fließt: »Für uns
ist das Gas aus der Kaspischen Region interessant«, sagte RWE-Vor-
stand Jürgen Großmann diplomatisch. »Das Gas für Nabucco muss
nicht aus dem Iran kommen.«[86] Allerdings hat der Iran weit und breit
das meiste Gas. »Die Entscheidung zu bauen ist jedenfalls vorausschauend«, finde ich. Denn die Verhandlungen zwischen dem Iran
und Pakistan über eine 7,3 Milliarden US-Dollar teure Pipeline aus
dem Iran über Pakistan nach Indien und China seien abgeschlossen.
    »Wie beurteilen Sie allgemein die Rolle von Deutschland?«, frage
ich weiter.
    Wirtschaftlich hätten die Deutschen und die Iraner ein Vertrau-
ensverhältnis aufgebaut. »Es gibt einen ganz anderen Profitmörtel
als in China, wo die deutsche Wirtschaft teilweise an den eigenen
Ruinen baut«, meint der Diplomat.

»Dieses Vertrauensverhältnis lässt sich auch politisch nutzen. Bundeskanzlerin Merkel findet es moralisch richtig, dass die deutschen Banken sich auf Druck der USA aus dem Iran zurückziehen«, werfe ich ein.

Der Manager gibt eine interessante Antwort. Die Amerikaner und Engländer seien wesentlich pragmatischer. Während die Politik eine harte Linie fahre, habe sie nichts dagegen, dass die Wirtschaft ihre Position verbessere. »Beide Länder handeln vor allem über Dubai mit dem Iran«, bestätigt der Diplomat Sadeghis Einschätzung. Sie verkaufen ihre Produkte an Firmen in Dubai, die sie dann wieder an den Iran verkaufen. Allein der englische Handel mit Dubai hat ein Volumen von etwa zehn Milliarden Pfund. Niemand glaubt ernsthaft, dass diese Produkte auch in Dubai verbraucht werden. »Englische Wirtschaftsförderer und Diplomaten sprechen bereits von Dubai als der zweitgrößten Stadt des Iran«, sagt der Manager. »Auch amerikanische Unternehmen bekommen keine Probleme mit ihrer Regierung, solange sie über Dubai verkaufen.«

»Bei Produkten, die der Iran unbedingt braucht, die aber nur von amerikanischen Herstellern angeboten werden, geht es nur um die Frage, ob man 300 oder 600 Prozent draufschlägt«, hatte mir ein anderer westlicher Manager erzählt, den ich einige Tage zuvor getroffen habe. »Das bedeutet jedoch, nüchtern betrachtet, es ist sehr schwierig, das Land mit Sanktionen in die Knie zu zwingen«, fasse ich zusammen.

»Wenn man es wirtschaftlich austrocknen will, müsste man die Grenzen kontrollieren und vor allem das Wirtschaftswunder in Dubai auslöschen«, sagt der Diplomat.

»Das ist sehr schwierig durchzusetzen. Insofern ist der Iran ein sehr stabiles Land«, bestätigt der Manager. Während der Westen den Chinesen vorwirft, die Sanktionen zu unterlaufen, ist er also selbst kräftig dabei – einige Länder offensichtlich mehr als andere. Als es im Herbst 2007 in New York bei der UN um eine neue Sanktionsrunde ging, hatte Außenminister Frank-Walter Steinmeier, so berichtete der *Spiegel*, Informationen in der Tasche, die besagten, dass einige wichtige französische Unternehmen wie Peugeot, Renault, Total, BNP Parisbas sowie die Société Générale nahezu unvermindert Geschäfte machten. Deutschland hingegen sei das einzige wirtschaftlich bedeutende Land in Europa, das sich an die Sanktionen halte. Auch die amerikanische Regierung dulde stillschweigend, dass über Briefkastenfirmen in Dubai amerikanische Produkte wie Pepsi, Coca-Cola, Caterpillar Bagger und Software von Microsoft verkauft würden. Faktisch werden also die Deutschen nicht nur von den Chinesen, sondern auch von ihren westlichen Konkurrenten im Iran aus dem Markt gedrängt.

»Die Deutschen sind Schafe unter Wölfen, wenn strategisch wichtige Märkte verteilt werden. Sie haben eine ehrliche, rechtsbetonte, aber auch eine sehr anfällige Formel des Außenhandels gefunden«, lautet die Einschätzung des Managers. »Doch die Prinzipientreue bringt weder die iranische Regierung zur Vernunft, noch nützt sie Deutschland«, spitzt er seine Argumentation zu. Sie deckt sich ziemlich genau mit Sadeghis Einschätzung: »Auch in diesem Fall gilt, die Ehrlichen sind die Dummen.«

»Wir haben darüber hinaus noch den Nachteil, dass viele unserer Produkte Hochtechnologie-Produkte sind, die sich nicht so gut schmuggeln lassen, weil sie einen hohen Wiedererkennungswert haben«, erzählt der Manager mir. Diese Politik schade nicht nur der Position der Wirtschaft, sondern auch der Politik. »Denn Handel ist auch ein Weg der Vertrauensbildung, und Handel ist ein Instrument, um langfristig seine Interessen zu sichern und politischen Einfluss zu nehmen«, glaubt der Diplomat.

Allmählich wird mein Bild der Lage klarer. Traditionell gibt es drei wichtige Nationen in Asien: China, Indien und Persien. Alle drei haben eine alte Kultur und existieren schon sehr lange als Nationen. Während China und Indien versuchen, nach den Einbrüchen der Kolonialzeit wieder an ihre Position anzuknüpfen, kämpft der Iran noch darum, auf gleicher Ebene mit den alten Nachbarn in der Welt anerkannt zu werden. Um dieses Ziel zu erreichen, haben die Mullahs ein klares strategisches Ziel. Sie möchten die ausländischen Truppen aus der Region vertreiben. Denn nur dann kann der Iran die dritte Führungsmacht in Asien werden und wieder auf Augenhöhe mit Indien und China agieren. Die iranische Regierung wird wohl nicht locker lassen, bis sie dieses Ziel erreicht.

China hat für dieses Ziel als einziges Land unter den Mitgliedern des UN-Sicherheitsrats aus zwei Gründen das größte Verständnis.

Der eine ist ein historischer, und der andere ein machttaktischer. Seit Anfang des 20. Jahrhunderts, seit dem Zusammenbruch des Kaiserreichs, ist es eines der wichtigsten Ziele chinesischer Politiker, den Einfluss ausländischer Truppen, vor allem amerikanischer und russischer, systematisch zurückzudrängen. Sie teilen mit dem Iran den antikolonialen Blickwinkel. Die Chinesen hätten zweitens in einem von dem Iran geführten Westasien einen noch größeren Einfluss als heute, weil sie von allen nichtislamischen Ländern der Welt die besten Beziehungen zum Iran haben. Diesen Einfluss hätten sie, ohne dort Truppen stationieren zu müssen. Ich schildere dem Diplomaten und dem Manager meine Gedanken.

»Entscheidend dabei ist«, führt der Manager fort, »dass man zu kurz greift, wenn man die iranische Politik als antiwestlich beschreiben würde. Die Iraner haben vielmehr die Erfahrung gemacht, dass ausländische Truppen in der Region nicht mehr an Verlässlichkeit und Sicherheit gebracht haben.«

»Mit dieser Einschätzung liegen die Iraner nicht ganz falsch. Die Bilanz der USA fällt nicht gut aus. Vor diesem Hintergrund bekommt auch die Allianz mit den sogenannten Schurkenstaaten einen anderen Drall«, erwidere ich.

Der Diplomat nickt: »Es ist nicht etwa so, dass der Iran diese Staaten für besonders vorbildlich hält. Aber man möchte einen bewussten Akzent setzten. Der Iran möchte führend in einer Antisolidaritätsbewegung gegen die Supermacht USA sein, die alles zu überformen versucht.«

»Die Iraner sind letztlich davon überzeugt, dass sie im Verbund mit den Amerikanern nicht so schnell an Macht gewinnen können wie gegen sie«, sagt der Manager.

»Das ist richtig, aber ein wenig zu schematisch«, wendet der Diplomat ein. »Denn sie haben nicht wirklich die Wahl, weil die USA ihnen die Wahl nicht lassen, wie man an dem Friedensangebot sieht, das die Regierung abgelehnt hat.«

Mir fällt auf, dass es in dieser Hinsicht auffällige Überschneidungen mit der politischen Lage der Chinesen gibt, auch wenn ihr Spielraum ungleich größer ist. Sie weigern sich beispielsweise, Mitglied in dem Industriestaaten-Club G8 zu werden, obwohl sie von ihrer Bedeutung für die Weltwirtschaft her dort hineingehören. Das ist klug entschieden. Sie wären allenfalls der Neue in dem Club und hätten noch für lange Zeit die Position des Juniorpartners. Stattdessen schlagen sie sich lieber auf die Seite der Entwicklungsländer, kooperieren mit asiatischen und zentralasiatischen Nachbarn, der Arabischen Liga oder der Afrikanischen Union und gewinnen an Einfluss, indem sie als deren unauffälliger Fürsprecher auftreten. Zu den »Schurkenstaaten« wie Sudan, Nordkorea und anderen haben sie ein differenziertes Verhältnis aufgebaut. Sie haben zu ihnen Vertrauen, zeigen den Regierenden dieser Länder jedoch auch ganz deutlich, wenn Toleranzgrenzen der internationalen Gemeinschaft erreicht sind. Damit hatten sie im Sudan und in Nordkorea großen Erfolg, weil es ihnen in beiden Ländern gelungen ist, die Entwicklung in Richtung Entspannung beziehungsweise Öffnung zu bewegen.

Immerhin gibt es an unauffälligen Stellen leichte Tendenzen der Einsicht, dass die regionale Ordnung im Mittleren Osten ohne oder gar gegen den Iran nicht gelingen wird. Die Amerikaner haben deshalb einer technischen Gesprächsrunde zwischen ihnen, den Iranern und den Irakern zugestimmt. Im Mai 2007 trafen in der grünen Zone in Bagdad zum ersten Mal seit 1979 iranische und amerikanische Diplomaten zu offiziellen Gesprächen aufeinander.[87] Allerdings haben solche Gespräche keinen sehr großen Spielraum. Über die großen Themen kann man in diesem Rahmen nicht sprechen. Es wäre auch viel geschickter von der iranischen Regierung, in Europa anzusetzen und nicht bei den USA. Mit diplomatischer Unterstützung der Chinesen könnte sie ein europäisches Land nach dem anderen auf ihre Seite ziehen, bis wie im Falle Sudan die USA isoliert sind und beidrehen müssen. Vor allem die Äußerungen von Präsident Ahmadinejad lassen jedoch dafür wenig Spielraum zu. Er verschreckt damit die westliche Welt. »Insofern ist der Mann ein Public-Relations-Desaster«, sagt der Manager. »Aber auch nur insofern. Seine Rhetorik ist nicht völlig dumm. Ahmadinejad ist kein Alleinherrscher. Er muss innenpolitisch auf die einfache Bevölkerung Rücksicht nehmen und auf die Mächtigen im Land, denen er verpflichtet ist. Und außenpolitisch auf die arabische und vor allem die islamische Welt, in deren Ohren seine radikalverbale Linie eher angenehm als unangenehm klingt.«

Ich verstehe sofort, wenn ich mir vor Augen führe, welchen Raum

Ahmadinejad damit rhetorisch bedienen möchte, er reicht weit bis in den Westen Afrikas hinein, zum Beispiel bis nach Nigeria. In der Hauptstadt Abuja stehen sich immerhin noch eine Moschee und eine christliche Kirche gleichberechtigt gegenüber, und der neue Präsident Umaru Yar'Adua, der im Mai 2007 die Macht übernommen hat, ist Muslim, sein Vize, Goodluck Jonathan, Christ. Nach Osten reicht der Einfluss des Islam bis nach Indonesien, wo über 191 Millionen Moslime leben, und sogar bis nach China hinein, wo an der Westgrenze des Landes immerhin noch zwanzig Millionen Muslime leben. Das sind die Dimensionen, in denen eine Regionalmacht gesehen werden möchte, und entsprechend verhält sich ihr Präsident.

»Wichtiger jedoch sind die innenpolitischen Rücksichtnahmen«, führt der Diplomat weiter aus. Ahmadinejad sei eingebettet in ein System von 100 bis 200 000 Menschen, die miteinander verflochten sind und mit denen sich jeder abstimmen muss, der eine weitreichende Entscheidung fällen will. Selbst der religiöse Führer habe allenfalls die Macht, die Vorgänge zu moderieren.

»Ein System, in dem radikale Entscheidungen nicht wahrscheinlich sind«, spitze ich zu.

»Das sehe ich auch so«, sagt der Manager. Das Nuklearprogramm ist ebenfalls keine Sache, die sich Ahmadinejad selbst ausgedacht hat. Das System denkt auf lange Orientierung und sucht Ordnung.«

So ungefähr lautet zu meiner Überraschung die Einschätzung vieler meiner zahlreichen Gesprächspartner. Wieder eine Übereinstimmung mit den Chinesen und ein Unterschied zum Westen, vor allem zu den Amerikanern, die zwar auch Ordnung suchen, aber sich zu langfristiger Orientierung unfähig erweisen.

»Das Bedauerlichste ist, dass der Westen auf diese Rhetorik hereinfällt«, sagt der Diplomat.

»Den Chinesen passiert das nicht«, erwidere ich, »was auch damit zu tun hat, dass sich die chinesischen Politiker nicht mit einer Medienöffentlichkeit herumschlagen müssen, die unvermittelt Positionen, Haltungen und Standpunkte verlangt, wo Abwarten, Überlegen und Relativieren politisch klüger wären.« Das muss man feststellen dürfen, auch wenn man wie ich ein großer Anhänger der Pressefreiheit ist. Man muss es feststellen, weil es die politischen Handlungen erheblich beeinflusst und ein großer Nachteil der Pressefreiheit ist. Es klingt medientechnisch nicht gut, jemandem, der Israel auslöschen will, zu antworten, es wird alles nicht so heiß gegessen, wie es gekocht wird. Auch wenn es den Sachverhalt wahrscheinlich trifft. Was es für den Westen nicht einfacher macht, ist eine islamische Tradition, die es rechtlich und moralisch legitimiert, lügen zu dürfen. Der Islam ist also zumindest so realistisch, dass er der taktischen Unwahrheit eine Berechtigung einräumt. Das findet man im Christentum nicht. Die Bereitschaft zur taktischen Unwahrheit steigt natürlich, wenn man selbst regelmäßig übers Ohr gehauen wurde. Womöglich haben die Chinesen größeres Verständnis dafür. Das Wort List hat im Chinesischen nicht die negative Bedeutung, die es im Westen hat. Listig ist derjenige, der mit großem taktischen Geschick sein Ziel erreicht.

Auch was die Einschätzung der Machtverhältnisse und Machtspielräume betrifft, haben die Chinesen einen großen Vorteil. Während der Westen ein traditionelles Bild von Diktatoren hat, die über alles und jeden willkürlich entscheiden können, ist den Chinesen die Diktatur einer widerstreitenden Gruppe sehr geläufig. Auch der Staats- und Parteichef Hu Jintao kann nicht machen, was er will, sondern wird von der Verflechtungslogik des Beziehungsnetzes ausgerichtet. Das ist für das Gesprächsklima entscheidend. So verlaufen die Gespräche zwischen zwei Ländern anders, wenn man sich der Engpässe des jeweiligen Machtspielraums bewusst ist, als wenn die eine Seite das Gute zu vertreten glaubt und in der anderen Seite nur den alleinherrschenden Tyrannen sieht. Diejenige europäische Nation, deren Diplomaten dies zuerst verinnerlichen, wird die größten Chancen haben, dass am Ende eines Gesprächs Unrecht im Iran eine geringere Chance hat, sich weiter zu entfalten. Mag der Fortschritt auch noch so klein sein: Dies ist allemal besser, als »Flagge gezeigt zu haben« und »standhaft geblieben zu sein«, ohne jeglichen Einfluss entwickelt zu haben. Deutsche Politiker neigen zu Letzterem und tragen damit nicht dazu bei, dass unsere Werte, nämlich das, was uns lieb und teuer ist, an Gewicht in der Welt gewinnen. Der Diplomat und der Manager stimmen mir zu. Der Manager spinnt den Gedanken weiter: »Wenn man stattdessen den taktischen Spielraum Ahmadinejads auslotet, wird man feststellen, dass er bei den liberalen Kräften im Land unbeliebt ist und keine Chance hat, ihre Unterstützung zu bekommen. Aber er weiß auch, dass diese Gruppe nicht die Kraft für einen Umsturz hat. Deshalb geht er davon aus, dass die arme, religiös konservative Landbevölkerung gefährlicher für seine Macht wird. Er arbeitet auf einem schwierigen, ethnischen und kulturellen Untergrund. Will man ihn erreichen, überzeugen, einbinden, muss man das wissen.«

Die breite Masse habe lange unter dem iranisch-irakischen Krieg gelitten. Der Glaube gebe ihr Halt. Sie hoffe auf eine Verbesserung ihres materiellen Lebensstandards. »Er ist mit der Formel sozialer Gerechtigkeit angetreten. Die alten Kämpfer und die armen Leute sollen jetzt profitieren. Da er der Erste ist, der dies auf seine Fahnen schreibt, ist er populär, zumindest solange die Menschen noch Hoffnung haben, dass sich die Lage verändert.« Diese Hoffnung müsse er ausbalancieren mit der wirtschaftlich-religiösen Führungsschicht, die Geschäfte mache und den Glauben dazu benutze, um die anderen beiden Gruppen in Schach zu halten, damit sie weiter Geschäfte machen könne. 15 Prozent der Bevölkerung seien reicher als die Deutschen der oberen Mittelschicht. »Im Iran gibt es kein Stigma, wenn ein Geistlicher reich ist«, führt der Diplomat aus. »Religion und Reichtum sind keine Gegensätze. Es gibt zahlreiche Geistliche, die gleichzeitig erfolgreiche Wirtschaftsführer sind. Das sind die eigentlich wichtigen Männer im Iran. Viele Menschen glauben, wenn es die Konfrontation mit dem Ausland nicht gegeben hätte, wäre Ahmadinejad wegen seines eigenen Programms mit diesem religiös-wirtschaftlichen Establishment längst aneinandergeraten, weil er eben Umverteilung will.« Wer mit den Iranern verhandeln will, muss all dies im Hinterkopf haben.

»Dabei darf man nicht vergessen«, füge ich hinzu, »dass wir mehr in vertrauensbildende Maßnahmen investieren müssen als die Chinesen. Denn die Chinesen und Iraner mussten über einen langen historischen Zeitraum Ähnliches erdulden. Die Amerikaner hingegen haben sich in dieser Region so unbeliebt gemacht wie kein anderes westliches Land. Und sie sind es gewohnt, dass man ihnen glaubt, was sie sagen, weil sie so mächtig sind. Und je größer die Zumutungen waren, die man erdulden musste, desto heftiger fällt die Gegenreaktion aus. Statt zu rufen, sei jetzt still, muss man sich spätestens jetzt auf die Überzeugungskraft von Argumenten verlassen. Doch genau daran krankt die Atomdebatte. Einerseits ist es eine berechtigte Sorge des Westens, dass das Atompotenzial sich unkontrolliert ausweitet. Wenn der Iran die Atombombe hat, will sie auch Ägypten oder Saudi-Arabien. Damit steigt die Wahrscheinlichkeit eines politischen Unfalls, bei dem diese Waffen zum Einsatz kommen. Andererseits: Wenn man schaut, wo die faktische Bedrohung durch die Atombombe am größten ist, dann fällt der Blick sofort auf die Demokratie Pakistan. Das ist ein Land, das am Abgrund der Krise steht. Es braucht nur eine Gewehrkugel in die falsche Richtung zu fliegen, und schon ist das Land außer Kontrolle. Dennoch schenkt der Westen dieser Frage wenig Aufmerksamkeit.«

»Das haben die Iraner auch bemerkt und stellen sich nun die Frage, ob es nicht vielleicht um etwas anderes geht als um die Atomfrage«, wirft der Manager ein.

»… nämlich um ein Maß an Kontrolle über den Iran zu bekommen«, spinne ich den Gedankengang weiter, »das sie nicht mehr bekommen können. Die Frage ist, wie sie auf diese Demütigung reagieren.«

»Der Iran ist ein dauerhaftes Ärgernis für die USA und lässt sie nicht gut aussehen in der Welt«, sagt der Diplomat. »Es wäre also durchaus nachvollziehbar, dass manche in der amerikanischen Regierung kurzen Prozess mit dem Land machen möchten und dabei Risiken eingehen, die bei nüchterner Betrachtung nicht sinnvoll erscheinen. Man kann dem Land sehr leicht schaden, die Infrastruktur ist leicht zu identifizieren und einfach zu treffen, ohne dass Truppen ins Land müssen.«

»Die Europäer müssen sich die Frage stellen«, füge ich hinzu, »ob sie es zulassen wollen, dass die verunsicherten Amerikaner im Alleingang versuchen, Weltrecht zu setzen, oder ob die Vereinten Nationen nicht eine größere Rolle spielen sollen.«

»Die Chinesen«, sagt der Manager, »haben sich schon lange entschieden. Aber für sie war die Entscheidung auch einfacher.«

Ich verabschiede mich von meinen Gesprächspartnern. Mir ist im Austausch mit ihnen vieles klarer geworden.

Abends im Hotel denke ich noch einmal über das Gespräch nach und notiere mir Folgendes: Die entscheidende Frage lautet nicht, wer hat Recht, wer ist in der moralisch besseren Position, sondern ist die Welt danach sicherer oder unsicherer? Ist die Lage dann kontrollierbarer oder unkontrollierbarer? Leiden mehr oder weniger Menschen? Einige Wochen später finde ich die Notizen wieder. Und füge eine Frage hinzu: Warum spielen diese Fragen im politischen Alltag eine zweitrangige Rolle?

Die Antwort liegt auf der Hand. Die Machtbasis von Politikern liegt in dem Land, aus dem sie kommen. Sie befriedigen deshalb zuerst die Klientel, die ihre Macht stützt. Sie opfern im Zweifel ihre globale Machtposition, um innenpolitisch Punkte zu machen. So funktioniert Macht. Das zumindest haben George Bush und Mahmoud Ahmadinejad gemeinsam. Das ist dann allerdings auch alles.

Wie gestört das Verhältnis zwischen den USA und dem Iran ist, wurde offenbar, als Präsident Ahmadinejad Ende September 2007 an der Columbia-Universität einen Vortrag hielt. Es genügte nicht der Hinweis, dass eine Universität der ideale Ort der freien Aussprache von wem auch immer ist, und dass der Austausch von Positionen für beide Seiten erhellend ist. Uni-Präsident Lee Bollinger sah sich vielmehr genötigt, Präsident Ahmadinejad, den er eingeladen hatte, anzugreifen, bevor er überhaupt seine Rede halten konnte. »Bollinger schien wie gejagt. Seine Sätze überschlugen sich manchmal, gestikulierend versuchte er, den Zwischenapplaus der Zuhörer zu bremsen, als könnte ihm die Zeit davonlaufen, und der Präsident die Bühne verlassen«, schreibt Stefan Kornelius in der *Süddeutschen Zeitung*. »Eine fast viertelstündige Suada aus politischen Brutalitäten, manchmal leichten Beleidigungen und atemloser Provokation. Bollinger nannte ihn einen ›kleinen und grausamen Diktator‹. Und greift ihn mit den Worten an: ›Herr Präsident, Sie sind entweder atemberaubend provokativ oder erstaunlich ungebildet.‹ Bollinger sagt nichts, was die Anwesenden nicht schon vorher gewusst hätten. Doch er gab Ahmadinejad die Möglichkeit, einen Punkt zu machen: ›In Iran‹, so der iranische Präsident, ›trauen wir unseren Studenten so viel zu, dass sie sich bei einem eingeladenen Gastredner ihr Urteil selbst bilden können, und dass wir es vor der Rede nicht für nötig halten, in einer Reihe von Vorwürfen die Studenten und Dozenten zu impfen.‹ Mit einer großzügigen Geste, begleitet vom Applaus vieler Zuhörer, ließ er das Vorwort des Präsidenten ins Leere laufen: ›Wie auch immer, ich sollte nicht beginnen, indem ich mich von der unfreundlichen Behandlung berührt zeige.‹ Es spricht für das amerikanische Verständnis von Freiheit, ihn einzuladen. Gleichzeitig jedoch ist die Einführungsrede Bollingers ein beeindruckendes Dokument der tiefen Verunsicherung, die bei Menschen in einer absteigenden Weltmacht herrscht. Die CIA sollte die Verunsicherung noch steigern. Im Dezember 2007 verkündeten die Geheimdienstler überraschend: Von Iran und seinem Atomprogramm gehe derzeit keine akute Gefahr aus. Es sei 2003 eingestellt worden und vor 2009, eher 2015, werde Teheran nicht in der Lage sein, Atomwaffen zu bauen.[89] US-Präsident Bush nannte den Bericht dennoch ein »Warnsignal« und fügte hinzu: »Der Iran war gefährlich, ist gefährlich und wird gefährlich sein.«[90]

In Teheran kommen sich derweil Chinesen und Perser näher. Pekingoper auf dem Perserteppich. Vorhang auf. Die Fransen sind festgetackert, damit keiner der Darsteller stolpert und es zu politischen Verwicklungen kommt. Das Publikum ist fasziniert. Die Pekingoper ist die bedeutendste Form der darstellenden Kunst Chinas. Sie ist für chinesische Verhältnisse geradezu modern. Ende des 18. Jahrhunderts war die Mischung aus Gesang, Sprechtheater, Kampfkunst und Akrobatik am Kaiserhof beliebt. Der Stil der bunten Masken zeigt den Charakter oder Gefühlszustand der Figuren. Die rote Farbe zeugt beispielsweise von der Loyalität der Figuren, Purpur symbolisiert Kühnheit, Klugheit und Unnachgiebigkeit, die schwarze Farbe steht für die Ehrlichkeit, die weiße für Hinterlist. Die schillernde goldene und die silberne Farbe symbolisieren eine Gottheit, Buddha oder aber auch Ungeheuer. Hinter den Masken durften die Darsteller den Herrschenden nicht nur gefallen, sondern sie auch kritisieren. Viele Stück mit fast revolutionärem Inhalt entstanden so.

Ghaffar hat die Stücke für den Auftritt in Teheran mit Bedacht ausgewählt. Während er am Rand der Bühne an einem Tisch vor einem kleinen Spiegel sein Gesicht schminkt, erklärt er in Farsi ihren Inhalt. Seine Rolle, die des legendären Affenkönigs, eine akrobatische Meisterleistung, spielt er halb in Englisch, halb in Farsi. Von fünf Stücken haben zwei eine politische Botschaft. Chia spielt mit Zhang Laoshe, mit dem Ältesten der Truppe, das mehr als fünfhundert Jahre alte Stück »Herbstfluss«: Eine Nonne verlässt das Kloster, um zu ihrem geliebten Freund zu ziehen. Der Alte mimt den Fährmann, der sie, von Zweifeln geplagt, zu dem Boot bringt, in dem ihr Freund sitzt. Das Publikum lacht. In dem anderen Stück kämpft eine Frau gegen fünf Männer. Das braucht Ghaffar nicht zu erklären: Die Frau schlägt mit einem Schwert und Lanzen zuerst einen Mann, dann wehrt sie sich gegen zwei und dann gegen drei, vier und fünf. Sie gewinnt schließlich in einer phantastischen, akrobatischen Leistung. Sie greift die Lanzen ihrer »Feinde« und kickt andere Lanzen parallel dazu mit den Füßen zurück. Seit dem fünften Lebensjahr trainiert die heute 35-Jährige die Pekingoper.

Tosender Applaus, vor allem von den Frauen. »Ich war schon sehr nervös«, sagte Ghaffar hinterher, »ich war nicht sicher, ob ich die richtige Balance gefunden habe.« Seine Zeit in China hat ihn gelehrt, die Sprache der Vieldeutigkeit zu nutzen. Derjenige, der genau hinhört, kann sie verstehen, und derjenige, der sich äußert, sagt nicht zu viel, um seine Position nicht aufs Spiel zu setzen. Darin verstehen sich die Chinesen, Iraner und der Neubrite Ghaffar blind. Die Zensur hat nicht ihr Gesicht verloren, und das Publikum hat alles verstanden. Ghaffar und seine Truppe bekommen sogar einen Preis von den Iranern. Die nächste Einladung steht. Die »Durchsetzungskraft der chinesischen Schauspieler, ihre Fähigkeit zur Konzentration«, hat einer 26-jährigen Zuschauerin in dunkelrotem Kittel und weißem Kopftuch gefallen. »Wie modern die alten Stücke sind«, bemerkt ein Student in Schlaghosen und Adidas-T-Shirt. »Schrille Musik«, sagt ein dicker Stoffladenbesitzer, und: »Die Mischung aus strenger Form und unbändiger Kraft. Kein Wunder, dass China boomt.« Allerdings haben alle nur eine sehr vage Vorstellung von China, während sie gut orientiert sind, was im Westen so vor sich geht.

Am nächsten Tag schlängelt sich Haleh wie eine Pariserin in ihrem Peugeot 205 durch den Feierabendverkehr Teherans. Wir sind auf dem Weg zum Flughafen. Im Unterschied zu Saudi-Arabien, dem strengsten islamischen Land, dürfen Frauen im Iran Auto fahren. Ghaffar ist gut gelaunt, er hat endlich seinen Pass mit dem Stempel bekommen.

Immer wieder kommen wir auf China zu sprechen. Die Reise der Chinesen hat Haleh neugierig gemacht. Sie weiß nun, dass man in China genauso einkaufen kann wie in Paris oder London – im Zweifel billiger. Und sie weiß, dass es einfach ist, ein Visum zu bekommen. Sie weiß von der Armut auf dem Land und der Fortschrittlichkeit der Städte. Die drei Geschwister verstehen sofort, dass es gleichzeitig schwere Menschenrechtsverletzungen und modernes Leben in China gibt. Das ist im Iran nicht viel anders. Es gibt makroökonomische Stabilität und soziales Chaos, Aufschwung und Korruption, Diktatur und Freiheit. Ist es nur eine Frage der Zeit, bis junge Iraner und Chinesen einander entdecken und schätzen lernen, weil sie ähnliche Probleme und eine ähnliche Sicht auf die Welt haben? Haleh will von Ghaffar wissen, was der Iran für einen Eindruck auf ihn gemacht hat.

»Es geht nicht so organisiert zu wie in China. In China läuft auch viel schief, aber die Dinge sind stärker im Fluss. Ich weiß auch nicht. Hier ist das Durcheinander größer. Die Iraner sind emotionaler, und das macht ihr Leben komplizierter, ein wenig wie in Italien. Die Chinesen reagieren sachlicher«, sagt er.

»Magst du also die chinesische Art lieber?«, fragt Haleh.

»Sie ist zurückhaltender und damit bequemer«, antwortet Ghaffar.

Man konnte sehen, dass die Operndarsteller von den Iranern beeindruckt waren, und die Iraner Hochachtung vor den Chinesen haben. Aber was sagen die chinesischen Operndarsteller über die Iraner, wenn keine Iraner dabei sind? »Die Iraner arbeiten gut, aber sie koordinieren sich nicht«, fasst Dirigent Zhao Wanjin seine Eindrücke zusammen. Und umgekehrt? »Die Chinesen sind sehr diszipliniert. Aber sie kaufen ein, bezahlen und überlegen erst dann, ob ihnen das Geschenk gefällt«, meint Haleh, »und sie wollen alles gleichzeitig.«

Aber Nähe und Interesse sind auch zu spüren. Was sich neckt, liebt sich. Ob Historiker irgendwann einmal über den Beginn des 21. Jahrhunderts schreiben werden: »In diesen Jahren begannen die liberalen Iraner, den Vereinigten Staaten und dem Westen den Rücken zuzuwenden. Von jenen gegängelt zu werden, die lange ihr Vorbild waren, haben sie als besonders erniedrigend empfunden. Sie wendeten sich, wie früher, wieder nach Osten. Dahin, wo die Zukunft spielte.« Das ist so unwahrscheinlich wie nach 1945 die Hoffnung, dass Franzosen und Deutsche einmal Freunde werden könnten. Also durchaus möglich.

Doch das ist Haleh, Hooman und Hootan erst einmal egal. Sie winken den Chinesen am Flughafen zu, als sie mit ihren zahllosen Koffern durch die Sicherheitsschleuse verschwinden. Sie winken lange hinter der Glasscheibe, und sie blicken uns traurig nach wie zurückgelassene Gefangene. Gefangene des Weltgeschehens.

Es ist ekelhaft, innerhalb der
Zersetzung zu leben.

Jakob Baron von Uexküll
1919

Der Adel der Welt

Im Jahrhundert des Teilens

In den späten Jahren der Donaumonarchie war die althergebrachte
Ordnung zur schillernden Fassade verkommen. Viele Intellektuelle
faszinierte diese Morbidität des Wiener Fin de Siècle, sie genossen
das beunruhigende Gefühl, auf dünnem Eis zu stehen. Die meisten
Menschen jedoch, vor allem der Adel, hatten Angst vor der drohen-
den Veränderung.

Mein Großvater, ein Österreicher, stammte aus solch einer adeligen Familie eines Generals und Kaiserlichen Kriegsministers unter
Franz Joseph I. Er wuchs noch in traditionellem adligem Pomp auf
und besuchte standesgemäß das Wiener Theresianum, eine der an-
gesehensten Eliteschulen damals, die 1746 von Maria Theresia »zum
Besten des allgemeinen Wesens, besonders aber der adeligen Jugend«
gegründet worden war. Das war zu Beginn des vergangenen Jahrhunderts, zu der Zeit, als sich der Umbruch bereits vollzog. Mein
Großvater erkannte, dass er in dieser Schule nichts mehr für die be-
ginnende neue Zeit lernen konnte, und nahm deshalb, zum großen
Ärger seiner Verwandten, Reißaus. Er absolvierte ein Ingenieurs-
studium, entwickelte später Drahtseile, mit denen Kohle, einer der
wichtigsten Rohstoffe zur Energieversorgung während des industriellen Aufschwungs, ans Tageslicht transportiert werden konnte,
und heiratete die Tochter eines bürgerlichen Gaswerksdirektors. Am

Ende seines Lebens war er auf den »Dipl. Ing.« vor seinem Namen stolzer als auf den Adelstitel.

Mein Vater, Jahrgang 1932, profitierte von der gesellschaftlichen Öffnung und dem Verfall des adligen Standes. Dem Sohn eines Bauern war es nach dem Zweiten Weltkrieg viel leichter möglich, in den Offiziersstand aufzusteigen. Zusammen mit meiner Mutter gelang es ihm mit Fleiß, zahllosen Ortswechseln und der Hilfe eines opulenten Sozialstaates, eine respektable Position im »Wirtschaftswunderland« Deutschland aufzubauen.

Meine Generation wiederum steht wie mein Großvater an einem Wendepunkt, doch die Veränderungen, mit denen wir uns auseinandersetzen müssen, sind viel einschneidender und umfassender. Ähnlich wie einst in den Nationalstaaten herrschen auch auf globaler Ebene wenige Etablierte über viele Aufstrebende, und auch ihre große Zeit neigt sich dem Ende entgegen. Der Westen ist heute der Adel der Welt. Womöglich war dieser sich von Ferne ankündigende, schleichende Abstieg ein Grund für mich, einen ähnlich radikalen Bruch zu vollziehen wie mein Großvater. Ich ließ Gewohntes und Bequemes zurück und reise neugierig einer unbestimmten Zukunft entgegen. Seit 14 Jahren lebe ich in China, Rückkehr nicht ausgeschlossen, aber derzeit nicht sehr wahrscheinlich.

Ich bin kein Einzelfall: 150 000 Menschen verlassen Deutschland jährlich, und es werden immer mehr.[1] Unsere Altersgenossen zu Hause versuchen derweil zu retten, was zu retten ist. Die wichtigste Frage, die sich auch schon mein Großvater stellen musste, lautet heute ebenfalls: Wie lange geht das noch so weiter mit uns?

Es ist offensichtlich: Was damals auf nationaler Ebene passierte, spielt sich heute global ab. Komplizierter, langwieriger und über größere Distanzen, aber doch ähnlich. Wieder setzt sich die Mehrheit allmählich gegen die Minderheit durch. Die exklusive Position der Herrschenden der Welt ist nicht zu halten. Im Gegensatz zu den alten Zeiten, in denen der Adel militärische, politische und wirtschaftliche Macht in einem relativ homogenen Personenkreis vereinen konnte, und zur westlichen Dominanz zu Beginn der Globalisierung wurden in der industriellen Moderne und werden heute in der Hochphase der Globalisierung die Eliten vielfältiger. Herrschaft ist immer stärker von Kompromissen geprägt, die die Aufsteiger aus rückständigen Teilen der Welt erzwingen.

Heute bringen uns die Inder und Chinesen in Zugzwang, damals waren es die für den Adel neuen Bürger, also Industrielle, Bankiers, Demokraten und Warenhausbesitzer – ein »Übel«, das es zu bekämpfen galt, wollte man den eigenen Status halten. Alexander Prinz von Hohenlohe, Sohn einer wohlhabenden Familie des süddeutschen Hochadels, bezeichnete noch 1925 bürgerliche Industrielle und Bankiers als »moderne Haifische«, deren »brutale Raubgier« einem »modernen Raubrittertum« entspringe.[2] Als besonders unangenehm erschienen ihm diejenigen, deren Lebenswerk es war, sich für mehr Mitbestimmung einzusetzen: Der »korpulente Demokrat Erzberger« zum Beispiel gehörte dazu, Sohn eines Schneiders und Postboten aus der Schwäbischen Alb, dessen »selbstgefällige Rede über die Finanzen« den adligen Widerwillen ebenso erweckte wie seine »femininen, weich gestikulierenden Hände«. So ähnlich hört man die »Global-Aristokraten« auch über chinesische Politiker wie Premierminister Wen Jiabao sprechen, die, aus kleinen Verhältnissen stammend, heute für mehr Mitbestimmung von 1,3 Milliarden Menschen in der Welt kämpfen. Den Chinesen kann das die gute Laune nicht verderben – Matthias Erzberger, dem Reichstagsabgeordneten und ehemaligen Reichsfinanzminister, erging es Anfang des 20. Jahrhunderts auch nicht anders.

Die Chinesen und Erzberger bewegen sich in ihrer Zeit rasant aufwärts und waren beziehungsweise sind deshalb nicht nachtragend. »Erst schaff deine Sach', dann trink' und lach'!«, schrieb Erzberger in das Gästebuch des Weimarer Hotels Fürstenhof. Albrecht von Graefe, Vertreter eines der prominentesten norddeutschen Adelsgeschlechter, setzte pikiert darunter: »Wer in solcher Zeit trinken und lachen kann, der ist fürwahr ein erbärmlicher Mann!«[3] Erzberger war politisch so verhasst, dass er 1921 von zwei Marineoffizieren unter Führung von Manfred von Killinger erschossen wurde.

Die Krieger Athens, die Land und Sklaven besaßen, haben sich als Erste als »Aristokraten« bezeichnet. Aristokratie bedeutet »die Herrschaft der Besten«. Noblesse oblige, hieß es früher. Man weiß, was sich gehört. Dennoch gilt auch für den Globaladel: Die Aristokratie liebt stets sich selbst am meisten.

Ohne Zweifel ist der Globaladel auch großzügig und werteorientiert. Großzügig lädt er sogar den einen oder anderen aus den »unteren Schichten« auf seine Treffen ein, wenn man sich hinter hohen Zäunen am Meer trifft. Sein Club trägt den stolzen Namen G8. Er vereinigt die Macht der »alten« Welt. Werteorientiert ist er deshalb, weil er davon überzeugt ist, zu wissen, was richtig und was falsch, was gut und was schlecht ist. Man zückt schon mal den Zeigefinger gegenüber den Aufsteigern, was bei den Standesgenossen sehr gut ankommt. Ansonsten zeigt man sich wohlwollend: Man bringt selbst Afrika »kein Mitleid entgegen«, sondern »große Aufgeschlossenheit«. Man gibt nützliche Hinweise: »Wir müssen deutlich machen, dass Afrika seine Zukunft selbst in die Hand nehmen muss. Die Afrikaner können etwas.« Weil die fortschrittliche Globalaristokratie nicht kleinlich ist, will sie den afrikanischen Regierungen »zugestehen, ihren Bürgern denselben Wohlstand zu ermöglichen, wie [sie] ihn [hat].«[4] Das hat natürlich seine Grenzen. Dies beim Wort zu nehmen hieße zum Beispiel, politisch durchzusetzen, dass der Westen seine Autodichte von bis zu 770 Autos pro 1000 Einwohner auf 300 einschränkt, damit die Chinesen mit bisher 22 Autos pro 1000 Einwohner gleichberechtigt auf 300 Fahrzeuge anwachsen können. Aber er denkt nicht im Traum daran, auf zwei Drittel seiner Autos zu verzichten, auch wenn das an seinen Werten gemessen nur gerecht wäre. Das sei nicht mehrheitsfähig, lassen die von einer Weltminderheit gewählten Vertreter die Mehrheit der Welt wissen. Da könne man nichts machen. Das Elektrofahrrad und öffentliche Verkehrsmittel seien für den Anfang auch nicht schlecht.

Wie lange lassen sich die Aufsteiger so etwas noch gefallen? Die führenden Vertreter des Globaladels ahnen schon, dass ihr Spielraum schwindet, und handeln deshalb taktisch geschickt. Sie versuchen, Zeit zu gewinnen. Sie sind dann großzügig, wenn es vage genug bleibt, indem sie etwa anbieten, dass man sich pro Kopf »in Zukunft auf gleiche CO_2-Werte zubewegt«. Also dann gleiches Recht für alle auf Nahrung, Wasser und Energie? Das gehe allerdings zu weit: »Wir müssen unterscheiden zwischen einem globalen Problem, wie es der Klimawandel ist, und regional zu befriedigenden Bedürfnissen, die ganz unterschiedlichen Rahmenbedingungen unterliegen.«[5] Der nationale Hochadel beschrieb diese Beziehung vor hundert Jahren deutlicher und knapper: »Dem Knecht, was dem Knecht gebührt.« Die nationale und die globale Aristokratie ähneln sich also auch in der Überzeugung, dass für ihresgleichen andere Spielregeln gelten. Daran, wie unwidersprochen sie dieses Spiel betreiben können, zeigt sich, wie mächtig sie noch sind.

Auch heute vernehmen die Etablierten irritiert, dass sich die Aufsteiger zusammenschließen. »Proletarier aller Länder vereinigt euch«, der Schlachtruf von Karl Marx, mit dem er das Kommunistische Manifest beendete, ist mit 160 Jahren Verspätung beklemmend aktuell: »Die Zeit drängt. Wir wissen alle, welch enge Beziehungen China zu Afrika aufbaut.« Selbst in der widerspenstigen Hoffnung, dass es ihrem Stand nicht an den Kragen geht, gibt es zwischen der Entwicklung heute und der von vor gut hundert Jahren frappierende Übereinstimmungen: »Vielleicht wird sich der Wohlstand wandeln, aber so, dass wir es nicht als Verzicht erleben werden.«[6]

Die zitierten Äußerungen gehören schon zu dem Fortschrittlichsten, was man heute in den Kreisen der führenden Vertreter des Globaladels vernehmen kann. Sie stammen von einem der mächtigsten Vertreter der globalen Aristokratie: von Angela Merkel, der beliebtesten Politikerin Deutschlands, der führenden Industrienation Europas, und laut dem US-amerikanischen Magazin Forbes der »mächtigste[n] Frau der Welt«.[7]

Sprechen wir nicht herablassend über andere. Die globale Aristokratie, das sind wir. Gerade weil das so ist, sind wir uns über diesen Umstand nicht genug im Klaren. Angela Merkel ist von uns gewählt und orientiert sich an unseren Maßstäben. Sie will von uns wiedergewählt werden, nicht von den Chinesen und auch nicht von den Afrikanern. Sie weiß, dass unsere privilegierte Stellung in unseren Augen ein Teil der natürlichen Ordnung ist. Darauf stellt sie sich ein.

Auch die Aristokraten des alten Schlages empfanden Landbesitz, Schlösser, Jagdgesellschaften, Köche, Zimmermädchen und Gärtner nicht als Luxus. Diese Privilegien waren für sie eine Selbstverständlichkeit, ihr gutes Recht. Jagdgesellschaften erwarten wir heute nicht mehr. Unverrückbar fester Teil der natürlichen Ordnung ist dagegen für uns unser weltmeisterlicher Wohlstand. Nichts ist selbstverständlicher als die Forderung nach sicheren Renten und wochenlang bezahltem Urlaub. Alle haben Anspruch auf erstklassige medizinische Versorgung, ganz gleich, ob wir sie bezahlen können oder nicht. Auch Bildung hat kostenlos zu sein. Züge sollen mit 320 Kilometer in der Stunde zum Preis einer Bimmelbahn fahren. Obendrein haben wir ein Recht auf Arbeit, und zwar nicht auf irgendeine, sondern auf eine gut bezahlte, die mit Vergünstigungen einhergeht: mit vermögenswirksamen Leistungen, mit Altersvorsorge und Arbeitgeberanteil an den Versicherungsbeiträgen.

Wir glauben auch, dass wir ein Recht auf Aufschwung haben, mit wachsendem Wohlstand selbstverständlich. Die anderen auch, aber die sollen sich selbst darum kümmern und bitte nicht auf unsere Kosten: Das verträgt die Umwelt nicht. Der Aufstieg der anderen ist allenfalls als Win-Win-Spiel der Weltwirtschaft denkbar. Das ist schon das Höchste der Gefühle. Wenn sie unseren Ratschlägen vertrauen, wird beim Aufstieg auch nichts schiefgehen.

Nichts liegt dem Adeligen in der trügerischen Gewissheit seiner Sonderstellung ferner, als die aufdringlichen Aufsteiger verstehen zu wollen. Deswegen haben die reisenden Vertreter des globalen Adels in der Regel nur einen blassen Schimmer von den Ländern, die sie besuchen. Man kann sich nicht um alles kümmern. Eines jedoch irritiert sie, wenn sie von ihren Reisen zurückkehren. Die Politiker aus Asien und anderen Regionen der südlichen Halbkugel sind nicht mehr genügsam und schon gar nicht dankbar, wenn man sich mit ihnen beschäftigt. Manche sind inzwischen geradezu selbstbewusst, die Vertreter Chinas sogar machtbewusst. Das ist ärgerlich, weil es der Globaladel doch gut meint. Die aufstrebenden Länder gelten als ungezogen, weil sie sich nicht an die Spielregeln halten, die der Globaladel vernünftigerweise über die Jahrhunderte hinweg aufgestellt hat.

Stephan Malinowski hat ein beachtliches Buch über den Abstieg des deutschen Adels geschrieben und dazu zahlreiche originelle Zitate gesammelt. »Bald 700 Jahre Bülow'scher Familiengeschichte schauen auf dich herab! Sei ihrer wert!«, formulierte 1926 die Zeitung des alteingesessenen Preußenclans,[8] und ein ähnliches, wenn auch unausgesprochenes und meist unbewusstes Motto prägt das Selbstverständnis vieler Europäer. Wie katastrophal die Folgen vornehmer Ignorierung des Aufstiegs neuer Gesellschaftsschichten ausfallen können, zeigt der Untergang des deutschen Adels. Bis zum Ende des Zweiten Weltkriegs, also bis zur endgültigen Zerstörung ihrer Machtgrundlagen, gab die Mehrheit der deutschen Aristokratie ihren illusorischen Anspruch auf Vorrangstellung nicht auf. Dabei war das Modell des begüterten adligen Grundbesitzers schon zu Beginn des 20. Jahrhunderts nicht mehr der Normalfall, ebenso wenig wie die gesicherte Mittelschichtexistenz in Deutschland sich heute noch von selbst versteht.

Stattdessen vollzog die Aristokratie eine überraschende Wandlung. Sie wurde eine Art Klassengesellschaft, die – von den höchsten Höhen einer hauchdünnen Oberschicht bis zum Proletariat – das gesamte Spektrum der Gesellschaft abbildete. Im Februar 1874, als die Deutsche Adelsgenossenschaft (DAG), eine Art ADAC des deutschen Adels, gegründet wurde, war das schon ein Zeichen dafür, dass der Stand unter Druck geraten war. Doch niemand wollte wahrhaben, mit welchem wirtschaftlichen Abstieg die Machtverschiebung enden würde.

Zunächst forderten die Mitglieder den »ehrlichen Kampf gegen den Materialismus und Egoismus unserer Zeit« sowie die »Mäßigkeit in materiellen Genüssen«.[9] Sie hielten jedoch an dem Führungsanspruch ihrer Klasse fest. Fünfzig Jahre später waren die moralischen Mahnungen versiegt. Notfallhilfe stand nun im Mittelpunkt. »Bei der immer mehr anwachsenden wirtschaftlichen Not unserer besitzlosen Standesgenossen, namentlich der älteren, allein stehenden Damen, erwächst die Gefahr der Verproletarisierung des ohne eigene Schuld verarmten Adels immer mehr an. Das Elend ist erschütternd!«, so ein Spendenaufruf der DAG aus den goldenen Zwanzigern.[10] Wiederum fünf Jahre später fragten manche Adlige im Ton der Verlierer, wie aus einem Stück von Bertolt Brecht: »Wer schenkt uns wieder Kartoffeln?«[11] Doch wie unserem Sozialsystem heute ging auch der aristokratischen Wohlfahrt das Geld aus. Zu viele Standesgenossen brauchten Hilfe, zu wenige waren in der Lage einzuzahlen. Es stand schlecht um die alte Herrenschicht. Denn sie wollten eines nicht einsehen: Wie hart oder weich sie landen, wie tief und schmerzhaft die Einschnitte sein werden, hängt zu einem guten Teil davon ab, wie rasch sie erkennen, dass sie nicht länger in der Lage sind, ihre Standards aufrechtzuerhalten.

Seit Beginn des 20. Jahrhunderts bestimmte deshalb eine neue Gruppe die aristokratische Szene: das Adelsproletariat. Zwei Worte, von denen man nie gedacht hätte, dass sie überhaupt zusammenpassen. Wer ein Auskommen als Vertreter von Landmaschinen oder als Weinhändler fand, hatte Glück, denn er blieb mit seiner Tätigkeit immerhin im äußeren Orbit der adligen Lebenswelt. Dasselbe galt für diejenigen, die noch ein Gutshaus besaßen, in dessen Flügel sie sich zurückziehen konnten; den Rest mussten sie vermieten, oder er stand leer, um wenigstens die Heizkosten zu sparen. Der Kohlepreis stieg unaufhaltsam. Die Mehrzahl der Aristokraten jedoch hatte härteres Brot zu beißen. Sie schlug sich als Tankwart, Tanzlehrer und Vertreter preisgünstiger »Scheuertücher« und »Badevorleger« durch. Obwohl sie in Wahrheit schon eine kleinbürgerliche Existenz führte, leugnete sie das hartnäckig. Vom »travailler pour le roi de Prusse« zum Verkauf von Versicherungspolicen, vom Rittergutsbesitzer zum Antiquitätenhändler oder Sektvertreter in der Façon eines Joachim von Ribbentrop war es ein kürzerer Weg, als sie dachte.

Das kollektive Ego schlug sich auf die Seite irrationaler Wünsche und Abneigungen und sagte der Realität Lebewohl. Gerede, das eigentlich nur dazu diente, eine verklärte Tradition schwülstig zu feiern, und das den Adel letztlich jeder Chance auf eine realistische Bestandsaufnahme beraubte. »Einst haben wir verbunden auf Leben und Tod mit dem Ritterschwert in der Ritterfaust Schulter an Schulter gekämpft; auch heute müssen wir kämpfen Schulter an Schulter, wenn auch mit anderen Waffen«,[12] so tröstete man sich über den realen Statusverlust hinweg und brachte mit dieser erstaunlichen Verdrängungsleistung doch nur zweierlei zuwege: Erstens schadeten sich die Adligen damit selbst, denn ihr eigener Absturz fiel ihrer starrsinnigen Realitätsverweigerung wegen sehr viel härter aus. Zweitens schadeten sie auch den anderen, denn sie leisteten einen wichtigen Beitrag zur Destabilisierung der ersten deutschen Republik und halfen den Weg in die Katastrophe zu ebnen.

Die Unternehmer, Kaufleute, Bankiers in der blühenden Hauptstadt Berlin wurden dem Adel mehr und mehr despektierlich. Im »Häusermeer der Großstadt«, so der General von Freytag-Loringhoven, drohten Menschen wie Pferde zu »verkümmern« und zu »verblöden«. Ähnlich schildert Paula von Bülow, geborene Gräfin von

Linden ihren Umzug nach Berlin im Jahre 1920: »Das Treiben und Hasten der modernen Großstadt, der betäubende Lärm, die Unrast waren mit zuwider. Alles in mir schrie auf, meine Seele litt, die Nerven zitterten.«[13]

Das alte Berlin, »des Preußentums Herz«, stand dem neuen Berlin entgegen, in dem »Schieber, Raffkes« und »pompöse Frauen« auf »schwellenden roten Polstermöbeln« den »Sekt in Strömen« konsumierten und ihre »Pöbelherrschaft« errichteten. »Es ist ekelhaft«, klagte Baron von Uexküll Anfang 1919 in einem Brief an Fürst Eulenburg, »innerhalb der Zersetzung zu leben.«[14]

Dies erinnert an deutsche Feuilletonisten, die durch Schanghai und Peking reisen. »Der alte Leib siecht dahin, das Gewebe ist faul, selbst die Luft geht ihr aus, überall nur Smog. Doch der Puls jagt hoch, unbändig hämmert das Herz. Und überall sind Großchirurgen am Werk, transplantieren neue Organe, neue Glieder … Eine größere Stadtoperation hat es wohl nie gegeben. Keine andere Megametropole hat sich je so schnell, so radikal verwandelt wie diese«, schrieb Hanno Rauterberg in der *Zeit* über Peking 2007.[15]

So berechtigt die Kritik im Einzelnen auch sein mag, so viel Altes auch zerstört wurde, um dem Neuen Platz zu machen – das Berlin der Zwanziger und beginnenden Dreißiger wurde zum Vorbild einer modernen Gesellschaft, die das Gegenteil derjenigen war, die die Nationalsozialisten später daraus gemacht haben. Womöglich werden auch Schanghai und Peking Modelle einer Megapolis nicht nur für China, sondern für die Welt, wie ein fortschrittlicher Feuilletonist vorsichtig angesichts der neuen Pekinger Stadien feststellt: »Ein erstes großes Geschenk Chinas an die Welt im 21. Jahrhundert. Nichts Materielles, nichts Käufliches, sondern: ein Stück Weltkultur. Ein Original. Made in China.«[16]

Der Adel entlarvte sich selbst. Wenn komplexe Zusammenhänge auf einfache Antworten reduziert werden, wenn nicht überzeugt, sondern Großes gefühlt werden soll, wenn die Metaphern aggressiver werden und aus Not kurzer Prozess gemacht wird, dann ist das ein untrügliches Zeichen von Machtschwund: »Was wir brauchen, ist nicht ein Brei, sondern ein Block. Wir werden ein Block sein, wenn die eiserne Klammer der Weltanschauung uns zusammenschließt und in ihrer Umarmung alles, was weich und flüssig ist, zum Felsen gerinnen und zusammenwachsen lässt. Wer uns auf dem Wege dazu hindern könnte, muss beiseitetreten oder sich einschmelzen lassen.«[17] Dieser Satz stammt nicht von George W. Bush, sondern von einem der adligen Vorturner vom August 1928. Es sind die Absteiger, die um sich schlagen, und nicht etwa die Aufsteiger.

Anstatt sich mit dem Zusammenbruch ihrer Wirtschaftsgrundlage zu beschäftigen, suchen die Absteiger lieber die Schuld bei den anderen. Das sind immer die jeweils erfolgreichsten und cleversten Aufsteiger ihrer Zeit, heute sind es u. a. die geschäftstüchtigen Chinesen, damals waren es u. a. die geschäftstüchtigen Juden: Vier der fünf größten Warenhausunternehmen gehörten vor 1933 jüdischen Besitzern; sie betrieben auch die erfolgreichsten Banken. Das rief Neid hervor. Die neuen Unternehmer, die es mit den alten Spielregeln nicht so genau nahmen, waren die gefährlichsten Konkurrenten. Immerhin näherten sich einige fortschrittliche Mitglieder des Berliner Hofadels den neuen Schichten an. Sie erschienen in den Kunstgalerien jüdischer »Börsenritter«, Grundstücksspekulanten und »Rattenkönige«, wie sie von den Altvorderen abwertend genannt wurden. Und sie luden diese im Gegenzug zum Souper ein und beteiligten sich an ihren »Börsen-Orgien«, in der Hoffnung auf »einen schönen Schmu«. Sie wurden der Kollaboration verdächtig, des Verrats an den eigenen Werten. Ihre Einstellungen wurden in antisemitischen Bestsellern, die beim Hochadel auf fruchtbaren Boden fielen, als untrügliche Anzeichen der Dekadenz präsentiert.[18]

So weit ist es im Westen noch nicht, dass Manager dafür angefeindet werden, wenn sie mit Chinesen Geschäfte machen, aber das kann noch kommen. Doch wenn ein Manager den Aufstieg Chinas für sehr erfolgreich hält, ist es durchaus schon möglich, dass er von den Etablierten – also ausgerechnet von denjenigen, die viel Geschick und Zeit darauf verwenden, den Aufstieg der Mehrheit der Welt zu verhindern – zu hören bekommt, er sei ein Antidemokrat.

In der Not rückte man zusammen. Je ärmer der Adel wurde, desto lauter wurde die Forderung, nicht bei den Aufsteigern zu kaufen. Die Deutsche Adelsgenossenschaft gab sogar Listen mit Warenangeboten anderer Adliger aus: »Standesgenossen, unser Geld muss in der Familie bleiben.« Adelsfunktionäre sprachen gar von der »Pflicht, in erster Linie bei den Standesgenossen zu beziehen«. Auf diese Weise wollte man sich gegen die jüdischen »Stammesgenossen« verbünden, die »fast die gesamte Weltproduktion« unter ihre Kontrolle gebracht hätten.[19]

Das ist durchaus ähnlich dem Vorschlag, Länder wie China, die sich nicht an die Produktionsstandards des Westens halten, mit Aussperrung aus der globalen Wirtschaft zu bestrafen. Einer Umfrage zufolge halten bereits vierzig Prozent der Amerikaner Freihandel für schlecht – in keinem anderen Land ist der Wert höher –, und zwischen Europa und den USA kursiert die Vorstellung einer gemeinsamen Freihandelszone. Eine Illusion, damals wie heute. Manche westliche Intellektuelle träumen von einer neuen Enthaltsamkeit, einem Leben ohne Konsumterror. Einige Journalisten versuchten ohne »Made in China«-Produkte durch die Vorweihnachtszeit 2007 zu kommen. Sie hofften, dadurch eine neue Lage herbeizuführen, in der die Chinesen auf ihren Produkten sitzen bleiben. Auch das ist nichts Neues. Schon der Adel träumte von »asketischen Eliten, die sich von dem allgemeinen Wettrennen nach dem Wohlhaben ausschließen«.[20] Der Erfolg ihrer vornehmen Ignoranz war eine Deklassierung, die weit härter ausfiel, als nötig war. Die Böswilligen wie die Gutmeinenden konnten am Wandel der Welt nichts ändern. Auch heute sind wir Zeugen einer gigantischen globalen Umverteilungsaktion, die aufzuhalten wir weder die Macht noch das Recht haben. Der Abstieg kommt, das lässt sich nicht vermeiden. Das ist auch durch die geschickteste Anpassungsleistung nicht zu verhindern.

Noch heute ist das Selbstwertgefühl vieler deutscher Unternehmer in China so übersteigert, dass sie nicht in der Lage sind, den Wünschen ihrer Kunden zu folgen, geschweige denn die Chinesen als Konkurrenten ernst zu nehmen. Zum Autobauen gehöre mehr, »als ein gutes Auto zu bauen«, behauptet etwa ein Topmanager von Volkswagen, dem größten Autohersteller Europas, der derzeit noch Marktführer in China ist. Von der Konkurrenz hält er nicht viel: »Die größte Schwierigkeit wird darin bestehen, geeignete Managementprozesse einzuführen. Die chinesischen Unternehmen müssen auch lernen, die einzelnen Märkte mit den verschiedenen Kulturen zu verstehen.«[21] Haben die Deutschen den chinesischen Markt bereits verstanden? Hier spricht der Hochmut eines Mannes, der in China doppelt so viele Fahrzeuge verkaufen muss, um das Gleiche zu verdienen wie seine japanischen Kollegen von Toyota: Wie lange wird er damit die wachen Aufsteiger überzeugen, die in jeder seiner Äußerungen spüren, dass er auf sie herabschaut?

Der deutsche Autoingenieur hält es für eine Charakterschwäche, dass der chinesische Unternehmer und seine Ingenieure die Autos nicht halb so leidenschaftlich lieben wie er selbst. Für ihn hat das Automobil den Stellenwert, den das Pferd einstmals für den Junker hatte. Er ist empört, wenn die Chinesen das Auto für einen Gebrauchsgegenstand halten, für einen Teil der Wegwerfkultur, und deshalb beim Massenprodukt mehr Wert auf schickes Aussehen als auf technische Raffinessen legen.

Wie die Altvorderen ignorieren nicht nur manche Manager, sondern auch Politiker den sich seit Jahren anbahnenden Umbruch. »Es gibt in Deutschland keine Unterschicht«, verkündete Franz Müntefering, bis November 2007 Arbeitsminister und Vizekanzler, »sie ist eine Erfindung weltfremder Soziologen.«[22] Diese Art der Reaktion heißt in der Freud'schen Ausprägung der Wiener Fin-de-Siècle-Ontologie »Widerstand«. Genau dann, wenn der Patient sich heftig gegen die Interpretationen des Seelenarztes sträubt, ist dieser auf der richtigen Spur. Wobei man davon ausgehen kann, dass Müntefering, der es besser weiß, stellvertretend für die Wähler Widerstand leistete, bis er das Handtuch schmiss, weil die Wähler nicht genug haben konnten von der Illusion, was alles doch zu retten ist. Für folgenden von Realismus geprägten Text gibt es keine Wählerstimmen: Wir werden unseren Aristokratenstatus im Westen nicht halten. Es gibt in Deutschland schon heute eine Unterschicht. Diese Unterschicht wird wachsen. Dem Mittelstand wird es schlechter gehen als bisher. Gleichzeitig wird eine hauchdünne Elite ihre Spitzenposition weiter ausbauen. Der soziale Frieden ist mittelfristig alles andere als sicher. Die Mittelstandsgesellschaft, die das Westdeutschland der Nachkriegszeit geprägt hat, ist immer weniger in der Lage, jedem eine bürgerliche Existenz zu garantieren. So kann es kommen, muss es aber nicht. Wir tun gut daran, diese Möglichkeit nicht von vornherein auszuschließen. Die Schlösser und Lustgärten unserer Verwöhngesellschaften lassen sich im Wettkampf mit erfolgshungrigen Aufsteigernationen wie China nicht aufrechterhalten. Es hat sich ausgeadelt. Die Globalisierung sorgt, wie vor ihr die Industrialisierung, für eine bessere Verteilung des Wohlstandes auf der Welt. Wir haben kein Recht, uns darüber zu beklagen. Denn die Vernetzung der globalen Wirtschaft und ihre Folgen machen die Welt gerechter.

Äußerlich scheint im Moment noch alles beim Alten. Die Cafés sind gut besucht, die Post funktioniert, die Gewerkschaften machen Warnstreiks nach alter Väter Sitte, und die Protagonisten unseres höfischen Kulturbetriebes fordern energisch das Grundrecht auf das Beste vom Besten. Und noch einmal: Je früher wir uns von unseren Wunschvorstellungen verabschieden, desto mehr Gestaltungsspielraum haben wir. Das gilt nicht nur für Deutschland, sondern auch für unsere europäischen Nachbarn.

»Unsere Vision des fernen Ostens ist im Ganzen gesehen falsch«, mahnt etwa der französische Philosoph und Sinologe François Jullien. »Denn in Wirklichkeit geschehen die Dinge weltweit nicht mehr durch uns. Unsere politischen Spaltungen, unsere ideologischen Spitzfindigkeiten sind nur noch Überlastungseffekte in einem erstarrten Gesamtrahmen, der im Begriff ist zu zerfallen.«[23] Die Franzosen haben schon die Stufe erreicht, in der die Verlierer sich mit Gewalt zur Wehr setzen. Währenddessen erhöhen die Chinesen den Druck. Sie haben sich entschieden, die aristokratischen Privilegien der etablierten Länder nicht mehr als gegeben hinzunehmen – zu Recht. Sie greifen jedoch nicht frontal an, wie wir gesehen haben, sondern gehen Umwege, die sie umso mächtiger machen, weil wir sie dann noch später bemerken. Der Schlüssel zu ihrem Erfolg liegt in ihrem Pragmatismus. Sie verschwenden keine Zeit, Ideale aufzustellen, sondern sind sehr geschickt darin, sich von der jeweils günstigsten Situation tragen zu lassen und von dort aus den nächsten Schritt zu planen.

Der Westen sollte seine intellektuellen Kräfte bündeln. Wie steht es mit den Fortschrittlichsten des globalen Adels, den Reformern und Vordenkern, den Einsichtigen im Globaladel, denen es gelingen kann, den moderaten Adel mitzureißen, um die Hardliner zu isolieren: Was kann der Westen beispielsweise von Joseph Stiglitz lernen, dem Wirtschaftsnobelpreisträger, der seit Jahren für eine Welt mit ausbalancierteren Machtverhältnissen kämpft? »Die Spielregeln der Globalisierung sind unfair, sie wurden zum Vorteil der Industrienationen entwickelt. Selbst einige der jüngsten Regeln haben dazu beigetragen, die ärmsten Länder noch ärmer zu machen«, konstatiert er und fügt hinzu: »Die Art und Weise, wie die Globalisierung gemanagt wird, hat die Souveränität von Ländern verkleinert, sie hat ihnen den Entscheidungsspielraum genommen und den Wohlstand der Menschen untergraben. In dieser Hinsicht hat sie demokratische Spielräume untergraben.«[24] Während Stiglitz noch nach wie vor glaubt, sich für die Ärmsten der Armen einsetzen zu müssen, sind, wie wir gesehen haben, die ärmsten Länder in Afrika, Asien und Südamerika schon dabei, sich mit mächtigen Ländern wie China zusammenzuschließen. Sie werden immer unabhängiger von den Etablierten und sind nie selbstbewusster gewesen als heute. Die multipolare Weltordnung, also eine Welt, in der möglichst viele Staaten mitreden können, war nie greifbarer als heute.

»Die Befürworter der Globalisierung wollen uns weismachen«, meint Stiglitz weiter, »dass jeder wirtschaftlich von der Globalisierung profitiert. Doch es gibt mehr und mehr Verlierer.«[25] Auch diese Aussage trifft nicht zu. Inzwischen gehören zu den relativen Verlierern viel eher die Industrienationen, das Pendel schlägt eben gerade in die entgegengesetzte Richtung aus. Welches Land lässt sich denn heute noch vom Internationalen Währungsfonds oder von der Weltbank eine bestimmte Politik aufdrängen? Wahrscheinlich war es während der Asienkrise 1997 und 1998 das letzte Mal, dass der Internationale Währungsfonds einen internationalen Wirtschaftseinbruch nutzen konnte, um Länder unter seine Knute zu zwingen. Schon damals gelang ihm das nicht mehr flächendeckend: Das 235-Millionen-Einwohner-Land Indonesien scherte aus. Inzwischen haben die einschlägigen Kunden des IWF sich mit China zusammengeschlossen. Der Einfluss der USA sinkt täglich, im Nahen wie im Mittleren Osten wartet niemand mehr auf ihre Hilfe, und selbst einst enge Partner im fernen Osten wie Japan, Südkorea und Australien rücken von ihnen ab.

Chinas Mutter-Courage-Ökonomie ist die bisher mächtigste Form der Gegenglobalisierung. Ihre Stärke bezieht sie daraus, dass ihr kein politisch revolutionäres Konzept zu Grunde liegt. Vielmehr ist aus der gleichsam zufälligen Verkettung günstiger Umstände eine dauerhafte, den Wohlstand ausgleichende Bewegung entstanden, an deren Spitze die Chinesen stehen. Gleichzeitig sind Voraussetzungen geschaffen worden für eine Art globale Regierung: Erstens sind mehrere Machtzentren entstanden, die sich gegenseitig ausbalancieren; so stehen den Nato-Ländern in immer stärkerem Maße China, Indien, Russland und ein selbstbewusstes Südamerika gegenüber. Zweitens befinden wir uns am Beginn eines globalen Trends, in dem die Politik wieder an Terrain gegenüber der Wirtschaft gewinnt. In China kann die Wirtschaft nicht machen, was sie will, in Indonesien nicht, in Japan eher weniger als mehr, das Gleiche gilt für Südkorea. Das Russland unter Putin steht für eine mächtige Gegenbewegung, von Venezuela unter Hugo Chávez ganz zu schweigen, auch wenn er maßlos übertreibt. Selbst kleine Länder wie die Mongolei lassen sich, wie wir gesehen haben, nicht mehr von internationalen Konzernen an der Nase herumführen, sondern sorgen mit drastischen Maßnahmen dafür, dass der Staat beispielsweise von den gefundenen Bodenschätzen genügend abbekommt, um den Wohlstand seiner Bevölkerung zu mehren. Dies ist in Ländern wie Kasachstan mit einer starken Führung schon seit Jahren der Fall. Man sollte aber auch die negativen Begleiterscheinungen dieser Entwicklungen nicht außer Acht lassen. Das Wiedererstarken der Politik bringt einen größeren Spielraum für Korruption, die Rechte des Einzelnen werden beschnitten. Der Staat neigt dazu, sich zu sehr in marktwirtschaftliche Vorgänge einzumischen, die im ungeplanten Wettbewerb besser funktionieren würden.

Unterm Strich jedoch wird die Lage der Mehrheit der Bevölkerung in den jeweiligen Nationen besser, das gilt für Kasachstan ebenso wie für Russland, für Nigeria ebenso wie für den Sudan. Bis sich die Nation wirtschaftlich und politisch gefestigt hat, ist ein starker Staat nützlich. Von außen ist es schwierig zu entscheiden, wann die autoritäre Phase aufhören und die demokratischere anfangen soll. Aber die Entwicklungen auf Taiwan und in Südkorea zeigen, dass die Menschen ein gutes Gespür dafür haben. Und das Ende selbst bestimmen. In großen Staaten jedenfalls sollte diese Phase länger dauern als in kleinen. Das sieht man sofort, wenn man Indien und China vergleicht. Selbst die Führer der indischen Wirtschaftselite sind realistischer, was die eigenen Schwächen und Stärken betrifft: »Regierung und politisches System der Volksrepublik China können Dinge einfach machen«, sagt der Unternehmer Ratan Tata.

»Dort gibt es schnelle Entscheidungen und schnelle Ergebnisse. In unserer Demokratie ist derlei extrem schwierig. Und es wird noch mühsamer. Wir sagen ja gern, dass Indien den Vorteil des großen Marktes hat. Wir haben Bundesstaaten. Es regiert das Gesetz. Wir besitzen ein Rechtssystem. Aber das sind zugleich unsere Schwächen verglichen mit China. Andererseits ist es eine unserer Stärken, dass wir sehr individualistisch und als Individuen sehr kreativ sind. Doch auch das ist zugleich eine Schwäche, denn wir arbeiten dabei wenig zusammen. Jeder hat nur den eigenen Gewinn vor Augen.«[26] In China hingegen sorgt zumindest der Staat dafür, dass die Unternehmen zum Wohl der Nation kooperieren. Die Repolitisierungsbewegung ist vor allem in Entwicklungsländern erfolgreich, und sie ist die Vorstufe zu einer multipolaren Weltordnung, in der politische und wirtschaftliche Macht gerechter verteilt sind. Ohne diese neue »Balance of Power« ist an eine globale Regierung nicht zu denken.

Führende Vertreter der sogenannten Dritten Welt haben sich bereits zu einer Opposition zusammengeschlossen; die weltweit stärkste oppositionelle Kraft geht derzeit wiederum von China aus. Bei den WTO-Verhandlungen im Dezember 2005 in Hongkong stand der Machtverlust in den Gesichtern des europäischen Verhandlungsführers Peter Mandelson und seines amerikanischen Kollegen Landwirtschaftsminister Mike Johanns geschrieben. Die Veranstaltung endete in einem selten da gewesenen Abstimmungschaos, weil die Weltoppositionsführer einem offenen Machtkampf geschickt auswichen. Der Gastgeber China bot sich nicht als offene Angriffsfläche an, sondern veranstaltete zur selben Zeit ein Treffen mit den Regierungschefs der asiatischen Länder in Kuala Lumpur, um mit bilateralen Abkommen den festgefahrenen WTO-Prozess zu unterlaufen.[27] Noch fünf Jahre zuvor hätten sich zahlreiche asiatische Länder nicht getraut, die Amerikaner und Europäer derart zu brüskieren. Inzwischen erscheint vielen Ländern China als der langfristig günstigere Partner.

Nun müssen zum Beispiel die USA darüber nachdenken, ob sie es sich weiter leisten können, die afrikanischen Länder mit dem Angebot eines offenen Marktes für Baumwolle zu schikanieren – und das, obwohl in den USA niemand afrikanische Baumwolle kauft, weil die amerikanische so stark subventioniert ist, dass die afrikanischen Anbieter nicht konkurrieren können. Die USA ernteten nur noch ein müdes Lächeln in Hongkong, als sie anboten, ihre Märkte für 97 Prozent aller von den Entwicklungsländern hergestellten Produkte zu öffnen. Die ausgeschlossenen Produkte machen jedoch rund neunzig Prozent dessen aus, was die Entwicklungsländer herstellen. Bangladesch dürfte Flugzeugturbinen exportieren, aber keine Textilien. Das ist keine Basis für eine langfristige Geschäftsbeziehung. Wenn die Befürworter der freien Marktwirtschaft und der Demokratie wieder wettbewerbsfähig gegenüber dem Islam und den Populisten dieser Welt werden wollen, dann sollten sie wettbewerbsfähige Lösungen anbieten, eine soziale Agenda, die nicht nur der gut ausgebildeten Mittelklasse Hoffnung gibt, sondern auch den Isolierten, den Ausgeschlossenen und selbst den Aufsteigern. Passiert das nicht, muss sich der Globaladel nicht wundern, wenn sich diese Länder andere Partner suchen und auch dann nicht zurückkehren, wenn der Westen eingesehen hat, dass er über die Stränge geschlagen hat.

Die Fragen bezüglich der Reform der globalen Institutionen müssen also härter werden. Warum zum Beispiel ist die Welthandelsorganisation gescheitert? Die Antwort ist einfach: Handelsvereinbarungen sind kaum geeignet, die Machtverhältnisse zwischen den Staaten zu relativieren. Welche Zugeständnisse ein mächtiger Staat auch immer macht, bei der erstbesten Gelegenheit wird er sich eine Ausrede einfallen lassen und machen, was er will – denn niemand kann ihn zur Rechenschaft ziehen. Der starke Staat bleibt mächtiger. Die globalen Institutionen sind noch nicht unabhängig genug, um als Regulativ gegen die mächtigen Länder zu wirken. Nicht nur die USA und die EU sind Beispiele dafür, sondern inzwischen auch China. Allerdings steht China auch für das Gegenteil: für die Ausbalancierung der internationalen Kräfte als die entscheidende Voraussetzung, damit globale Institutionen funktionieren können. Auch Freihandel kann nur funktionieren, wenn es mehrere gleich starke Partner gibt, die sich gegenseitig austarieren. Wenn ein Händler oder ein Land so mächtig ist, dass es die Bedingungen diktieren kann, gerät alles aus dem Gleichgewicht.

China hat in dieser Frage nicht nur für sich gesorgt, sondern sich allmählich zum Fürsprecher von Ländern gemacht, die bis dahin zersplittert waren. Eine Entwicklung die sich, wie wir in den vorangegangenen Kapiteln gesehen haben, langsam, aber stetig vollzieht. Die Afrikanische Union gewann erst an Aufwind, nachdem China und die Afrikaner ihre Interessen gebündelt hatten.

In den kommenden Jahren wird sich mehr bewegen, als dem Westen lieb ist. China ringt seine zukünftigen Verbündeten nicht nieder, es überzeugt sie, schafft Vertrauen und engagiert sich langfristig. Das Kräftegleichgewicht wächst und gedeiht. Was für die Welthandelsorganisation gilt, trifft auch auf die Globalisierung als Ganzes zu. Sie führt nur zu mehr Gerechtigkeit, wenn mehrere Spieler ähnlich gute Chancen haben. Nun endlich, möchte man fast sagen, ist ein großes armes Land aufgrund einer Mischung aus Zufall und Geschick sehr mächtig geworden. Von nun an sind die Entwicklungsländer nicht mehr auf Almosen der Fairness angewiesen, auf die freiwillige Zurückhaltung der Mächtigen. Von nun an erzwingt die Gegenmacht Zurückhaltung und Kompromisse. Westliche Unternehmen beispielsweise sind bereits vorsichtig im Umgang mit dem Entwicklungsland China. Es ist unter Pharmakonzernen üblich, sich Pflanzen patentieren zu lassen, die in Entwicklungsländern zur traditionellen Heilkunst gehören. Das bedeutet, wenn Menschen in diesen Ländern die Pflanzen zu Medikamenten verarbeiten, verletzen sie internationales Patentrecht. Ein sehr wirkungsvolles Malariaprodukt wird aus dem chinesischen Qinghao-Baum gewonnen. Das Schweizer Pharmaunternehmen Novartis entschloss sich, dieses Produkt in China zu einem sehr geringen Preis anzubieten, als »Zeichen der sozialen Verantwortung«.[28] Tatsächlich traut sich das Unternehmen nicht, in einem solch wichtigen Markt derartigen Raubbau zu betreiben. Allmählich können Länder wie China ihre eigenen Spielregeln durchsetzen.

Am offensichtlichsten wurde diese neue Machtbalance am Beispiel Afrikas. Seitdem China in großem Maßstab in Afrika investiert, wird der Kontinent nun auch für die Europäer interessant. Ein Wettbewerb um den Umgang mit Afrika ist entstanden. So kam es, dass sich Ende des Jahres 2007, nach sieben Jahren, die Europäer wieder mit den Afrikanern an einen Tisch setzten.

Eine alte, dominierende Machtordnung jedoch verliert unaufhaltsam an Einfluss. Das kann man auch für die chinesischen Kom-

381

munisten feststellen, mag mancher einwenden. Die Kommunisten sind der Adel Chinas, auch die Exklusivität des Politbüros wird sich auf Dauer nicht halten lassen, auch die der Kommunistischen Partei nicht mit ihren siebzig Millionen Mitgliedern in dem 1,3-Milliarden-Menschen-Land. Die Einparteienherrschaft wird irgendwann bröckeln, aber wohl erst dann, wenn das Land keinen wirtschaftlichen Erfolg mehr hat. Das ist derzeit nicht in Sicht. Wenn es irgendwann zu einem plötzlichen Machtwechsel kommen sollte, ist nicht automatisch die »unfreie Welt« gegen die »freie Welt« gescheitert, auch wenn das ein tief sitzender Wunsch des Globaladels ist. Wir wissen nicht, ob die Nachfolger demokratischer oder diktatorischer sein werden. Eines ist jedoch sehr wahrscheinlich: Das Ende der Einparteienherrschaft wird nicht dazu führen, dass sich China und der Westen endlich in die Arme fallen. Im Gegenteil: Die Konfrontation mit dem Westen wird sich noch verstärken, auch wenn chinesische Spitzenpolitiker abhängiger von der Meinung ihrer Wähler sind. Die Nachfolger werden mit noch größerem Elan ihre Politik gegen den Westen machen, das hält das Land in Krisenzeiten zusammen. Man konnte das Phänomen sehr gut in Wladimir Putins russischem Wahlkampf 2007 beobachten. Die Konfrontation der Mehrheit der Welt mit der Minderheit der Welt wird zunehmen.

Der globale Adel vergisst: Es gibt in der Welt keinen Konsens darüber, dass der Westen, also Amerika und Europa, die Geschicke der Welt lenkt, dass die westlichen Werte das Maß aller Dinge sind. Selbst wenn wir uns an unseren Werten messen, geraten wir in Erklärungsnot. Würde das Menschenrechtsprinzip »One man, one vote« (Ein Mensch, eine Stimme) weltweit gelten, hätte der Westen nichts mehr zu sagen. Europa wäre so mächtig wie die FDP im Deutschen Bundestag. Die deutsche Spitzenvertreterin des globalen Adels sieht das Problem durchaus: »Schaut man nur auf die Bevölkerungszahlen, hat Europa nicht die allerhöchsten Ansprüche zu stellen. Asien und Lateinamerika sind im Sicherheitsrat nicht gerade überrepräsentiert.«[29] Doch Konsequenzen mag sie nicht ziehen. »One man, one vote« wird kommen, so, wie es sich in den Nationalstaaten durchgesetzt hat. Auch wenn es noch sehr lange dauern und meine Generation das nicht mehr erleben wird, selbst die Bevölkerungsentwicklung spricht dafür: 2050, am Ende der Lebensspanne meiner

Generation, leben nur noch vier Prozent der Weltbevölkerung in Europa. Dies ist auch Merkel nicht verborgen geblieben. Sie hält es dennoch für angebracht, einen ständigen Sitz im UN-Sicherheitsrat zu fordern, in dem nicht einmal Indien und Brasilien vertreten sind. »Wir haben vielfach Verantwortung übernommen und uns auch bei der Finanzierung der UN stark engagiert«, rechtfertigt sie ihre Forderung, »und daraus erwächst auch ein Anspruch.«[30] Wenn es danach ginge, hätten die Westdeutschen darauf pochen können, dass nur jeder dritte Ostdeutsche eine Stimme für den gemeinsamen Deutschen Bundestag abgeben darf. Ein Ministerposten für Merkel wäre ausgeschlossen gewesen. Der Westen sollte langsam damit beginnen, seine Machtinteressen geschickter zu verteilen, statt sich mit maßlosen Forderungen lächerlich zu machen. Denn je spitzfindiger die Rückzugsgefechte des globalen Adels sind, desto unwirscher wird der Aufruhr diesem Spuk ein Ende machen. Die großen Alten haben das begriffen. »Die Mitgliedschaft Deutschlands war zu keiner Zeit eine fruchtbare Idee, und daraus wird auch nichts«, stellte Helmut Schmidt zur Frage einer UN-Sicherheitsratsmitgliedschaft nüchtern fest. Er hat gelernt, große Zeiträume zu überblicken. »Dieses Streben einiger Deutscher nach mehr Verantwortung in der Welt ist mir zutiefst unsympathisch.« Denn einstweilen sind wir nicht nur unlegitimierte, sondern auch mehr und mehr ungebetene Fürsprecher: »Was die inneren Angelegenheiten anderer Staaten betrifft«, sagte Helmut Schmidt deshalb, »so hat unsere Regierung weder den Russen, noch den Amerikanern, noch den Chinesen öffentliche Ratschläge zu geben.« Die Deutschen neigen derweil zur Selbstüberschätzung. Nach einer Umfrage der Bertelsmannstiftung aus dem Jahr 2007 halten 49 Prozent der Deutschen ihr Land für eine Weltmacht und 46 Prozent gehen davon aus, dass das Land auch 2020 eine Führungsrolle in der Welt spielen kann. International hingegen wird Deutschland bei weitem nicht so hoch bewertet. Nur dreißig Prozent der Befragten sehen Deutschland in einer Führungsrolle. Für 2020 erwarten dies sogar nur noch 25 Prozent. Schmidt holt die Deutschen auf den Boden der Tatsachen zurück. Er argumentiert damit, dass wir auch aufgrund unserer Geschichte nicht dazu legitimiert sind, große Töne zu spucken. »Seit wann wissen wir Deutschen, was ein Rechtsstaat ist und wie eine Demokratie zu funktionieren hat. Wir kommen von

Adolf Nazi her, von Tirpitz, von Ludendorff, von Willhelm II., von Bismarck. Und jetzt schwingen wir uns plötzlich auf und belehren China, wie es mit tibetischen Mönchen umzugehen habe?«[31]

Im Herbst 2007 empfing Angela Merkel den Dalai Lama im Kanzleramt, der sich für eine zumindest kulturelle Autonomie Tibets einsetzt.[32] Die chinesische Führung war über diesen Besuch sehr verärgert. Sie befürchtet, dass der Dalai Lama auch politische Ziele verfolgt und Separationsbewegungen fördert. Merkel hatte die Deutschen auf ihrer Seite: 84 Prozent waren dafür, dass sie sich mit dem Dalai Lama traf. Hat sie nicht offen, klar und direkt unsere Werte vertreten? Nein, es war eher hinterlistig, drei Wochen zuvor nach China zu reisen und der chinesischen Regierung nichts von dem anstehenden Besuch zu sagen.

Aber war dies nicht im Sinne der Opfer der chinesischen Tibetpolitik? Wenn es dies sein sollte, dann war es ein wenig ungeschickt. Denn es waren in Peking vor allem die Hardliner, die sich über die Äußerung gefreut haben, während die Reformer, die sich für einen entspannteren Umgang mit Tibet einsetzen, erschrocken, verärgert und enttäuscht waren. Schließlich können die Hardliner nun argumentieren: Seht, der Westen benutzt Tibet, um uns politisch unter Druck zu setzen, wir dürfen nicht nachgeben. Während die Argumentationslinie der Reformer, man könne die Zügel lockerer lassen, weil das Thema international keine große Rolle mehr spiele, unterlaufen wurde. Man kann zusammenfassen: Die Lage der tibetischen Mönche hat sich eher verschlechtert. Auch der Spielraum, unsere Werte in China wirkungsvoll zu vertreten, hat sich verschlechtert. Immerhin: Die Lage der Bundeskanzlerin hat sich verbessert. Allerdings ist es langfristig nicht geschickt, mit der Verunsicherung der Menschen angesichts des globalen Wandels zu spielen. Das wird sich herumsprechen und das Vertrauen in die Politik nicht verstärken. Sowohl die Wirtschaft, geübt im Durchsetzen ihrer Interessen in China, als auch die Mechaniker der Macht im deutschen Außenministerium, sowie die Grünen-Politikerin und ehemalige Vizepräsidentin des Deutschen Bundestags, Antje Vollmer, die sich seit Jahren für größere Autonomie Tibets einsetzt, kamen zu dem gleichen Ergebnis. Der innenpolitische Erfolg habe großen außenpolitischen Schaden angerichtet. Es habe Gespräche gegeben zwischen den Chinesen und den Vertretern des Dalai Lama: »Wenn man jedoch, während solche Gespräche stattfinden, gleichzeitig Showeffekte inszeniert wie den Besuch des Dalai Lama bei Bush und bei Merkel, dann sehen die Chinesen darin einen Gesichtsverlust, dann steigern sich ihr Misstrauen und ihr Zorn in Richtung Weißglut. Man muss deshalb die Frage stellen, welchem Zweck dient das eigentlich?«, fragte Vollmer.[33] Der Außenminister Frank-Walter Steinmeier sprach von »Schaufensterpolitik«.[34]

Diese Wortgefechte sind weit mehr als ein Machtgerangel zwischen einer CDU-Kanzlerin, einem SPD-geführten Außenministerium und einer Grünen-Politikerin. Sie sind Zeugnis der globalen Machtverschiebung. Denn hinter dieser Debatte verbirgt sich eine zentrale Frage: Wie mächtig ist der Westen noch, wenn es darum geht, seine Wertvorstellungen durchzusetzen? Welchen Ton kann man sich leisten anzuschlagen? Eine Frage, die uns in den nächsten Jahren noch sehr beschäftigen wird, wenn es darum geht, unsere Interessen wirkungsvoll zu vertreten.

Es ist wichtig, sich um Menschen zu kümmern, die ohne Gerichtsverfahren ins Gefängnis gekommen sind. Die Frage lautet aber, wie man am geschicktesten handelt. Herablassende Befehle, Beschimpfungen, Drohungen, Zuspitzungen, Ausgrenzungen zeigten früher Wirkung, als der Westen noch mächtiger war, heute führen sie nur dazu, dass wir unsere eigene Machtposition verschlechtern. Kooperation, Überzeugung, Annäherung, Verflechtung und Entspannung helfen den politischen Gefangenen und der Wettbewerbsfähigkeit unserer Werte mehr. Helmut Schmidt hielt jahrelang den Staats- und Parteichef Leonid Breschnew nicht durch Drohungen und Beschimpfungen in Schach, sondern indem er ein persönliches Verhältnis aufbaute. Beide teilten die Abscheu vor dem Krieg.

Der Globaladel heute neigt ähnlich wie einst der nationale Adel dazu, die eigene Bedeutung zu überschätzen. Das führt einerseits dazu, dass man den Konkurrenten unterschätzt: Merkel glaubt zum Beispiel in Bezug auf Afrika: »Je mehr sich in Ländern wie China wirtschaftliche Vielfalt entwickelt, umso weniger [wird] auch dort akzeptiert werden [...], dass es keine Konkurrenz und damit Chancengleichheit bei der Auftragsvergabe gibt.«[35] Das hieße, zu hoffen, chinesische Unternehmen setzten sich dafür ein, dass ausländische

Unternehmen die gleichen Chancen bei Aufträgen in Afrika hätten wie chinesische. Anderseits, und das ist bedenklicher, fällt sie auf die Ideologie des eigenen Systems herein: »Demokratien sind aufgrund der Justiziabilität jeder Entscheidung, durch die rechtlichen Garantien, langsamer, allerdings auch stabiler. Die Frage, ob die vermeintlich schnelle Entscheidung langfristig eine stabile und zugleich kreative Entwicklung ermöglicht, ist noch nicht beantwortet«, sagte Merkel in Bezug auf China. »Ich glaube, dass freie Gesellschaften kreativer sind und die langfristig tragfähigeren Lösungen entwickeln.«[36] Bei nüchterner Betrachtung stellt man fest: Kreativität entsteht mindestens so sehr durch Wettbewerb wie durch Freiheit. Die Ostdeutschen galten als sehr kreativ, wenn es darum ging, Folgen der Mangelwirtschaft zu überwinden und die nicht funktionierenden Institutionen zu ersetzen.

Wahrscheinlich ist der Unterschied zwischen China und Deutschland mit der Gegenüberstellung »Not macht erfinderisch. Wohlstand macht bequem« treffender beschrieben. Es ist nicht so sehr die rechtsstaatliche Langsamkeit, die Demokratien schwächt, sondern ein Wohlstandsniveau, das sie sich nicht mehr leisten können. Sie leben über ihre Verhältnisse und haben nicht die Kraft zu umfassenden Reformen, weil mutige Entscheidungen im Gewirr der Kompromisse und Rücksichtnahmen, wie sie die Demokratie verlangt, an Kraft verlieren.

Der Aufstieg Chinas sollte für uns Anlass sein, die Frage, was eine freie Gesellschaft ist, neu zu stellen. Am stabilsten sind offensichtlich Gesellschaften, die ihren Menschen wachsenden Wohlstand sichern, ohne dass sie dabei über ihre Verhältnisse leben. Wenn sie demokratisch sind, dann umso besser. Demokratien ohne wachsenden Wohlstand haben sich nicht als stabil erwiesen. Dazu muss man nicht nach Afrika schauen, ein Blick zurück auf die eigene Geschichte in der Weimarer Republik genügt schon. Demokratien, die auf Schulden gebaut sind, müssen noch beweisen, ob sie durchhalten. Die Entwicklungen in den USA der vergangenen Jahre lassen Skepsis zu.

Aber muss ein Land wie China nicht erst einmal demokratisch werden und unsere Menschenrechtsstandards einführen, bevor es die Geschicke der Welt mitbestimmen darf? Wohl kaum. Diese Eintrittsstandards in das Weltgeschehen lassen sich leider nicht durchsetzen. Zum einen fragen uns die Chinesen nicht um Erlaubnis, wie wir in den vorangegangenen Kapiteln gesehen haben, und sie müssen das auch nicht. Zum anderen sollten wir von den Nachfolgenden nicht mehr verlangen, als wir selbst nur unzureichend geschafft haben. Bewegungen für mehr Mitbestimmung oder Freiheitskämpfe waren auch im Westen selten demokratisch legitimiert, selbst wenn sie dieses Ziel hatten und später sogar zu mehr Demokratie geführt haben. Sie lebten davon, dass charismatische und machtgeschickte Führer die Gunst der Stunde nutzten, ihren Einfluss zu vergrößern, und den Etablierten Dampf machten. Opfer wurden um des großen Projektes willen in Kauf genommen. Das gilt für die Französische Revolution ebenso wie für die Arbeiterbewegung.

Nichts anderes haben sich die chinesischen Regierungsvertreter gegenwärtig auf ihre Fahnen geschrieben – erstmals im globalen Maßstab und mit beachtlichem Erfolg. Sie greifen nach Macht, die wir ihnen freiwillig nicht geben wollen. Nach innen sind sie Diktatoren, nach außen Demokraten. Sie wissen, ihr größerer Einfluss in der Welt wird am Ende auch den Ärmsten zugute kommen. So wie der gegenwärtige Status des Westens auch die Lage der Ärmsten im Westen stützt. Der Globaladel weiß das und neigt deshalb dazu, ausführlich auf die Diktatur der Chinesen über Chinesen hinzuweisen und sich weniger mit der Diktatur des Westens über den Rest der Welt auseinanderzusetzen. Wobei die Mehrheit der Chinesen sich weit weniger von ihrer Führung bevormundet fühlt als die Menschen in der sogenannten Dritten Welt vom Westen. Zu Recht weist die Pekinger Führung darauf hin, dass sie den persönlichen Freiraum und den Wohlstand der Menschen in den letzten zwanzig Jahren viel mehr vergrößert hat als der Westen den Spielraum der Menschen in der sogenannten Dritten Welt. Wenn westliche Politiker der chinesischen Führung Brutalität vorwerfen, sollten sie nicht vergessen, dass weltweit alle drei Sekunden ein Kind an einer Krankheit stirbt, die vermeidbar wäre.[37] Insofern ist sogar der Untertitel dieses Buches ambivalent: »Wie Peking sich die Welt gefügig macht« erzählt womöglich mehr über die Herablassung der Etablierten gegenüber den Aufsteigern. Er ist treffend, weil er die Erwartungen der Etablierten anspricht, und er ist unzureichend, weil er den Sachverhalt nicht angemessen beschreibt. Nicht China versucht, sich die Welt gefügig zu machen, sondern der Westen. Nach der Lektüre der vorangegangenen Kapitel wissen wir, dass er in dieser Hinsicht immer weniger erfolgreich ist. Deshalb müssen wir lernen, wie China funktioniert, wir müssen lernen, die Fortschritte und Rückschritte mit seinen Maßstäben zu messen.

Wenn schon die Reformer des Globaladels nicht wirklich fortschrittlich sind, gibt es dann wenigstens Vertreter des nationalen Adels, die als Vorbild dienen können? Politiker, die erkannten, dass es auch für ihre Machtposition besser ist, wenn sie sich – wenn auch grollend – anpassen, statt sich der unaufhaltsamen Entwicklung der nationalen Demokratisierung entgegenzustellen oder den Wandel durch Rückzugsgefechte so lange wie möglich aufzuhalten? Der letzte Adelige, der einer europäischen Nation nicht nur repräsentativ vorstand, sondern sie tatsächlich durch demokratische Wahl regierte, war der Enkel des 7. Herzogs von Marlborough. Gemeinhin ist er besser unter seinem bürgerlichen Namen bekannt: Winston Churchill. Er wurde 1940 Premierminister.

Churchill wusste so gut wie nichts von der Lebensart der »einfachen Leute«, die ihn gewählt hatten; so wenig, wie die meisten Europäer ahnen, dass die Zukunft ihrer Länder ähnlich stark von China abhängt wie der Status der Aristokratie vom Aufstieg des Bürgertums. Churchill hat in seinem langen Leben niemals einen Laden betreten, ist nie mit dem Bus gefahren und hat nur einmal, getrieben von einem für ihn ansonsten ganz uncharakteristischen Forscherdrang, eine U-Bahn-Station betreten – in der er sich prompt verlief. Er irrte so lange hilflos durch die Katakomben, bis ihn ein großbürgerlicher Freund aus dem neumodischen Labyrinth der Großstadt rettete. Noch 1951 glaubte er, dass die Mehrheit der Briten in »cottage homes« lebe, in einer Art besserem Gartenhäuschen also.[38] Die wurden traditionell von abhängigen Landarbeitern, Handwerkern und Bediensteten bewohnt, die sich in der Nähe der großen aristokratischen Häuser angesiedelt hatten.

Auch Churchill verstand zunächst die Welt nicht mehr. Für mehr als 200 Jahre, gab er in seiner Chronik des Hauses Marlborough zu bedenken, habe eine kleine und pflichtbewusste Oberschicht die großartigen Staatsmänner hervorgebracht, die Großbritannien zur

Weltmacht geführt haben. Und das sollte jetzt vorbei sein? Wie viele Aristokraten im späten 19. Jahrhundert war auch seine Familie verarmt und skandalgebeutelt; in seiner weitläufigen Verwandtschaft fehlte es nicht an prestigeschädigenden Exzentrikern. Wie so viele Hochwohlgeborene seiner Zeit laborierte auch er an zerrütteten Finanzen. Häufig war er bis über beide Ohren verschuldet und von reichen Gönnern abhängig. Wie andere verarmte Aristokraten hielt er sich als Journalist und Soldat über Wasser und ergötzte ein bürgerliches Publikum mit seinen Memoiren. Auch in der Inkonsistenz seiner politischen Meinungen, seiner stets unsicheren Parteiloyalität und seiner Bewunderung für autoritäre Staatsformen glich er den zahlreichen verwirrten Adeligen seiner Zeit. Sie hatten in der unfreundlichen und fremdartigen Welt der Massenpolitik im 20. Jahrhundert ihre Orientierung verloren. Wie so viele entfernte er sich zunächst zwischen den beiden Weltkriegen immer weiter von der parlamentarischen Demokratie. Er hielt das allgemeine Stimmrecht, 1918 eingeführt, für eine miserable Idee und die Wurzel aller politischen Übel, an denen das Vereinigte Königreich in den Jahren nach dem Ersten Weltkrieg litt.

Churchill jedoch ist damals über seinen Schatten·gesprungen: »If you can't beat them join them«, sagte er sich. Er wurde erst Minister, später Premierminister in einer Demokratie, auf die er im Grunde herabblickte, die er allerdings für unvermeidbar hielt. »Alles Elegante und Glitzernde, das imposante Fahnenspiel«, jammerte er, fast im Tonfall eines ostelbischen Junkers, »ist im britischen Parlament verblichen.« Stattdessen gebe es nur mehr »Parteiausschüsse, Strippenzieher und Seifenkisten«. Die großen Staatsmänner seiner Jugend – wo waren sie geblieben? Ihre Nachfolger waren in seinen Augen zwergenhafte Wichtigtuer: »Kleine Männer«, die sich vergeblich abstrampeln, mit »großen Ereignissen« fertig zu werden. So reden wir heute über die Vereinten Nationen, von den Brüsseler Bürokraten ganz zu schweigen, auch wenn das vereinigte Europa und die Vereinten Nationen einen großen Fortschritt bedeuten. Churchill wurde von den alten und neuen Eliten angefeindet. Beide Seiten beschimpften ihn als prinzipienlos. Er schwankte, hatte eine Schwäche für Benito Mussolini wegen der »überragenden Eigenschaften, des Mutes, des Fassungsvermögens und der Ausdauer«, die er ihm zuschrieb.

Selbst Churchills Freund und Gönner, Lord Beaverbrook, bemerkte gelegentlich, Churchill sei »von dem Holz, aus dem Tyrannen geschnitzt werden«.[39]

In Churchill kämpften die alte und die neue Zeit um die Vorherrschaft: »Demokratie ist die Notwendigkeit, sich gelegentlich den Ansichten anderer Leute zu beugen«, sagte er ebenso standesbewusst wie ironisch. Doch das war nur ein Zwischenstand seiner geistigen Wende. Schließlich gab er der Demokratie 1947 grollend den Ritterschlag: »Demokratie ist die schlechteste aller Regierungsformen – abgesehen von all den anderen Formen, die von Zeit zu Zeit ausprobiert worden sind.«[40] Churchill und seine illustre Familie, beileibe kein Einzelfall, sind für beides ein gutes Beispiel: für zunächst verbittertes Dagegenhalten und für die realistische Bestandsaufnahme, mit der sie schließlich retteten, was zu retten war. Wenn man die Geschichte Churchills sieht, besteht also noch Hoffnung, dass der eine oder andere westliche Politiker in später Einsicht das Schlimmste verhindert oder, besser gesagt, das Beste befördert. Und nicht etwa wie der preußische Graf Kanitz, der den seiner Klasse eigenen Kasino-Ton bis zum bitteren Ende auf den Punkt bringt: »Janz im Jejenteil«, antwortete er schnarrend auf den Vorwurf, er sei wohl nicht »volkstümlich« genug, »bin kolossal volkstümlich. Volk muss natürlich immer parieren. Immer so jewesen.«[41]

Was können wir besser machen? Der erste Schritt zur Erkenntnis besteht in dem Perspektivenwechsel, unsere Vorrechte nicht wie gewohnt als unsere Grundrechte zu betrachten, sondern sie als das zu sehen, was sie sind: die Privilegien einer weltaristokratischen Gesellschaft, die nunmehr zur Debatte stehen, auch wenn unsere Errungenschaften zu Recht überzeugend sind. Wir müssen, wie man früher gesagt hat, herunter vom hohen Ross. Als Moralapostel haben wir keine Zukunft, wenn es um unsere Interessen geht.

Je mehr sich China modernisiert, desto mehr werden die Menschen auch westliche Errungenschaften, wie zum Beispiel die Gewaltenteilung, einführen. Gleichzeitig jedoch werden sie die Unterschiede zum Westen umso stärker betonen und eigene Varianten entwickeln, die von ihren kulturellen Traditionen bestimmt werden. Der Wandel, der sich in der Wirtschaft schon massiv vollzieht und in der Politik erst allmählich, erfasst nun auch in Anfängen das kulturelle Selbstbewusstsein: Voller Bewunderung spricht etwa »Jacky«, Li Yulai, ein 32-jähriger Werbedesigner aus Peking, von den *gu ren*, den Altvorderen der chinesischen Antike. In seiner Wohnung in einem kaiserzeitlichen Aristokratenhaus in der Pekinger Innenstadt ertönt Zithermusik aus der Bang-&-Olufsen-Stereoanlage. Die Musik stammt angeblich aus der Qin-Zeit, der Dynastie des Reichseinigers Qin Shi Huang, der Ende des 3. Jahrhunderts v.Chr. über China herrschte. Die Einrichtung ist geschmackvoll im *Lao Beijing*-Stil gehalten, in der Art also des alten Pekings, wie man es sich heute vorstellt. Dunkles Holz, nicht zu glatt, sondern so, dass es noble Gebrauchsspuren zeigt, die Möbel im Stil gehobener Antiquitäten, doch behutsam dem Zeitgeschmack angepasst, und das Ganze nicht kühl auf verklemmtes Repräsentationsbedürfnis zugespitzt, sondern, wie es sich für *Lao Beijing* gehört, eine gekonnte Einheit aus Eleganz und Lässigkeit. Noch ist er Teil einer Minderheit gegenüber den Ikea-Fans, eine Minderheit jedoch, die rasant wächst.

Auf einem Tisch in der Mitte des weitläufigen Zimmers findet sich ein seltsames Objekt, für das es in westlichen Sprachen nicht einmal einen Namen gibt: Ein *Chachuan*, eine Art Tablett, auf dem man Tee zubereitet. Denn der Teetrinker gehobenen Anspruchs geht in China anders vor als im Westen, wo die Teekultur sich aus der Perspektive chinesischer Kenner nie über ein grobschlächtiges Niveau entwickeln konnte. Die Barbaren verstehen es einfach nicht. Hartnäckig wässern sie ihr bemitleidenswürdig miserables Kraut per Tee-Ei oder quälen es in einem Teebeutel in den lachhaft plumpen Gefäßen, die sie Teekannen nennen. In China gebraucht man je nach Art des Tees eine andere Art von Kännchen. Die werden von Spezialisten, die oft das Ansehen erstrangiger Künstler genießen, handgefertigt. Eine wirklich gute Teekanne kostet ein Vermögen, einige sind unbezahlbar, weil kein Geldbetrag ihren ideellen Wert aufwiegen kann.

Bereitet man etwa Pu'er-Tee mit einem solchen Kunstwerk von einer kleinen Kanne zu, geht immer eine Menge Wasser daneben. Denn zuerst badet man die Kanne, dann spült man sie aus, und anschließend wäscht man den Tee. Die Kleckerei ist aber kein Makel, sondern vielmehr Teil der ästhetischen Feinheiten, für die es spezielle Geräte gibt – zum Beispiel das *Chachuan*, das Tablett, das entweder selbst ein Wasserreservoir beinhaltet oder aber per Schlauch mit einem diskret unter dem Tisch platzierten Behälter verbunden ist. Jacky Lis *Chachuan* besteht aus einem reich verzierten, alten Reibstein, wie die Literaten und Maler des alten China ihn benutzten, um Tusche anzurühren. Er hat die rund vierzig Kilogramm schwere Antiquität eigens für seinen Teegenuss aus der fernen Provinz Yunnan einfliegen lassen. Von dort kommt auch sein bevorzugter Tee, erlesener, Blatt für Blatt handverlesener Pu'er.

Wenn es gilt, Gäste zu beeindrucken, fährt Jacky eine Teesorte auf, für die er rund 1200 Euro pro halbes Pfund bezahlt. Kommt ein besonders wichtiger Gast, dann gibt es einen Pu'er, der für Geld überhaupt nicht zu haben ist. Zu kostbar sind die seit Jahrzehnten fermentierten Blätter von dem inzwischen abgestorbenen tausendjährigen Teebaum, als dass man sie verkaufen würde. Man schenkt sie einander als Zeichen besonderer Wertschätzung. Wein dagegen ist nicht Jackys Fall. Er schätzt den klaren Kopf, und guter Tee stimuliert die intellektuelle Agilität beträchtlich. Dass Wein im Westen und in weitem Teilen der Oberschicht ein Prestigesymbol ist, stört ihn nicht. Jacky Li ist über das Imitationsbedürfnis längst hinaus. So wie er haben viele junge Chinesen, vor allem die gebildeten und wohlhabenden unter ihnen, ein kulturelles Selbstbewusstsein entwickelt, wie man es in China schon lange nicht mehr kennt. Ihnen kommt es anders als ihren Vätern und Großvätern immer weniger in den Sinn, sich den Schuh der alten Gruppenschande anzuziehen.

Das neue Selbstbewusstsein ist ein deutliches Zeichen dafür, dass sich die Maßstäbe einmal mehr verschieben. Dieser Wandel betrifft nicht nur Fragen des guten Geschmacks und der Vorlieben in Literatur und Philosophie, er ist vielmehr Ausdruck einer allgemeinen Verschiebung in der Machtbalance zwischen China und dem Westen. Dabei ist es gleich, ob es sich um die Frage dreht, ob der Tee oder der Wein das bessere Prestigeobjekt ist. Denn es geht letztlich nicht ums Lieblingsgetränk, es geht um die Definitionshoheit, es geht um die Macht, Spielregeln festzusetzen – und die schlägt sich in Geschmacksfragen ebenso nieder wie in harten Auseinandersetzungen um Geld und Einfluss.

Woher nimmt der Historiker Paul Kennedy, der Spezialist für auf- und untergehende Reiche, seine Gewissheit, dass seine eigene Zunft von dem Abstieg ausgeschlossen ist? Er geht davon aus, dass die

»alteingesessenen europäischen Universitäten wie Oxford, Heidel-
berg oder Leuven gewinnen werden von dem weltweiten Zuwachs
an Forschung und Bildung«. Das mag für die Anzahl der Studenten
stimmen. Aber stimmt es auch für die Bedeutung der Universitäten?
Nach Schätzung der OECD hat China bereits im Jahr 2006 mit über
136 Milliarden US-Dollar mehr Geld für Forschung und Entwicklung ausgegeben als jedes andere Land, abgesehen von den USA.[42]

Lassen wir also unserer Phantasie freien Lauf und stellen uns vor,
2068 würde das Zentrum akademischen Lebens nicht in Neuengl-
and, Großbritannien und Kalifornien liegen, sondern in Schanghai,
Peking und Kanton. Das Gros chinesischer Geisteswissenschaftler
befasst sich selbstredend mit chinesischer Geschichte. Die ist inzwischen so gut durchleuchtet wie heute etwa die Geschichte des
Römischen Reiches oder der französischen Monarchie. Die Zeiten,
in denen westliche Historiker glaubten, ganze Epochen wie die
Ming-Dynastie auf wenigen Seiten abkanzeln zu können, sind lang
vorbei. Kleinlaut mussten sie längst einsehen, dass zum Beispiel die
Ming, die vorletzte Dynastie des heute wieder mächtigsten Landes
der Erde, mindestens dieselbe detaillierte Aufmerksamkeit verlangt
wie die gleiche Zeitspanne in Europa. Denn zu Beginn der Dynastie
herrschten noch die Stauffer im mittelalterlichen Sizilien. Zur Zeit
ihres Sturzes ging der Dreißigjährige Krieg seinem Ende entgegen.
Aus der Position der neuen Stärke ihres Landes nehmen chinesische
Historiker die Geschichte Chinas 2068 ganz anders als noch im 20.
Jahrhundert in den Blick. Der Stoff, mit dem sie es zu tun haben,
handelt schließlich vom Aufstieg der überragenden Supermacht,
die der konfusen Weltordnung nach dem Ende des Kalten Krieges
endlich eine neue Zentralperspektive gegeben hat. Deshalb sind
2068 die prägenden Figuren der chinesischen Geschichte zugleich
die zentralen Gestalten der Weltgeschichte. Die Namen der großen
Dynastiegründer sind jetzt im Westen ebenso geläufig wie früher in
China der Name Julius Caesar. Cao Cao, der großartige Feldherr aus
der Zeit der drei Reiche, ist 2068 auch in Deutschland mindestens
so bekannt wie Napoleon, und ohne Vertrautheit mit den Heroen
der chinesischen Literaturgeschichte kann kein Brite, Franzose oder
Deutscher mehr als gebildet gelten.

Der akademische Betrieb in China ist gewaltig. Er bietet Platz für weit mehr als nur die Beschäftigung mit sich selbst. Jede der größten chinesischen Universitäten veröffentlicht weit mehr zum Thema Europa als jede einzelne Universität im Westen. Zudem werden die akademischen Standards längst im Reich der Mitte gesetzt, so dass chinesische Publikationen zum Thema »Euro-Amerika« auch im Westen tonangebend sind. Die Interpretation westlicher Geschichte ist damit 2068 tendenziell eine chinesische Angelegenheit. Wohlwollend und nicht ohne Bewunderung lesen dort die Spezialisten die Werke Aristoteles' und Platons, vor allem die platonischen Dialoge haben es ihnen angetan. So fremdartig! Und so realitätsfern! Abstraktionen um ihrer selbst willen, so scheint es fast. Zwar muss man zugestehen, dass die Texte voller Höhenflüge des Intellekts sind und dass das philosophische »l'art pour l'art« der Debatten seinen Charme hat. Aber liegt da nicht schon die Anlage zur Schwäche des Westens? Der tiefe, historische Grund für die realitätsfernen Debatten, mit denen die Deutschen und andere Anfang des 21. Jahrhunderts die Tatsachen ignorierten und sich auf Abstraktionen zurückzogen? Ist das nicht derselbe Geist, der auch aus den spitzfindigen Disputationen der Scholastiker im europäischen Mittelalter spricht?

Wie anders dagegen in China. Dort haben sich die Philosophen schon immer auf die Praxis konzentriert. Platon führt bizarre Debatten darüber, was »das Gute schlechthin« sei, und verliert dabei, es ist verrückt, jede konkrete gute Handlung aus dem Blick. Seine Nachfahren konnten sich bis zuletzt nicht davon befreien, sie lebten so lange über ihre Verhältnisse, bis sie nicht einmal mehr Geld hatten, über ihre eigene Geschichte zu forschen. Konfuzius dagegen bleibt immer pragmatisch und praxisbezogen. Leere Abstraktionen und Ideale waren seine Sache nicht. Von Anfang an erkannten chinesische Denker, dass Fragen wie die nach »dem Guten selbst« widersinnig sind. Stattdessen betrachteten sie konkrete Handlungen. Das war schon vor 2500 Jahren ihre Stärke, und das ist noch 2068 der geistesgeschichtliche Fond, auf dem die Macht Chinas fußt.

In Europa stehen die Dinge dagegen nicht zum Besten. Man ist inzwischen etwas ärmlich, und es ist demütigend zu sehen, wie sich sowohl die besten Köpfe als auch die Desperados auf der Suche nach Selbstverwirklichung oder auch nur einem besseren Einkommen ins

Reich der Mitte verabschieden. Ein Visum nach China ist deshalb inzwischen nicht mehr leicht zu bekommen. Die chinesische Botschaft unterzieht jeden einer langen Prozedur von Prüfungen, um sicherzustellen, dass man nicht im Land der unbegrenzten Möglichkeiten abtauchen will.

Inzwischen hat es sich auch im Westen herumgesprochen, dass die Schwäche Euro-Amerikas tiefe historische Wurzeln hat. Zwar hatte eine lange Verkettung von unwahrscheinlichen Umständen dazu geführt, dass der Westen zwischen dem 18. und dem 20. Jahrhundert für rund 200 Jahre in eine in seiner gesamten Geschichte einzigartige Machtposition geriet. Dieser Erfolg stellte sich aber im Nachhinein als fatal heraus. Denn verwöhnt wie die Euro-Amerikaner durch ihn waren, vernebelte sich ihr Blick für die tiefer liegenden Bruchstellen ihrer Kultur. Wie sonst hätte China einen derart überrunden können? Tief nagt der Selbstzweifel im Jahr 2068 an der westlichen Bildungsschicht. Ihre geistesgeschichtlichen Traditionen scheinen stetig an Bedeutung zu verlieren. Westliche Philosophie und Geschichte gleichen inzwischen einem Orchideenfach: Immer wieder interessant, aber kaum je von echtem Belang. So oder so ähnlich fühlten sich viele Chinesen bis in die letzten Jahre des 20. Jahrhunderts. Die Verachtung, mit welcher die Europäer auf dem Höhepunkt ihrer Macht das Reich der Mitte straften, haben die Chinesen lange nicht vergessen.

Wenn wir nicht möchten, dass Deutschland bedeutungslos wird, dann müssen wir schleunigst anfangen, uns mit China zu beschäftigen. Je länger wir warten, je länger wir uns der Illusion hingeben, dass mit einem Regierungswechsel und mit ein bisschen besserer Laune das alte Deutschland wiederkommen wird, desto weniger können wir uns das neue Deutschland aussuchen. Andere Teile der Welt haben dann die Wahl schon getroffen, und wir können nur noch folgen. Deshalb müssen wir nüchtern feststellen: Selbst korrupte Chinesen machen die Welt gerechter – auf unsere Kosten.

Das neue Jahrhundert hat eine Formel. Wir müssen teilen. Waren, Werte, Ressourcen. Wir, das ist der Westen: Europa und Nordamerika. Inzwischen teilen wir nicht aus Vernunft oder aus Großherzigkeit. Wir werden vielmehr dazu gezwungen. Unsere privilegierte

Position in der Welt lässt sich nicht halten: Die Mehrheit der Weltbevölkerung kämpft unaufhaltsam um ihren gerechten Anteil. Wir müssen abgeben.

Unsere Führungsrolle in der Weltwirtschaft, unsere Militärmacht, unser Anteil an den Weltressourcen und selbst unsere schwer erkämpften Werte der Aufklärung stehen zur Disposition. Sie sind Verhandlungssache. China spricht schon auf gleicher Augenhöhe mit uns, und die Chinesen haben andere Vorstellungen vom Zusammenleben auf der Welt als wir. »Die Entdeckung Amerikas und die Passage nach Indien um das Kap der guten Hoffnung herum sind die beiden wichtigsten Ereignisse der Weltgeschichte. Denn sie haben die entferntesten Ecken der Welt zusammengebracht«, schrieb Adam Smith 1776 in seinem Buch *Vom Reichtum der Nationen*.[43] Heute müsste man schreiben: Zum ersten Mal seit Hunderten von Jahren ist die Machtverteilung zwischen dem Westen und dem Rest der Welt offen. Wir können die Spielregeln der Welt nicht mehr allein bestimmen. Wir können andere Weltregionen nicht mehr zu ihrem Glück zwingen. In den Stromschnellen der Globalisierung ist nichts mehr sicher.

Immer mehr Produkte, von Turnschuhen bis hin zu Airbusjets, werden in Asien gefertigt. Immer schneller wandert die Technologie vor allem nach China. Die Einnahmen der westlichen Staaten reichen nicht mehr, um unseren Wohlstand aufrechtzuerhalten. Was wir uns noch leisten können und wer was bestimmt, sind die entscheidenden politischen Fragen der nächsten Jahre.

Die wichtigste Einsicht lautet: Die Chinesen wollen den gleichen Lebensstandard wie wir, und das ist ihr gutes Recht. Sie werden die Olympischen Spiele 2008 dazu nutzen, dies auch dem letzten Westler deutlich zu machen. Ihr Selbstbewusstsein war nie größer. Den Chinesen folgen die Inder und andere Asiaten, und ihnen wiederum die Afrikaner. Unsere westlichen Werte verpflichten uns dazu, ihnen zu helfen. Denn wir sind überzeugt davon, dass alle Menschen gleich sind. Wenn wir ihren Aufstieg erleichtern, wird die Welt gerechter. Deshalb müssen wir teilen. Es können nicht mehr alle alles haben, dazu ist die Welt nicht groß genug. Die Eisberge setzen sich schon schmelzend in Bewegung. Die Wüsten wachsen. Doch wer darf in Zukunft mehr Auto fahren? Die Chinesen oder wir? Wie wird das

Wasser der Welt pro Kopf verteilt? Das sind die großen Fragen, mit denen wir uns in den kommenden Jahrzehnten beschäftigen müssen. Und die Chinesen werden immer neue Fragen aufwerfen.

Wenn wir diese Fragen ernst nehmen, können wir nicht so weiterleben. Das Jahrhundertdilemma nimmt uns in den Zangengriff. Die Chinesen wissen es, und wir ahnen es: Das Jahrhundert des Teilens hat gerade erst begonnen. Das ist unser Dilemma, das uns noch lange beschäftigen wird. Im Grunde war es absehbar.

Der Klerus musste während der Säkularisierung erfahren, dass die Herrschaft über die Welt nicht zu halten war. Dem Adel erging es an der Wende zum 20. Jahrhundert nicht besser. Heute sind wir im Westen der Adel der Welt – und das Volk der Welt fordert seine Mitspracherechte ein. Asien stellt die Mehrheit der Menschen weltweit. Deshalb wollen die Asiaten mindestens so viel Einfluss auf das Weltgeschehen. Die Chinesen übernehmen die Führung in diesem Epochenwandel. Menschen, die auch über unsere Zukunft bestimmen. Schon heute. Jetzt. Das Jahrhundert des globalen Teilens hat begonnen. Zum ersten Mal in der Geschichte der Welt greift die Mehrheit der Menschen nach der Macht.

Dank

Dieses Buch wäre ohne die Unterstützung zahlreicher Menschen nicht entstanden. Ihnen allen möchte ich dafür herzlich danken:

Allen voran Donata Hardenberg in meinem Pekinger Büro, ohne deren unermüdliche journalistische, planerische und menschliche Unterstützung das vorliegende Buch nicht diese Qualität erreicht hätte; Zhang Wei für die akribische Recherche zahlloser Fakten und für seine gute Laune, die mich durch manches Tal getragen hat; Justus Krüger für den inhaltlichen Input bei dem Kapitel »Der Adel der Welt«; Bernhard Bartsch für zahllose Diskussionen, die mich vor dem einen oder anderen gedanklichen Purzelbaum bewahrt haben; meinem Bruder Andreas, der durch seine exzellenten Kontakte, Kenntnisse und Recherchen maßgeblich zum Gelingen des Afrika-Kapitels beigetragen hat; meinen Eltern, deren Einschätzungen mir stets wichtig sind.

Dr. Katharina Ahr und Botschafter a. D. Dr. Christian Ueberschaer, die das Manuskript gelesen und mir wertvolle Hinweise gegeben haben; Dietmar Ossenberg, Claudia Ruete, Paul Amberg und Andreas Wunn vom ZDF, denen das Afrika-Kapitel ein 45-Minuten-Dokumentarfilm wert war (Titel: »Und ewig lockt das Öl«, zu sehen in: www.zdf.de, Mediathek); schließlich auch all den westlichen Diplomaten, vor allem aber chinesischen Freunden und Mitarbeitern von Ministerien, die mir entscheidende Hinweise und Hintergrundinformationen gaben sowie die eine oder andere Einschätzung korrigierten. Leider kann ich ihre Namen nicht nennen, denn dies könnte sie in Schwierigkeiten bringen;

Dr. Siv Bublitz, meiner beeindruckenden Verlegerin, die mich nicht nur bestens unterstützt, sondern auch immer wieder die Zeit findet, sich von meinen Thesen überraschen zu lassen; sehr dankbar bin ich meiner Lektorin Bettina Eltner dafür, dass sie den Text meisterhaft geschliffen hat – nicht nur stilistisch, sondern auch gedanklich.

Ganz besonders aber möchte ich meiner Freundin Anke Redl danken, die mir bei der Recherche und beim Schreiben dieses Buches eine ebenso kluge wie weitsichtige Beraterin mit hilfreichen Kontakten war – nicht zuletzt deshalb, weil sie je ein Drittel ihres bisherigen Lebens in Kenia, Hongkong und China verbracht hat.

Frank Sieren
Peking, Januar 2008

Anmerkungen

Der China Schock

1. *Die Zeit*, 31. Mai 2007
2. *Der Spiegel*, 7. April 2007
3. *Time Magazine*, 22. August 2007
4. www.bueso.de
5. *Berliner Zeitung (BeZ)*, 18. November 2007
6. www.spiegel.de
7. www.ftd.de
8. *Süddeutsche Zeitung (SZ)*, 6. November 2007
9. www.spiegel.de
10. www.sueddeutsche.de
11. www.bild.de
12. www.bloomberg.com
13. *Frankfurter Allgemeine Zeitung (FAZ)*, 27. Januar 2007
14. www.nytimes.com
15. *BeZ*, 29. Oktober 2007
16. Ebd.
17. *Capital*, 6. Februar 2006
18. *Wirtschaftswoche (Wiwo)*, Sonderheft 2007
19. *Die Zeit*, 18. Oktober 2007
20. *Stern*, 30. August 2007
21. *Wiwo*, Sonderheft 2007
22. www.tagesschau.de
23. *The New York Times (NY Times)*, 18. Oktober 2007
24. *FAZ*, 28. August 2007
25. Rede von Bundeskanzlerin Angela Merkel vor der Deutsch-Indischen Handels-kammer am 31. Oktober 2007
26. *Shanghai Daily*, 15. Juni 2007
27. *The Asian Wall Street Journal (WSJ)*, 11. Mai 2007

28. 2007 CIA World Factbook
29. www.imf.org
30. *FAZ*, 8. September 2007
31. *Tagesschau*, 7. Dezember 2007
32. *FAZ*, 25. Oktober 2007
33. Bertelsmann Stiftung, S. 59
34. Sieren, S. 250
35. Von Senger, S. 52, 69, 116, 130

Tod eines Bildungsreisenden

1. www.lifung.com
2. www.finanznachrichten.de/nachrichten-2006-05/artikel-6461256.asp
3. www.supplychain.cn/en/art/?1553
4. www.lifung.com
5. www.forbes.com
6. Feng, S. 15
7. www.kgv.edu.hk
8. *Wiwo*, 30. Juni 2006
9. Feng, S. 130

Erzrivalen

1. www.mongolei.de/news/2007juli2.htm
2. www.mine.mn/Placer_Stockfile_Mongolia_Ta_Vz.htm
3. *Times*, 16. Juni 2004
4. *LA Times*, 31. Oktober 2007; www.mongolei.de
5. http://library.fes.de/pdf-files/id/04325.pdf
6. *Wiwo*, 19. Oktober 2006
7. Ebd.
8. http://mongolia.neweurasia.net/?p=193
9. www.imf.org/external/pubs/ft/scr/2007/cr0739.pdf
10. http://mongolia.neweurasia.net/?p=197
11. www.gata.org/node/4688
12. Weatherford, S. 203
13. www.chinahistoryforum.com
14. Schmidt/Sieren, S. 21
15. *Wiwo*, 19. Oktober 2006
16. *International Herald Tribune (IHT)*, 3. August 2007
17. www.ivanhoe-mines.com/s/ArticlesOfInterest.asp
18. www.zoomchina.com.cn/new/content/view/22764/81/

Des Wahnsinns fette Beute

1. *Asia Times*, 16. November 2007
2. www.atimes.com/atimes/Korea/EG02Dg02.html

3. *Economist*, 17. Juni 2000
4. Ebd., 8. Juli 2006
5. *IHT*, 21. Dezember 2007
6. www.nobelprize.org/nobel_prizes/peace/laureates/2000/presentation-speech.html
7. *Washington Post (WP)*, 6. Mai 2005; Scobell
8. *Le Monde diplomatique*, 10. November 2006
9. Scobell
10. *BeZ*, 21. September 2005
11. www.internationalepolitik.de; www.jaduland.de
12. www.asianinfo.org/asianinfo/korea/history.html
13. Ebd.
14. Das große Chinalexikon, S. 397 ff.
15. Ebd.
16. www.globalsecurity.org
17. *ABC TV*, 10. Mai 2005
18. Scobell
19. *NY Times*, 15. Januar 2006; *IHT*, 10. Januar 2006
20. www.globalsecurity.org
21. *The Guardian*, 2. Oktober 2007
22. Ebd.
23. www.whitehouse.gov/news/releases/2007/09/20070907-3.html
24. http://news.bbc.co.uk/2/hi/asia-pacific/7027236.stm
25. www.atimes.com/atimes/Korea/EG15Dg01html
26. *Die Welt*, 10. Dezember 2007
27. *Forbes Asia*, 29. Oktober 2007
28. http://diestandard.at/?id=3059733
29. www.guardian.co.uk/korea/article/0_2161266,00.html

Die »Mutter-Courage-Ökonomie«

1. *Bild*, 10. Dezember 2007
2. *Deutsche Presseagentur (dpa)*, 8. Dezember 2007
3. Ebd., 8. Dezember 2007
4. *Reuters*, 8. Dezember 2007
5. *Die Zeit*, 4. Oktober 2007
6. *Reuters*, 8. Dezember 2007
7. *The Associated Press (AP)*, 8. Dezember 2007
8. Ebd.
9. *IHT*, 21. September 2007
10. Sieburg
11. *WSJ*, 16. Mai 2007
12. Rede von Bundeskanzlerin Angela Merkel vor der Afrikanischen Union in Addis Abeba am 1. Oktober 2007
13. BP Statistical Review of the World Energy. Juni 2007
14. Broadman, S. 70
15. *Xinhua News Agency*, 13. November 2007

16. Ebd., 17. Mai 2007
17. *Deutsche Bank (DB)* Research
18. *The Guardian*, 13. Oktober 2007
19. *Financial Times (FT)*, 29. November 2006
20. *Xinhua News Agency*, 4. November 2006
21. *Economist*, 26. Oktober 2007
22. *NY Times*, 18. August 2007
23. Asia Pacific Foundation of Canada: Chinese companies' outward investment intentions 2005
24. *The Guardian*, 13. Oktober 2007
25. Ebd., 17. Juni 2003
26. *NY Times*, 3. Mai 2007
27. *OECD* direct: New Publications. 24. Oktober 2007
28. Rede von Bundeskanzlerin Angela Merkel vor der Afrikanischen Union in Addis Abeba am 1. Oktober 2007
29. *Tagesschau*, 31. Oktober 2007
30. *China Daily*, 7. Dezember 2006
31. *Agence France Press (AFP)*, 14. Dezember 2007
32. www.bicusa.org/en/article.3051.aspx

Die Liebe in den Zeiten der Cholera

1. *FAZ*, 17. Oktober 2007
2. http://www.ti-up.org/uploads/public/documents/Key%20Documents/chinese-investment-africa-ful.pdf
3. http://www.alertnet.org/thenews/newsdesk/L03532632.htm
4. http://konzern.lufthansa.com/de/html/presse/pressemeldungen/index.html
5. Fandrych
6. www.imf.org/external/np/ms/2006/032906
7. *Die Zeit*, 24. Mai 2007
8. Fandrych
9. www.zdf.de – Und ewig lockt das Öl. Chinas Griff nach Afrika 2007
10. Ebd.
11. http://chinaconfidential.blogspot.com/2006/03/angola-gets-chinese-chamber-of.html
12. www.energypublisher.com/article.asp?id=12765
13. Fandrych
14. www.sadcreview.com/country_profiles/angola/ang_mining.htm
15. www.chinainafrica.blogspot.com
16. www.iss.co.za/Pubs/BOOKS/Angola/13Potgieter.pdf
17. http://links.jstor.org/sici?sici=0305-7410(199506)142%3C388%3ACTWFPT%3E2.0.CO%3B2-J
18. Bender
19. http://links.jstor.org/sici?sici=0305-7410(199506)142%3C388%3ACTWFPT%3E2.0.CO%3B2-J
20. Ebd.
21. Ebd.
22. Ebd.

23. Qian, S. 199
24. http://links.jstor.org/sici?sici=0305-7410(199506)142%3C388%3ACTWFPT%3E2.0.CO%3B2-J
25. Ebd.
26. Ebd.
27. www.jamestown.org/images/pdf/cb_006_022.pdf

Modell Schwarz-Gelb oder die ökonomische Polygamie

1. http://english.peopledaily.com.cn/200705/18/eng20070518_375881.html
2. www.nasaspaceflight.com/content/?cid=5099
3. http://news.xinhuanet.com/english/2007-05/14/content_6094120.htm
4. www.worldspaceflight.com/china/shenzhou/shenzhou7.htm
5. www.raumfahrer.net
6. http://news.xinhuanet.com/english/2007-05/14/content_6094120.htm
7. http://oyonawoj.org/~tribune/28052007/tunde_fagbe.html
8. www.chinafrique.com/zf-2005/2007-06/2007.06-bus-1.htm
9. www.bjreview.cn/EN/06-13-e/bus-3.htm
10. http://english.peopledaily.com.cn/200601/10/eng20060110_234131.html
11. www.chinadaily.com.cn/opinion/2007-08/17/content_6031327.htm
12. www.reuters.com/article/reutersEdge/idUSL2366007520070330
13. www.globalinsight.com/SDA/SDADetail7544.htm
14. www.mumbai-central.com/grapevine/msg02384.html
15. http://chinamatters.blogspot.com/2006_04_01_archive.html
16. http://allafrica.com/stories/200603230132.html
17. www.china.org.cn/english/travel/194450.htm
18. http://english.peopledaily.com.cn/200704/03/eng20070403_363210.html
19. www.rmtbristol.org.uk/2006/10/china_to_build_nigerian_railwa.html
20. www.ipsnews.net/news.asp
21. www.vub.ac.be/biccs/documents/Report
22. www.gasandoil.com/goc/news/nta52758.htm
23. *FT*, 12. Juli 2007
24. http://allafrica.com/stories/200706050798.html
25. www.zdf.de – Und ewig lockt das Öl
26. *FT*, 12. Juli 2007
27. www.huawei.com/file/download.do?f=2582
28. http://businessdayonline.com/Entrepreneur-Today/415.html
29. http://fiordiliji.sourceoecd.org/vl=12366992/cl=59/nw=1/rpsv/dac05/04.htm
30. http://chinese-embassy.org.uk/eng/zxxx/t329817.htm
31. *Economist*, 27. September 2007
32. http://allafrica.com/stories/200609070561.html
33. Gespräch mit dem Autor
34. www.zdf.de – Und ewig lockt das Öl
35. Ebd.
36. www.phoenix.de; *FAZ*, 18. Mai 2007
37. Ebd.

Genozid light

1. www.zdf.de – Und ewig lockt das Öl
2. *Reuters*, 24. Februar 2007
3. World Bank Group
4. *Sudan Tribune*, 1. August 2007
5. Ebd.
6. Ebd.
7. Ebd., 23. März 2006
8. *SZ*, 8. August 2007
9. www.sudan.net/government/history.html
10. Ebd.
11. www.sudanupdate.org/REPORTS/Oil/21oc.html
12. Sieren, S. 140
13. *Sudan Tribune*, 7. Juli 2007
14. www.sudanupdate.org/REPORTS/Oil/21oc.html
15. Ebd.
16. *Sudan Tribune*, 8. Juli 2007
17. www.sudanupdate.org/REPORTS/Oil/06hdv.html
18. www.sudanupdate.org/REPORTS/Oil/21oc.html
19. Ebd.
20. Ebd.
21. Ebd.
22. *Sudan Tribune*, 8. Juli 2007
23. www.mfa.gov.cn
24. www.sudanupdate.org/REPORTS/Oil/21oc.html
25. www.bbc.co.uk/history/historic_figures/gordon_general_charles.shtml
26. CIA World Factbook
27. www.sudanupdate.org/REPORTS/Oil/21oc.html
28. www.sudan.net
29. www.sudanupdate.org/REPORTS/Oil/21oc.html
30. Ebd.
31. Ebd.
32. Ebd.
33. www.sudaninside.com/sudan-oil
34. *NY Times*, 23. August 1995
35. Ebd., 23. September 1995
36. *Sudan Tribune*, 18. Juli 2007
37. www.sudanupdate.org/REPORTS/Oil/21oc.html
38. *Sudan Tribune*, 18. Juli 2007
39. *Time Magazine*, 30. August 1993
40. www.sudanupdate.org/REPORTS/Oil/21oc.html
41. Sieren, S. 213
42. www.sudanupdate.org/REPORTS/Oil/21oc.html
43. *Sudan Tribune*, 18. Juli 2007
44. Ebd., 3. November 2006
45. www.sudanupdate.org/REPORTS/Oil/21oc.html
46. www.un.org/depts/german/sr/sr_them/sudan.htm
47. *WP*, 17. Oktober 1996

48. *NY Times*, 21. September 1998
49. Ebd.
50. www.sudanupdate.org/REPORTS/Oil/21oc.html
51. *Sudan Tribune*, 18. Juli 2007
52. *NY Times*, 5. November 1997
53. *Los Angeles Times (LA Times)*, 5. Dezember 2001
54. *IHT*, 4. Oktober 2001
55. *LA Times*, 5. Dezember 2001
56. www.sudanupdate.org/REPORTS/Oil/21oc.html
57. *CNN*, 20. August 1998
58. *NY Times*, 21. September 1998
59. www.sudanupdate.org/REPORTS/Oil/21oc.html
60. Ebd.
61. *Sudan Tribune*, 2. August 2007
62. *IHT*, 4. Mai 1993
63. Mitschrift Merkel vor der chinesischen Akademie der Sozialwissenschaften am 28. August 2007
64. *NY Times*, 18. Februar 2005
65. *WP*, 9. Mai 1999
66. *Sudan Tribune*, 2. August 2007
67. www.unmis.org/english/cpa.htm
68. UNMIS Media Monitoring Report, 9. Mai 2006
69. *Sudan Tribune*, 14. Mai 2007
70. Ebd., 1. August 2007
71. Ebd.
72. Ebd.
73. Ebd.
74. *China Daily*, 6. November 2006
75. *Sudan Tribune*, 1. August 2007
76. Ebd.
77. Ebd.
78. *WSJ*, 28. März 2007
79. Ebd.
80. *IHT*, 12. April 2007
81. *Reuters*, 2. Februar 2007
82. *Sudan Tribune*, 1. August 2007
83. Ebd.
84. *NY Times*, 13. April 2007
85. *IHT*, 12. April 2007
86. Ebd.
87. Ebd.
88. www.chinaembassy.org.in/eng/zgbd/t311008.htm
89. Ebd.
90. Ebd.
91. Ebd.
92. *CNN*, 6. August 2007
93. Ebd.
94. www.forum.rc-welt.com/printmessage260869041.html
95. Ebd.

96. www.hrw.org
97. Stefan Kröpelin: Das Spiel mit der Weltöffentlichkeit in International. *Zeitschrift für internationale Politik*. Heft IV. Wien. 2006
98. Ebd.
99. www.zdf.de – Und ewig lockt das Öl
100. *Sudan Tribune*, 18. März 2007
101. *The Times*, 30. Mai 2007
102. *NY Times*, 29. Mai 2007
103. Ebd.
104. *Sudan Tribune*, 11. April 2007
105. Ebd., 14. Juni 2007
106. *WP*, 15. Juni 2007
107. Ebd.
108. Ebd.
109. *Sudan Tribune*, 21. Juni 2007
110. *AP*, 25. Juni 2007
111. Ebd.
112. www.chinese-embassy.org.uk/eng/zyxw/t344137.htm: Pressekonferenz am 9. Juli 2007
113. Ebd.
114. Ebd.
115. Ebd.
116. *IHT*, 9. Juli 2007
117. *AP*, 25. Juli 2007
118. *Sudan Tribune*, 31. Juli 2007
119. *Spiegel*, 2. Juli 2007
120. Ebd.
121. www.whitehouse.gov/infocus/g8/
122. United Nations Security Council, 31. Juli 2007; www.reliefweb.int/rw/RWB. NSF/db900SID/KHII-75N3G9?OpenDocument
123. *NY Times*, 1. August 2007
124. Ebd.
125. *Sudan Tribune*, 5. August 2007
126. *dpa*, 29. Juli 2007
127. www.asiamedia.ucla.edu/article/asp?parentid=75212
128. *dpa*, 29. Juli 2007
129. http://de.rian.ru/society/20070807/70503476.html
130. Rede von Lord Malloch-Brown vor dem Chinese Institute of International Studies am 30. August 2007
131. Ebd.
132. Ebd.
133. www.openpr.de/news/archiv/34386/dream-for-darfur.html
134. Ebd.
135. *Sudan Tribune*, 8. Juli 2007

Pekingoper auf dem Perserteppich

1. Zhu
2. Liu/Jackson/Rogers
3. Garcia/Sykes
4. Garver, S. 8
5. Speech by Premier Zhou Enlai at Banquet in Honor of Shahbanou of Iran Farah Pahlavi, 25.–29. September 1972
6. Premier Zhou Enlai gives Banquet in Honor of Her Royal Highness Princess Ashraf Pahlavi. *Xinhua New Agency*, 14. April 1971
7. Rede von Staatspräsident Hua Guofeng. *Peking Review*, 8. September 1978
8. *Xinhua New Agency*, 7./10. Juli 1991
9. Sieren, S. 145 ff.
10. Ruthven, S. 335 ff.
11. Saikal, S. 137 ff.
12. Regarding the role of british primacy in this region and the implications of the decision to end it. Siehe: Palmer
13. *Reviews in American History*, Volume 31, Nr. 4, Dezember 2003, S. 619–625
14. Ramazani, S. 373 ff.
15. Garver, S. 41
16. Ruthven, S. 335 ff.
17. Yun, S. 130 ff.
18. Chinese foreign minister honored at Tehran. *Xinhua News Agency*, 14. Juni 1973
19. *AFP*, 4. Oktober 2007
20. *Daily Telegraph (DT)*, 16. September 2007
21. Arjomand, S. 118–119
22. Abidi, S. 166
23. www.pbs.org/wgbh/amex/carter/timeline/timeline2.html
24. *NY Times*, 11. Mai 1997
25. *The Guardian*, 16. Januar 1979
26. Peking leader apologizes for official visit to Shah. *Arab News*, 20. Juli 1979
27. Hua Guofeng en route to Yugoslavia cables Bani-Sadr. *Tehran International Sservice*, 7. Mai 1980
28. Report of Hua Guofeng meeting. *Tehran Radio*, 10. Mai 1980
29. Peking leader apologizes for official visit to Shah. *Arab News*, 20. Juli 1979
30. Chinese foreign ministry official issues statement on recent developments in Iran-US relations. Press release Nr. 79/011. Botschaft der Volksrepublik China in Washington D.C. 28. November 1979
31. PRC islamic leader, party leave for Iran. *Xinhua News Agency*, 31. Januar/1. Februar 1980. Chinese muslims attend Iranian ceremony; leaders speak. *Xinhua News Agency*, 4./6. Februar 1980. Chinese islamic leader leave Iran for home. *Xinhua News Agency*, 13./14. Februar 1980
32. Hashim, S. 4
33. China symathetic to Iran but neutral on war. *Tehran Times (TT)*, 18. Februar 1991
34. Facts on file, S. 420
35. More on foreign minister Wu's visit to Iran. *Xinhua News Agency*, 26./27. November 1984

36. China sells arms to Iran via North Korea. *WP*, 3. April 1984
37. Shichor, S. 320–323
38. United Nations security council: Speech by chinese representative Huang Jiahua. S/PV. 2750, 5–10
39. Garver, S. 87
40. *Xinhua News Agency*, 24. Oktober 1988
41. *Tehran IRNA*, 1./2. August 1988
42. Garver, S. 93
43. *Arab News*, 8. März 1989
44. *TT*, 9. Mai 1989
45. Ayatollah Ruhollah Khomeini, Imam's final discourse: The text of the political and religious testament of the leader of the islamic revolution and the founder of the Islamic Republic of Iran, Imam Khomeini: Ministry of guidance of islamic culture. 1990
46. Qian, S. 97, 187–188
47. Ebd., S. 56 f.
48. Ebd., S. 60
49. Ebd., S. 61 ff.
50. Ebd., S. 69 ff.
51. Ebd., S. 74 ff.
52. Noble metals are those such as silver, gold, and platinum that do not oxidize in air. Copper, aluminum, and mercury are sometimes included in this category
53. *Mednews*, 8. Juni 1992
54. Garver, S. 213 f.
55. Zhongguo waijiao gaijian, 1995. S. 115
56. *NY Times*, 1. Mai 1995
57. Ebd., 2. Mai 1995
58. www.nti.org/db/china/miranpos.htm
59. www.iranexpert.com/2004/subway13june.htm
60. Garver, S. 262
61. *China Daily*, 12. Juni 2004
62. *Xinhua News Agency*, 26. August 1996
63. *TT*, 5. Mai 2001
64. *People's Daily*, 17. Mai 2004
65. People's Republic of China Foreign Ministry Spokesperson's Statement. 21. November 2000
66. *Xinhua News Agency*, 17. Mai/18. August 2000
67. *National Broad Casting (NBC)*, 10. September 2004
68. *China Daily*, 31. Oktober 2004
69. *Reuters*, 30. April 2007
70. Ebd., 18. Juli 2007
71. www.jamestown.org/china_brief/article.php?articleid=2373787
72. *China Daily*, 22. Juni 2007
73. *Newsweek*, 3. Dezember 2007
74. www.chinacartimes.com 7. Juli 2007
75. *FTD*, 15. August 2007
76. *Iran Daily*, 19. Mai 2007
77. *IHT*, 14. September 2007
78. *NY Times*, 17. August 2007

79. Ebd., 24. Februar 2007
80. *China Daily*, 3. September 2007
81. *Reuters*, 2. November 2007
82. *Handelsblatt*, 15. April 2007
83. www.iaea.org/About/Policy/GC/GC51/Statements/germany.pdf
84. www.swamppolitics.com/news/politics/blog/2007/10/bush_administration_tightens_s.html
85. *Spiegel*, 31. Februar 2007
86. www.wallstreet-online.de/nachrichten/nachricht/2201829.html
87. *WP*, 23. Mai 2007
88. *LA Times*, 28. September 2007
89. www.globalsecurity.org/intell/library/reports/2007/nie_iran-nuclear_20071203.htm
90. *CNN*, 4. Dezember 2007

Der Adel der Welt

1. www.tagesschau.de/inland/meldung109418.html
2. Malinowski, S. 92
3. Ebd., S. 99
4. *Die Zeit*, 4. Oktober 2007
5. Ebd.
6. Ebd.
7. www.forbes.com/lists/2006/11/06women_Angela-Merkel_34AH.html
8. Malinowski, S. 50
9. Ebd., S. 149
10. Ebd., S. 260
11. Ebd.
12. Ebd., S. 274
13. Ebd., S. 69
14. Ebd., S. 223
15. *Die Zeit*, 19. Juli 2007
16. *Der Spiegel*, 12. November 2007
17. Malinowski, S. 389
18. Ebd., S. 135
19. Ebd., S. 275
20. Ebd., S. 94
21. *Wiwo*, Sonderheft 2007
22. www.tagesschau.de
23. Jullien, S. 146
24. Stiglitz, S. 9
25. Ebd.
26. *Der Spiegel*, 7. April 2007
27. www.de.emb-japan.go.jp/NaJ/NaJ0601/ostasiengipfel.htm
28. www.patentamt.at
29. *Die Zeit*, 4. Oktober 2007
30. Ebd.
31. *Der Spiegel*, 29. Oktober 2007

32. www.tagesschau.de/inland/dalailama10.html
33. *Die Zeit*, 8. November 2007
34. www.europolitan.de/POLITICA/278,12120,0,0.html
35. *Die Zeit*, 4. Oktober 2007
36. Ebd.
37. www.unicef.org.uk
38. www.perlentaucher.de/artikel/2261.html
39. www.explore-parliament.net/nssMovies/09/0956/0956.htm
40. House of Commons speech, 11. November 1947
41. Malinowski, S. 114
42. www.oecd.org/dataoecd/59/22/37778743.pdf
43. Smith, S. 300

Literaturverzeichnis

Bücher

Abidi, A. H. H.: China, Iran, and the Persian Gulf. New Jersey 1982.
Arjomand, Said Amir: The Turban and the Crown. New York 1988.
Asia Pacific Foundation of Canada: Chinese companies' outward investment intentions 2005.
Bender, Gerald J.: African Crisis Areas and U.S. Foreign Policy. Los Angeles 1985.
Bernstein, Richard/Munro, Ross H.: The Coming Conflict with China. New York 1997.
Bertelsmann Stiftung (ed.): Asia changing the world. Berlin 2007.
Broadman, Harry G.: Africa's Silk Road. China and India's New Economic Frontier. Washington DC 2007.
Engardio, Pete: Chinadia. How China and India are revolutionizing global business. New York 2007.
Fage, J.D.: A History of Africa. London 2001.
Fandryich, Sabine: China in Angola. Nachhaltiger Wiederaufbau, kalkulierte Wahlkampfhilfe oder globale Interessenpolitik. FES-Papier, November 2006.
Fei, Xiaotong: From the soil. The foundations of chinese society. London 1992.
Feng, Bangyan: 100 years of Li & Fung. Rise from family business to multinational. Singapore 2007.
Ferguson, Niall: Colossus. The Price of Americas Empire: The Rise and Fall of the American Empire. New York/London 2005.
Ferguson, Niall: Empire: The Rise and Demise of the British World Order and the Lessons for Global Power. New York 2004.
Firoze, Manji/ Stephen, Marks (editor): African Perspectives on China in Africa. Capetown, Oxford 2007.
Follath, Erich/Jung, Alexander/(Hg.): Der neue Kalte Krieg. Kampf um Rohstoffe. München 2006.
Fritz, Martin: Schauplatz Nordkorea. Das Pulverfass im Fernen Osten. Freiburg i. Brsg. 2004.

412

Garcia, Jose Manuel: The Persian Gulf: In the 16th and 17th centuries. Tehran 2002.

Garver, John W.: China & Iran. Ancient partners in a post-imperial world. Seattle 2006.

Ghazvinian, John: Untapped. The Scramble for Africa's Oil. Florida 2007.

Gu, Xuewu/Kupfer, Kristin (Hg.): Die Energiepolitik Ostasiens. Bedarf, Ressourcen und Konflikte in globaler Perspektive. Frankfurt 2006.

Gu, Xuewu/Mayer, Maximilian: Chinas Energiehunger: Mythos oder Realität? München 2007.

Gründinger, Wolfgang: Die Energiefalle. Rückblick auf das Erdölzeitalter. München 2006.

Hirn, Wolfgang: Angriff aus Asien. Wie uns die neuen Wirtschaftsmächte überholen. Frankfurt a. M. 2007.

Hobsbawm, Eric J.: Das imperiale Zeitalter. 1875–1914. Frankfurt a. M. 2004.

Hodges, Tony: Angola. Anatomy of an Oil State. Bloomington 2004.

Huntington, Samuel P.: Who are we? Die Krise der amerikanischen Identität. Hamburg 2004.

Ihlau, Olaf: Weltmacht Indien. Die neue Herausforderung des Westens. München 2006.

Jullien, Francois: Der Umweg über China. Ein Ortwechsel des Denkens. Berlin 2002.

Junker, Detlef: Power and Mission. Was Amerika antreibt. Freiburg i. Brsg. 2003.

Kehlmann, Daniel: Die Vermessung der Welt. Berlin 2007.

Kempf, Gustav: Chinas Außenpolitik. Wege einer widerwilligen Weltmacht. München/Wien 2002.

Kennedy, Paul: Aufstieg und Fall der großen Mächte. Ökonomischer Wandel und militärischer Konflikt von 1500 bis 2000. Frankfurt a. M. 2000.

Kissinger, Henry: Die Herausforderung Amerikas. Weltpolitik im 21. Jahrhundert. München/Berlin 2002.

Kynge, James: China Shakes the World. The Rise of a Hungry Nation. London 2006.

Le Pere, Garth (ed.): China in Africa. Mercantilist predator, or partner in development? Midrand 2006.

Le Pere, Garth/Draper, Peter: Enter the dragon. Midrand 2005.

Le Pere, Garth/Shelton, Garth: China, Africa and South Africa. Midrand 2007.

Liu, Yingsheng/Jackson, Peter: Chinese-Iranian relations in the Mongol period. Encyclopaedia Iranica.

Lorenz, Andreas/Lietsch, Jutta: Das andere China. Begegnungen in Zeiten des Aufbruchs. Berlin 2007.

Maier, Karl: This House has Fallen. Nigeria in Crisis. Boulder 2003.

Malinowski, Stephan: Vom König zum Führer. Sozialer Niedergang und politische Radikalisierung im deutschen Adel zwischen Kaiserreich und NS-Staat. Berlin 2003.

Mann, James: About Face: A History of Americas Curious Relation with China, from Nixon to Clinton. New York 1999.

Mazower, Mark: Der dunkle Kontinent. Europa im 20. Jahrhundert. Frankfurt a. M. 2002.

Medeiros, Evan S./Bates, Gill: Chinese Arms Exports. Policy, Players, and Process. Carlisle, Pennsylvania 2004.

Meredith, Martin: The Fate of Africa: From the Hopes of Freedom to the Heart of Despair. A history of fifty years of independence. New York 2006.

Mills, Greg/Skidmore, Natasha: Towards China INC? Assessing the Implications for Africa. Johannesburg 2004.

413

Mosher, Steven W.: Hegemon. Chinas Plan to Dominate Asia and the World. San Francisco 2000.

Olson, Mancur: Aufstieg und Niedergang von Nationen: ökonomisches Wachstum, Stagflation und soziale Starrheit. Tübingen 1991.

Orlofsky, Stephen: Facts on File Yearbook 1987. New York 1988.

Palmer, Michael. A.: Guardians of the Gulf: A history of America's expanding role in the persian gulf, 1832–1992. New York 1992.

Parfitt, Tudor: Operation Moses. The Untold Story of the Secret Exodus of the Falasha Jews from Ethiopia. New York 2005.

Qian, Qichen: Ten Episodes in China's Diplomacy. New York 2005.

Richburg, Keith B.: Out of America. A black man confronts Africa. New York 1997.

Roberts, Adam: The Wonga Group. Guns, Thugs, and a Ruthless Determination to Create Mayhem in an Oil-rich Corner of Africa. New York 2006.

Rogers, J. M.: Chinese-Iranian relations in the Safavid period. Encyclopaedia Iranica.

Ruthven, Malise: Islam in the world, New York 1988.

Saikal, Armin: The Rise and Fall of the Shah. Princeton/New Jersey 1980.

Schirra, Bruno: Iran, Sprengstoff für Europa. Berlin 2006.

Schmidt, Helmut/Sieren, Frank: Nachbar China. Helmut Schmidt im Gespräch mit Frank Sieren. Berlin 2006.

Schmitz David F.: The United States and Right-Wing Dictatorships. Cambridge University 2006.

Seifert, Thomas/Werner, Klaus: Schwarzbuch Öl. Eine Geschichte von Gier, Krieg, Macht und Geld. Wien 2005.

Seitz, Konrad: China. Eine Weltmacht kehrt zurück. Berlin 2000.

Shambaugh, David (Hg.): Power Shift. China and Asia's New Dynamics. Berkeley 2005.

Shichor, Yitzhak: East wind over Arabia. Origins and implications of the Sino-Saudi missile deal. California 1989.

Sieburg, Friedrich: Robespierre. Eine Biographie. Frankfurt a.M./ Berlin 1988.

Sieren, Frank: Der China Code. Wie das boomende Reich der Mitte Deutschland verändert. Berlin 2005.

Sinn, Hans-Werner: Die Basar-Ökonomie. Deutschland: Exportweltmeister oder Schlusslicht? Berlin 2005.

Sloterdijk, Peter: Im Weltinnenraum des Kapitals. Für eine philosophische Theorie der Globalisierung. Frankfurt a.M. 2005.

Smith, Adam: Reichtum der Nationen. Hauptwerke der großen Denker. Paderborn 2004.

Staiger, Brunhild/Friedrich, Stefan/Schütte, Hans-Wilhelm (Hg.): Das große China-Lexikon. Darmstadt 2003.

Steingart, Gabor: Weltkrieg um Wohlstand. Wie Macht und Reichtum neu verteilt werden. München 2006.

Stiglitz, Joseph E.: Making globalization work. London 2006.

Susbielle, Jean-Francois: China-USA. Der programmierte Krieg. Berlin 2007.

Sykes, Percy: A history of Persia. London 1969.

Von Senger, Harro: 36 Strategeme für Manager. München 2004.

Weatherford, Jack: Genghiskhan and the making of the modern world. New York 2004.

Yun, Shuizhu: Guoji fengyun zhong de zhongguo waijiaoguan. Chinesische Diplomaten im internationalen Sturm. Beijing 1992.

414

Zhu, Jiejin: Zhongguo he yilang guanxi shigao (Draft history of China-Iran Relations). Urumqi 1988.

Studien und Zeitschriftenaufsätze

Afrasiabi, Kaveh/Maleki, Abbas: Iran's Foreign Policy After 11 September, in: *The Brown Journal of World Affairs*, Vol. 9, No. 2, S. 255–265, 2003.

Alden, Chris/ Davies, Martyn: A Profile of the Operations of Chinese Multinationals in Africa. South African Institute of International Affairs, Vol. 13, Issue 1, Summer/ Autumn 2006.

Ali Abdalla Ali: EU and Africa; The Sudanese Experience. *Sudan Tribune*, 8. Juli 2007.

Andrews-Speed,Philip/Liao, Xuanli/Dannreuther, Roland: The Strategic Implications of China's Energy Needs, in: International Institute for Strategic Studies, Adelphi Paper No. 346, 2002.

Bajpaee, Chietigj, Setting the Stage for a New Cold War: China's Quest for Energy Security, in: PINR, 25. Februar 2005.

Beng, Phar K./Li, Vic Y.K.: China's Energy Dependence on the Middle East: Bone or Bane for Asian Security, in: *The China and Eurasia Forum Quarterly*, Vol. 3, No. 3, S. 19–26, 2005.

Bradsher, Keith/Mouawad, Jad: Chinese oil concerns tired of getting the giants' scraps, in: International Herald Tribune Online, 8. Juli 2005.

Broomfield, Emma: Perceptions of Danger: The ChinaThreat Theory, in: *Journal of Contemporary China*, Vol. 12, No. 35, S. 265–284, 2003.

Butler, Tina: Growing Pains and Growing Alliances: China, Timber and Africa, 20. April 2005.

Calder, Kent E.: Asia's Empty Tank, in: Foreign Affairs, Vol. 75, No. 2, S. 55–69, 1996.

Calderisi, Robert: Turning on the Lights: A Short History of Foreign Aid in Africa. Konrad Adenauer Stiftung, Africa Beyond Aid, Conference 3–4 April, Potsdam 2006.

Chanlett-Avery: Rising Energy Competition and Energy Security in Northeast Asia: Issues for US-Policy, in: CRS Report for Congress, Washington 2005.

Chang, Felix: Chinese Energy and Asian Security, in: Orbis, Vol. 45, No. 2, S. 211–240, 2001.

Chen, Xiaobao: *China and India: What's in it for Africa?* Draft paper, OECD Development Centre. November 2005.

China: Support for NEPAD, 2003. www.un.org/esa/africa/support/China.htm

Christoffersen, Gaye: China's Intentions for Russian and Central Asian Oil and Gas, in: National Bureau of Asian Research, Analysis, Vol. 9, No. 2, 1998.

Dadwal, Shebonti R./Sinha, Uttam K.: Equity Oil and India's Energy Security, in: Strategic Analysis, Vol. 29, No. 3, S. 521–529, 2005.

Democracy or Dictatorship?: Museveni's Reelection in Uganda, Economist, 4. März 2006.

Die Zeit, UN verfolgt Kriegsverbrecher, in: Die ZEIT Online, 1. April 2005.

Dorn, James A., U.S.-China Relations in theWake of CNOOC, in: Cato Institute, Policy Analysis, No. 553, 2. November 2005.

EIA Energy Information Agency: Country Analysis Briefs: Sudan, in: Energy Information Administration, 2006.

Fesharaki, Fereidun: Energy and the Asian Security Nexus, in: *Journal for International Affairs*, Vol. 53, No. 1, S. 84–99, 1999.

Gao, Shixian: II. China, in: Stares, Paul B. (Hg.), Rethinking Energy Security in East Asia. Tokyo/New York: Japan Centre for International Exchange, S. 43–58, 2000.

Gaffney, Frank J.: China's Charge. We Ignore China's Acquisitions Strategy at our Peril, in: *The National Review*, 28. Juni 2005.

Giese, Karsten: Wirtschaftliche Kooperation zwischen China und Indien – eine Allianz der neuen Mächte?, in: *China aktuell*, Vol. 6, S. 62–76, 2006.

Goodman, Peter S.: Big Shift in China's Oil Policy. With Iraq Deal Dissolved by War, Beijing Looks Elswhere, in: *Washington Post*, 13. Juli 2005.

Hari, Johann: The Century's First Genocide is Nearly Over, *Independent*, 4. Oktober 2005.

Hashim, Ahmed: The crisis of the Iranian state. Domestic, Foreign and Security Policies in Post-Khomeini Iran. Adelphi Paper No. 296. London: International Institute of Strategic Studies, 1995.

Herberg, Mikkal E.: The Emergence of China throughout Asia: Security and Economic Consequences for the U.S., in: Hearing at the United States Senate Committee on Foreign Relations, Washington, 7. Juli 2005.

Holslag, Jonathan: China´s diplomatic victory in Sudan´s Darfur. *Sudan Tribune*, 1. August 2007.

Hoyos, Carola: Sudan: China, India fill void left by rights campaigners, in: *Sudan Tribune*, 2. März 2006.

IEA, Chinas Worldwide Quest for Energy, International Energy Agency, Paris 2000.

Institute of Development Studies: The Impact of China on Sub Saharan Africa. Sussex April 2006.

Jaffe, Amy M. / Lewine, Steven W.: Beijings Oil Diplomacy, in: Survival, Vol. 44, No. 1, S. 115–134, 2002.

Jiang, Zuqing: Equal Chances Urged for Chinese Firms in Africa, *China Daily*, 03. Januar 2006.

Kenny, Henry J.: China and the Competition for Oil and Gas in Asia, in: *Asia-Pacific Review*, Vol. 11, No. 2, S. 36–47, 2004.

King, Kenneth: China´s Partnership Discourse with Africa. South African Institute of International Affairs: China and Africa in the 21st Century" Seminar, Johannesburg, 16.-17. Oktober 2006.

Klare, Michael T.: Blood and Oil: The Dangers and Consequences of America's Growing Dependency on Imported Oil, London: Metropolitan 2004.

Kreft, Heinrich: Neomerkantilistische Energiediplomatie. China auf der Suche nach neuen Energiequellen, in: Internationale Politik, Vol. 61, No. 2, S. 50–57, 2006.

Leverett, Flynt/Bader, Jeffrey: »Managing China-U.S. Energy Competition in the Middle East", in: *The Washington Quarterly*, Vol. 29, No. 1, S. 187–2016, 2005.

Li, Yong: The Impact of FDI on Trade: Evidence from China's Bilateral Trade, *Journal of the Academy of Business and Economics*. 2003.

Lieberthal, Kenneth/Herberg, Mikkal: China's Search for Energy Security: Implications for U.S. Policy, in: National Bureau of Asian Research, Analysis, Vol. 17, No. 1, 2006.

Liu, Guijin: China-Africa Relations: Equality, Cooperation and Mutual Development. speech, Institute of Security Studies, Pretoria, South Africa, 09 November 2004.

Logan, Jeffrey: Energy Outlook for China: Focus on Oil and Gas, Committee on

Energy and Natural Resources, Hearings on IEA's Annual Energy Outlook for 2005, Washington: U.S. Senate, 3. März 2005.

Lorenz, Andreas: A Technocrat Riding a Wild Tiger, *Der Spiegel*, 10. November 2005.

Lyman, Princeton: China's Rising Role in Africa: Presentation to the US-China Commission, 21. Juli 2005.

Müller, Friedemann: Chinas Energiepolitik – geopolitische Konsequenzen, in: Wacker, Gudrun (Hg.), Chinas Aufstieg: Rückkehr der Geopolitik?, SWP-Studie 2006/ S 03, SWP, Berlin, S.9–14.

Norberg, Johan: China Paranoia Derails Free Trade, Far Eastern Economic Review 2006.

Onegi-Obel, Geoffrey A.: The Development Challenge and some Asian Lessons for Sub-Saharan Africa. Konrad Adenauer Stiftung, Africa Beyond Aid, Conference 3–4 April, Potsdam 2006.

Orona, Michael: Chinas Lack of Fuel sparks Crisis in Darfur. *Sudan Tribune* 22, Dezember 2004.

Program for China-Africa Co-operation in Economic & Social Development. 17. November 2000.

Ramazani, Rouhollah K.: Emerging patterns of regional relations in Iranian foreign policy. *Orbis 18*, no.4, 1975.

Shinn, David: China's Approach to East, North and the Horn of Africa, Testimony, US-China Economic & Security Review Commission, 21. Juli 2005. Interviews with scholars and officials in S. Africa and Ethiopia, Summer 2004.

Scobell, Andrew: China and North Korea: From comrades-in-arms to allies at arm's length. März 2004.

Scobell, Andrew: Kim Jong Il and North Korea: The leader and the system. März 2006.

Vines, Alex: The Scramble for Resources: African Case Studies. South African Institute of International Affairs Vol.13, Issue 1, Summer/Autumn 2006.

Wines, Michael: From Shoes to Aircraft to Investment, Zimbabwe Pursues a Made-in-China Future, *New York Times*, 24. Juli 2005.

World Economic Forum: Trade Winds: Chinese Investment in Africa, 26. Januar 2006.

Zhong Fei hezuo luntan: Document compilation from Beijing 2000 ministerial-level conference. (Beijing: Shijie zhishi chubanshe, 2001); CACF: 2d Ministerial Conference.

Außerdem wurden folgende Periodika ausgewertet:

Asia Times, Beijing Review, Berliner Zeitung, Bild, Capital, China Daily, The DailyTelegraph, Der Spiegel, Die Welt, Die Zeit, The Economist, Frankfurter Allgemeine Zeitung, Financial Times, Financial Times Deutschland, The Guardian, Handelsblatt, International Herald Tribune, Los Angeles Times, The New York Times, People Daily, Shanghai Daily, South China Morning Post, Stern, Sudan Tribune, Süddeutsche Zeitung, Tehran Times, Time Magazine, The Times, The Wall Street Journal Asia, Washington Post, Wirtschaftswoche

Personenregister

Sachregister

422

Chinas Aufstieg – Deutschlands Abstieg?

Spiegel-Bestseller
Wochenlang Platz eins der
Wirtschaftsbestsellerliste

Frank Sieren • **Der China Code**
Wie das boomende Reich der Mitte Deutschland verändert
320 Seiten, Hardcover mit Schutzumschlag
€ [D] 19,95 • € [A] 20,60 • sFr 35,50
978-3-430-18467-0

Die Globalisierung hat einen Motor: China. Trotz seiner gewaltigen sozialen Probleme ist das riesige Land auf die neuen Herausforderungen der Weltwirtschaft besser einge-stellt als Deutschland, so die Analyse von Frank Sieren, einem »der führenden deutschen China-Spezialisten« *(Die Zeit)*. Mehr noch: Die Zukunft Deutschlands entscheidet sich im Reich der Mitte.

»Frank Sieren rät den Deutschen nicht zu glauben, sie könnten es sich leisten, außer-halb weltweit veränderter Spielregeln zu bleiben.«
Arnulf Baring, FAZ

»Unbedingt lesen« *Helmut Markwort, Focus*

Helmut Schmidt – Chinakenner aus Leidenschaft

Helmut Schmidt/Frank Sieren • **Nachbar China**
Helmut Schmidt im Gespräch mit Frank Sieren
328 Seiten • Hardcover mit Schutzumschlag
€ [D] 22,00 • € [A] 22,70 • sFr 38,90
ISBN 978-3-430-30004-9

Dreißig Jahre stand Helmut Schmidt in engem Meinungsaustausch mit der Führung in Peking. Im Gespräch mit Frank Sieren erzählt er, warum ihn China so fasziniert und was er bei seinen zahlreichen Besuchen dort erlebt hat.

»Es ist wohl der kennerischen Kongenialität der beiden Dialogpartner zu verdanken, dass ein insgesamt hochinteressantes Panorama der Entwicklung Chinas deutlich wird.« *Deutschlandradio Kultur*

»Altkanzler Helmut Schmidt kennt wie kaum ein zweiter im Westen China und die chinesische Führung von Mao bis heute.«
Holger Steltzner, FAZ

Econ